航空貨運理論與實務

Air Cargo Business and Handling

李世雄◎著

序

人類一直夢想能像鳥類一樣在廣闊天空自由飛翔，中國神話中有嫦娥奔月之說，敦煌石窟也有仙女飛天圖像，反應先民遨遊天空的渴望。中國歷史上也有春秋戰國時代，主張兼愛的墨子，製作「木鳶」協助宋國抗楚之故事，傳說中也說巧匠魯班製作「木鳶」，可飛三日三夜不下。姑且不論其眞僞，人類飛天的渴望早已深植人心。西洋飛天壯舉最早是在十八世紀，由法國造紙商孟格菲兄弟（Joseph and Jacques Montgolfier）在歐洲發明了熱氣球，於1783年6月4日在法國里昂安諾內廣場（Annonay）做公開表演，一個圓周爲110英尺的模擬氣球升起，飄然飛行了1.5英里。同年11月21日下午，又在巴黎進行了世界上第一次載人空中航行，熱氣球飛行了二十五分鐘。這次飛行比美國萊特兄弟（Orville & Wilbur Wright）的飛機飛行早了整整一百二十年。後來由於經濟逐步發展，改善漫漫長途運輸需求浮現，美國航空界先軀羅福．波特（Rufus Porter）及佛德列克．馬利奧（Frederick Marriott）曾在19世紀中葉，構想以熱氣飛船爲工具，開闢紐約至加州空運航線，然而因飛船失火，爆碎成片片火球而胎死腹中。自從1903年12月17日上午10:35，美國萊特兄弟試飛第一架動力飛機成功，首次以十二秒飛行37公尺，揭開人類翺翔天空的序幕。1909年11月16日，第一家由政府補助成立的航空公司是總部設在德國法蘭克福（Furankfurt）的德國飛船運輸有限公司（Deutsche Luftschiffahrts-Aktiengesellschaft, DELAG），使用德國齊柏林公司（Zeppelin Corporation）製造的飛船營運，成爲世界上第一家商業性民用航空運輸公司。1919年3月22日，法國的法門航空公司（Farman Airlines）開闢了從法國巴黎到比利時布魯塞爾之間的定期航班，首開世界上國際民航客運航線先河。往後陸續有許多航空公司出現，創設於1920年的荷蘭航空（KLM）、澳洲航空（Qantas Airways）、捷克航空（Czech Airlines）及哥倫比亞的Avianca, S. A.是世界上至今仍在營運，歷史最久的航空公司。

航空貨運隨著時代進步，國際貿易勃興，世界分工盛行，產品多樣化，世界市場大幅變遷，商品型式、性能快速更新，新興國家崛起，購買力及需求急速成長，使得航空貨運成爲不可或缺，甚至是最重要的運輸方式之一，未來仍將在運輸界扮演最重要的角色。

今日，人類已脫離不了航空運輸的服務，也有衆多的人賴以爲生。然而，空運初看似很簡單，但實際上，空運牽涉層面甚廣，諸如飛機結構、性能、航程、艙容、載重等等；航空公司作業，諸如營業、訂位、倉儲、貨物處理、機坪作業、飛航管制、航權許可、文件處理、電訊協調、顧客服務等等；國際運輸相關法規，諸如國際組織、航空法規、民刑法律、航空公司規定等等；航空貨運作業程序，諸如運費計算、異常處理、賠償依據，以及危險品、貴重品、動植物、郵件、快遞等等作業程序；各地現實政經社會現象，諸如戰爭、動亂、罷工、抗爭等等；天災環境突變影響及應變，諸如颱風、地震、洪水、火山爆發、大風雪肆虐、野火燒山濃煙蔽空等等；牽涉範圍非常廣泛，要作爲一個稱職的貨運處理者可眞要上通天文（氣象影響飛行），下知地理（山川河海影響地面轉運），通曉化學物理（安全處理危險品所必需），熟稔政治法律（影響公司與貨主權益），還有電腦操作、語文溝通、服務專業，林林總總，實非易事。

筆者自從1968年大學畢業後進入航空公司服務，轉眼間，「兩岸猿聲啼不盡，輕舟已過萬重山」，四十年光陰飛逝而過，於2008年屆齡退休，告老返鄉飴養天年之際，回想在航空界服務之始，由最基層的機場運務員做起，當時公司屬草創初期，典章制度欠缺，新進員工亦無制度化訓練，只好跟隨「老督導」以師父帶學徒的方式學習，對於許多疑義常無法獲得滿意解答，往後因緣際會，逐漸晉升督導、副理等主管職務，甚至一度擔任「訓練講師」一職，誤人子弟訓練新進人員，斯時也只能教導日常工作實際技術，例如如何製作艙單、處理提單文件、發送電報等基本作業知識，對航空貨運整體概況及法規知識，實際上也還是懵懵懂懂一知半解。隨後，公司業務拓展，有機會奉派至歐、美、中東等國家開站發展業務，從事營業、服務，分別擔任場站經理、地區總經理及國內管理單位副處長、處長、資深副總經理、關係企業董事長等高層主管，負責全球業務，在航空貨運界翻滾幾十年，經歷許多挑戰，增長許多見識，與世界各地貨運代理商、空運公司、物流公司打交道，並且和許多地區民航局、機場、航空公司洽商合作。所累積之經驗實非初入社會職場「新鮮人」能於短期之內獲得，即使在航空公司工作多年，如果不夠幸運有機會到處調動學習，只在有限的職位工作時，也不可能獲得類似經驗。

退休之後閒來無事，接受邀請赴某些大學爲運輸管理系學生上課，發覺不管是大學部或研究所學生，對航空公司業務——尤其是航空貨運業務——所知非常有限。即使課程中有「運輸學」、「運輸管理學」等課程，也由有博士頭銜的教授上課，但是課程內容偏重政府民航法規闡釋，及對航空公司管理措施的說明，對航空公司經營管理實務著墨較少，猜想主要理由是一般有經驗的航空公司人員通常忙於日常工作，無暇寫書，或是有工作經驗卻無教書經驗，未必能將經驗形諸文字。然而，學院派訓練出來的教授博士，因無航空公司實務經驗，隔行如隔山，未能提供有助未來職場需要的專業學識，莘莘學子花費許多時間、金錢選修這些課程，畢業後卻無法應用，殊爲可惜！

鑑於目前航空公司現職貨運員工仍需充實有關貨運知識，社會上貨運代理商、空運公司、物流業等從業人員更無機會接觸專業國際貨運常識，也考慮協助大學莘莘學子於畢業後有機會投身於航空貨運業，同時也想協助業界提高素質，減少異常事件，使空運貨物能順利運送，乃不揣淺陋，將過往經驗，併同有關規定及所能蒐集資料編輯成書，名之為《航空貨運理論與實務》，先從航空貨運一般常識介紹入門，讓讀者瞭解航空貨運概況、比較優勢、飛機及裝載機具介紹，逐漸進入專業領域，從認識航權、營業訂位、貨運流程，慢慢深入交運條件、國內外航空法規、機場作業、班機處理、進出口貨處理、異常案件與賠償處理等詳細介紹種種航空貨運實務，最後以影響航空之因素，目前概況及未來發展作為本書之總結。編寫匆匆，疏漏遺誤在所難免，敬祈學經各界耆老先進不吝指教，並盼年輕學子及空運界多予參考運用，若能有所助益，是所至盼。

本書之編寫首先應感謝中華航空公司各級長官，特別是烏鉞先生、江耀宗先生及魏幸雄先生幾位前董事長，及各級長官愛護栽培，給予許多歷練機會，公司貨運營業處，貨運服務處同仁給予密切合作，提供許多參考資料。其中，特別感謝游振安先生辛苦協助逐字校對文稿，指出許多謬誤之處，還有徐希義先生協助拍攝有關飛機及作業照片，使本書增色不少。此外，開南大學運輸管理學系系主任葉文健博士對內容不吝指教，並協助介紹安排出版社，使本書能順利出版。還有，如果沒有前開南大學運管系教授胡榮豐博士不斷鼓勵督促，本書可能難產，在此特別敬致衷心謝忱。當然，內人也應該好好道謝，她不但時時體貼鼓勵，特別購贈新電腦，方便本人寫作，且書成之後費時審視校對，功亦不可沒。其實應該感謝的人還很多，限於篇幅，在此一併致謝！

李世雄 謹識

2012.08

目 錄

第十章　航空公司出口貨運作業　281

第十一章　機場進口作業實務　339

第十二章　班機管制實務　391

第一章

導論

- 航空貨運發展與應用
- 航空貨運具有的優勢
- 全面運輸及分銷成本概念
- 航空貨運相關行業與產品
- 航空貨運產品
- 飛機製造商與機型簡介
- 貨運盤櫃及裝載器具介紹

第一節 航空貨運發展與應用

自1912年美國萊特兄弟在南卡羅萊納試飛成功，人類飛天夢想成眞，飛行器的發展可說是日新月異，不但從早期雙翼、三翼單人駕駛，沒有遮蓋的螺旋槳小飛機，發展到今日密閉式，有艙壓可以高飛三、四萬呎高空的現代飛機，從搭載一人的狹小駕駛艙座位，發展成可載運四百至五百人大飛機，空間之大可以裝設諸如電動臥榻、電影、音樂頻道、餐飲設備等等使旅客享受五星級酒店服務，遑論噴射速度，即使遠渡重洋，亦可朝發夕至，大大改變人類的生活方式。

航空器的發展也在不同領域發揮很大影響，例如戰機的改良、導引飛彈的出現、無人偵察機與轟炸機的發明、太空火箭發射太空衛星，大大改變了戰爭的型態與戰略思維，最顯著的例子就是伊拉克戰爭「沙漠風暴」，精良的航空器，使擁兵百萬、狂妄不可一世的伊拉克梟雄海珊（Saddam Hussein）一夜之間被美國高科技軍事力量所殲滅，兵敗如山倒，終至淪爲階下囚，被吊頸含恨而亡。飛行器的發展也使貨物的流通產生革命性變革，隨著機型的變大、速度的加快，原來依賴陸運、水運的貨物也可以經由空運快速輸送到市場，以往無法長途保鮮的農漁產品也可以藉著便捷的空運，迅速送到消費者手中，例如寒帶的挪威鮭魚，可以在沙漠地帶的沙烏地阿拉伯市場出現；日本北海道雪場蟹可以賣到新加坡；印尼漁民捕獲的鮪魚也可以很快的出現在美國紐約日本料亭，成爲顧客喜愛的沙西米盤餐；美國德州的笨重鑽油設備，可以很快的出現在印尼或中東油田；美國華盛頓州的新鮮櫻桃可以在採收一、兩天之內，出現於香港市場。凡此，皆拜航空飛機空運之便。

世界上各行各業也因空中交通之便捷，而能選擇成本較低地區設廠製造，然後將成品銷往歐美高價市場創造高利潤，因而也促成國際貿易的勃興，也形成國際分工，直接間接影響國際財富資源板塊的移轉，進而影響世界經濟的發展。金磚四國，特別是中國大陸因此快速崛起，成爲「世界工廠」！便捷的空運也使製造業產生重大變革，以往大量備料，大量製造，大量庫存以應市場不時之需的現象，因爲空運快速運補，可不必積壓大量成本在備料、產品庫存。因此，產業界乃有所謂「及時運補」（Just In Time, JIT）的新營運觀念產生，對業界降低成本，促進銷售，大有助益。例如，世界知名個人電腦大廠戴爾電腦，即以馬來西亞政府的優惠條件及當地廉價人工，在馬來西亞檳城（Penang）設廠，材料及零組件由香港、台灣、中國大陸等地以空運依設計的時程定時定量及時送到檳城組裝爲成品，再和航空公司合作，以空運將大批成品運往美國田納西州的納許維爾轉運中心，分別以卡車網路或國內班機快速送交顧客，由此安排，戴爾電腦在顧客網路訂貨五天之內即可將電腦送達顧客手中，不僅效率高，同時節省大量零組件備料庫存資金及管銷費用，大幅降低成本，增加在市場的競爭力，也避免事先大量製造成品，但市場景氣不佳而滯銷之風險。此時，高效率的空運即扮演重要的角色。

航空貨運也幫助很多行業發展業務，直接間接成爲國際貿易的有力工具。例如時裝業，常因市場顧客對衣飾的顏色不同選擇、布料材質的喜好、流行時尚的潮流、文化背景的差異等等因素而變化莫測，如果廠商大量製作，遇到市場需求不同而滯銷時，勢必造成大量庫存，資金周轉不靈，不僅無法獲取利潤，反而可能有倒閉之虞。但是，如果進口商先以少量成品空運給客戶試銷，成效良好時，及時大量訂製，再以空運趕送市場銷售，比較能掌握市場脈動，及時推出合宜的商品，創造利潤。例如，台灣有某時裝公司派專員常駐法國巴黎，經常巡視巴黎時裝街頭商店，蒐集最新時裝資訊，如新式樣、新材質、新顏色搭配等，傳回國內參考；隨時參觀時裝展示會，將新潮流馬上通知公司，公司即據以試做樣品送客戶評鑑，如欲訂貨，則馬上製作，以空運交貨，爭取商機。

「航空貨運」，簡言之，就是將貨物經由航空器送達目的地，但是在運送過程中，從貨物的準備、貨物保管權的移轉、途中貨物可能損壞的處理與賠償、運輸途中各階段之交接，還有，由於貨物性質的不同，需要不同的處理方法。各國海關規章各異，許多物品進出國境有許多管制措施，貨主及航空公司必須遵守有關規定而作必要處置，此外，在運輸途中尚牽涉到許多費用的收受，航空公司也需要作廣告宣傳以爭取生意上門，也衍生企劃、行銷、訂位、管理、考核等企管問題，在實務上，航空貨運有許多手續與程序要處理，因此，研究航空貨運實務也就成爲瞭解航空公司業務的重要一環。

第二節　航空貨運具有的優勢

在各種運輸模式中，鐵路運輸可以一次載運大量貨物，是一種經濟有效的運輸方式，但是運輸必須沿著鐵道進行，由於鐵道投資龐大，路線不是到處可達，涵蓋面有限，貨物運送的目的地如果不是在沿線地點，則貨物必須再以公路運輸方式轉運，不僅耗費時間，而且上貨、卸貨、轉運很容易遭致偷竊及損壞，即使貨物可以在鐵路網內轉運，送達目的地，但載貨車輛輾轉拆掛，等候下一班列車到達，其間也耗費相當時間。此外，鐵路運輸攀山越嶺，橫渡大河小溪，穿越城鎮鄉村，途中日曬雨淋、暴雪侵襲、洪水阻斷、颶風橫掃、車禍碰撞、出軌翻覆等等天災人禍時有所聞，存在著許多安全風險。

相對之下，公路運輸隨著經濟發展，公路逐漸闢建，特別是經濟發展良好國家，高速公路網綿密四通八達，卡車運量雖不如鐵路，但可視貨量大小隨時機動調派，送達地點穿透性也比鐵路廣闊。只是，鐵路遭遇的山川險阻，天災人禍，公路運輸亦不可免，面臨浩浩大海，也只能望洋興嘆！今日油價高漲，成本居高不下，對公路運輸也造成極大負擔。簡言之，公路運輸比較適用於短途、貨量較小的運輸，對於跨國長程、漂洋過海的大量物資，只能仰賴河海運輸及空運。

海運有鐵路大量運輸相似利益，但也因爲載運量太大，爲達到最大經效，充分利用艙位，而且也因爲船速緩慢，每一航次少者三、五日，多者達數週，船公司安排的船班不可能太密集，半月數週一航班比比皆是，以便收集足夠貨量。換言之，貨主不能期望貨物快速送達收貨人。海運也存在安全風險，俗云：「行船三分命」，亦即海上航行不可避免地會遭遇大風大浪，不可預測風雲，雖然今日科技發達，船隻設備大幅改善，氣象預報也較精準，風險相對降低，尤其貨櫃大量運用，貨物保護更爲周全，裝卸時間也更爲縮短，然而貨櫃吊掛意外、船隻因貨櫃裝載不當而傾斜翻覆，海水濺潑亦有所見，貨物受損在所難免。儘管如此，由於船隻運量大，單位成本相對較低，對於某些時效並不那麼重要，且貨物價值不高的大宗物資，例如礦砂、大豆、玉米等農產品，還是得依賴海運運送。

在今日十倍速時代，商品壽命週期短，特別是如電腦、手機等高科技產品，時尚成衣等流行物品，商機稍縱即逝，貨物商品禁不起漫漫長路運輸，或是漂洋過海長時間風浪顛簸，國際產業分工，商業貿易全球化，世界村的形成，商品、零組件的快速流通更形重要，空運相較於其他運輸模式有其無可取代的優勢，茲說明如下：

一、運送速度快

航空貨運最大的優勢就是運送速度。飛機翱翔高空，橫越重洋，每小時以數百公里高速飛行，洲際運輸也是朝發夕至，分秒必爭，跨國運送也不必如公路運輸處處關卡攔阻，或如海運必須有海港限制，長時間等候船班，對於有時間壓力的產品，例如海產漁鮮、蔬菜、水果、鮮花等農產品；血液、疫苗、藥品等醫療器材；手機、電腦、電晶體等高科技產品；報紙、期刊、新聞影片、時尚流行產品、維修零組件等趕時間物品，航空貨運就是最佳運送選項。

二、載運貨量增大

近年來科技發展日新月異，飛機設備、航程、速度、艙容、承載重量都有大幅改進，目前改良的波音B747-8F全貨機已可承載120噸貨物（120,000公斤），空中巴士設計中的A-380巨無霸貨機預計可以高達150噸。美、俄等國軍機，如美國的C-130、C-17、C-5銀河，或俄國的AN-225、AN-124亦可裝載大量貨物，例如美國C-5銀河式貨機可裝載高達120噸貨物，俄國的AN-124曾創下裝運171噸貨物紀錄，AN-225載重更高達250噸。艙容材積也增大許多，大型機具器材都可裝運，軍用直升機、坦克、車輛、商用飛機機身、機翼、零組件、鑽油設備、發電機組等大型機具，猩猩、河馬、熊貓、白鯨等大型動物皆可經由空運快速輸送（**圖1-1**至**圖1-5**）。

三、克服地形障礙

航空運輸的特殊之處，是整個運輸途徑除起降機場之外全在空中進行。飛機載著貨物飛越崇山峻嶺，浩瀚大海，綿延沙漠，大川惡水，完全不受底下山川限制，即使重達數千公斤龐大機器，也不

圖1-1　重貨裝載

圖1-2　汽車運送

圖1-3　馬匹運送

圖1-4　超長貨物運送

圖1-5　高敏感性人造衛星運送

用擔心爬不上山坡，即使八千公尺喜瑪拉雅山也在呼嘯聲中輕易跨過，不用在巴拿馬運河、蘇伊士運河排隊等候船隻通過，貨物運送不必考慮港口深淺、船隻停靠何處，也不必考慮是否有鐵、公路車站及路線經過，避免內陸舟車轉運勞頓，可以直接飛到內陸機場就近交貨。

四、降低氣候對貨物運輸的影響

貨物運輸過程中免不了要受到氣候的影響，嚴重者尚會受到阻礙無法前進，例如陸運途中豪雨成災、河水暴漲、天降大雪、阻斷通路、龍捲風席捲、車輛翻飛、颱風強襲、道路柔腸寸斷、地震天搖地動、鐵軌變形、火山爆發、煙塵迷漫、洪水氾濫、車輛貨物泡水、動彈不得等等意想不到的情況發生，對鐵、公路之陸運影響最大，海運則常受颱風、巨浪、海嘯侵襲，影響航程。空運自然也難以避免受天候左右，但航空業對氣象掌握精準，反應快速，例如颱風進襲，飛機可於最後關頭，一、兩小時之內，飛往安全地方避風，即使在飛行途中接獲管制中心通知，或由機上氣象雷達得知前面有天候變化，機長可馬上採取行動，將飛機繞路避開，或將飛機爬高或降低，避開暴風圈，即使濃雲密布能見度幾近於零，飛機裝備有自動降落儀器，飛行組員只要受過適當訓練，可以讓飛機盲目降落，降低氣候對運輸的影響。當然，陣風過強、火山灰罩頂不散、暴風雪肆虐、海嘯淹機場等等特別天災也會讓空運暫時停擺，但此種極端情形通常爲時甚短，對空運影響程度極爲有限。

五、提高貨物安全性

貨物運輸途中遭受損壞、偷竊、遺失、延誤等意外情形屢見不鮮，主要原因不外乎是工作人員疏忽、機具操作失當、保全措施欠佳、工作環境不良、裝載器具有問題、裝卸頻繁、途中顛簸衝撞等等，在海、陸運等平面運輸中，這些風險隨時都存在，例如鐵路車站、港埠碼頭，場地開放，人員進出比較自由，龍蛇雜處，很容易魚目混珠，偷竊貨物，神不知鬼不覺，五鬼搬運。另外，貨物裝卸轉運頻繁，掉落、碰撞機率大增，造成貨物損壞。相對之下，空運對貨物的安全比較能保障，理由如下：

(一)機場保安措施較嚴密

國際機場是人員及貨物進出國境的地方，政府機關管理嚴密，除設有航警駐守巡邏外，貨運站有海關駐守監管進出貨物，而且有嚴密管制辦法及作業程序，稍有失誤或故意犯罪，極易被發現，航空公司及有關人員即遭重罰，爲非作歹機會較爲困難。即使國內空運，雖無海關通關問題，航空公司也因空運物品價值較高，爲防失誤造成鉅額賠償，通常採取較嚴格的管理措施。

(二)運送時間短暫，降低貨物安全風險

相對於鐵公路及海運，長時間路途顛簸，可能遭遇的不測風雲，人爲偷竊、破壞，空運時間短暫，而且在機場層層安全戒護及檢查之下，曝險機會相對減少許多，尤其美國在蓋達組織發動911恐怖攻擊後，設立運輸安全局（Transportation Security Administration, TSA），專責規範貨物運輸安全管理事宜，包括對貨物進出國境的掃瞄檢查，許多國家也跟進，加強貨物運輸安檢措施，使空運貨物更有保障。

(三)貨物以盤櫃集裝運送，保護良好

一般國際航空公司都在長程航線上使用大型飛機，飛機上有電動盤櫃輸送設備，可裝運貨盤櫃。航空公司通常在飛機起飛前若干小時將貨物堆疊在盤櫃上，以尼龍綁帶拉緊，使盤櫃形成一個整體

物件，等飛機準備妥當時裝上飛機，並以機上盤扣鎖緊，使盤櫃與飛機結合成一體。貨物在盤櫃內不會隨飛航狀況發生碰撞情形，得到良好保護，在地面拖行時也是整體移動，不致有單件掉落，被車輛壓損情形。到站卸貨亦是如此，直到拖至倉庫拆盤櫃後，才又恢復單件狀態，貨物因此避免如同陸運時貨物單件上下貨，被丟擲，或掉落地上被車輛輾壓損壞之風險。

至於在三、五小時以內的短程航線，航空公司大多使用小型飛機飛航，由於小型機艙位狹小，只能裝載少量的小型貨物，一般都沒有使用貨櫃裝運貨物。但是由於小飛機較低矮，艙位有限，裝載時比較容易搬運，不致丟擲損壞，且機艙內有尼龍網隔間，防止貨物在飛行中滑動，也可受到良好的保護。

(四)空中運輸減少天災風險

空運雖然避免不了天候變化的影響，但飛機可以飛越洪水氾濫地區，繞過颱風侵襲範圍，躲過地震道路崩坍阻滯，運輸風險大為降低，比起海運波濤洶湧，鐵路轟隆轟隆蜿蜒蛇行，經歷長時間冰雪酷日交加，公路漫漫長路日曬雨淋，空運朝發夕至，在機艙保溫加壓之下，日行千里，雖也不免受惡劣氣候影響而延誤行程，但基本上貨物受到較好的保護，讓貨物可以安全到達目的地。

(五)空運過程管理嚴密

飛機是高科技產品，由幾萬件零件組成，空中飛行又有諸多限制，例如可以承載重量，飛行高度限制，飛機載重平衡的考慮，飛越他國領空許可，離到時間控管，機場及航路管制，旅客、貨物安全顧慮，意外事件責任歸屬等等事項都必須由政府管理單位，飛機製造商、航空公司營運管理階層及地勤作業單位，詳加考量，制定許多規章，層層節制管理，航空貨運在此種嚴密管理環境下，運輸安全程度自然較鐵公路運輸、海運、河運等平面運輸高出許多。

(六)運載機具較為安全

航空公司所使用的運輸載具，如貨盤（板）、貨櫃、裝卸設備、飛機及機上設備都必須經過專業技術管理機關制定規範，定期檢修及更換零組件，產品必須檢驗合格，操作人員也必須訓練考照才能執行任務，相對於海、陸運載具，空運設備遠較嚴格，對貨物運輸安全更有保障。

第三節　全面運輸及分銷成本概念

貨主產銷商品，如欲獲取更大收益自然要儘量壓低成本，運輸費用是貨主總成本的一環，也是貨主錙銖必較的項目。很多貨主常常看到空運高運費而卻步，殊不知使用空運反而可降低其總成本。航空公司、空運承攬業者及物流業者因此發展出所謂的「全面運輸及分銷成本概念」（Total Cost & Distribution Concept）來說服貨主使用空運。空運承攬業者、物流業者甚至提出所謂的「全面物流服務方案」（Total Logistics Solution），承包從頭到尾的一切服務以消除貨主的疑慮。

航空貨運由於高成本，運價自然比陸運、海運高出許多，空運運價有時甚至比海運高達十倍，既是如此，空運如何替貨主降低成本？其實貨主如果考慮貨物從製造工廠一路運輸到國際市場貨架上銷售所產生的費用總和，及相關商機所產生的成本節省，甚至因此產生的商機利益，有時對某些商品而言，可能使用空運反而能替貨主獲取更大收益。

貨主產銷成本除一般行政管理、營業廣宣費用之外，約有以下各項：

1.交易成本，如買賣商洽及訂貨期間書信函電往來、寄交樣品審查等等。
2.購買材料向銀行貸款利息。
3.設置存放材料及成品倉庫費用，包括倉庫土地租金或購置費用，天災、火災及竊盜等意外保險，倉庫貨架、裝卸機具等設備及維修費用。
4.貨物管理費用，包括辦公處所、人員薪資、水電、資訊電腦、貨物進出、盤點、清理等管理費用。
5.陸地鐵路、公路運輸費用，包括裝卸費用。
6.機場貨運站或港口碼頭倉庫費用，包括船邊吊掛裝卸費用。
7.海關報關及相關政府規費。
8.代理商或報關行服務費用。
9.空運或海運運費及有關其他費用，如文件處理費、危險品附加費等等。
10.貨物運輸保險費。

一、降低貨主成本，增加貨主收益

以上種種成本，以空運及海運輸送，單純就運費比較，兩者相差甚大，然而就其他項目而言，兩者互有高低，有時空運反而有利，例如，海運有碼頭吊掛費，空運則無是項費用。茲以時尚成衣為例說明空運有助貨主節省成本及增加收益。

(一)備貨資金積壓及貸款利息負擔

如果貨主使用海運或陸運，由於運送過程漫長，貨主勢必準備大量貨品，以免生意興隆，臨時補貨不易，商店無庫存可賣而喪失賺錢機會，在貨物大量製造前準備材料，製造期間大量貨物堆積，及大量貨物運送期間，貨物出售之前，貨主所投入的資金完全被卡在那裡，不但無收益，而且要負擔貨物材料、製造費用、管理費用等等本金與利息成本損失，對貨主而言是相當重的負擔。如果，貨主視市場銷售情況，適時以空運方式，少量多次補充貨源，自然可以降低庫存成本，包括減少商品製造所需資金。

(二)節省倉儲費用

由於多次少量出貨，不必如海運般製造大量貨物待運，不需要大面積倉庫存儲成品，縮小倉庫面積的租金成本，節省水電、庫房及貨物保險、管理人事費用，長年累月下來就是一大筆金額，甚至使用空運承攬業「全面物流服務方案」，產品製造完成立即通知承攬業者將貨物拖運至業者集散倉庫暫存，或直接運往機場貨運站，準備出口。由於空運貨量較少，承攬業者處理起來很方便，而廠商可省下倉庫設置及管理鉅額費用，有助盈利的達成，或於經濟情況不佳時，減少虧損。

(三)降低營運風險

如前所述，貨主利用海、陸運運送商品時，大量備貨有其必要，但是市場行情瞬息變化，顧客需求甚難拿捏，今日流行的式樣、顏色、材質、價位、功能等等可能明日就豬羊變色，成爲滯銷品，不僅時尚成衣有此現象，在市場競爭激烈、產品日新月異的環境下，各行各業都面臨相同的挑戰，例如以往手機以Nokia、Ericsson、Motorola等品牌爲主流，曾幾何時，蘋果（Apple）的iPhone出現，橫掃千軍，台灣的宏達電（hTC）、韓國的三星（Samsung）也異軍突起，成爲智慧型手機明星。個人電腦方面，戴爾電腦（Dale）曾獨領風騷，惠普（HP）及台灣華碩（Asus）、宏碁（Acer）也風起雲湧，力爭高排名，等蘋果的iPad跳出舞台，打得各家英雄好漢哀鴻遍野。赫赫有名，曾居個人電腦銷售量第二名的宏碁卻因庫存過高，股價節節摔落，可見今日商場變化多端，精打細算的企業主，還是應該多考量銷售與供應之間如何以適當的運輸方式來開拓商機並節省成本，尤其應多運用空運的優勢來達到獲利的目的。

二、節省內陸轉運費用與交貨時間

很多貨物銷到內陸國家或內陸城市，如果使用海運，必須經過以下繁複程序並支出許多相關費用，茲以貨物自香港運往美國芝加哥爲例說明如下：

1.自香港裝貨上船，約花二至三週時間，將貨物運到最近的港口，西雅圖或洛杉磯卸貨，在啓運港及終點港都有港埠上下貨的一切費用。
2.從西雅圖（或洛杉磯）碼頭以卡車將貨送到鐵路貨運站，從卡車卸下再裝上火車，直接送達芝加哥，或在某處經轉運後送到芝加哥，途中上上下下都有許多費用產生。當然，也可用卡車直接送到芝加哥，但是考慮貨量（可能需要許多輛卡車）及運費（可能比火車貴，因爲火車不必考慮卡車回頭的問題），一般貨主還是會用鐵路運送。
3.在芝加哥火車站再安排卡車送到收貨人倉庫暫存。由於海運貨量大，收貨人的倉庫必須夠大，因此又有倉庫設置及管理費用產生。
4.從進口商倉庫中再轉送到眞正買貨的批發商、中盤商或零售商。

利用海運從事國際貿易運輸貨物，免不了要經過以上的繁複路徑，而且在層層關卡及轉運地點都會產生許多費用。如果使用空運，貨物可以直接由香港直飛芝加哥，經代理商或物流業者報關後，依事先安排好的資料，不必在進口商倉庫存儲，直接送到零售商處，馬上可以上架販售，不僅交貨時間快，而且可以節省許多中間費用。例如香港成衣商使用航空公司提供的「成衣掛櫃」，將成衣直接掛在櫃內，連外包裝紙箱都省了，到站後整櫃運往百貨公司拆櫃上架展售。

三、空運有助國際貿易資本回收

快速的空運對於國際貿易買賣雙方有極大幫助，例如，賣方樣品跨國送買方檢驗，以空運爭取完成確認流程時間，有助及早達成交易。商品可藉空運迅速送往世界各地市場，及時掌握商機，尤其地處內陸市場，以往無法快速取得貨品的市場也可很快鋪貨上架銷售，使國際貿易更加順暢進行。同時，以往由於貨物性質而不適宜長程、長時間運送的貨物，如生猛海鮮、花卉水果、動植物、食品、藥品等都因空運便捷，可以保持貨物本質而成爲國際貿易的標的，有助世界經濟擴大發展，連帶使發展中國家有機會改善其國內經濟，進而產生新財富，帶動進口貿易。

四、使用空運減少意外耗損

如上所述，空運比海運快速安全，避免貨物在碼頭裝卸吊掛時掉落損壞、海上航行風浪侵襲、海陸轉運顛簸衝撞、途中搶劫偷竊風險、天災人禍等等所造成之損失。每當此種意外發生，貨主必須重新訂貨，安排及等候運送船班，交貨到市場時間拖長，若因此錯過市場需求，例如錯過暑假後返校採購潮，或是復活節、聖誕節、過年採購旺季，貨主雖然可以從船公司獲得貨物損壞或滅失賠償，但是錯失商機的財務損失，可能遠比船公司的賠償要高出許多。

五、有助貨主掌握商機，增加獲利機會

商場變化莫測，消費者喜好隨時可變，商家如果無法在某商品熱銷期間供貨，自然無法行銷獲利，只好眼睜睜看著白花花銀子流走，例如，販售智慧型手機店家銷售hTC、Samsung、Motorola、Sony、Nokia、Ericsson等各種品牌手機，忽然蘋果推出iPhone，深受消費者喜愛而大賣，此時如果供貨順暢，當可大賺一筆。進口商必須以最快速度訂貨、補貨，即使空運運費貴，也要採用空運，乘市場買氣正熱，火速將貨補送市場，不能依賴便宜緩慢的海運而喪失商機。同樣的，法國巴黎新出時尚成衣，市場火熱搶購，廠商利用空運快速供貨、鋪貨，可以有效掌握商機及時行銷獲利。

第四節　航空貨運相關行業與產品

國際航空貨運在運送過程中牽涉到貨物權利與義務的移轉，國際及國內法令的規範，運送工具的變換，貨物的存儲與遞交，託運人、收貨人及運送者責任的確定，作業人員的管理，運送產生費用的收受，有關國家出入境的管理以及貨物的檢驗等等，需要眾多的人員參與工作，由於工作性質的不同，沒有一個公司或單位足以單獨完成全部的工作，必須由不同專業領域的團體分門別類，共同完成整個行程的工作。茲將與航空貨運有關行業及其主要業務說明如下：

一、航空貨運與倉儲業

廠商將出口貨物製造完成並包裝後，必須先將貨物暫時存儲在倉庫待運，等候交運文件製作，張貼標籤，標記箱號，噴印嘜頭或

等候代理商取貨交航空公司，甚至等候買方運送指示等。廠商可以自行設置倉庫存儲，也可以因成本的考量，將貨物交給外面專業倉庫存儲。航空貨運代理商、航空貨運承攬業及物流業也可以提供倉庫暫存。有些物流公司另也提供簡易組裝、裝箱、配送等服務，所有額外服務另行計費。

另外，所有進出口國際航空貨物都必須送經機場有海關監管的貨運站辦理航空公司交接，及海關報關手續，因此，廠商亦可以將機場貨運站當作暫存之處，但是機場貨運站因爲是海關監管倉，貨物進倉後，廠商人員就不能隨便進出倉庫搬動貨物或做任何更改貨物動作，不像一般倉庫那樣自由。

二、航空貨運與貨運代理商

航空貨運代理商是航空公司與託運貨主之中介，由於航空公司航網遍布橫跨各國，且顧客對象繁多，交運時間及貨量不定，航空公司如果在每個航點、每個國家都聘請營業人員到處拜訪顧客爭取生意，航空公司就必須聘用爲數衆多的人員，不僅成本太高，而且不經濟，不如指定某些代理商，從事爭取營業事宜，當代理商找到貨源時，再依運費的一定百分比給予佣金，沒貨時不必給任何費用，如此，航空公司就可省下大量人事成本。同時，航空公司可以指定多家代理商，甚至在某工商發達的城市有多達數百家代理商爲其尋找客戶，廣收貨源。

代理商依其功能可分爲：

(一)國家總代理（General Sales Agency, GSA）

以國家領域或區域爲業務代理範圍，不管該國或區域內有多少城市都由該總代理負責，如泰國總代理、德國總代理，通常一國之內只有一個總代理，有時因業務需要，一國之內也可能有一個以上的總代理，例如泰國北部總代理、泰國南部總代理等，由航空公司給予最低運價，讓總代理自行決定不低於底價的售價，在當地市場上爭取其他貨運代理商或直接廠商貨源，然後將貨交給簽約的航空公司承運。航空公司指定一國總代理有時是因為該國法規限制，不能自行設立營業處所，例如在某中東國家為保護該國國民利益，規定他國航空公司必須透過由其公民所設立的總代理才能營業，或是航空公司在該國並無航線，業務量不大，透過總代理爭取某些貨源，經由其他航空公司聯運，或海陸運輸將貨物送到簽約航空公司的航線網。

(二)地區總代理（Area Sales Agency, ASA）

航空公司為擴大營業範圍，即使沒有航線亦可以指定地區總代理方式爭取該地有限貨源，有些地區總代理業務範圍可以涵蓋數個國家，例如某航空公司在中東地區只飛阿拉伯大公國的杜拜，為爭取鄰近國家貨源而指定某公司為其除杜拜以外地區之中東地區總代理，營業範圍可涵蓋卡達、巴林、科威特、約旦、沙烏地阿拉伯、葉門等中東國家。又如當地國家一國之內幅員廣大，且業務量龐大，亦可在一國之內指定地區總代理，例如在中國大陸，可以指定華北總代理、華中總代理、華南總代理；在美國可以指定東岸總代理、西岸總代理等。

(三)獨家代理（Exclusive Sales Agency, ESA）

通常航空公司指定總代理主要考量該地區業務量大小、代理公司規模及營業能力等因素，如當地無總代理，貨源又不多，代理商規模不大，但仍需要有人去拓展及處理有關業務，航空公司也可以指定該國或該地區某公司為獨家代理，其位階略低於總代理的權利義務，例如不必保證每年一定要達到多少營業額，但航空公司所給予的佣金條件亦較總代理為差。航空公司除該獨家代理之外，不再與當地任何代理商打交道，一切業務均透過該獨家代理進行。

(四)一般代理（Sales Agency, SA）

航空公司在其航線上的航點各城市，及航線外鄰近有大量貨源的城市設置自營處所，同時指定航空貨運代理商代表航空公司向廠商爭取貨源。空運代理商是航空公司挑選並簽約的代理人，由航空公司發給空白空運提單，可以代表航空公司開發提單給託運人，與託運人簽訂「運送合約」，代表航空公司報價及收費。航空公司聘僱的業務代表主要是接洽代理商進行爭取貨源業務。

理論上，航空貨運代理商是航空公司的代表，但實際上，航空貨運代理商也常是廠商貨主的代理人。因爲一般廠商對空運種種細節並不十分瞭解，且各種手續又相當繁瑣，例如倉儲、陸運至機場貨運站辦理清關、交運、文件處理等等，一般都不願自行處理而交給專業代理人去和航空公司接洽處理，包括運價商洽、訂位安排等。

航空貨運代理商將貨交給航空公司，航空公司則給予佣金以爲酬謝，同時，託運貨主也因爲航空貨運代理商提供必要的服務而給予相關費用，代理商因而得以獲利。

三、航空貨運與空運承攬業

近年來由於交通便利，國際分工盛行，工商全球化的結果，促使國際空運蓬勃發展，連帶也使相關的服務方式也有明顯的變化。原來的航空貨運代理商由單純的代理角色，以取得航空公司佣金爲獲利手段的營運方法，急遽轉變爲「空運承運者」的角色。換言之，這些公司從航空公司取得運價的優惠及保證艙位，公開向廠商報價，承攬廠商貨物的空運業務，負責「戶到戶」（Door to Door）、「機場到機場」（Airport to Airport）、「戶到機場」（Door to Airport）等等所謂包括倉儲、出口陸運、機場報關、交貨、空運、到站清關領貨、遞交收貨人等作業的所謂全包服務（Total Solution），或是只負責空運部分的服務，即所謂的「機場到機場」服務。各公司有其不同的服務項目與範圍，收費亦視服務內容而有很大差異。

貨運承攬業者因爲對廠商扮演著「空運承運者」的角色，故各該公司均印有其自有的空運提單，業界稱之爲「承攬業提單」（House Air Waybill, HAWB），其內容、格式、運送條件及責任範圍，基本上是以航空公司的提單爲藍本，內容幾乎相同，只是他們是以「運送者」身分與貨主簽訂「運送合約」。

貨運承攬業者所攬得的貨物可經由以下方式運送：

1.集結大量貨物後，向航空公司或租機公司包機或租機，將貨物一次運到終點站，再分別清關取出後送交收貨人。

2.招攬的貨物數量大，但不足以裝滿租機，貨運承攬業者則挾其量大優勢，與航空公司洽商較優惠運價後，將貨交航空公司運送，藉以獲利。此時，貨運承攬業者將所有不同廠商，各個分提單的貨物集中，交給航空公司開發航空公司的主提單（Master Air Waybill, MAWB），以啓運站貨運承攬業者爲託運人，該公司在終點站的分公司爲收貨人。透過航空公司主提單簽訂運送合約。此時，貨運承攬業者與航空公司的權利義務關係即成爲法律上的「貨主」，而非眞正的廠商貨主。貨到終點站，貨運承攬業者再以該公司的承攬業提單通知眞正的貨主前往機場提貨。

3.如果貨量不足，無法以包機或租機方式大量一次運送，也不足以與航空公司討價還價，此時，貨運承攬業者可將攬得的貨物交給其他同行運送，此種方式業者稱爲「併裝」，併裝的價錢一般比直接交給航空公司的運價便宜，業者因此從中獲利。

四、航空貨運與報關業

各國對於所有進出國境的貨物都要求貨主辦理報關手續，主要目的有下列幾種：

(一)徵收關稅

關稅是每一個國家的重要稅收來源，因此，各國都在進出國境的地方，如機場、港口、邊界關口設置海關管制進出口貨物，並依該國有關法令徵收關稅。由於貨物品類繁多，有些物品屬於奢侈品，可能徵收較高關稅，有些物品可能是政府獎勵發展的產業，依法可享受減稅、退稅或免稅優待。有些物品屬於進口加工後再出口，可以享受部分免稅，有些軍公、外交物品等可以完全免稅。海關因此訂定許多繁雜詳細稅則，以供廠商及海關據以決定稅率及應收稅額。

(二)防止禁制品進出國境

大部分的國家基於軍事安全、社會治安、衛生檢疫需要及商業競爭等等考慮，對某些貨物常有管制措施，甚至完全禁止進出國境。例如，新加坡完全禁止民間火藥槍砲出入境，甚至過境轉運也不允許，除非特別申請許可。香港基於衛生安全考量，對農漁產品出入境需要事先取得許可證，否則亦不得輸出入。有些國家對於高科技產品，基於保護商業機密或維持產品優勢，對於某些產品進出國境也有所限制，例如美國對人造衛星或飛機製造技術及產品也有相當嚴密的管制措施。

(三)檢疫需要

世界各地存在許多細菌與病毒，有些是普遍存在於世界，有些只存在某特定地方。有些細菌、病毒會引起傳染，但不致有太嚴重後果，例如流行性感冒；有些會引起大批感染，甚至導致死亡，例如禽流感、SARS（非典型呼吸疾病）；有些甚至引起世界性大流行及大量人口死亡，例如黑死病、伊波拉病毒；有些動物會造成嚴重生態破壞，例如福壽螺、亞馬遜河的吃人魚；有些植物會夾帶病蟲，例如果蠅卵，可能造成農業浩劫。由於動植物物品常攜帶許多細菌與病毒，因此，各國通常都會對動植物的出入境定有詳細的查驗辦法，所有進出口動植物都要經過檢疫程序，以確保國家內部不受外來細菌與病毒的侵害。

海關此時即扮演重要把關角色，當貨主辦理報關手續時，海關查驗關員如發現有動植物、血清、病毒檢體等都會通知機場檢疫單位會同查驗，或要求貨主先辦理檢疫手續，經過檢疫機關核准後才來辦理清關手續。

(四)有條件進出口貨物必備文件之查核

有些管制貨物雖然不可隨意進出國境，但如符合當地法規仍可在獲得有關機關的許可後，辦理進出口，例如警用槍械、武器、彈藥、國防科技產品及嗎啡藥品等。通常此種許可應事先申請，經有關機關核可後發給許可證，貨主於報關時，連同其他報關文件交海關查驗。

五、航空貨運與物流業

除一般代理商及航空貨運承攬業者提供程度不一的空運服務之外，近年來，有一種新興行業稱之為「物流業」，專門替廠商處理運輸、倉儲、配送、管理、財務處理等等所謂「後勤支援」（Logistics Support），也稱之為「一條龍服務」。換言之，他們提供的服務包羅萬象，舉凡產品由製造廠商完成製程後，物流公司即著手接管產品，特備倉庫為其存儲、管理進出及盤點庫存數量，以電腦網路與廠商，甚至廠商來往客戶連線，接受廠商指示，隨時將貨物依指示品量及目的地，自庫存中檢出、包裝、配送，準備必要文件，如報關單、包裝清單、發票及廠商文件，並記錄進出數量、代收貨款、安排海陸空運輸等，服務範圍包括倉儲、管理、運輸、財務各個層面，需要有很強的電腦網路，非常專業人員，眾多且高效率的運輸工具，也要有設備良好的倉儲設備，投資可謂相當龐大。

六、航空貨運與海陸運輸業

航空運輸是「機場到機場」的運送模式，但是商品不可能只在機場與機場之間流通，當今國際貿易勃興，貨物交易遍布全世界，因此國際空運需要國內外所有交通工具配合，其中特別依賴國內外的卡車業，例如航空公司只飛航到美國紐約，但是貨物要送到波士頓，或是貨物在英國蘇格蘭製造要經曼徹斯特的航班運到香港，凡此都需要卡車來完成陸地部分的運送。陸運方面有時也要鐵路來配合，例如美國、俄國、中國、印度等幅員廣大的國家不是到處有國際機場，也常利用鐵路作為國際貨物接駁之工具。有些地方由於地理環境的關係，必須仰賴河運、海運將貨物送到國際機場進出國境，例如中國武漢產品經長江水運送往上海轉空運出口。有時貨主基於成本考量，採取海空聯運方式來運送國際貨物，例如孟加拉、印度、斯里蘭卡等地生產銷往歐洲的成衣，由於價值不高，但也要顧及產品市場時效需求，因此將貨物由海運送至阿拉伯聯合大公國（United Arab Emirates）的杜拜自由港，然後轉航空班機送往歐洲內陸以節省全程空運的費用。

七、航空貨運與機場貨運站

國際進出口貨物因為需要事先辦理報關手續，貨主必須先將貨物存進海關監管倉庫以備海關查驗，另外航空公司在將貨物運出之前，也必須在海關監督之下裝櫃打盤或以散貨出倉，因此，機場貨運站就在此種情形下扮演中間暫存的重要角色。航空公司在貨量龐大的場站常自行設置貨運站，自行經營管理，如有餘力尙可代理他航貨物處理業務，在貨量或班機不多的場站則由代理公司代勞。有些貨運代理公司在某些機場建立「一般性的貨運站」（Common Air Cargo Terminal），代理多家小航空公司的進出口貨物處理。

貨運站一般的業務包括貨物暫存、海關驗貨，以及代理航空公司收貨、放貨、裝櫃、打盤、班機到貨進倉暫存、出口班機出貨、貨運盤櫃及貨運裝備保管、辦公室出租等業務。

第五節　航空貨運產品

航空貨運基本上是一種運輸服務業，航空公司並無實質商品銷售，但是航空貨運既是商業行為之一，有買賣「服務」之事實，因此，一般也將提供不同內容的服務稱之為「產品」或「商品」，猶如保險公司售賣不同內容的保單，也稱為「保險商品」一樣。

航空貨運依運送時間及相關的服務內容，其產品大致可分為以下幾大類：

一、一般傳統貨運產品（General Cargo Service）

就是一般航空公司依飛航班表所安排的機型、起飛、降落地點及時間而訂定銷售條件的產品，包括每航次可接受的最大重量，貨物體積限制，依一般運送條件及公布費率收費，貨物運送僅限於起迄機場。航空公司所提供的服務基本上只限於「機場到機場」運送有關的服務，例如訂位、收貨、貨運站暫存、清關、運輸、交貨、收費、客服等等，原則上依訂位先後及貨品性質，安排運送優先次序。

二、優先運送貨運產品（Priority Cargo Service）

由於市面上有些貨物需要快速送達，或是必須在某限定時間內到達，但在一般傳統空運產品中，時常因爲班機訂位已滿而無法及時運出，即使貨主願意多付運費也因別人訂位在先，不得其門而入，尤其在旺季期間，大家都在搶艙位，曠日廢時等候，何時能運出毫無把握，令貨主憂心喪失商機。航空公司爲因應此種顧客需求，並爭取較高營收，特別設計一種不同於傳統營業方式，就是撥出班機一部分艙位，以較高費率出售給願意付費之顧客，航空公司保證一定依所訂班機，於特定時間送到目的地機場。這種產品各航空公司有不同的名稱，例如有些稱爲「優先快運服務」（Priority Service），有些稱爲「快速運送服務」（Speedy Service），有些稱爲「快捷服務」（Express Service），有些稱爲「限時運送服務」（Time Limited Service）等等，其性質猶如航空客運的頭等艙，除保證有艙位外，也受到周詳的照顧。

三、延後運送廉價產品（Defered Service）

正如航空客運方面，有些旅客不在乎飛行途中的舒適，也不在乎到達目的地時間的快慢，只在乎機票價錢高低，因此寧可搭乘所謂的低成本廉價航空公司。同樣地，有些貨主並非急於將貨物趕在

一、兩日內送達，對節省運費成本可能更加注重，航空公司為因應這類顧客的需求，並充分利用班機未利用的艙位增加營收，特別推出「延後運送廉價產品」，各航空公司對此項產品名稱各有不同，也許用「特惠運價」（Special Offer），也許用「折扣運價」（Discount Service）等等，航空公司對此類貨物在接獲貨主訂位時，原則上有別於一般訂位貨物，向貨主說明列為候補，不保證經由特定班機運送，頂多應允於某一時段內送出，例如三、五天之內送出，然後視班機艙位使用情形，當班機訂位貨物不足，或其他訂位貨物因故未能及時趕在班機截止前送到機場，航空公司即可將此類後補貨物裝機運出。

四、「戶到機場」或「機場到戶」服務

一般航空公司提供的空運服務只限於將貨物從空運提單上所顯示的啓運機場（Airport of Departure）送到目的地的機場（Airport of Destination）而已，至於從託運貨主處所（工廠或倉庫）到啓運機場，辦理機場貨運站交貨及清關手續，由託運人自行負責，或由其委託代理商代辦，在終點站則由收貨人自行報關領貨，送往收貨人處所，或委託代理商辦理，航空公司並不牽涉到機場與機場之間以外的前後段的服務作業，主要原因是貨主對象太多，工廠或倉庫遍布各地，地面運送範圍太廣而不易確定貨主所在，何時有需求，有何需求，實在不易作經濟有效安排。

然而，仍有少數航空公司規模較大，在某些航點有自備卡車系統，可以提供機場與貨主處所之間的陸運服務，有些航空公司甚至可代辦清關手續，例如從高雄接貨，送至台北裝機出口至義大利米蘭（Shipper's Door to Milan Airport），或從香港空運至紐約，下機後，以卡車轉運至波士頓（HKG Airport to BOS Consignee's

Door）。

現已被聯邦快遞公司（Federal Express, FedEx）合併的前飛虎航空貨運公司（Flying Tiger Cargo Airlines）曾擁有龐大車隊，在美國各大城間提供上述服務產品，惟因不敷成本及其他經營困境，導致虧損累累，最後被聯邦快遞合併。華航也提供台北與高雄之間類似產品。

五、「戶到戶」服務產品

所謂戶到戶服務產品是指航空服務業者負責將貨物從貨主的處所取出，包辦一切地面倉儲、運輸、辦理出口手續、航空公司交運，以及到達目的地的清關、提貨並送到收貨人的處所之服務。一般傳統航空公司甚少提供此種服務，主要原因與前述理由相同，航空公司認爲投入人力、設備的投資太大，與提供此種服務的收入不敷成本。但是也有某些航空公司，特別投入大量人力，投資綿密卡車系統，布建資訊網路，並設立廣泛營業據點，提供顧客快捷方便服務，以此種別人無法競爭的營業模式，藉以提高售價，增加收益，例如聯邦快遞（FedEx）、優比速（United Parcel Service, Inc., UPS）或是航空貨運承攬業者（Air Cargo Forwarder），例如，Panalpina、Schenker、Nippon Express、Kintetsu、CF Air、Global等等公司經長期發展，已建置具有全球性規模，營業據點遍布世界各地，卡車機具充足，人力資源豐富，有能力替客戶提供戶到戶的服務，收費也因爲提供的服務比一般傳統「機場到機場」的服務爲高，獲利也較佳，同時顧客也因爲有此種產品服務，簡化所生產的物品在運輸過程中交涉安排的繁瑣工作，可以專心致力生產及行銷，創造更大商機，因此深受大型高科技公司及有時間壓力的貨主青睞。

六、海空聯運服務產品（Sea & Air Service）

在國際貿易中，許多貨品價值不高，例如成衣、聖誕節燈飾、暑假過後開學前需用的文具和書包等等，貨主為節省成本理應由海、陸運輸運送產品，但有時因市場季節性需求，或收貨人地處大陸內陸，地面交通不便，空運乃不可避免，如環境許可，貨主常利用部分海運、部分空運的方式，即所謂的海空聯運方式來達到節省成本，又達到貨物輸送不太過於緩慢的目的。此種模式最明顯的例子是南亞國家，如斯里蘭卡、印度、孟加拉等國生產許多成衣銷往歐洲，廠商為節省成本將貨物先以海運送往阿拉伯聯合大公國的杜拜的自由港，上岸轉空運送歐洲內陸各地。

有時船公司或航空公司也會商討相互合作，創設海空聯運產品，例如台灣海峽兩岸開放通航前，中國大陸經濟發展快速，台商大量在大陸設廠，製造產品外銷，但是中國大陸國內航空公司一時無法趕上產業發展速度，空運運能不足，出口廠商到處找航空公司艙位，然而，在台灣的中華航空及長榮航空擁有龐大機隊，卻苦於台灣廠商外移，貨量不足，眼睜睜看著龐大商機卻無法掌握。後來經與已開航大陸的海運公司，如萬海、陽明等船公司合作，發展海空聯運產品，將廈門、上海貨物經由海運送至基隆港或高雄港，再以卡車送往桃園機場，以班機送往歐美各地，達到開拓市場、增加營業量的目的，船公司與航空公司也因此達到雙贏的局面，而貨主也可順利將貨物輸出並節省運費，可說是三贏。

七、併裝空運服務（Consolidation Forwarding）

貨主如果直接與航空公司接洽運送，運費通常是依航空公司公布費率計算，但是一般廠商大都委託代理商或空運承攬業者辦理所有繁瑣手續，代理商或空運承攬業者因此有機會將顧客某甲與顧客某乙所委運的貨物，分別以該公司的承攬業提單開發給某甲及某乙貨主收執，本身成爲「運送者」（Forwarder），但是在與航空公司交運時可將該兩批貨合併，以本身名義作爲託運人（Shipper），以該公司海外目的地的分公司爲收貨人（Consignee），如此，由於貨量加大，對航空公司就可依表訂較高貨量便宜級數費率，繳交較低運費（費率表上貨量越大，費率越低）。

代理商或空運承攬業者由於市場競爭，爭取客戶貨源，經常將從航空公司得到的價差部分回饋給客戶，換言之，廠商將貨物交代理商或空運承攬業者，比直接交航空公司省錢。因此，廠商也樂於採用此種服物產品以節省成本。其實，代理商或空運承攬業者獲利的方式還包括利用不同貨主交運的貨物，將其體積龐大輕貨（泡貨）與體積小而重的貨物實重合併，在交航空公司時不必或減少付「材積重量」（Volume Weight）運費（例如棉花重量輕，體積鬆軟龐大，運費即以「材積重量」計費，鑄鐵模具體積小，但重量大，以實重計費），代理商或空運承攬業者分別向有「材積重量」之廠商收材積運費，從中獲取價差利潤。此外，也可向航空公司購買貨櫃費率（Unit Load Device Rate, ULD Rate），或包艙、包機等方式降低成本，獲取更大利益。航空公司也可能因爲代理商或空運承攬業者常年交運大量貨源而給予折扣，或簽約於月底、年底結算交運金額依約給予激勵獎金，以保持彼此長期合作關係。因此，代理商或空運承攬業者有較佳條件可以較優惠價位在市場爭取併裝貨源，而貨主也因此獲益。

八、全方位服務產品（Total Solution Service）

近年來由於工商快速發展，產品日新月異，市場變化多端，全球化加速擴展，世界產業分工更爲普遍，廠商對於貨物的流通及相關服務的經濟有效需求更感迫切，因此，航空公司及代理商或空運承攬業者所提供的傳統運輸服務已不能滿足某些廠商的需求，新興物流業者乃應運而生，他們對廠商提供所謂的「全方位服務產品」，也有稱爲「一條龍服務」，不僅提供運輸服務，舉凡產品完成後安排倉庫暫存、數量盤整清點、產品分裝配送、貨款代收、代辦清關手續、代繳運費、代付關稅及政府規費、代爲處理有關文件、代辦銀行押匯、辦理航空公司訂位、交運、追蹤、異常案件處理、機場貨運站進出倉手續等等工作，並建置資訊系統，與廠商連線，以便隨時提供有關貨物流通訊息，貨物盤存數量，產生財務報表，以便廠商掌握全盤狀況。

九、快遞服務（Express Service）

一般所稱快遞服務是指業者對客戶提供限時運送服務，例如聯邦快遞（FedEx）宣稱在美國國內主要城市之間，下午五點之前交貨，翌日上午十點即可收到託運物品，否則保證退費，此種快速服務需要周詳的安排、充足的人力機具、完善的資訊及綿密的陸運系統配合才能適時完成任務，業者投資龐大，業務量必須很大才有經濟效益，因此收費也遠高於傳統空運，然而有些行業還是因爲業務需要，願意付高價採用此種服務產品，例如銀行票券交換、時尚高價成衣服飾爲趕市場上市時間、新產品貨樣、醫療移植器官、工廠短缺原料、緊急救濟物品、飛機或輪船故障停機待料的緊急維修零件（Aircraft On the Ground, AOG）等等，都不計成本要將物品以最快速度送達收貨人，快遞業者因而有商機。

快遞服務可分爲國內快遞及國際快遞兩大類。國內快遞一般使用公路運輸，美國、加拿大、中國大陸、巴西、印度等幅員遼闊的國家，則必須以空運配合。國際快遞牽涉到物品進出國境，有海關報關查驗，甚至繳交關稅的問題，以及「戶到機場」、「機場到機場」、「機場到戶」等不同階段的處理，比國內快遞複雜許多，爲求迅速完成運送，國際快遞業者通常都包辦一切，提供所謂的「戶到戶」服務，包括到貨主處所取貨，代貨主辦理進出境報關手續，代繳關稅，到站後安排送交收貨人處所。爲求作業快速，國際快遞偏重處理文件及小包裹，由於收費高，有時甚至比一般空運貨物運費高達十倍，廠商對於大貨除非十萬火急，才會用到快遞服務，否則頂多用到上述一般航空公司傳統運輸中的「優先快運服務」。

十、貨櫃運輸服務產品（Container or ULD Service）

近年來，飛機製造科技日新月異，不僅性能大幅改進，裝備日益精進，航程更遠，速度更快，而且艙位內部也加大，貨物裝載大量採用貨櫃或集裝設備（Unit Load Devices, ULD），如貨盤，航空公司爲了簡化裝卸作業時間，減少飛機地停時間，增加飛機使用率，除自行將旅客行李及貨物使用貨櫃等集裝設備裝卸外，也設計一套「貨櫃運輸服務產品」，以較低總運費方式鼓勵貨主使用貨櫃運輸。

此種產品原則上由航空公司提供貨櫃或貨盤，交貨主取回，自行在其處所將貨物裝入盤櫃，然後以整盤櫃交運，到站後由貨主自行報關，拖回其處所卸貨後，將空盤櫃送還航空公司，航空公司不必再重新處理，節省人力與時間，有關運費計算及相關規定，請參閱本書第七章《航空貨運費用計算》，第六節「貨櫃費率」。

十一、包艙或包機產品（Block Space or Charter Flight）

貨主如果有大量貨物待運，或大型空運承攬業者經常攬得大貨，可洽航空公司承包某班機部分艙位，或承包整架飛機艙位，以總運費比單獨個別提單分別以公斤數計價爲便宜來降低成本，獲取較高利潤。例如國際著名大型承攬業者Panalpina，即經常向航空公司包艙及包機，特別是在每年法國新釀葡萄酒Beaujolais於11月中大量同時上市，常承包數十架包機，將酒運往世界各地。再如台灣台積電整廠遷往上海松江，茂德整廠遷往四川成都，也都以包機方式運送，節省運輸成本。

第六節　飛機製造商與機型簡介

目前世界上使用數量最多的商業飛機主要由兩家飛機製造商所製造，一是美國的波音公司所製造的一系列飛機，包括短程窄體機編號B707、B717、B727、B737-100/200/300/400/500/800系列，中長程B757-200、B767-300/ER，長程寬體機B777、B747SP、B747-100/200/300/400巨無霸系列，以及新推出的中長程所謂夢幻機（Dreamer）B787或B747-8/9改良型。提供從一百座級別到五百多座級別以及貨運型號在內的各種民用運輸機。全球同時在現役運營波音民用飛機有上萬架之多。

另一大飛機製造商是歐洲空中巴士公司（Air Bus）所製造的一系列飛機，包括短程窄體機編號A300、A319、A320、A321，中長程A330-200/300及長程寬體機A340-200/300，最新推出的巨無霸A380，以及正在發展中的中程A350客機。

一、波音飛機製造公司及其產品

波音民用飛機集團（Boeing Commercial Airplanes），主要產品如**表1-1**所示。

表1-1 波音公司產品及其相關資料

產品	相關資料	圖片
B707	非常早期的中至長程、150～250人座，四發動機噴射客機，現已停產	
B717	原名MD-95，是由麥道在與波音合併之前所開發的中短程百人座級距單走道噴射客機系列	
B727	100～200人座級距之三發動機噴射客機系列，現已停產	
B737	生產歷史悠久、衍生型衆多，且使用廣泛的100～200人座，雙發動機，單走道，短至中程噴射客機，廣受世界各國航空公司歡迎及使用中	

（續）表1-1　波音公司產品及其相關資料

產品	相關資料	圖片
B747	世界上第一架配置有雙層甲板的客機，採四發動機配置，根據機種與艙等設計差異載客量介於200～500人不等的長程廣體客機系列	
B757	取代727的中短程雙發動機客機，載客量200～250人之間，單走道設計	
B767	中型雙發動機廣體客機系列，因為機身大小適中，也經常被改造為政府或軍事用途的特殊機種	
B777	世界上第一款大型雙發動機長程廣體客機，其中的777-300版本是現在世界上機身第二長的量產民航機	

（續）表1-1 波音公司產品及其相關資料

產品	相關資料	圖片
B787	用以取代767的中型廣體客機系列，根據機種的不同，適用範圍介於短途的區域性航線至中長程的越洋航線不等	

圖片來源：以上波音產品圖示取自維基百科。

爲因應空中巴士A380的威脅，傳聞波音公司正研發新一代的巨型飛機B797（**圖1-6**、**圖1-7**），據媒體報導該新機航程比B747更遠，更經濟省油，將可搭載1,000名旅客，比空中巴士A380的555座，幾乎可承載加倍人數，與美國太空總署蘭利研究中心（NASA Langley Research Centre）合作研發的新型複合機翼長達265呎，比波音目前最大的B747飛機的211呎還長，比A380輕25%，效率提高33%，航程可達8,880浬，航速達0.88馬赫（相當每小時654哩或每小

圖1-6 傳說中B797外觀

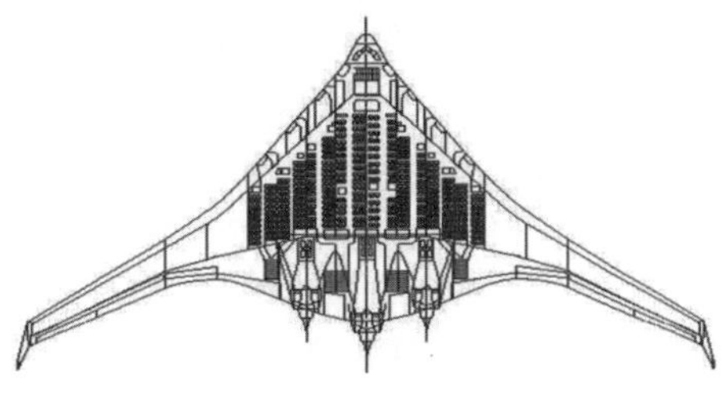

圖1-7 傳說中B797構想內部安排

資料來源：PIREP (Pilot Reports) -The Forum for Aviation Professionals Run By Aussies. www.pirep.org/forum/viewtopic.php?t＝14118&highlight＝blended+wing

時1,046公里）。惟此項報導爲波音公司否認，至於是否在研究階段低調保密，還是航空界臆測，有待觀察。

二、空中巴士公司及其產品

空中巴士公司於1970年成立，由歐盟的法國、德國、英國和西班牙四國的航太公司共同組建，開始進行空中巴士A300的研製工作，逐步發展成爲波音公司的主要競爭對手，波音公司在民用運輸機的市場占有率不斷地被空中巴士公司蠶食，雙方展開強烈競爭。

主要產品及有關資料茲介紹如下（**表1-2**）：

表1-2　空中巴士主要產品及相關資料

產品	相關資料	圖片
A300	雙引擎，雙通道，250-361座，1969年5月開始研製，1974年5月首次交付	
A310	雙引擎，雙通道，由A300改進而來，200-280座，1985年12月首航	

（續）表1-2 空中巴士主要產品及相關資料

產品	相關資料	圖片
A318	雙引擎，單通道，比A320短6.17公尺，107座短程機，2003年10月開始商業飛行	
A319	雙引擎，單通道，比A320短3.77公尺，124座，1996年4月交機	
A320	雙引擎，單通道，150座中短程客機，1988年3月交機，為目前最受歡迎中短程客機之一，與波音B737同樣為多數航空公司採用為國內或短程國際線使用	
A321	雙引擎，單通道，比A320長6.94公尺，185座，是A320衍生型，1989年11月開始研製	

（續）表1-2　空中巴士主要產品及相關資料

產品	相關資料	圖片
A330	雙引擎，雙通道，253-325座中長程，中運量飛機，1993年12月首航。目前已有A330-200F貨機上市	
A340	四引擎，雙通道，261-380座超長程，中運量客機，1987年6月研製。1993年1月交機。當初設計為與波音B747競爭	
A350	雙引擎，雙通道，250-300座，2004年12月研製，迄2012年9月尚未交機	
A380	四引擎，雙層甲板，高密度座位安排可達853座，三級艙安排亦可達555座，2007年10月交機	

(一)A320

A320是中短程窄體商用客機，成員系列包括A318、A319、A320、A321以及商務客機ACJ，於1988年推出，是第一架使用線傳飛控系統的商用飛機。截至2008年，整個A320系列共生產了三千多架，僅次於波音737，是歷史上銷量第二大的噴射客機。

(二)A330/A340

空中巴士A330，是高載客量的中長程廣體客機，與四引擎的A340同期研發。除引擎的數目外，A330的機翼與機身的形狀與A340幾乎相同。在機體方面，其設計取自A300，但其機鼻、駕駛室及電傳操縱則是取自A320。

A340是一種長程廣體客機，設計上類似於A330，但多兩具引擎。A340最初設計目的是要與波音B747競爭，後來則是要與波音B777競爭長程與超長程的市場。其中A340-600爲世界上機身最長的民航客機，長75.30公尺。

(三)A350

A350爲空中巴士目前研發中的最新世代中大型廣體客機，未來將取代空中巴士A340系列機種。它的競爭對手爲波音的B777及B787。A350配備全新機艙、機翼、機尾、起落架及各項新系統。一些原爲A380發展出來的技術也應用在A350上，大量使用複合材料。A350亦配備新的複合物料機翼及機身，主要使用鋁鋰合金建造，有效減少飛機重量達8,000公斤（17,600磅）。預計2014年交機服役。

(四)A380

A380是空中巴士公司所研發的巨型客機，採最高密度座位安排時可承載853名乘客，在典型三艙等配置（頭等艙－商務艙－經濟艙）下也可承載555名乘客，是目前世界上載客量最大的民用飛，已趕過稱霸三十餘年的波音B747，登上新「空中巨無霸」寶座。A380客艙爲雙層甲板，四引擎客機，於2004年中首次亮相，2005年1月18日首架A380客機舉行出廠，於2005年4月27日試飛成功。2007年10月15日新加坡航空公司（Singapore Airlines）接收首架A380客機，並於2007年10月25日首次載客從新加坡飛澳洲雪梨（資料來源：空中巴士及維基百科）。

三、其他主要飛機製造商及其產品

此外，中國大陸、英國、巴西、荷蘭、印尼等國也都有飛機製造工業，分別生產大小型螺旋槳及噴射客貨機，例如法、義、英三國合資成立的Aero International（Regional），生產雙螺旋槳ATR40-70座行銷美國及世界各地，占滑輪噴射螺旋槳（Turbo-Props）市場53%，英國的British Aerospace（BAe）生產British Aerospace 146-100/200/300短程噴射客機，俄羅斯也是飛機生產大國，產製伊留申及安托洛夫系列飛機供應前蘇聯盟國及共產國家。

另外，在與波音公司合併前的麥克唐納－道格拉斯公司（McDonnell Douglas）也曾自1980生產一系列MD-80短程客機（**圖1-8**）及MD-11客貨機（**圖1-9**），廣泛爲航空公司採用。

圖1-8　MD-82

圖1-9　MD-11F

四、客貨機上下艙及裝貨示意圖

目前一般商用客貨機大致可分爲窄體機及寬體機兩大類。客機以單走道與雙走道來區分窄體或寬體，簡言之，單走道的飛機不管是1/3、2/2、2/3、3/3等方式安排，機艙內部一般比較狹窄，故稱之爲窄體機，其下貨艙一般也很狹小，也沒有電動傳送設備，行李及貨物必須以散裝方式，一件件以人工在貨艙內堆疊，以此種飛機改裝的貨機也稱之爲窄體貨機。窄體機的內部隔成上部裝載旅客座椅，底部隔成貨艙裝載行李及貨物，貨機則在上艙拆除座椅，改在地板裝設滾輪及盤扣，用以裝載貨櫃貨盤，如**圖1-10**所示。

一般飛機機艙內大都安排兩層甲板，上面部分稱爲「上艙」或「主甲板」（Main Deck或Upper Deck），底下貨艙稱爲「下艙」或「下甲板」（Lower Deck）。

圖1-10 飛機上下艙剖面圖

圖片來源：維基百科。

五、寬體機與窄體機

寬體機一般均爲雙走道客機及其改裝的貨機，波音的B747/767/777/B787/747-8等系列，空中巴士的A300/330/340/380和即將推出的A350等系列都屬寬體機。

寬體機因爲載運客貨數量較大，爲節省機場作業時間增進運作效率，下貨艙通常都有電動滾輪及盤扣設備，可以裝載貨櫃貨盤，飛機抵達前即可將行李及貨物裝櫃打盤，等待班機抵達即可裝機，裝載時配有升降裝卸機作業省時省力，並加速作業時效。

窄體機由於機型較小，載客約在150人以下，下貨艙也因所載旅客行李及貨物有限，且空間有限，無法裝設電動傳送設備，通常以人工裝卸，請參閱示意圖（**圖1-11**至**圖1-14**）。

六、寬體貨機

寬體機也常用作全貨機，例如目前廣泛使用的波音B747貨機，麥道的MD-11，空中巴士的A330-200都是寬體大型貨機，可以承載75-120噸貨物。此種貨機上艙，全部安裝電動滾輪地板，以便裝載貨櫃及貨盤（**圖1-15**、**圖1-16**）。

圖1-11 寬體機下貨艙

圖1-12 寬體機下貨艙內部

圖1-13 窄體機前下貨艙

圖1-14 窄體機後下貨艙

說明：圖1-11、圖1-12是可以裝貨盤及貨櫃的寬體機下貨艙，有自電動傳送系統。圖1-13、圖1-14爲窄體機，無盤櫃裝卸系統，只能裝散貨

圖1-15 寬體全貨機上艙內部

圖1-16 寬體全貨機下艙內部

第七節　貨運盤櫃及裝載器具介紹

航空公司載運貨物可分為窄體機或是寬體機而有不同的載運方式。窄體機因為飛機下艙空間狹小，無法安裝貨櫃設備，只能以人工堆疊行李或貨物。大型寬體飛機下艙裝設貨盤、貨櫃及電動傳送設備，行李或貨物均可於飛機起飛前事先準備妥當，俟飛機到達後迅速裝卸行李或貨物盤櫃，縮短作業流程。因此，今日空運都已普遍使用盤櫃以爭時效並保護行李或貨物的安全。

目前航空公司所使用的盤櫃統稱為「集裝設備」（ULD），分為貨櫃（Container）及貨盤（Pallet）兩大類。貨櫃為箱型裝備，上有頂，下有底，三面合圍，一面開口，或用塑膠布簾，或用可上翻之固定鋁門，材質為鋁合金（**圖1-17**）。貨櫃依下貨艙飛機橢圓形狀而在一角或兩角截角，視小櫃或大櫃而定。另因應需要亦有長方形者。貨盤則是一片鋁合金板，四邊有凹槽可置入連接貨網之金屬扣環，俟貨物堆疊於貨盤後，套上貨網以固定貨物於貨盤上（**圖1-18**）。

貨櫃及貨盤可以裝在客機下貨艙，亦可裝上全貨機之上艙，貨櫃因此有較大型設計，貨盤也有大小不同設計，貨物也可堆砌得較高。

貨盤堆疊完成後必須要確定其高度不可超過飛機其圓弧形頂端，通常用一個與飛機形狀相同之丈量器具，稱為Contour來確定其大小高低（**圖1-19**、**圖1-20**）。

將貨物堆疊到貨櫃或貨盤上的工作，航空工作人員慣用的術語，稱之為「打盤」（Palletizing），其工作情形如**圖1-21**、**圖1-22**所示。

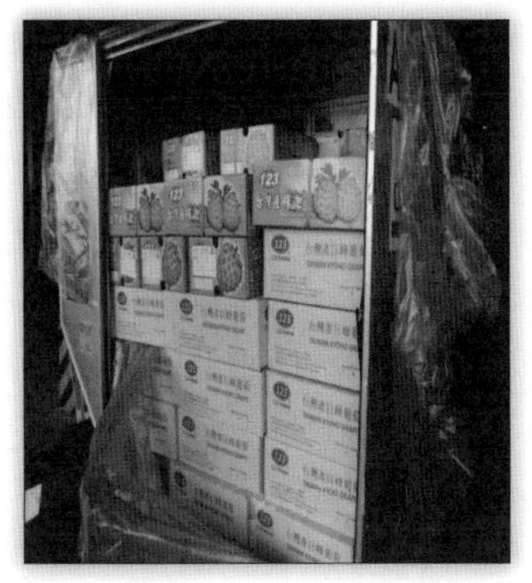

圖1-17　下貨艙貨櫃

圖1-18　上艙貨盤

圖1-19　貨盤裝上貨艙

圖1-20　貨盤裝機

圖1-21　貨物裝櫃

圖1-22　貨物堆疊打盤

為保障飛行與運作安全，航空公司透過國際航空運輸協會（International Air Transportation Association, IATA）協調飛機製造商制定統一各型盤櫃規格及材質標準，另也制定有關盤櫃控管及航空公司之間移轉和賠償規章，以利航空公司間之運作。IATA將各種盤櫃設定各種規格號碼，基本上每一盤櫃都有一組由九個特定號碼組成的號碼以便控管，這九個特定號碼稱作「IATA ID Code」，前三碼是盤櫃的型號，例如AKA代表半型下貨艙貨櫃，DLF代表全型下貨艙貨櫃，PMP代表96×125吋貨盤，P1P代表88×125吋貨盤等，此三碼由IATA制訂，並藉以制定相關規格與規章，接著四個數字號碼，是由航空公司自行編列的控管號碼，最後兩碼則是航空公司代號，例如國泰航空為CX、美國航空為AA、華航為CI、長榮為BR等等。組合起來如**圖1-23**。

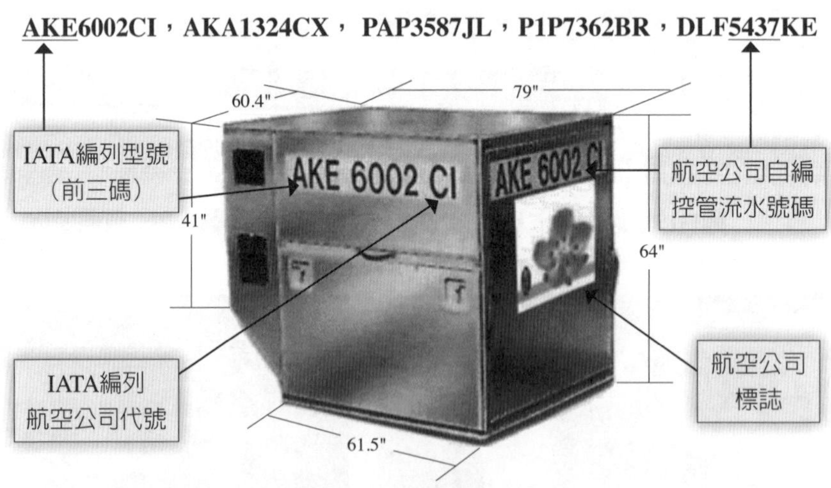

圖1-23　空運貨櫃標誌

一、航空公司使用的貨櫃

每個盤櫃都經IATA與製造商研擬訂出最大內外尺寸與容積，另爲安全起見，都規定最大承載重量限制，航空公司並據以制定所謂的「貨櫃費率」。

航空公司不管規模多大，航線多綿密，航班有多少，還是有自身飛機無法涵蓋的地方，而顧客交運的貨物又是無處不在，因此航空公司必須依賴其他航空公司合作，將本身無法運達目的地的貨物轉請其他航空公司代運，有時因爲飛機故障或調度無法執行班機任務，也必須將貨轉他航以維商譽，並避免因延誤而衍生的貨主求償。此時，如果貨物量少，可以散貨方式轉交，如果量大且已裝在盤櫃內，則以整個盤櫃轉運以節省人力與時間。IATA爲方便各航空公司之間盤櫃移轉交接，另制定盤櫃交流協約，詳細規定盤櫃交接細節，盤櫃遺失、損壞賠償辦法，合理歸還時間（通常是接收後五天內必須歸還），延誤歸還罰則，按日罰延滯費（Demurrage Fee），直到盤櫃歸還原主，以及簽收表單與電報通知格式等，以確保各航空公司之間盤櫃順利運轉，並釐清遺失及損壞責任。IATA會員航空公司因此必須簽署此項協約，方能享受盤櫃轉移之便利，同時也必須負擔及時完好交還之義務。至於會員與非會員之間則可依IATA協約內容爲版本，簽雙邊協議，作爲雙方遵守之準則。

二、航空公司使用的貨盤櫃規格

IATA將所有盤櫃規格依註冊盤櫃之型號給予IATA ID Code，詳細說明其材質、內外部尺寸、內部容積、可適用之機型及裝載艙位，以及每個盤櫃可裝載貨物之最大重量限制等等規定，舉例說明如**表1-3**、**表1-4**。

表1-3　IATA設定之貨櫃規格

型號	圖示	3.9(138)~4.4(155)			85(187)~158(348)		
AKE AVE (LD-3)		L	157(62)	147(58)	7	LD	1587(3500)
		L'	201(79)	191(75)	767	LD	1587(3500)
		W	153(60)	140(55)	777	LD	1587(3500)
		H	163(64)	157(62)	10	LD	1587(3500)
					11	LD	1587(3500)
IC	GARMENT TYPE AVAILABLE	8					

說明：以上貨櫃由IATA設定的規格包括貨櫃型號（AKE/AVE），圖示，長（L）、寬（W）、高（H），可適用飛機機型（B767/B777/MD10/MD11），可用材積（1,587立方吋或3,500立方公分）

表1-4　IATA設定之貨盤規格

圖示	——			132(291)~140(309)		
	L	318(125)	295(116)	*7F SIDE DOOR	MD	6804(15000)
	W	244(96)	220(87)	**7F	MD	6804(15000)
	H	*300(118)		***7	LD	5035(11100)
		**244(96)		***767	LD	5102(11250)
		***163(64)		***777	LD	6055(13350)
	*2H **2 *** ——			***11	LD	5148(11350)

說明：以上是貨盤規格，與上項貨櫃類似。貨櫃及貨盤有多種型號及規格以方便不同飛機運用，詳細規格規定，請參閱IATA出版的《航空貨運規章》（*The Air Cargo Tariff - Rules*）。

第二章

航權概論

- 航權源起
- 航權與國家主權
- 航權分類
- 航權之獲得

航空運輸業主要的業務是承載客貨飛行於一定的空域間，其中包括在本國各城市之間的國內空域，本國與外國之間的國際空域和他國境內空域，商業航空初起之始，因機型小，載量有限，航程短，大都在一國之內運行，問題比較單純；但隨著航空工業逐漸發展，業務變得愈來愈複雜，飛機航程也可以飛越許多國家空域，各國為保護本國領空安全，保障本國航空業者利益，考量機場起降設施能量，本國經濟利益與國民的福祉，對於本國或外國航空業者都有某些管制，因此衍生許多國與國之間的權利義務關係，也產生所謂的「航權」（Freedoms of the Air）問題，並成為國與國及國際之間討論協商的重要課題。

航權是指國際民航航空運輸中的過境權利和運輸業務的相關權利。在不同的兩個國家交換與協商這些權利時，一般採取對等原則，有時候某一國會提出較高的交換條件或收取補償費以適當保護該國航空企業的權益。

茲將航權內涵，包括航權的意義、航權來源、航權的獲得、航權分類、航權分配、航權管理、航權的運用等各層面，分別說明如下。

第一節　航權源起

第一次世界大戰之後航空器逐漸發展，在民航及軍用方面都有快速的成長，第一次世界大戰時期所使用的以帆布為主的雙翼或三翼戰機，到第二次世界大戰時，日本的零式機、美國的野馬式、英國的噴火式戰鬥機及B-17、B-29轟炸機已經變成密閉式駕駛艙，鋁合金堅固的機身和機翼，螺旋槳引擎也改良成非常有力且可長距離飛行；第二次世界大戰後，民航飛機製造技術及設備皆有大幅度改善，航空公司也陸續成立，並開闢許多國內外航線；國際運輸所涉及國家領土、領空以及安全、技術、營業、管理等問題也慢慢冒出來，因此許多國家都希望國際上有比較一致的做法。

1944年11月美國有鑑於此，遂邀請五十二國在美國芝加哥參加國際民航會議，討論如何解決共同的問題，會中達成協議，為促進國際民航安全正常發展訂定了有關航權的公約，促成國際共同遵守的規則而使國際民航業務順利進行。

航權協定，依據1944年所訂立之《國際民用航空公約》（Convention on International Civil Aviation），通稱《芝加哥公約》（The Chicago Convention），分為定期及非定期飛航之權利，其中該公約第6條為定期飛航權，規定為「除經締約國之特准或其他許可，並依照其規定，不得在該國領域上空或領域內經營定期國際航空業務。」因此，凡在他國領域內或其上空從事定期國際航空業務者須事先取得領域國許可或特准，目前國際間定期航空業務之運作均以雙邊空運協定為依據。而簽署航權協定之每一個國家，依該協定第1條第一節規定，對於其他締約國應給予飛越權、技降權、卸載權、裝載權及經營權五項空中航權（The Five Freedom of the Air）。有鑑於此，世界各國本於其經濟、政治與地理因素之需求，復基於平等互惠之原則，互通有無之方式制訂兩國間之雙邊空運協定，載明授予特定航權範圍，而從事彼此兩國之間經營國際航空業務，換言之，航權是一國特有的權利，可因兩國之間相互利益考量隨時洽商修訂航約，增加或減少彼此在對方空域或領土內的商業行為及一般所謂的無害通過，也可能因為臨時事件暫停許可某國航機飛航及有關商業行為，例如最近歐盟即因印尼航空（Garuda Indonesia Airlines）未依有關規定執行飛機應有的維修工作，對歐盟地區飛安有潛在威脅，因而將印尼航空列入黑名單，暫時禁止印尼航空飛航歐盟地區。有時兩國之間可能由於動亂、爭執、戰爭、斷交等原因而短期或全面中止兩國航空協定，例如印度與巴基斯坦，中國與越南之間的戰爭，台灣與日本、韓國之間的斷交爭執而中斷兩國之間的航空通路。

第二節　航權與國家主權

航權是國家主權的象徵，航空公司要經營必須先取得航權許可，尤其是國際間之航線更需要起飛國、中停國及終點地有關各國同意方能飛行，否則可能被視為入侵的不明飛機而遭空防擊落。多年前，一架韓航客機自美國紐約飛返首爾途中偏離航道，未經許可飛入庫頁島附近蘇聯領空，又因無線電頻道不對無法聯絡，在蘇聯戰機數次警告無效後以飛彈擊落該客機，造成大悲劇。

航權既是國家主權的象徵，兩國之間是否給予對方航權必須經過外交協商，雙方開會討論開放哪些城市、每週開多少航班、用什麼機型、可載多少客貨、是否可以在對方國家設營業處等等問題，經雙方協商訂立所謂的「航空協定」（Aviation Agreement），然後各該政府再將該航權開放給國內有興趣經營的航空公司申請。

航權是航空公司的命脈，因為飛機、設備、人員只要有資金即可購置，但想經營的市場若無法獲得航權時，就無法經營；即使有航權，但所獲准之航權不足以開闢足夠航班，達到經濟規模，也是無法經營下去。例如某海運公司經營有成之後也想在航空界發展，於是大手筆訂購二十幾架大型飛機，待公司成立，飛機到位後才發現空運需要航權，還要事先申請機場起降時間帶（Slot Time），獲准以後才能飛航，不像海運船隻在進港前向港務局申請即可，因此初期僅有少數航權可用，以致飛機過剩，造成連年嚴重虧損，公司不得不減資再增資以解決財務危機。再如兩岸開放直航班機，台方航空公司只能有搭載兩岸旅客貨物之航權，不能自大陸航點延伸到歐美、日本、韓國，因此，在競爭態勢與具有延伸權大陸籍航空公司相較居於劣勢。另如台籍航空公司因國家外交處境困難，無法如新加坡航空公司受惠其政府和許多國家簽訂「開放天空」（Open Sky）協議而可自由選擇有利航線，台籍航空公司既無法獲得有利航線，避免繞道以節省成本，也無法選擇獲利較高之航線以增加收益。

航空公司一般在總公司都設有一個專門部門來處理航權申請及其他國際事務，或與其他航空公司合作、聯運事宜，有些公司設置企劃處，底下有航權事務部、國際事務部等等，或其他不同的名稱，不同的編制；然而無論如何，航權的處理對航空公司經營的成敗關係至大，各航均不敢掉以輕心，且設立專責單位來處理航權事宜。

航空公司航權的獲得，基本上是針對某些有興趣的市場研究有獲利的可能後，向本國民航當局提出申請，經主管機關審核所有條件通過，方給予許可。航空公司亦有先行接洽有興趣飛航的國家或機場當局，在獲得該國口頭同意與默契後，向本國民航局報告，再由民航局協調外交部出面安排談判與簽約，再依有關規定將新獲航權優先分配給出力促成的航空公司。長榮航空即因力促我國與法國簽訂航約而獲得台北與巴黎之航權。

民航局面對國內許多航空公司互相競爭，如何在複雜利益糾葛之中公平分配航權，同時也顧及國家整體發展的需要，須小心謹慎爲之。民航局基本上在辦理航權分配時通常會就申請航空公司的經營能力、商業利益、飛安紀錄、維修情形、市場需求等因素作通盤考量，有時尙須召開公聽會，航空公司協調會以維公平，避免紛爭。

一、依據《民用航空運輸業管理規則》處理航權分配

以我國民航局處理航權分配所依據法規（民用航空運輸業管理規則）為例如下：

(一)限制其經營範圍或不許可（第10條）

受理民用航空運輸業籌設之申請或新增航空運輸業時，有下列情形之一者，民航局得報請交通部限制其經營範圍或不予許可：

1.國際航權班次不足。
2.國內機場起降額度不足。
3.市場供過於求。
4.航空站或飛行場設施無法配合。

(二)新闢或增加航線（第12條）

民用航空運輸業申請新闢或增加航線，應先取得航權、機場時間帶或起降額度。

(三)航線申請（第12條）

檢附下列文件一式二份申請民航局核轉交通部核准籌辦：

1.申請書。
2.該航線之市場調查。
3.航線圖（標示起迄之航空站或飛行場及航路）。
4.擬使用航空器之規範。
5.營運計畫及營運收支預估。
6.擬使用飛行場者，其使用同意書。

(四)申請航線不准事項（第12條）

前項申請新闢或增加航線，有下列情形之一者，民航局得報請交通部不予核准：

1.自申請日前一年內曾發生航空器失事事件。
2.自申請日前一年內曾發生航空器意外或飛航違規事件，尚未完成改善措施。
3.自申請日前一年內曾有重大違規營業之情事。
4.申請之航線市場供過於求。
5.航空站或飛行場設施無法配合。

前項第一款航空器失事事件及第二款航空器意外或飛航違規之事件，經調查其原因係不可歸責於申請之民用航空運輸業者時，不在此限。

二、依據《國際航權分配及包機審查綱要》辦理航權分配

另外民航局也依據《國際航權分配及包機審查綱要》辦理航權分配，其分配原則如下：

(一)指定飛航之航空公司家數（第4條）

1.雙邊通航協定中規定一家先飛，或訂有多家指定條款，而每週營運總容量班次在七班以下者，應指定一家業者營運。
2.雙邊通航協定中訂有多家指定條款，且規定每週營運總容量班次達八班以上或不限容量班次者，得指定多家業者營運。
3.在兩城市間之指定航線以不逾二家業者營運爲原則。但經專案申請民航局核轉交通部核准者，不在此限。

(二)申請營運（第5條、第7條）

1.新訂或修訂雙邊通航協定簽署後，民航局應以書面通知經核准經營國際航線定期航空運輸業務之業者申請指定營運。

2.民航局就政策面與技術面因素審查後，核轉交通部核准之。

3.前項經指定營運之業者於雙邊通航協定簽署前，發生航空器失事者，自發生日起一年內不得參與國際航權分配。但經民航局飛航安全評議會評定其失事顯著不可歸責於業者，不在此限。

4.業者有發生航空器失事，依前項規定不得參與國際航權分配之業者，經民航局飛航安全評議會評定無違反民用航空法規之情事時，即恢復參與航權分配，並得於下一次航權分配時，依國際航權分配技術面飛安考核評分表予以加分補償。

(三)申請營運手續（第5條）

指定營運之業者，應檢附下列文件向民航局提出申請：

1.機隊及機組員能量。

2.航線營運計畫：包括擬使用機型、每週容量班次及航線。

3.市場調查及運量估計。

4.收支預估。

5.第6條評估項目之相關資料。

(四)政策面與技術面因素之評估（第6條）

以政策面為優先考量，其項目如下：

1.政策面：

(1)我國整體長遠航空事業發展之考量。

(2)業者對相關航權爭取之具體貢獻。

(3)民用航空運輸業均衡發展之考量。

(4)市場機制之維持。

(5)國家政策及公共利益之配合。

2.技術面：

(1)飛安作業良窳。（評分方式如國際航權分配技術面飛安考核評分表）

(2)營運計畫可行性。

(3)有無財務糾紛致影響公司正常營運。

(五)廢止原指定（第8條）

有下列情形之一者，民航局得廢止原指定：

1.完成指定程序後，一個月內未提出航線申請者。

2.獲民航局核發航線證書後，四個月內未開航者。

3.開航後，停止營運達六個月或僅得指定一家營運之業者，其停止客運業務達三個月。

原指定營運之業者，對前項各款情形有正當理由時，得於各款期限屆滿前以書面向民航局申請延展，延展期限不得超過二個月，並以一次爲限。但因天災、戰亂等不可抗力因素者，不在此限。

(六)增加指定業者營運（第9條）

1.雙邊通航協定尚有容量班次可供增加指定業者營運，或有廢止原指定而得重新指定業者營運時，合格業者可申請民航局核轉交通部核准指定營運。

2.前項有多家業者同時申請時，民航局應審查後，核轉交通部核准之。

(七)容量班次分配（第10條）

1.依航約指定營運之業者，享有每週七班之優先營運權。

2.該雙邊通航協定增修容量班次達每週八班以上，或享有優先營運權之業者未充分使用獲配容量班次而喪失優先權時，民航局得指定第二家業者加入營運。

3.第二家業者營運達每週三班後，續增容量班次由該二家業者依序輪流增班為原則。例如，台北與阿姆斯特丹之間，台灣與荷蘭雙方初期每週各可飛七班，台灣方面指定華航飛航。後來修約成雙方每週可飛十班，多出之三班應分配給長榮航空。後來如再修約，雙方每週可飛十三班，多出之三班應再分配給華航。

4.指定營運之業者申請營運容量班次數總和未超過該雙邊通航協定容量班次限制時，由業者視市場需求彈性運用；如超過該雙邊通航協定容量班次限制時，由民航局依第六條規定及該航線市場特性分配之。

5.業者獲分配之容量班次有未充分利用長達六個月者，該容量應由依雙邊協定指定營運之業者，依市場需求彈性運用。例如某航獲分配台北與倫敦每週七班，但因機隊不足，或市場考量只飛航四班，則剩餘三班航權超過六個月未使用，可由民航局就航約中指定營運之業者，依市場需求彈性運用。

(八)增修容量班次且未涉及指定營運（第11條）

1.雙邊通航協定有增修容量班次且未涉及指定營運時，民航局書面通知原營運之業者提出申請分配新增容量班次。

2.依前項申請分配新增容量班次之業者，應檢附增班計畫向民航局提出申請，民航局應依第六條規定予以分配，並報請交通部核備。

(九)貨運航權（第12條）

申請非依雙邊通航協定授予之貨運航權時，應檢附擬飛航國家主管機關之核准文件，報經民航局核轉交通部核備後，並經民航局發給航線證書，始得營運。

航空公司依政府法規，特別是如上述民航管理辦法，及政府與外國簽訂的空運協定，填寫申請表，連同所需附件，如機隊及飛航組員能量、營運計畫、市場報告預估、計畫班表等向民航局提出申請，民航局審核通過送交通部裁決，獲准後由交通部發給航線證書，航空公司方得據以進行航線經營。在申請航線證書時，航空公司需註明申請航權的種類。

第三節　航權分類

航權來源於1944年在芝加哥簽署的《芝加哥公約》，該公約草擬有關兩國間協商航空運輸條款藍本，有關條款一直沿用至今。具體分爲九種。

一、第一航權：飛越領空權

在不著陸的情況下，容許本國航機在甲國領空上飛過，前往目的地乙國。如未簽訂第一航權（First Freedom），則該國航空器必須繞道飛行，飛行時間與成本相對提高。舉例來說，新航來往新加坡與洛杉磯的飛機可穿越日本之領空。隨著冷戰的結束，第一航權幾乎已是共用航權。儘管如此，大多數的國家仍要求在穿越領空前必須先行通知，甚至需要付費。

在1983年9月1日大韓航空007號班機因偏航進入蘇聯領空，因而遭到蘇聯軍機擊落，可以視爲因違犯第一航權而遭到誤擊的一個不幸例子。

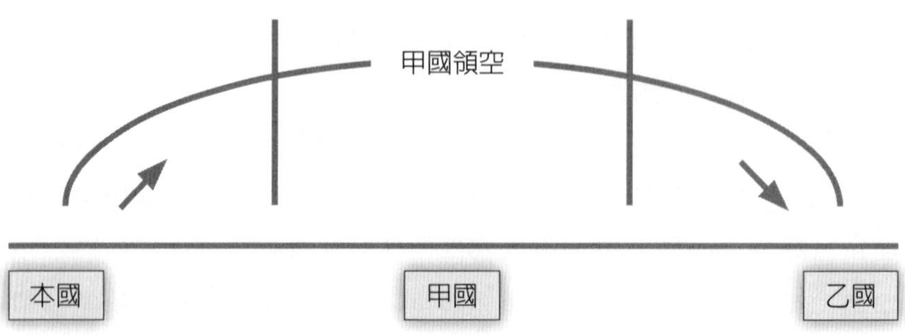

二、第二航權：技術降落權

第二航權（Second Freedom）一般稱之爲技術降落權。一國或地區的航空公司在飛至另一國或地區途中，特別是長程航線，由於距離太遠無法從始發地直接飛到目的地，需要選擇一個地方中途加油或者清潔客艙，或進行飛機維修，或因氣候之因素，需要選擇一個中途地作爲非營業理由而降落其他國家，例如：上海—芝加哥，由飛機機型的原因，不能直接飛抵，中間需要在安克拉治（Anchorage）加油，但不允許在安克拉治上下旅客和貨物。

最有名第二航權的例子是位在愛爾蘭的夏農機場（Shannon Airport）。迄至1960年代，該機場一直被來往北大西洋的飛機當爲中停點來添加油料。同樣地，直到1980年代，爲了繞過蘇聯，美國阿拉斯加州（Alaska）安克拉治的泰德・史帝文斯・安克拉治國際機場（Ted Stevens Anchorage International Airport）向來是來往歐洲與東亞洲飛機的中停點。今日，該機場仍然是多數來往中國與美國飛機的中停點。一般而言，今日由於飛機航程增加，第二航權大多由航空貨運飛機行使，客運飛機已逐漸不需使用此一航權。

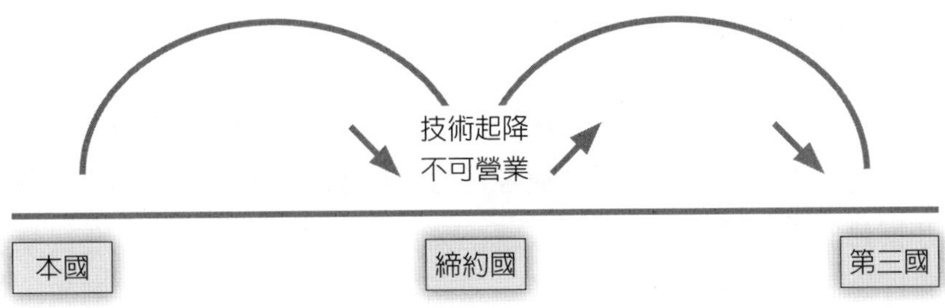

三、第三航權：卸載權

一國之航空器可在簽約國之國土，進行業務性卸下乘客、貨物和郵件，但不能裝上乘客或貨物，常見於至締約國入境包機業務。第三航權（Third Freedom）也稱之為「目的地下客權」，亦即某國或地區的航空公司自其登記國或地區載運客貨至另一國或地區的權利。例如：首爾—東京，日本允許韓國民航承運的旅客在東京降落入境。

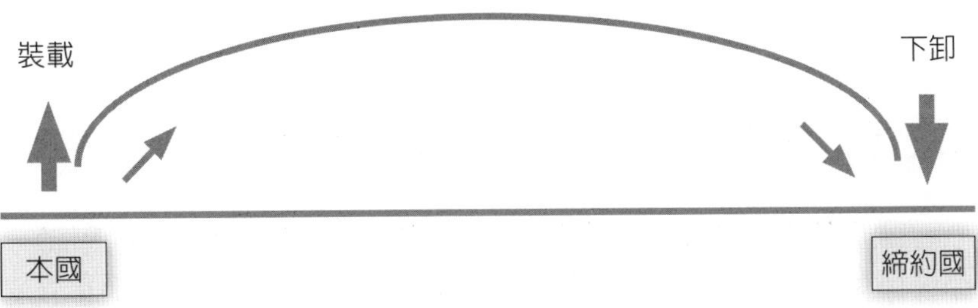

四、第四航權：裝載權

第四航權（Fourth Freedom）就是所謂的「目的地上客貨權」。某國的航空公司自另一國載運客貨返回其登記國的權利。第四航權亦稱目的地裝載權，指本國之航空器可在協議國之國土，進行業務性之裝載乘客、貨物和郵件，但不能卸載乘客或貨物。例如：台北—東京航段空機，東京—台北航段，允許搭載旅客出境。換言之，一國之航空器可在簽約國之國土，進行業務性裝載乘客、貨物和郵件，但不能卸下乘客或貨物，常見於包機業務。

一般而言，第三、第四航權是雙邊配套簽署的。

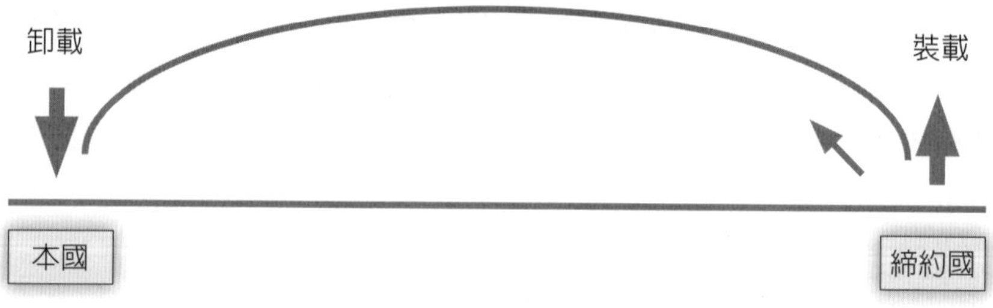

五、第五航權：第三國經營權（延遠權）

第五航權（Fifth Freedom）是指容許本國航機在前往乙國時，先以甲國作爲中轉站上下客貨，再前往乙國。亦可在乙國上下客貨後再返回甲國，並可在甲國裝卸後再返回本國，航機最終以本國爲終點站。基本上，第五航權允許一國之航空公司在其登記國以外的兩國間載運客貨，但其航班的起點必須爲飛機之登記國。換言之，第五航權是指一個國家，容許外國的航空公司接載乘客及貨物前往另一個國家。該航班的出發地必須爲該外國航空公司的所屬國家。第五航權也稱「中間點權或延遠權」，亦即某國的航空公司在其登記國以外的兩國或地區間載運客貨，但其班機的起點與終點必須爲其登記國或地區。也就是說，第五航權是要和兩個或兩個以上的國家進行談判的。以新加坡航空公司的貨機爲例，從新加坡經中國南京到美國芝加哥的航線，並在南京擁有裝卸國際貨物的權利。再如，達美航空擁有日本授予的第五航權，就可以使航班從美國出發，然後經停東京進行上下客及貨物，再繼續前往東南亞各地。不過使用此航權需要先獲得目的地的第三與第四航權。再如，英航與馬航有雙邊協定，而英航由倫敦往馬來西亞時，可在香港停留上下客貨。對英航而言，第五航權即指英航在香港和馬來西亞往返的權利。

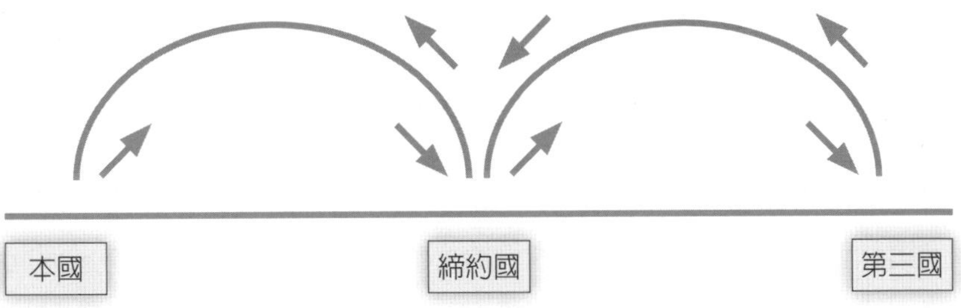

六、第六航權：橋樑權

第六航權（Sixth Freedom）容許一國航機分別以兩條航線，接載甲國和乙國乘客及貨物往返，但途中必須經過本國。舉例來說，國泰航空（Cathay Pacific Airways）之班機不能從澳洲直飛倫敦，但可由香港飛澳洲上下客貨後，返回香港停留再飛往倫敦。或是，大韓航空如果獲得英國賦予的第六航權，就可以將英國的乘客和貨物經首爾後再運到東京。

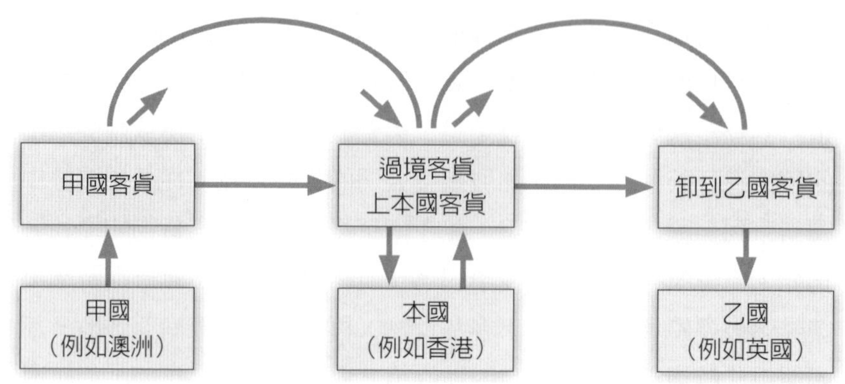

新加坡航空、國泰航空、馬來西亞航空還有許多的亞洲航空公司均利用第六航權，經營來往歐洲與澳洲的客貨運業務。同樣地，美國航空與英國航空也分別利用第六航權經營「歐洲—亞洲」與「美洲—亞洲」的業務。

七、第七航權：完全第三國運輸權

航權本來是締約國兩國之間給予雙方的互惠權利，從第一航權到第六航權都規定各締約國的飛機必須完成有關航權的任務，返回其本國後才能執行其他航權的飛航。但是第七航權（Seventh Freedom）容許一國航機從本國飛往締約國，依航權規定上下客貨後，可以繼續飛往他國，且允許在境外接載乘客和貨物，而不用飛返本國。即本國航機在甲、乙兩國接載乘客和運載貨物。第七航權也稱「完全第三國運輸權」，某國的航空公司完全在其本國或地區領域以外經營獨立的航線，在境外兩國或地區間載運客貨的權利。例如：倫敦—巴黎，由漢莎航空公司承運。第七航權並不多見，其原因在於簽約國之航空市場可能受到影響。

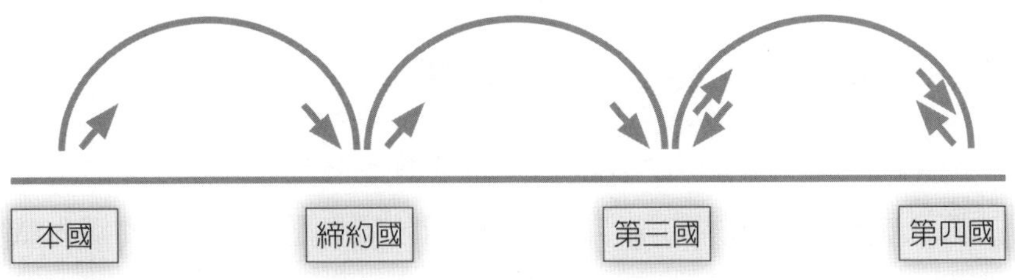

八、第八航權：他國境內運輸權

第八航權（Eighth Freedom）亦即「國內運輸權」。某國航空公司在他國領域內兩地間載客的權利（境內經營權）。容許本國航機前往甲國境內，兩個不同的地方接載乘客往返，但航機上的乘客需以本國爲起點或終點。例如，美國聯合航空載運洛杉磯—上海—北京旅客，可以經停上海，北京乘客到上海後下機，然後於下班機再續飛往北京。另一例子是台灣的中華航空台北至紐約航線：華航飛台北—安克拉治—紐約甘迺迪，旅客可以在安克拉治下機遊玩，下班機再登機飛往紐約。

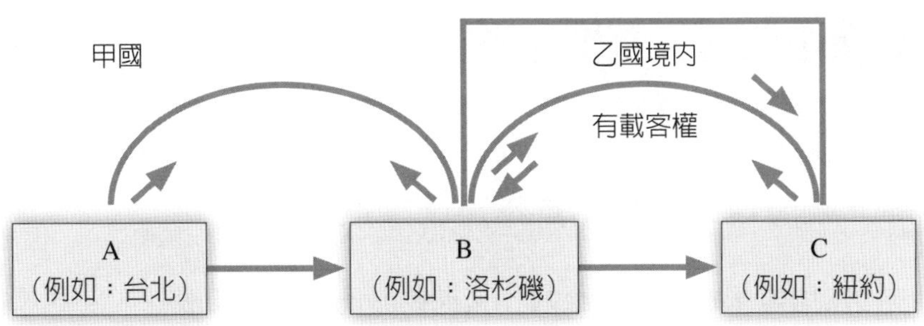

九、第九航權：安全境內運輸權

第九航權（Ninth Freedom）即所謂完全境內運輸權，是指上述第八航權分為連續的和非連續的兩種，如果是「非連續的國內載運權」即為第九航權。值得留意的是第八航權和第九航權的區別，雖然兩者都是關於在另外一個國家內運輸客貨，但第八航權只能是從自己國家的一條航線在別國的延長；但是第九航權則可以是完全在另外一個國家開設航線。例如甲國某航空公司獲得乙國的第九航權，就可以在乙國經營國內航線。這種航權甚為罕見，因為一般國家都將國內航線視為主權的象徵，為保障國內業者的利益，通常都不給予外國航空公司國內航權，除非自己國內無能力提供空運服務，例如某些落後的非洲國家，養不起一家合適的航空公司，只好暫時開放外籍航空公司經營國內航線，但此種情形甚少。

參考資料：ICAO Freedoms of the Air, *Manual on the Regulation of International Air Transport* (Doc 9626, Part 4).

第四節　航權之獲得

一、政府透過外交協商獲得國際航權

兩個國家透過外交談判，交換與協商航權，一般採取對等原則，以取得兩國航空運輸之權利，有時候某一國會提出較高的交換條件或收取補償費以適當保護該國航空企業的權益。例如，甲國的航空公司並不認為開闢該國與乙國之間航線對其有利而無意飛航此航線，而甲國政府認為准許乙國的航空公司飛航甲國有助其經濟發展而願意給予航權，此時即可以透過向乙國航空公司收取補償費方式給予乙國航權。

二、政府政策性分配既有航權給國內航空公司

本國政府經與他國協商後，並締約取得的航權得依國內有關法令分配給國內合格的航空公司飛航該航權的航線，在某些國家只有單獨一家國營航空公司時，此種航權自然就交由該航空公司經營。如果國內有兩家以上經營國際航線的航空公司時，國家民航管理當局必須在兼顧國家利益，遵守法律規定，及公平合理的考量下，接受航空公司飛航該特定航線的申請，並依法規詳加審核合格後，批准航空公司的申請。國家民航管理當局可依某航權內容批准一家航空公司飛航，例如，台灣與德國航約及法國航約限定只准一家航空公司飛航一個航點，我國民航局因此分別指定華航飛德國法蘭克福，長榮航空飛航法國巴黎以求平衡。民航局在航約容許之下也可以多家指定，例如中美之間的航空協定採取開放天空政策，雙方不限班次，不限航點，不限航空公司家數，因此我國民航局可指定華航、長榮航空飛航美國各城市。美方也批准美國航空（American Airlines）、聯合航空（United Airlines）、達美航空（Delta Airlines）、聯邦快遞（FedEx）、優比速（UPS）等貨運航空公司飛航台灣。如果國內其他航空公司也有意飛航此航線，也可向民航局申請，民航局基本上應該會批准，除非航空公司本身條件有所不符。

三、航空公司爭取現有航權

在某些航線上已有既定航權，但民航局尚未分配，或尚無航空公司申請，此時有意飛航的航空公司即可爭取飛航，例如台北與莫斯科之間已有航權，而華航與長榮兩大國際航空公司無意飛航，而

其他航空公司如華信、立榮、復興航空等可爭取飛航。又如，某航空公司已在某航線飛航多時，但因經營不善陷入財務危機而暫時停航，經一段時間仍無改善，復航遙遙無期，或是該航空公司發生重大違規或發生重大空難而遭民航當局勒令停飛，此時，其他航空公司即可向民航局申請取而代之。

四、航空公司自行向外國政府爭取

由於航權必須由兩國政府透過外交談判才能獲得，但有時兩國之間無正式外交關係，無法進行正式談判，例如台灣與英國之間無外交關係，但兩國之間經貿關係非常密切，航空公司認爲經濟效益甚高，因而透過該公司之政商關係，設法先取得該國有關政府單位同意後，向本國民航局報備以民間交換備忘錄方式締約而取得航權，例如台灣與英國之間無正式航約，但長榮航空透過其總裁張榮發先生個人政商關係而取得台北與倫敦之間航權。華航也經該公司之努力，在無正式外交關係及航約情形下，取得印度新德里航權，再經本國民航局同意後，飛航印度航線。另在捷克、瑞典等國亦是在此種模式下取得航權。

五、透過「民間機構」獲得航權

在兩國沒有外交關係或敏感政治情勢下，例如，日本政府與台灣沒有正式外交關係，且不願觸怒中國大陸政府，因而無法與台灣展開正式航權談判，但兩國之間確有密切政經關係，需要航空公司飛航運作以促進彼此經濟發展，例如，每年有大量台灣國民赴日本觀光，日本也有大量工業零組件銷往台灣，台灣也有大量農漁產品銷日，雙方來往非常密切。因此，雙方透過所謂「亞東關係協會」及「日本財團法人交流協會」民間機構進行談判，締結航約。海峽兩岸也是透過「海峽交流基金會」及「海峽兩岸關係協會」的「民間」機構帶白手套談判航約，取得雙方航權。

六、航空公司與外國航空公司互換航約

航權理應由兩國政府經談判協商後締約取得已如前述，但若兩國無邦交或限於特別政治情勢，兩國政府不便出面談判協商，而兩國航空公司都認爲經營兩國之間航線有利可圖，可經雙方政府默許，由航空公司展開談判而取得航權，然後再經雙方政府批准後開始飛航。有時政府民航官員還以航空公司顧問名義參與談判協商，掌握談判內容，並及時給予政策性指示，例如，從前香港與台灣之間因由國泰航空與中華航空出面協商，雙方簽訂航約，報請雙方政府同意後，飛航台港航線。

七、航空公司與外國航空公司合作

航空公司若無法取得有關政府正式同意而獲得航權，也可以透過與地主國當地航空公司合作飛航該國。此種方式可經由兩家航空公司談判締結合作合約，將無航權的航空公司的飛機「濕租」給對方，提供飛機、飛航組員，但是掛對方班機號碼，直接或經由第三地連接，經營兩地業務；法律上，該班機是由有航權的航空公司飛航，但實際上由無航權的航空公司運作，其中雙方的權利義務關係則需透過合約載明。此類合作可見於德國漢莎航空（Deutsche Lufthansa AG，常簡稱爲德航）和中國深圳航空合作，創立於2004年10月成立的翡翠國際貨運航空公司（Jade Cargo International Airlines），初期基本上由德航貨運人員主導營運，以滿足德航插足廣大中國貨運市場之目的。可惜該公司經營不善，於2011年11月25日完成法蘭克福飛上海最後一航班後，宣布停航，並於2012年6月

4日正式宣布倒閉清算。另一例子是台灣的華航，在兩岸開放三通之前，爲進入中國大陸空運市場，結合台灣航運界知名公司，於2006年投資大陸海南航空集團創建於2002年的「揚子江快運航空公司」，並主導營運以突破台灣航空公司無法取得航權，經營大陸豐富貨源市場的困境，只是，該公司也是虧損累累，華航實際上並未得利並設法退出持股。長榮航空也因同樣目的，投資被中國東方航空併購前的上海航空，成立「上海國際貨運航空公司」，據悉結果亦令人扼腕。

第三章

國際航空貨運運送相關規章

- 有關國際運送統一規則之國際公約
- 國際民航組織制定的法規
- 國內有關法規
- 航空公司規章

國際航空運輸牽涉到許多國家的權益，包括經濟利益、領空安全、民航設施、航路管制、飛行安全，特別是航空公司與旅客及貨主之間的權利義務關係。各國法規不同，習俗各異，加上文化差距、財經情況落差等等，如何在國際航空運輸中有共同認知，減少或避免不必要的糾紛，使國際空運能順利進行，是各國面臨的共同問題，此乃有賴國際間有共同遵循的標準來規範所有牽涉在內的國家及航空公司，國際公約就在此種背景下產生。

第一節　有關國際運送統一規則之國際公約

一、國際公約緣起及訂立經過

國際航空貨運的啓運地、飛越領空及卸載地常牽涉到兩個以上的國家，而每個國家對貨物權利義務關係所規範的法律各有不同，在運送途中如果貨物產生損害情形，如何釐清貨物所有人及運送人的責任，很容易引起爭執。如由個別航空公司自行設訂規章解決這些爭議，這些規章是否符合各國法律規範，不無疑義。如果牽涉到兩家以上航空公司聯運，如何確定責任範圍也可能有不同解釋。各國有鑑於此，乃在第一次世界大戰結束後，於1919年巴黎和會中締結《國際航空公約》（Convention for the Regulation of Aerial Navigation），主要著重在航行導航合作方面的規範。至於有關民用航空方面的規範仍有待繼續研究。

1923年法國政府向各國提出運送人責任公約草案，1925年在巴黎召開第一屆國際航空私法大會（CIDPA），於會中並議決設立國際航空法專家技術委員會（CITEJA）繼續研擬有關法規。有關討論航空運輸的國際會議發展經過簡述如下：

1.第一次世界大戰後，於1919年巴黎和會中締結《國際航空公約》。

2.1923年法國政府向各國提出運送人責任之國際公約草案。

3.1925年在巴黎召開第一屆國際航空私法大會，會中並議決設立國際航空法專家技術委員會研訂有關國際運輸法規。

4.1929年10月12日由德國、英國、法國、瑞典、前蘇聯、巴西、日本、波蘭等國家在華沙簽訂《華沙公約》，其全稱爲《統一國際航空運輸某些規則的公約》。

二、《華沙公約》規範國際空運重要內容

(一)主要內容

《華沙公約》共可分爲五章四十一條：

1.第一章：範圍和定義。

2.第二章：運輸憑證。

3.第三章：承運人的責任。

4.第四章：關於聯合運輸的規定。

5.第五章：一般和最後條款。

(二)重要內容

重要內容如下：

◆《華沙公約》適用條件

1.適用之主體爲收取運費航空運送人。

2.國際航空運送（International Carriage）。

◆運輸憑證

1.貨物承運人有權要求託運人塡寫「航空貨運提單」的憑證。

（第5條）

2.航空貨運單上應該包括各項目。（第8條）

3.在沒有相反的證據時，航空貨運提單是訂立合同、接受貨物和承運條件的證明。（第11條）

◆貨主對貨物之處置權

1.託運人在履行運輸合同所規定的一切義務的條件下，有權在起運地航空站或目的地航空站將貨物提回。

2.或在途中停止運輸。

3.或在目的地或運輸途中交給非航空貨運單上所指定的收貨人。

4.或要求將貨物退回起運地航空站，但不得因為行使這種權利而使承運人或其他託運人遭受損害，並且應該償付由此產生的一切費用。（第12條）

◆託運人之責任

1.託運人應對提單上有關貨物說明和聲明正確性負責。

2.對於因為這些說明和聲明不合規定、不正確或不完備而使承運人或任何其他人遭受的一切損失，託運人應負責任。（第10條）

◆航空運送人責任範圍原則

1.過失責任主義原則：在航空器上，登機或下機任何作業過程中發生意外事件致使乘客死亡、創傷或任何其他身體之傷害，運送人應負賠償責任。（第17條）

(1)在航空運送中，因發生事故致使已登記之行李或任何貨物毀壞、遺失或損害，運送人應負賠償責任。（第18條）

(2)乘客、行李或貨物，因航空運送之遲延而產生之損害，運

送人應負賠償責任。（第19條）

2.限制責任主義原則：限制責任主義原則主要目的在保護航空工業及避免長期訴訟，責任保險所必須及對旅客及貨物之有限責任。

關於限制航空運送人民事責任之方法可分爲三種：

(1)總額限制方式。

(2)依航空器之大小設定不同基準。

(3)以每一旅客或每一物品爲基準。

3.免責條款禁止原則：凡爲免除運送人最低之強制責任或使運送人所負之責任較本公約規定爲輕之任何規定，一概無效。任何條款及訂定之所有特別協議，以圖違反本公約之規定者，應屬無效。（第23條）

4.免責權之限制：如果損失的發生是由於承運人故意的不良行爲（Willful Misconduct），或由於承運人的過失（Gross Negligence），根據受理法院的法律，這種過失被認爲等於有意的不良行爲，承運人就無權引用本公約關於免除或限制承運人責任的規定。（第25條）

◆損害賠償訴訟

《華沙公約》第28條第一項之規定，應在下述公約國之一，依原告之選擇而提起：

1.運送人住所地法院。

2.運送人主要營業所在地法院。

3.空運契約成立地法院。

4.空運契約終點地法院。

此外，依公約第29條規定，訴訟必須在航空機到達目的地日起，或應該到達之日起，或停止運送之日起二年內提起。訴訟期間之計算方法由受訴法院決定。

◆索賠和訴訟時效

《華沙公約》規定索賠時效，貨物損害索賠時效是7天，貨物延遲索賠時效是14天。《海牙議定書》對此作了全面的修改，將貨物損害時的索賠時效延長至14天，將貨物延遲時的索賠時效延長至21天。

《華沙公約》訴訟時效規定兩年，自航空器到達目的地之日起，或應該到達之日起。

三、《華沙公約》修訂經過摘要

(一)1955年《海牙議定書》修訂《華沙公約》

◆修訂緣起

《華沙公約》中不明確的地方不少，尤以運送最高賠償額過低之規定，爲其最大缺點。自1938年起，修訂《華沙公約》之工作即已開始。

1946年復由臨時國際民航組織（The Provisional International Civil Aviation Organization, PICAO）繼續努力。

旋於1955年9月在國際民航組織之召集下，於海牙舉行國際會議討論法律委員會於1953年9月所草擬之華沙公約議定書草案。

1955年9月28日經二十七國代表簽字通過《修訂1929年10月12日在華沙簽訂的《統一國際航空運輸某些規則的公約》的議定書》（即《海牙議定書》）。

◆《海牙議定書》重要內容

1.提高對乘客傷亡賠償最高限額至二十五萬法郎，為《華沙公約》最高賠償限額之二倍（約一萬六千多美元）。

2.法院得於運送人賠償限額以外，命其負擔原告所支出之訴訟費用全部或一部。

3.運送人應負無限賠償責任之新定義。

4.增訂第25條之1（第25條A），明文規定運送人之受僱人及代理人之責任。

(二)《瓜達拉哈拉公約》

◆規範運送人定義

1961年9月18日於墨西哥之瓜達拉哈拉正式簽署《補充華沙公約中統一契約運送人以外第三者國際航空運送人若干規則公約》。《華沙公約》及《海牙議定書》主要在規定航空運送人在國際航空運送中對乘客、貨物所應負之責任，但對於航空運送人一詞均未予明確定義，航空運送人若實際運送人（Actual Carrier）或契約運送人（Contracting Carrier）為非同一人時，即造成嚴重問題。例如華航接受客戶託運貨物、開發華航提單與貨主簽訂運送合約，但貨物交由租機公司ATLAS運送，或將貨物轉給國泰航空運送，因此而造致貨物損壞時，應負責之運送人如何界定即成問題。

◆重要內容

1.擴大《華沙公約》適用之對象及於契約運送人以外之實際運送人，惟其所負之責任，僅限於該段航程，與航空運送人應就契約所訂之全部航程負責不同。

2.明定實際運送人或契約運送人之受僱人或代理人有權享有依《華沙公約》其運送人所得享有之有限責任，惟須符合下列條件：

(1)使用人必須證明其係從事職務範圍內之行為。

(2)使用人未經被證明其行為之方式，依《華沙公約》不得援用有限責任。

3.明定契約運送人與實際運送人之關係，該公約第7條規定，就實際運送人從事之空運而言，損害賠償之訴訟，依原告之選擇得對實際運送人或契約運送人，或同時或分別對二者提起。

(三)1966年《蒙特利爾協定》

◆賠償金額爭議

美國於1934年簽署《華沙公約》後，對航空運送人責任主張應提高至十萬美金，在未獲得同意之前暫不批准《海牙議定書》。但於上開日期前仍未能達成協議，美國乃向波蘭提出退出《華沙公約》之通知，將於1966年5月15日生效。

◆國際航空運輸協會（IATA）決議

國際民航組織（International Civil Aviation Organization, ICAO）遂於1966年2月1日至15日在加拿大蒙特利爾（Montreal）召開「基於華沙公約及海牙議定書有關對於旅客責任限額之ICAO特別會議」，但仍未獲得結論。嗣後IATA會合有關官員於蒙特利爾經過協議後，簽署《蒙特利爾協定》（Montreal Agreement），世界主要經營國際航空運送之航空公司簽署，美國國務院同意，接受七萬五千美元的責任限額，並於同月16日發生效力。

(四)1971年《瓜地馬拉議定書》（Guatemala Protocol）

1971年3月8日通過《修訂經1955年9月28日在海牙簽訂的議定書修正的1929年10月12日在華沙簽訂的統一國際航空運輸某些規則的公約的議定書》，其重要內容如下：

1.提高損害賠償額。

2.增訂自動增加限額規定。

3.改採無過失原則。

(五)1975年四個《蒙特利爾附加議定書》

◆《蒙特利爾第一號附加議定書》

本議定書各款所修改的公約是1929年《華沙公約》，在交運行李和貨物運輸中，承運人的責任以每公斤17特別提款權爲限，除非貨主特別申告價值並繳必要費用。

本條中所述金額的特別提款權，係指國際貨幣基金組織所規定的特別提款權。

發生訴訟時，此項金額與各國貨幣的折合，應按照判決當日用特別提款權表示的該國貨幣的價值進行。非國際貨幣基金組織成員的國家，承運人的責任以每公斤二百五十貨幣單位爲限。此種貨幣單位相當於含有千分之九百成色的六十五點五毫克的黃金，可折合爲有關國家貨幣。

◆《蒙特利爾第二號附加議定書》

第二號附加議定書，係修正1929年在華沙簽約並經1955年《海牙議定書》所修正之《華沙公約》，主要係修改第22條，即以特別提款權代替金法郎爲價值單位。

◆《蒙特利爾第三號附加議定書》

第三號附加議定書，係修正1929年在華沙簽訂並經1955年《海牙議定書》及1971年《瓜地馬拉議定書》所修正之《華沙公約》，主要係修改第22條，即以特別提款權代替金法郎爲價值單位，並規定十萬特別提款權，作爲賠償限額。

◆《蒙特利爾第四號附加議定書》

《蒙特利爾第四號附加議定書》的正式名稱爲《修改經1955年9月28日在海牙簽訂的議定書修正的1929年10月12日在華沙簽訂的統一國際航空運輸某些規則的公約的第四號附加議定書》。即修改經1955年《海牙議定書》修正的1929年《華沙公約》的議定書。

(六)1999年《蒙特利爾公約》(Montreal Convention)

◆修訂華沙體制中不能適應現代國際航空運輸規定

1995年9月召開的國際民航組織大會第31屆會議要求加快華沙體制現代化的進程。1999年5月10日，「航空法國際會議」外交大會在蒙特利爾召開，通過《統一國際航空運輸某些規則的公約》。以統一國際航空運輸規則和國際航空運輸承運人責任爲主要內容。

◆主要目標與內容

在華沙體系構建於航空運輸業的萌芽期，國際社會將立法重點置於對承運人（航空公司）的保護上，而在很大程度上忽視了消費者的利益。各規則多有衝突，在21世紀越來越無法適應國際航運業空前發達的需要。1999年5月28日經國際民航組織在加拿大蒙特利爾召開的航空法國際會議，通過1999年《蒙特利爾公約》，並於2003年11月4日生效。

該公約有很大部分是在修訂旅客賠償問題，在此不贅述，僅摘錄公約中與貨運有關內容如下：

1.適用範圍：適用於所有以航空器運送人員、行李或者貨物而收取報酬的國際運輸。對於一國國內航運中發生的損害賠償，因不是國際運輸，公約不予調整，只能依據該國國內法的規定進行賠償。

2.承運人對延誤、行李和貨物損害承擔的賠償責任與限額：在貨物運輸中，承運人對貨物毀損、遺失、損害或延誤的責任限額爲每公斤17特別提款權（約相當美金20元，視理賠當時匯換率而定）。

3.司法管轄權：對「華沙體系」規定的四種管轄權進行了擴展，創設了「第5管轄權」。在「華沙體系」下，損害賠償訴訟必須在一個當事國的領土內，由原告選擇，向承運人住所地、主要營業地或者訂立合同的營業地的法院，或者向目的地點的法院提起。公約確立的是有限的「第5管轄權」，可在其主要且永久居所所在國的法院起訴。

4.先行給付與強制保險制度：規定承運人在其國內法有規定的情況下，應當先行付款，以滿足旅客經濟方面的需求。此外，爲確保承運人承擔其賠償責任，公約還設立了強制保險制度，即規定當事國應當要求承運人就其在本公約中的責任充分保險。

5.電子客票合法化：近年來，隨著高科技在航空運輸中的應用和推廣，電子客票大量出現。爲彌補電子客票出現後法律上的空白，公約創設「運輸憑證」的法律概念，從而使電子客票合法化。這不僅便利了旅客，也使航空運輸業與高新技術產業保持了同步發展。IATA正在推動貨運無紙化，將來貨運最重要的「運輸憑證」空運提單，也可因此比照辦理。

第二節　國際民航組織制定的法規

除了上述國際公約規範國際航空運輸種種有關權利義務之私法關係之外，國際空運尚需受到國際組織協議通過的公權力及技術規範。國際組織可分爲由各國政府組成，此種組織可稱之爲「政府間組織」，例如國際民航組織（ICAO），通過的協議經有關政府批准，並經國內立法之後，即具有強制執行性的法律。另一種組織，是由各國國際航空公司組成的國際組織，例如IATA及地區性組織，如亞太航空公司協會（Association of Asia Pacific Airlines, AAPA），美、歐地區協會（ATA/ETA）等，爲共同利益及方便作業而召開會議，制定各種規章及技術規範供會員航空公司遵守辦理，以便大家有共同行爲標準。此種組織可稱之爲「民間組織」，其協議只對會員航空公司有約束力，接受的航空公司甚至可以提出保留意見（Reservation），或特殊的例外規定（Exception）。

一、國際民航組織制定的法規

第二次世界大戰之後航空業發展迅速，美國政府鑑於國際航空運輸產生許多政治上和技術上的問題，需要一個國際組織來協調解決。因此，邀請五十二個國家於1944年11月1日至12月7日參加了在芝加哥召開的國際會議，簽訂了《國際民用航空公約》（通稱《芝加哥公約》），按照公約規定成立了臨時國際民航組織（PICAO）。1947年4月4日，《芝加哥公約》正式生效，國際民航組織也因之正式成立，並於5月6日召開了第一次大會。同年5月13日，國際民航組織正式成爲聯合國的一個專門機構。

國際民用航空組織的宗旨和目的在於發展國際航行的原則和技術，並促進國際航空運輸的規劃和發展，重點如下：

1.保證全世界國際民用航空安全和有秩序地發展。

2.鼓勵爲和平用途的航空器的設計和操作藝術。

3.鼓勵發展國際民用航空應用的航路、機場和航行設施。

4.滿足世界人民對安全、正常、有效和經濟的航空運輸的需要。

5.防止因不合理的競爭而造成經濟上的浪費。

6.保證締約各國的權利充分受到尊重，每一締約國均有經營國際空運企業的公平機會。

7.避免締約各國之間的差別待遇。

8.促進國際航行的飛行安全。

9.普遍促進國際民用航空在各方面的發展。

《國際民用航空公約》除本身規定了政策原則外，還以附件的形式制定了各種國際標準和建議措施。目前，公約共有十八個附件，包括：

1.規範人員執照頒發（Personnel Licensing）。

2.空中規則（Rules of the Air）。

3.國際空中航行的氣象服務（Meteorological Service for International Air Navigation）。

4.航圖（Aeronautical Charts）。

5.空中和地面運行中所使用的計量單位（Units of Measurement to be Used in Air and Ground Operations）。

6.航空器的運行（Operation of Aircraft）。

7.航空器國籍與登記標誌（Aircraft Nationality and Registration Marks）。

8.航空器的適航性（Airworthiness of Aircraft）。

9.簡化手續（Facilitation）。

10.航空電信（Aeronautical Telecommunications Volumes Ⅰ&Ⅱ）。

11.空中交通服務（Air Traffic Service）。

12.搜尋與援救（Search and Rescue）。

13.航空器失事調查（Aircraft Accident Investigation）。

14.機場（Aerodromes）。

15.航空情報服務（Aeronautical Information Service）。

16.環境保護（Environmental Protection Volumes Ⅰ&Ⅱ）

17.安全保衛——國際民用航空防止非法干擾行爲的安全保衛（Security-Safeguarding International Civil Aviation against Acts of Unlawful Interference）。

18.危險貨物的安全空運（The Safe Transport of Dangerous Goods by Air）。

有關國際航空運作種種層面的法規，基本上比較偏重航空技術規範、國際航行管理，以及運作安全方面有關法規的制定，其中有關貨運方面則特別延攬專家針對運送危險品在第十八附件中制定詳細規範供各國立法採行，以確保運送安全。

二、國際航空運輸協會（IATA）制定的法規

IATA是由國際民航業者組成的民間組織，與由官方組成，隸屬於聯合國的國際民航組織（ICAO）不同，其主要目的是將國際公約、國際民航組織、各國有關法令、各航空公司規定及專家技術學者的意見整合，形成各種建議案，在會員航空公司參與的運務會議中（Traffic Conference），作成決議案（Resolution），然後據以編成各式各樣的指導手冊（Manual），例如《危險品規章》（*Dangerous Goods Regulations*, DGR）、《活生動物處理手冊》（*Live Animal Handling Manual*）、《貨運盤櫃處理手冊》（*ULD Handling Manual*）、《機場業務處理手冊》（*Airport Handling Manual*）、《技術規範參照手冊》（*Technical Reference Manual*）、《旅行規章訊息資料手冊》（*Travel Information Manual*, TIM）等等，

以供各會員航空公司參照辦理，並設法取得一致或相近作業標準，統一慣例，使國際運送業務順利進行，避免彼此間之矛盾衝突。

第三節　國內有關法規

規範國際空運的國內法規，大致可分為規範航空公司營運及承攬業運作管理的民航法規，規範航空公司與貨主之間權利義務關係的民法，規範違反國家社會公共利益及安全的刑法，還有規範市場經濟關係中商人及其商事活動的商事法，包括國際和國內商事法等幾大類。茲說明如下：

一、民用航空法

我國《民用航空法》有關責任之規定：

(一)賠償問題

◆航空器所有人應負損害賠償責任（第89條）

航空器失事致人死傷，或毀損他人財物時，不論故意或過失，或不可抗力所生之損害，或自航空器上落下或投下物品，航空器所有人應負損害賠償責任。

◆第三人求償權（第92條）

損害之發生，由於航空人員或第三人故意或過失所致者，航空器所有人、承租人或借用人，對於航空人員或第三人有求償權。

◆依契約之損害賠償（第93條）

乘客或航空器上工作人員之損害賠償額，有特別契約者，依其契約；無特別契約者，由交通部依照本法有關規定並參照國際間賠償額之標準訂定辦法。

◆賠償責任及金額（第93-1條）

航空器使用人或運送人，就其託運貨物或登記行李之毀損或滅失所負之賠償責任，每公斤最高不得超過新臺幣一千元。但託運人託運貨物或行李之性質、價值，於託運前已向運送人聲明並載明於貨物運送單或客票者，不在此限。

乘客隨身行李之賠償責任，按實際損害計算。但每一乘客最高不得超過新臺幣二萬元。

航空器使用人或運送人因故意或重大過失致生前二項所定之損害者，不得主張賠償額之限制責任。

前三項規定，於航空貨運承攬業、航空站地勤業或航空貨物集散站經營業為賠償被請求人時，準用之。

(二)訴訟管轄法院（第97條）

因第八十九條所生損害賠償之訴訟，得由損害發生地之法院管轄之。

因第九十一條所生損害賠償之訴訟，得由運送契約訂定地或運送目的地之法院管轄之。

(三)其他法律之適用（第99條）

航空器失事之賠償責任及其訴訟之管轄，除本法另有規定外，適用民法及民事訴訟法之規定。

二、民法

我國《民法》有關物品運送規定摘要如下：

(一)空運文件問題

◆託運單填發及其應記事項（第624條）

託運人因運送人之請求，應填給託運單，託運單應記載左列事項，並由託運人簽名：

1.託運人之姓名及住址。

2.運送物之種類、品質、數量及其包皮之種類、個數及記號。

3.目的地。

4.受貨人之名號及住址。

5.託運單之塡給地及塡給之年、月、日。

◆必要文件之交付及說明義務（第626條）

託運人對於運送人應交付運送上及關於稅捐警察所必要之文件，並應爲必要之說明。

◆提單之文義性（第627條）

提單塡發後，運送人與提單持有人間，關於運送事項，依其提單之記載。

(二)運送人與託運人義務

◆託運人之告知義務（第631條）

運送物依其性質，對於人或財產有致損害之虞者，託運人於訂立契約前，應將其性質告知運送人，怠於告知者，對於因此所致之損害，應負賠償之責。

◆運送人之按時運送義務（第632條）

託運物品應於約定期間內運送之。無約定者，依習慣。無約定亦無習慣者，應於相當期間內運送之。

前項所稱相當期間之決定，應顧及各該運送之特殊情形。

◆變更指示之限制（第633條）

運送人非有急迫之情事並可推定託運人若知有此情事亦允許變更其指示者，不得變更託運人之指示。

(三)運送人之責任

◆運送人之責任（第634條）

運送人對於運送物之喪失、毀損或遲到，應負責任。但運送人能證明其喪失、毀損或遲到，係因不可抗力或因運送物之性質或因託運人或受貨人之過失而致者，不在此限。

◆運送物有易見瑕疵時運送人責任（第635條）

運送物因包皮有易見之瑕疵而喪失或毀損時，運送人如於接收該物時，不爲保留者，應負責任。

◆相繼運送人之連帶責任（第637條）

運送物由數運送人相繼運送者，除其中有能證明無第635條所規定之責任者外，對於運送物之喪失、毀損或遲到，應連帶負責。

◆運送人之必要注意及處置義務（第641條）

如有第633條、第650條、第651條之情形，或其他情形足以妨礙或遲延運送，或危害運送物之安全者，運送人應爲必要之注意及處置。

運送人怠於前項之注意及處置者，對於因此所致之損害應負責任。

◆運送人之中止運送之返還運送物或為其他處分（第642條）

運送人未將運送物送達到通知受貨人前，或受貨人於運送物達到後，尚未請求交付運送物前，託運人對於運送人，如已塡發提單者，其持有人對於運送人，得請求中止運送，返還運送物，或爲其他之處置。

前項情形，運送人得按照比例，就其已爲運送之部分，請求運費，及償還因中止、返還或爲其他處置所支出之費用，並得請求相當之損害賠償。

◆運送人通知義務（第643條）

運送人於運送物達到目的地時，應即通知受貨人。

◆運送人責任之消滅及其例外（第648條）

受貨人受領運送物並支付運費及其他費用不爲保留者，運送人之責任消滅。

運送物內部有喪失或毀損不易發見者，以受貨人於受領運送物後，十日內將其喪失或毀損通知於運送人爲限，不適用前項之規定。

運送物之喪失或毀損，如運送人以詐術隱蔽，或因其故意或重大過失所致者，運送人不得主張前二項規定之利益。

◆減免責任約款之效力（第649條）

運送人交與託運人之提單或其他文件上，有免除或限制運送人責任之記載者，除能證明託運人對於其責任之免除或限制明示同意外，不生效力。

(四)賠償問題

◆損害賠償之範圍（第638條）

運送物有喪失、毀損或遲到者，其損害賠償額應依其應交付時目的地之價值計算之。

運費及其他費用，因運送物之喪失、毀損，無須支付者，應由前項賠償額中扣除之。

運送物之喪失、毀損或遲到，係因運送人之故意或重大過失所致者，如有其他損害，託運人並得請求賠償。

◆貴重物品之賠償責任（639條）

金錢、有價證券、珠寶或其他貴重物品，除託運人於託運時報明其性質及價值者外，運送人對於其喪失或毀損，不負責任。價值經報明者，運送人以所報價額爲限，負其責任。

◆遲到之損害賠償額（第640條）

因遲到之損害賠償額，不得超過因其運送物全部喪失可得請求之賠償額。

◆受貨人請求交付之效力（第644條）

運送物達到目的地，並經受貨人請求交付後，受貨人取得託運人因運送契約所生之權利。

(五)運費問題

◆運送物喪失時之運送費（第645條）

運送物於運送中，因不可抗力而喪失者，運送人不得請求運費，其因運送而已受領之數額，應返還之。

◆運送人之留置權與受貨人之提存權（第647條）

運送人為保全其運費及其他費用得受清償之必要，按其比例，對於運送物，有留置權。

運費及其他費用之數額有爭執時，受貨人得將有爭執之數額提存，請求運送物之交付。

◆運送人之通知並請求指示義務及運送物之寄存拍賣權（第650條）

受貨人所在不明或對運送物受領遲延或有其他交付上之障礙時，運送人應即通知託運人，並請求其指示。

如託運人未即為指示，或其指示事實上不能實行，或運送人不能繼續保管運送物時，運送人得以託運人之費用，寄存運送物於倉庫。

運送物如有不能寄存於倉庫之情形，或有易於腐壞之性質或顯見其價值不足抵償運費及其他費用時，運送人得拍賣之。

運送人於可能之範圍內，應將寄存倉庫或拍賣之事情，通知託運人及受貨人。

◆拍賣代價之處理（第652條）

運送人得就拍賣代價中，扣除拍賣費用、運費及其他費用，並應將其餘額交付於應得之人，如應得之人所在不明者，應為其利益提存之。

◆相繼運送——最後運送人之代理權（第653條）

運送物由數運送人相繼運送者，其最後之運送人，就運送人全體應得之運費及其他費用，得行使第647條、第650條及第652條所定之權利。

三、商事法

商事法是保護正當營利性活動的法律，所謂之乃係指《公司法》、《票據法》、《保險法》及《海商法》等四種特別民法。所以被稱為特別民法，是因為其主要乃以民法的規定為基礎，有特別規定時，則適用上開法律之規定，在上開法律無規定者，則回到民法的規定上。

四、刑法

在航空運輸過程中難免會遭遇到許多預想不到的情況，使貨物及貨主遭受權益損失，有些意外是不可抗力情形（Uncontrollable Situation），例如天災、戰亂等，但有些意外是肇因於人為過錯，例如，維修人員未依規定檢查及維修飛機、機員操作飛機失誤導致空難、貨運員疏忽檢查危險物品、倉庫管理不善引起失火；機坪工作人員操作機具失誤，導致碰撞飛機、傷及客貨等等原因造成重大事故，危害公共安全。此外，也有外部危害，例如劫機、恐怖活動等危害旅客及飛航安全；犯罪集團偷竊、搶劫貨物，造成業主損失等，凡此故意或過失行為都產生對他人權益的侵害，各國都訂有不同的刑法來處罰這些違法行為，以收懲戒之效，期能防範未然並保障公共安全及個人權益。各國刑法有其不同法條，無法一一列舉，茲以《中華民國刑法》為例，摘要說明與航空運輸有關條文如下：

(一)刑法適用範圍

在中華民國領域內犯罪及在領域外之中華民國船艦或航空器內犯罪者（第3條）。適用範圍包括：公共危險罪、偽造有價證券罪、偽造文書罪（第5條）。

(二)應負刑事責任之行爲定義

1.行爲非出於故意或過失者，不罰。（第12條）。

2.行爲人對於構成犯罪之事實，明知並有意使其發生者，爲故意。（第13條）

3.行爲人雖非故意，但按其情節應注意，並能注意，而不注意者，爲過失。（第14條）

(三)免責條款

業務上之正當行爲、正當防衛、緊急避難等情形不罰。但防衛及避難行爲過當者，得減輕或免除其刑。（第22、23、24條）

(四)公共危險罪

燒毀、炸毀、漏逸、傾覆、損壞或破壞公衆運輸之舟、車、航空機者，處無期徒刑或七年以上或三年以下有期徒刑。因而致人於死者，處無期徒刑或七年以上有期徒刑。致重傷者，處三年以上十年以下有期徒刑。（第173、177、183、184、185條）

(五)劫機

以強暴、脅迫或其他非法方法劫持使用中之航空器、危害飛航安全或控制其飛航者，處死刑、無期徒刑或七年以上有期徒刑。危害、毀損航空器致人於死者，分別處有期徒刑至死刑不等刑罰（第185-1/185-2條）

(六)影響飛行安全行爲

服用毒品、麻醉藥品、酒類或其他相類之物，不能安全駕駛動力交通工具而駕駛者，處二年以下有期徒刑、拘役或科或併科二十萬元以下罰金。（第185-3條）

不依法令製造、販賣、運輸或持有核子原料、燃料、反應器、

放射性物質或其原料者；放逸核能、放射線，致生公共危險者，處五年以下有期徒刑。（第187-1/187-2條）

第四節　航空公司規章

一、個別航空公司設立的規定

航空公司因其經營條件的不同與限制，對於承運客貨常設有其特定條件，例如，對某些危險品限制數量或甚至拒絕接受，或由於航空公司投保意外險金額上限，對運送貴重物品限定貨物最高價值，或對於運送某種動物要加收某些附加費（Surcharge）。這些條件一般都分別編輯成冊，稱之為工作手冊（Working Manual），供其員工遵循辦理，或稱之為航空公司規定（Airline Tariff），供外部顧客參閱，作為交運的條件。這些航空公司的規定可分為下列幾大類：

(一)飛航時刻表的限制

航空公司承諾的運送，原則上以對外公布的飛航班機離到時刻表上所列時間及地點為準，以及航空公司在其航網內地點，包括與他航聯運、海空聯運及航空公司安排的陸運延伸地點。這些「表定」地點即構成運送契約中，航空公司應履行運送義務的地點，以作為遇到糾紛或求償時的處理依據。

(二)貨物價值的限制

航空公司承運的貨物種類繁多，貨物價值高低相差甚大，在運送途中如有損壞，航空公司賠償究竟應賠償若干，常引起貨主與航空公司之間糾紛，如果貨物價值太高，例如無價之寶的故宮文物、世界名畫藝術品、巨大天價的珠寶等，超過向保險公司投保的客貨賠償金額，航空公司必須自行吸收差額，因此航空公司必須對貨主交運的貨物價值設限，以免眞有異常發生時負擔太大責任，導致無法承擔的情況。

(三)貨物種類的限制

有些動物可能基於衛生傳染病疑慮而拒收，有些貨品具有極大危險性，依官方的國際民航組織（ICAO）及民間航空公司組成的IATA所定規章，完全不能接受空運，有些物品依其危險性之大小，可限裝全貨機，或有條件裝客貨機，航空公司必須依法在其工作手冊或規定（Tariff）中設定承運限制。

(四)有條件接受貨物

有些貨物可能因其特別性質而有潛在損害風險，例如活生動物的包裝材質欠佳，可能讓動物有機會脫逃，如箱籠破壞、蟒蛇溜出、金絲鵲飛離、猛獅竄出、鰻魚四出游走等等，不但可能造成航空公司對貨主賠償問題，脫逃的動物也可能產生對旅客、貨物及飛機的損害，嚴重者可能造成飛安事件。

再如火藥、武器，大部分國家及航空公司大都列爲禁運物品，特別是客運班機更爲嚴格，但有時基於國家機構或特殊需要，也可能在航空公司特別規定的條件下承運，例如，須取得有關政府機關的出入境許可，並依IATA及各有關國家法律規定包裝，以確保在運送途中的人員及財產的安全。

爲承運這類貨物，航空公司通常會在其規章中詳細規定，貨主必須遵守的規定，且要簽署一份「貨主申告書」（Shipper's Declaration），證明確實遵守規定，特別是包裝方式合於安全運送規定，此項申告書也構成未來有法律糾紛時，作爲判斷責任之證據，此項申告書比較常見的有「危險品貨主申告書」（Shipper's Declaration for Dangerous Goods）。

(五)航空公司某些收費標準的規定

各航空公司除了一般運費各有不同標準之外，對於有些服務項目的收費也有不同的收費規定。例如，文件處理費（Documentation Charge）、運費到付手續費（Charge Collect Fee）、危險品處理費（Dangerous Goods Handling Fee）、代墊費手續費（Disbursement Fee）等，另外如動物、貴重物品等類貨物，都有不同的附加費收取標準，這些都必須在航空公司的運送規章中詳細規定。

二、運送合約所規定的運送條件

航空公司與貨主之間權利義務關係主要以運送合約來互相約束，而運送合約則以空運提單的簽署來確定雙方同意事項，因為合約的詳細內容列印在提單的背面，但在提單正面右上角則有一欄說明雙方同意有關運送該貨物的基本原則，並提醒託運人注意提單背面的運送合約條款（Condition of Contract）。茲將該欄內容說明如下：

1.貨物移交證明。
2.運送途徑。
3.運送方式、中停地點。
4.航空公司責任的限制。
5.申報貨物價值，提高航空公司賠償責任。

詳細條文內容引述並說明如下：

Shipper's Name and Address	Shipper's Account Number	Not Negotiable
BLUE SEA SHIPPING 841 SANDHILL AVE CARSON, CA 90746	123546	Air Waybill Issued by BLUE SEA SHIPPING 841 SANDHILL AVE CARSON, CA 90746 Copies 1, 2 and 3 of this Air Waybill are originals and have the same validity.
Consignee's Name and Address	Consignee's Account Number	It is agreed that the goods described herein are accepted in apparent good order and condition (except as noted) for carriage SUBJECT TO THE CONDITIONS OF CONTRACT ON THE REVERSE HEREOF. ALL GOODS MAY BE CARRIED BY ANY OTHER MEANS INCLUDING ROAD OR ANY OTHER CARRIER UNLESS SPECIFIC CONTRARY INSTRUCTIONS ARE GIVEN HEREON BY THE SHIPPER, AND SHIPPER AGREES THAT THE SHIPMENT MAY BE CARRIED VIA INTERMEDIATE STOPPING PLACES WHICH THE CARRIER DEEMS APPROPRIATE. THE SHIPPER'S ATTENTION IS DRAWN TO THE NOTICE CONCERNING CARRIERS' LIMITATION OF LIABILITY. Shipper may increase such limitation of liability by declaring a higher value for carriage and paying a supplemental charge if required.
FLORIDA INTERNATIONAL USA 501 SOUTH ANDREWS FT LAUDERDALE, FL FT LAUDERDALE, FL 33301	464576	

以上空運提單上運送合約條款規定託運人同意航空公司的運送條件，特別是航空公司責任限制，特別放大如下：

「It is agreed that the goods described herein are accepted in apparent good order and condition (except as noted) for carriage SUBJECT TO THE CONDITION OF CONTRACT ON THE REVERSE HEREOF. ALL GOODS MAY BE CARRIED BY ANY OTHER MEANS, INCLUDING ROAD, OR ANY OTHER CARRIER UNLESS SPECIFIC CONTRARY INSTRUCTIONS ARE GIVEN HEREON BY THE SHIPPER AND SHIPPER AGREES THAT THE SHIPMENT MAY BE CARRIED VIA INTERMEDIATE STOPPING PLACES WHICH THE CARRIER DEEMS APPROPRIATE. THE SHIPPER'S ATTENTION IS DRAWN TO THE NOTICE CONCERNING CARRIER'S LIMITATION OF LIABILITY. Shipper may increase such limitation of liability by declaring a higher value for carriage and paying a supplemental charge, if required.」

以上運送條款的重點說明如下：

(一)證明託運人交運的貨物航空公司完整收到

航空公司表示，除提單上有特別註明外，貨物已如數完好收到，這一點聲明非常重要，因爲託運人交運的貨物，可能是幾本沒太大價值的雜誌，也可能是價值連城的寶石珠寶，即使是一般商品，一批iPhone行動電話，一批積體電路電晶體（Integrated Circuit），都是價值不斐的貨品，貨主豈可隨便交付他人，因此託運人藉與航空公司簽署作爲運送合約的空運提單（Air Waybill），由航空公司聲明自託運人手中完好收到貨物，將由航空公司在運送期間暫時保管貨物，直到航空公司將貨物交給提單上所指示的收貨人爲止，如果貨物在航空公司保管期間如有損失，航空公司應負賠償責任，因爲航空公司已在提單上證明貨物完整收到，除非收貨時發現有破損，並在提單上註明，並經託運人簽字認可。

(二)證明託運人同意航空公司的運送條件

由於託運人交運的貨物價值、數量，航空公司不能預料，因此對在其運送期間暫時保管貨物的責任風險太大，眞有事發生可能無力賠償，例如一整櫃的黃金被竊或被劫，航空公司向保險公司投保的金額無法涵蓋損失。此外，航空公司運送貨物也可能受到外在環境的影響無法如期完成運送，或使貨物遭致損壞，例如飛機可能遭到暴風雪侵襲、火山突然爆發、飛機遭遇亂流、颱風洪水破壞等自然災害，或戰爭、暴亂、戒嚴、政府機關扣押等人爲災禍等等諸種非航空公司所能控制的狀況，所以航空公司必須設定某些運送條件來保護自己，免得負擔不必要的責任風險。

航空公司的運送條件列印在提單背面，詳細說明適用的法律規章、航空公司責任限度、理賠時效、路線安排、託運人責任等等，託運人在提單正面簽字後，即證明同意背面的運送條件及航空公司的責任限度。

(三)證明託運人同意航空公司的運送方式

航空公司接受託運人交貨後，理應由該航空公司班機儘速送達終點站交收貨人，但是可能由於下列原因而無法由本公司班機執行：

1.本公司航線未達託運人要求的目的地。

2.目的地沒有機場。

3.本公司飛機故障，緊急貨物一時無法運送。

4.航空公司爲擴大營業範圍，將承運貨物擴充到本公司航網之外。

5.貨主希望節省運輸費用。

由於以上種種原因，航空公司有時必須將貨物在其航線終點站轉給其他有合作關係的航空公司，繼續運往提單上的最終目的地。如果後段沒有空運服務，航空公司必須與陸運卡車公司或鐵路公司合作，來完成運送義務。有時必須使用海運聯運方式來因應無空運航班的窘境，或應貨主節省運費需求，以海空聯運的方式運送。因此，在上述文句中，託運人證明同意航空公司在運過程中，可以使用航空之外的其他運送方式，並且不限於只由簽署提單的航空公司運送，此點可使航空公司運送方式有更彈性的選擇，並明確規範航空公司的責任不因此而擴大，除非託運人在提單上明白顯示不可用航線以外的方式運送。

(四)託運人同意航空公司在運送過程中可以有中停點

航空公司在運送貨物過程中，可能基於經濟效益的考慮，必須在到達終點站之前，中停一點或數點以增加載客貨數量增加營收，或是航程太遠，必須在中途加油，或是因爲氣象變化，例如冬季頂風飛行，耗油過多無法依原計畫直飛終點站；或是機上旅客、組員急病，必須轉降緊急送醫；或是機械故障、恐怖劫機等等原因，必須在啓運站與終點站之間中停，這是航空實務中不可避免的情形，若因此要航空公司負責賠償責任實有不公與困難，因此，提單上才有上述文字，讓託運人同意航空公司有權在航程中可以中停某地。

(五)特別提醒託運人注意運送合約中有關航空公司責任限度

航空公司的賠償責任不可能無限上綱，但也應該有一定標準可供簽約雙方遵循，所以在提單背面的運送合約中，特別說明航空公司的責任限度，亦即每公斤最高17SDR（特別提款權），相當於美金20元。託運人簽署提單後即承認此項限度標準。

(六)貨主申報貨物價值

貨主如果認為其貨物價值不止每公斤17SDR，遇有貨物損失時，不願接受航空公司賠償金額限於17SDR，貨主可以申報貨物價值，繳納「報值費」（Valuation Charge）來提高航空公司賠償責任。航空公司則徵收「報值費」以貨物申報的貨物價值金額，超過免費的每公斤17SDR金額之外的部分，收取不少於0.75%費用，如此，貨主託運的貨物真有損失時，航空公司應以實際損失賠償，但最高不超過此申報價值作為賠償標準。

第四章

航線規劃實務

- 航線規劃考慮因素
- 航線經濟效益評估
- 航線使用航機之規劃
- 航線經營申請與籌備
- 航線經效檢討及調整

經營航空公司首先要設立航線，而航線取決於市場需求。選對市場可以賺錢獲利，選錯市場則面臨虧損，甚至導致倒閉。市場有小範圍市場與大範圍市場之分，小範圍市場是指一處地方不是很大，但可招攬足夠貨源，滿足班機營運需要，例如印尼峇里島，當地是一處觀光勝地，但沒有工業生產，本來對航空公司貨運部門來說並非好市場。但是當地有很多漁船捕撈鮪魚，大部分銷往日本，對於使用B737、A330中小型飛機飛航峇里島，同時又在台北有很短時間接轉班機到日本的航空公司，這就是一個不錯的市場。大範圍的市場就是一處地方、市場的腹地相當廣大，例如紐約，貨源不只限於紐約一地，而是有來自波士頓、康乃狄克、費城、華盛頓等東岸廣大地區許多供貨，可說是一處大範圍市場，再如香港有珠江三角洲，上海有長江三角洲，倫敦、法蘭克福、巴黎等地有大歐洲腹地，也可說是大範圍市場。小市場如果有足夠貨源，不見得不好，大市場也不見得就是有利，因為肯定會面臨眾多競爭，運價也會下滑。因此，航空公司選定航點、開闢新航線之前有許多因素要詳加考量。

第一節　航線規劃考慮因素

航線的開航有幾種主要原因與考慮，說明如下：

一、基於政策性的考慮

政府基於政策需要，常要求航空公司，特別是國營航空公司（Flag Carrier）開闢某特定航線。例如，台灣外交處境困難，只要有機會與無邦交國（特別是有影響力的國家）建立關係或加強關係，政府都儘量促成。航空也是一項促進實質關係的手段，政府對航空公司開航線到這些國家不但樂觀其成，多方鼓勵，有時甚至施壓力促，從前長榮航空開闢英國倫敦、法國巴黎，華航開闢德國法蘭克福、奧地利維也納以及談判飛航俄羅斯莫斯科等航線，都被視爲外交上的「突破」。很多國家只有「國營」航空公司，大多配合「國家政策」開闢航線，至於商業利益及盈虧則不在其主要考慮，畢竟虧損還是國家負擔。在這種情形下，航線經濟效益評估就不那麼重要了。

二、政府分配航權

另一種情形是航空公司被分配到航權，雖然經濟效益不佳或不明，但在拖延不開航情形下，可能失去寶貴的航權時，也只好勉爲其難，不管經濟效益如何，先行開航再觀後效，有時硬撐終致無法獲利而放棄。例如從前華信航空曾獲分配高雄至香港每週四班航權，但因南台灣，特別是高雄來回香港之間客貨不多，經營甚爲困難，但華信航空航權不多，能飛的航點也少，雖然高雄至香港航線配合華航運作，營運困難也只好勉力維持。再如復興航空獲分配韓國濟州島航權，雖然在兩岸通航前與大陸航空公司合作，經營台商旅客生意曾風光一時，但兩岸通航後已成雞肋。同樣情形也發生在兩岸通航的航權分配，若得到北京、上海航權及足夠航班自是上上大吉，發財有望；如果分配到廈門、長沙、瀋陽、廣州的航空公司，因來往兩地客貨無法塡滿艙位，大多愁眉不展，但是也不敢延遲不飛或放棄，就怕退出後航權被人占用，以後再也沒有辦法奪回，因此也只好咬緊牙關硬撐，管不了目前的經濟效益了。

三、經濟效益的考慮

經營航空公司當然以獲利爲主要考量，因此航空公司開闢新航線首先要找有利的市場，航線是否有經濟價值是完全看目標市場大小及對公司可能的貢獻，在小市場尋找有利基市場，或是在大市場突破都應詳加考量。在大市場，如美國這個大市場，究竟應在西岸開站，還是闢建東岸航線，或是在中西部如芝加哥，或是南部如亞特蘭大、邁阿密、達拉斯設站比較能有機會獲利，航空公司都要仔細評估經濟效益，並分析以下影響收益的各種因素：

1.貨源多寡：本地及外來貨源。
2.運價高低：是否能產生獲利。
3.競爭態勢：他航使用機型、班次及營業競爭策略。
4.可獲資源：是否能獲得政府分配航權、公司內部支援能力。
5.市場潛力：現況及未來拓展之可能性。
6.營運成本：飛航成本、地面作業、營業推廣成本等。

四、綜合經濟效益考量

航線的開闢並不純然只考慮該航線的盈虧，有時是基於公司整體綜合效益的考慮。例如國泰、長榮、華航、日航等航空公司貨機都有由其總部基地站飛往東南亞的航線，如印尼雅加達、新加坡、馬來西亞吉隆坡、泰國曼谷、越南胡志明、河內等，如單純計算此區間收益，各航貨運班機大多是虧損狀態，但是這些班機大部分是裝運亞洲到歐、美長程高價貨物，轉接各該公司往歐、美班機，兩段班機收益減去飛航成本，仍有利可圖，對公司整體綜合效益仍有幫助。

五、作業上的考量

航空公司開闢航線除主要市場經效考量之外，有時也是因爲作業需要。例如從香港飛美國紐約的波音B747F貨機，在滿載情況下，因飛機能夠載貨的酬載（Pay Load）重量不足，無法從香港直飛紐約，因此航空公司設定的航線從香港飛美國阿拉斯加的安克拉治加油，再續飛紐約。華航飛歐洲貨機也是基於同樣理由，選阿拉伯聯合大公國的阿布達比（Abu Dhabi）作爲中繼站。

第二節　航線經濟效益評估

至於一般正常營運的航空公司，其經營航線主要考慮是否能獲利，因此在開航之前一定要作好航線經效評估。評估時一則考慮單就此航線成本與收益分析，同時亦考量此航線對整體航網的貢獻度如何。例如華航開闢台北印度航線，兩地之間客貨其實不多，根本不符經濟效益，但是華航可以在美國、加拿大印度社區爭取許多印度旅客搭乘華航自加拿大溫哥華，美國紐約、舊金山、洛杉磯返台越太平洋班機到台北，轉台北到印度班機，反向亦同，雖然台北到印度航段可能虧損，但可提高太平洋航段之裝載率與收益，整體而言，還是有利。

航空公司在作航線經濟效益評估時，不外乎研析以下幾個因素：

1.市場規模：例如美國市場廣大，帛琉、關島客源有限。
2.市場售價：售價影響收益，例如台北與澳門之間票價偏低應予檢視。
3.市場競爭：成熟市場競爭激烈；新開市場競爭少，可維持高價。
4.飛航成本：考慮飛行油料、組員薪資、地勤代理、起降費用、行政管理等。

5.航權獲得：現成航權申請或新航權談判將影響營運收益及籌備開航時程。

6.綜合效益：對整體航線及公司財務貢獻度是否有助益。

7.成功機會：衡量競爭對手反擊、破解壓力方法，達到成功獲利機會。

8.自有資源：包括財務能力、飛機及組員調度、營運人才等考量。

航空公司從海關、觀光局、外貿協會等政府機關的統計數字，商會、旅行業同業公會、承攬業同業公會等民間機構、IATA、區域性民航協會〔如亞太航空公司協會（AAPA）〕等蒐集有關客、貨進出數量，以及研究同樣經營同航線的其他航空公司有關資訊，如航班、機型、客貨來源、裝載率、行銷策略與經營成效等，及自身資源、航權等條件，詳細研究分析本公司的優勢、劣勢、風險與機會所在，再經公司上下開會溝通，如確實有發展潛力，由最高管理階層作成決定，報董事會通過後，進行申請程序，獲得有關政府批准後，安排人員派遣任命、招募、訓練，設置辦公及營業處所，辦理營業登記，廣告宣傳，航機、飛航組員、班表等實務安排，最後就是擇吉期開航。

第三節　航線使用航機之規劃

航空公司對於航線所使用的航機規劃有以下幾種考量與企劃：

一、航線使用機型的規劃

航空公司的企劃單位在作航線規劃時，首先要看市場的大小及需求來安排航機。大型的航機如波音B747、B777、B767及空中巴士A380、A340、A330、A320等中長程飛機能載運200～550人之間，常用在市場較大的區域線，例如飛香港與東京之間，新加坡與上海之間，曼谷與大阪之間，紐約與洛杉磯之間，倫敦與巴黎之間等客貨衆多的區域航段。雖然大型長程機飛航成本較高，但在此種大市場旅客多，裝載率也高，平均單位成本（每一座位飛行每一公里所花費的成本）與單位收益比較還是有利時，即可派飛大型機。基本上，大型機是用來飛長程線，用在有大運量的城市之間，例如台北與美國東岸紐約，西岸舊金山、西雅圖、洛杉磯，中東杜拜與歐洲法蘭克福、巴黎、倫敦、阿姆斯特丹、羅馬、維也納，新加坡與澳洲雪梨、布里斯班、伯斯、達爾文等。

至於有些地方市場很大，客貨也很多，但是航空公司考慮爲爭取不同需求的顧客，同時兼顧成本的節省，在區域性城市間使用窄體短程機如B737、A319或螺旋槳飛機，以頻密的班機來因應不同時段旅客的需求，有時這樣多班次的營運方式比用大型機少數班次可能有較大的獲利。例如，華航每天從早上七點半開始到半夜十二點有十幾班飛香港，對台港旅客及貨主極爲方便；美國航空（American Airlines, AA）在紐約與芝加哥之間，每小時有一班；英航在倫敦與阿姆斯特丹、巴黎、法蘭克福之間也是幾乎每小時一班，大部分使用小型機。頻密的班次可供商旅有較多的選擇。

二、航機的獲得

航線及航機的規劃除了成本及營收的考量之外，航機的獲得也是企劃的重點之一。航機不僅價錢昂貴，動輒數千萬、數億美金，航空公司光是尋找銀行談判貸款，及至簽約取款就要經年累月花費很多時日，遑論向飛機製造商談判購機，以至飛機製造商備料製造，完成試飛、缺點改正及最後交機，更是漫漫長路。因此，航空公司在因應市場需求及航線規劃時，必須視其緊迫性作不同的規劃。以下有幾種不同情況，規劃亦有不同：

(一)長期規劃航機的獲得

市場有潛力，但目前無急迫性，可以慢慢開發。例如台灣與中南美洲之間並無直接空運連結，如金磚四國的巴西經濟發展良好值得開發，但目前台巴之間尚無足夠旅客與貨物來往。因此，可以列入中長期發展計畫，開始研析市場情報，若確有開航價值，則著手進行引進新機，預定一兩年後交機開航。有時可以透過聯航合作，以「共用班號」方式，利用他航飛機，先行試營以測試市場潛力。「共用班號」是航空公司之間在營運方面的合作方式，由其中一家在某航段提供飛機艙位，和它合作的航空公司可以在該班機以自己的班號售賣，兩航再協商分帳方式。例如華航與達美航空在洛杉磯與台北之間航段合作共用班號，由華航提供飛機艙位，達美航空雖然自己沒有飛機飛洛杉磯與台北之間航線，但可在登機證上印它自己的班號（DL-XXXX，而不是華航的班號CI-XXXX），同樣地，達美航空也提供其洛杉磯與亞特蘭大之間班機的艙位給華航以華航班號售賣使用，因此，華航即使沒直飛亞特蘭大班機，仍可發售以華航班機號碼的直達機票給旅客。長榮航空與美國航空亦有類似合作模式，可以沒有航機飛航仍可經營某特定航線。

(二)增添新機汰換舊機

舊有機隊數量不足或老舊，必須增添新機來汰換舊機。這是長遠的規劃，可以慢慢研究整體市場發展趨勢，飛機現貨市場及發展中新機經濟效益評比，再決定引進何種新機。一般飛機如果保養良好，可以使用三十年以上，但是隨著機齡的提高，零組件替換也隨著升高，維修成本居高不下的情況下，獲利能力益加困難，遑論經常故障，影響班機準時率，老舊設備也影響顧客使用意願。因此，除非經營不善的航空公司無力改善，否則，一般航空公司都有定期汰舊換新的計畫以改善服務水準。

(三)市場有急迫需求時之措施

市場有急迫需求或特殊狀況時，則採取緊急應變方法。例如台海兩岸通航談判沸沸揚揚，走走停停，「只聽樓梯響，不見人下來」，歷時十餘載，航空公司無法好好作準備，早先購機預備通航者，天長日久，不堪賠累，倒閉者有之，如遠東航空。然而，雙方政策改變，一夕之間突然柳暗花明，兩岸通航竟成事實，航空公司眞是措手不及，只好採取緊急應變方法，臨時從經濟效益較差的航線抽調飛機開航大陸航線，以免錯失商機。

(四)租機因應營運急需

臨時緊急應變方式尙包括對外租機因應。航空公司有時會遇到不可抗力的意外，例如遭遇晴空亂流，致飛機損壞，飛機重落地，在地面遭到擦撞，機件重大故障維修，甚至發生空難，飛機遭受恐怖份子挾持攻擊等等意外情況，所謂「天有不測風雲，人有旦夕禍福」，必須長期停機檢修時，向租機公司或其他航空公司調租飛機也是維持經營的有效方法。

(五)租用飛機試行經營新市場

對於尙無太大把握的新市場，如果驟然花費鉅資購機，風險極大，比較保險的方法就是租機。航空公司與租機公司談好條件後引進飛機，每月自營收中提付租金給租機公司即可擁有飛機。但租機其實也各有利弊，比起自購飛機貸款，每月償付本息，表面上看起來與租機每月付給租機費一樣，但自購機貸款可長達二十至三十年，每月負擔較租機爲少，且貸款還清之後即擁有該機所有權，與租機到期必須歸還，有極大利益差距。

另外，租機公司爲賺利潤，除機價部分由航空公司在每月租金中分攤外，另包含其利潤、管理費、維修費等等，如果是濕租（由租機公司提供飛行組員），尙須包含組員薪資、餐飲、旅館、交通費用，費用比自購機高出甚多，因爲自購機組員可與航空公司內其他組員共同調配，費用平均分攤。

但其優點是航空公司可以先訂短期租約，如六個月、一年、兩年，試探市場的需求反應，如果該航線經營良好則可考慮自購飛機接替到期的租機，或延長租約以觀後效。如經營不佳，認賠退租，不必如自購機般，負擔長期貸款債務。

第四節　航線經營申請與籌備

一、提出營運計畫書

航空公司經內部研究決定開闢某新航線後，下一步即須向本國及起降國家民航管理當局申請飛航許可。各國政府對航空公司申請飛航許可都有不同的規定與需求，通常都會要求航空公司提出營運計畫書（Business Plan）供其審查。營運計畫書的內容不外乎下列幾個重點：

1.申請公司名稱及負責人。
2.預定開始營運日期。
3.預定飛行航線。
4.預定起降機場，包括中途停靠地點。
5.預定營業方式，自行設置分公司或指定總代理。

6.預定使用機型及承載客貨數量（根據所獲准航權規定辦理）。

7.預定飛航班次、飛航日及起降時間。

8.營業處所及通訊地址。

9.分公司組織人力配置及營業據點計畫。

二、申請機場時間帶

由於機場飛機起降頻繁，各國機場對於各航空公司飛行航班必須透過事先申請程序，妥善加以安排先後次序，以免航機在機場上空盤旋等候降落或在停機坪等候起飛。此外，世界各地機場常有當地政府爲保障當地人民夜間睡眠安寧，規定夜間禁止起降（Curfew），因此，航空公司在獲准開闢某航線後，下一步動作即是申請機場起降時間，即一般術語所稱的時間帶，獲准後據以安排班機離到時間。

三、申請營業證書

航空公司要在當地營業，必須依當地法規辦理商業登記，獲准後才能正式對外營業。商業登記是指依商法和商業登記管理法規有關商業登記規定，當事人將要進行的應登記商業事項，向登記主管機關提出申請，登記主管機關審核合於規定即予以登記註冊，使所申請事項發生一定效力的活動。

營業登記主要目的是當地政府可根據申請事項審查是否符合法規資格，有無特定條件（例如餐飲業須通過消防檢查，航空公司須事先獲得航權及民航當局同意），以及在稅務機關登記，作爲未來徵稅依據。

各國主管商業登記機構各有不同，規定亦各異，例如在台灣有中央的經濟部商業司及地方政府的建設局工商科辦理。中國大陸上海市主管單位是工商行政管理局企業登記科辦理。

四、設置營業處所及安排營業人員

在獲准飛航並取得機場時間帶後，航空公司即可進行營運工作的籌設，首先應先設置營業及管理處所。這些處所視航空公司擬採取的經營方式，即自營或委託總代理及公司的營運政策而有不同的做法。如果自營，大致需要作以下安排：

1.設立分公司，任命立分公司經理或總經理。
2.設置各作業單位，例如行政部、財務會計部、營業部、訂位部、運務部、客服中心等等，並招聘派任有關人員。
3.對工作人員進行教育訓練，使員工充分瞭解公司營運政策及熟稔工作技能。
4.布建營業據點，指定轄區內各地營業代理，機場或地勤作業代理。
5.與機場管理當局簽訂辦公設施使用合約，包括客貨運務、航務、機務、貨運站等辦公處所、航機起降導航、油料供應、餐飲服務合約等。

五、進行廣告宣傳

爲使當地銷售順利進行，並廣招客貨來源，航空公司在新航線開航之前，一定要進行廣告宣傳活動，其方式有以下幾種；

1.在當地報紙、電視、電台進行廣告宣傳及促銷活動，引起社會大衆注意。
2.舉辦產品說明會，邀請潛在客戶、媒體、旅運業者、航空同業參加，吸引未來客戶。

3.正式開航之前，舉辦開航酒會，邀請當地政商人士、航空管理機構、航空業者、代理業者、大型工商界等與會，打開當地市場知名度。

4.派遣營業行銷人員作地毯式業務訪問，介紹公司概況。

5.對潛在客戶寄送廣告文宣、班機時刻表、航網圖等，讓客戶熟悉服務範圍。

6.邀請重要客戶、政經人士及媒體於首航日到機場參觀作業或登機參觀機上設備。

7.免費招待重要客戶、政經人士及媒體搭機前往航空公司總站參訪旅遊，體驗該航空公司服務內涵。

第五節　航線經效檢討及調整

航空公司開闢新航線之前雖然經過仔細市場調查，並作嚴密經濟效益分析，認爲可以獲利才籌劃開航，然而，開航後實際情況可能不如預期，可能因爲種種原因，使得班機無法達到滿意的裝載率，或無法達到營業目標，或無法獲利。例如日本汽車零組件工業外移至泰國，造成日本出口市場發生變化，影響台日航線貨源之消長。泰國黃衫軍動亂及大洪水侵襲，造成許多工廠淹水，影響產品製造產出，使航空公司班機無法招攬足夠貨源。又如禽流感大流行、伊朗石油危機、美國連動債、歐債風暴、中東戰爭等等，造成嚴重經濟風暴，影響航空公司的營運至鉅，航空公司因此必須隨時對航線營運作經效檢討，並作必要的調整。茲分述如下：

一、班機裝載率檢討

航空公司開闢新航線，開始營運之後，隨即應密切注意班機裝載情形。開航之初，通常航空公司都會有促銷活動以廣招徠，班機的裝載率，亦即實際裝運貨重或使用艙位與可承載重量或可使用艙位之比（Actual Load vs. Available Payload），一般都不會太差，但航空公司將本求利，不可能長期以低價優惠，造成營運損失，因此，當運價恢復正常之後，班機的裝載率才能顯現眞正的營運狀況，這時航空公司應檢視每一班機的裝載率，並考慮是否應及時採取必要措施來改善並提高裝載率。

至於裝載率應達到何種程度才算合宜令人滿意，端視公司營運政策及所定營運目標來決定，有些公司以充分使用艙位爲目標，不惜犧牲一些營收，有些公司以實際獲利爲目標，裝載率高低並非主要考慮。裝載率低有以下幾種可能性：

1.售價太高，無法與他航競爭。
2.服務欠佳，班機不準時，遭受客戶排斥。
3.總代理或代理商營業能力不足，無法招攬足夠貨源。
4.欠缺客戶激勵辦法，例如無累積獎金辦法、年度後退佣金優惠等等，不足以吸引客戶。
5.班表欠佳，不能滿足客戶需求，例如班機半夜起飛，無法承載當地大宗海鮮貨物。
6.開航時間不久，廣告宣傳不足，客戶及市場尚不熟悉公司服務。
7.舊有客戶對新航空公司尚無信心，不願冒險更換長期合作的航空公司。
8.經濟情況欠佳，市面貨源不足。

航空公司遇到班機裝載率不佳時應詳加分析上述各種因素，並考慮公司營運政策與目標，然後採取必要措施，過與不及均會影響公司獲利結果，不可不慎。

二、航線盈虧檢討

班機裝載率高低只反應承載貨量多寡及艙位是否充分利用，實際上並無法充分顯示經營獲利情形，而經營航線最重要的還是在獲利。因此，航空公司在新航線開航後即應隨時檢討盈虧情形，及時採取因應改善措施，以免時日遷延，虧損過鉅而停擺。

航線盈虧有以下幾項考慮因素：

(一)售價高低影響收益

運價高低是影響營收最主要因素，售價太低固然較易招攬生意，但也造成營收低落，可能造成虧損。提高售價有助獲利，但必須考慮市場接受度及競爭態勢，產品服務是否有配套利基，例如銷售高價快捷服務，利用同樣艙位，獲得較高收益，但需要有特別作業程序，保證限時送達。

(二)機型大小影響成本

使用機型是否恰當決定成本高低，進而影響盈虧。機場落地費、導航費通常以飛機的最大起飛重量計算，大型飛機收費自然比中小型飛機爲高；地勤代理費、航機維修檢查、航務代理等也是以機型來收費。此外，大型飛機在飛航過程中也耗費較多油料。因此，航空公司檢討航線盈虧時，必須分析市場大小、貨量多寡、收益高低，審慎選用適當機型以節省成本。

(三)航線及航點規劃是否恰當

檢討該航線是點對點，還是多點連結方式運行。一般而言，點對點運行比較單純，成本也較多點串連節省，如果貨源充足，收益亦佳時，點對點應該比較經濟有效。但是如果在該航線市價偏低，而造成虧損時，可考慮與其他收益較高航點串連，而達到綜效，例如新加坡政府爲發展新加坡爲區域轉運中心，故意壓低當地運價，導致進出貨源衆多，但運價偏低，航空公司不能忽視該市場，卻又不能獲利，因此，某些台、日航空公司將順路，運價較高的香港與新加坡串飛，以兩段式營運來增加營收。然而，有時候兩段式營運反是造成虧損的原因，例如，從台北到美國洛杉磯後，再與邁阿密串連，由於航程太遠，成本太高，可能造成虧損，如果洛杉磯貨源足夠，單點飛航即可，如果貨源不足，則考慮與舊金山串飛或許是較佳選擇。航空公司必須多方研析各項營運資料，及時作出最佳調整。

(四)自營或代理

自營是航空公司自行聘僱所有營運、財務、行政、服務、訂位等等人員，設置辦公處所，負擔水電通訊費用。好處是比較容易掌控全盤狀況及市場售價，但相對的要負擔許多固定及變動成本，如果該航線或航點收益不佳，造成虧損，則可研究是否改由總代理或代理，以有營業收入才支付佣金的方式取代自營固定成本開銷，冀能轉虧爲盈。

三、市場發展潛力檢討

航空公司開闢新航線後，除在該航線力求獲利外，還必須研究將來的發展性。因爲航空公司的投資相當龐大，資源（特別是飛機及財務）的獲得常需要長時間的安排，如果該航線或市場有發展性，則應及早安排各項資源，例如調度現有機隊，或訂購新機，並洽銀行安排支付購機貸款等。如果該航線或市場沒有發展性，則應及早停航，撤出該市場。

市場發展潛力的檢討應考慮以下幾種狀況：

1.當地工商發展趨勢，例如日本汽車產業是否逐漸外移、中國大陸是否發展太陽能產業、金磚四國發展趨勢等等。
2.當地政治經濟情勢變化，例如緬甸軍政府放寬政經管制，歡迎外資投資、埃及茉莉花運動導致總統穆布拉克下台後的發展、泰國黃衫軍抗議活動。
3.國際經濟情勢對當地市場的影響，例如歐債風波對亞洲新興國家出口到歐洲的影響、美國金融風暴對進出口貿易的影響、中國大陸發展內需對工商業的衝擊等。
4.國際能源危機對當地發展的影響，例如伊朗發展核武危機，導致出口原油限運或禁運，對仰賴石油進口發展工業的國家造成嚴重衝擊，甚至影響全球經濟榮枯。
5.當地國家產業發展政策，例如台灣曾制定兩兆雙星計畫、巴西發展飛機製造工業、越南引資建立鋼鐵工業、中國設中關村發展高科技產業等，都將改變當地工商面貌，以及產品的進出種類與數量，也帶給航空公司不同的商機。

四、航線檢討改善措施

如果航線經營結果欠佳，航空公司應把握時機進行改善，希望收益能增加，進而達到獲利的目的。改善措施約有以下方式：

1.調整售價，爭攬更多貨源，提高裝載率。
2.調整運行班機時刻表，更方便客戶交運。
3.調整飛航機型，更經濟有效地使用艙位。
4.調整飛航路線，與其他航點串連，設法降低成本，增加營收。

5.與其他航空公司合作共用班號，互換艙位，藉以增加班次吸引客戶交運。

6.若客觀情況變化，市場一時無法改善，例如當地洪水氾濫，產業遭受嚴重破壞，則暫停飛航。

7.若經濟衰退，市面蕭條，短時間無法恢復，則應減少班次，甚至暫時停航。

8.若遇世界經濟風暴，估計市場將長期疲弱，應採取封存飛機，停飛情況惡劣航線，以待來日復甦。

第五章

營業行銷實務

- 制定營業目標與營業政策
- 市場調查
- 顧客分類與營業對策
- 市場開拓與競爭策略
- 制定行銷策略規劃方案
- 策略規劃成效評估
- 行銷業務管理
- 營業績效檢討
- 代理商之指定與管理

第一節　制定營業目標與營業政策

經營航空公司的主要目的是在營利，而獲利則由營業單位對外努力爭取而來。由於航空公司經營涵蓋國際廣大層面，各地市場及政經環境各有不同，如何統合所有資源，充分使用可控管生產工具，創造最大收益，乃爲各航空公司最大課題。

基本上，航空公司首先必須在總公司設立一位貨運總裁（Cargo President），或總經理（General Manager），或資深副總經理（Senior Vice President）或貨運處長（Managing Director, or Cargo Director），視各航空公司編制，各有不同名稱，由其總管貨運一切事宜。其下再設營業管理單位及各級區域性營業單位，總公司營業管理單位制定營業政策及營業目標，並研擬有效策略，交由各地營業單位執行，然後整合公司可用資源全力爭取營收，並隨時檢討成效，採取必要改善措施以確保及增進盈餘。各航空公司的營業組織視其需要而有不同的建置及其特定名稱，基本上總公司大致有管理全線營業行銷及政策的「營業管理部」，管理全線班機艙位的「營收管制部」或稱「訂位中心」，管理公司整體貨運營業發展的「企劃發展部」，管理全線後勤支援的「貨運服務部」，管理電腦資訊業務的「營運資訊部」，管理服務品質及作業標準的「貨運品保部」，管理各站機場作業的「場站管理部」等等。

地區性的營業組織有以大地區爲單位，下轄各國分公司，例如「歐洲貨運中心」、「美洲貨運中心」、「亞洲貨運中心」、「非洲貨運中心」、「亞太貨運中心」、「東北亞貨運中心」、「中國大陸貨運中心」等等，另外，是以國家爲單位的「分公司」，如「泰國分公司」、「印尼分公司」、「荷蘭分公司」、「法國分公司」等等，下轄該國各大城市營業處等。

地方性的組織可能包含「營業組」、「訂位組」、「服務組」、「會計組」、「行政組」等等，分別掌管有關營業行銷事宜。

有關制定營業目標與如何達成的過程及相關因素相互關係先以**圖5-1**表示，並說明如下：

一、營業目標的制定

航空公司的營業目標基本上是以獲利爲主要考慮，而獲利須以公司整體的最後淨收益來衡量，亦即營業單位的總營收，扣除爲達到營收所有費用所餘金額。至於在會計年度開始之初，如何制定營業目標，首先必須由總公司制定全年整體營收預算，全年度開支預

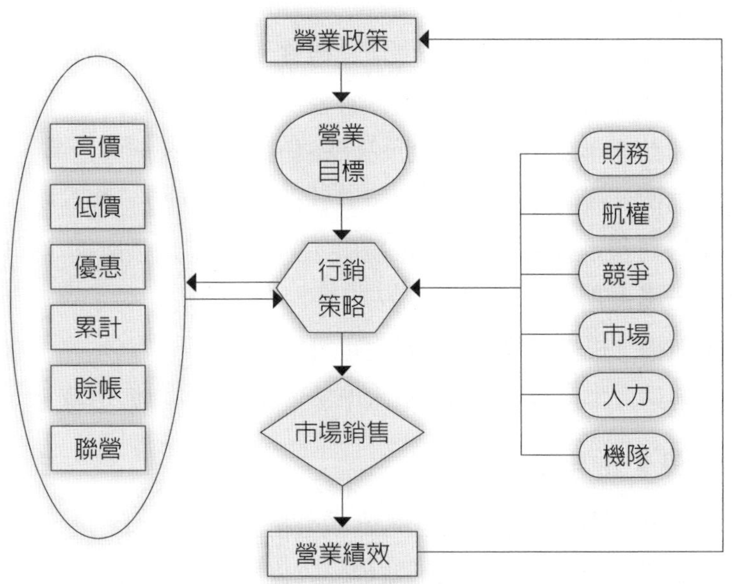

圖5-1　制定營業目標與如何達成的過程及相關因素相互關係圖

算，並編列預訂盈餘（或虧損）目標，以作爲總公司及各地分公司努力爭取業績方向，達到公司總體收益，並作爲考核各地營業單位績效的依據。

(一)編制營收預算之考慮因素

航空公司編制貨運營收預算有幾個因素必須加以考慮：

1.所能提供的生產工具能量，包括飛機數量、可飛航班數、可用艙位、可載貨物噸位數、飛機維修地停時間、地勤代理能量、倉儲代理能量、資訊軟體銷售能量，其他如房舍、器材、車輛、飛機、櫃檯等設備可使用及出租能量。

2.市場狀況分析，包括整體經濟環境、產業變化、顧客需求、市場定位等。

3.競爭條件，包括競爭對手優劣情勢、自身競爭條件、產品競爭條件。

4.可能發展空間，營業發展潛在機會。

5.所能投入資源，例如人力、資金、器材、營業據點。

6.預計全年公司整體支出預算總額，以及未來成本走勢，例如油價、機價等漲跌趨勢，將影響獲利能力。

7.公司預定發展願景，例如預定在中國大陸擴張航網、在中東市場占有一席之地等。

8.航權、班次的限制及增班之可行性。

9.各站成本及市場售價高低水準、獲利能力的客觀環境。

(二)重要營運目標

航空公司營業管理單位經過審愼分析上述種種因素後，於每年第四季制訂下年度營收目標，並依營收目標訂出營業政策，規劃營業策略和行銷方案，以及相關配套措施，例如準備航機、維修、人員、設備等等，再由此制定支出預算及獲利目標，最後依上述考慮因素，將營收目標分配到各站，也核定各單位的支出預算，以期經過各單位確實執行，使公司總營運目標在年底能順利達成，甚至超過獲利水準。重要營運目標包括：

1.班機裝載率：班機艙位使用情形。
2.單位收益：每一延噸公里收入。
3.獲利率：獲利（收入減成本）與收入之比率。
4.營收成長率：與一定基準之收入比較。
5.成本支出率：成本支出與預算之比率。
6.預算達成率：按月或年度收支與預算數之比率。
7.營運異常率：營運失誤比率。
8.顧客滿意度：顧客意見調查。

(三)營業預算編列要項之考慮

各地分公司收到總公司分配的營業配額後，再依一年內淡旺季月份，自行設定每個月營業目標，營業主管於是召集營業人員、訂位人員及客服人員開會，宣布年度目標、營業政策，並研究如何達成目標的方法。至於營業預算方面，有下列要項須加以考慮編列：

1.員工費用：包括薪資、獎金、勞保、福利、醫藥撫卹、退休攤提、交通生活補助等。
2.運作費用：包括燃油、地面作業、倉儲、餐飲、飛航費用、機場管理費用等。
3.行政管理：包括辦公處所、水電瓦斯、保險費、設備採購維護、車輛交通等。
4.推廣拓展：包括廣告宣傳、酒會、激勵獎金、參訪、會議、

球賽、餐會等。

5.設備費用：包括飛機、器材、維修、辦公、營業、服務、資訊軟硬體等設備。

6.政府規費：包括稅金、關稅、一般規費等。

7.財務調度：包括貸款費用、利息支出、匯差損失等。

二、制定營業政策

在制定營業目標及預算後，開始進行行銷活動以爭取營收，但要如何行銷並獲得成功，公司最高當局的營業政策指導居於關鍵地位。營業政策有以下幾個範疇：

(一)價格政策

例如，公司是希望以維持高價，獲取高收益，或是以低成本，低售價薄利多銷，以大量銷售爭取顧客，累積微利成大利。

(二)品牌政策

公司希望建立絕佳獨特品牌，例如中東阿酋航空（Emirates Airline），領導市場售價走向，或是如美國西南航空以廉價航空公司姿態出現市場，或是以一般低價位航空公司面目爭取一般市場客戶。

(三)品質政策

公司希望對品質嚴格要求，建立安全、可靠、高效率口碑，如德國航空，或是僅維持一般水準即可，或是不予特別重視。品質政策牽涉到維持及改善品質成本的投資，例如人員訓練管理、資訊網路的建構、設備的添置、營運績效的監督考核，在在都需要大量投資，增加成本開銷，進而影響到售價高低水準。但也可能有高品質的產品及服務贏得顧客的信賴，吸引顧客長期惠顧。

(四)市占政策

公司對於市場占有率是否高度重視，是否要保持一定比率，或是並無特定要求，總公司應予營業單位明確指示。因爲要維持市占率，除營業人員須努力爭取生意外，有時不得不以低價爭攬貨源來吸收足夠的貨量，以應付總公司達到市占率的要求，因此而使得收益降低。

(五)安全政策

一般航空公司對於安全一向都很重視，但是重視的程度各有不同，安全業務包括飛行安全及地面安全，一般航空公司大都高度重視，因爲如有飛安事件，如飛機墜毀重大空難、飛機衝出跑道、恐怖劫機等，往往造成聳人聽聞之社會新聞，嚴重影響公司聲譽，何況政府有關單位經常檢查，航空公司也不敢大意，相對投入大量資金採購設備，進行人員訓練管理。即使如此重視，由於執行安全措施不夠嚴謹，空難事件還是層出不窮。至於地面安全，如貨物遭竊受損，飛機裝卸不妥引起之損害，車輛碰撞飛機、設備、人員，造成傷亡及金錢損失等等，均會影響公司營運成效及成本開支，進而影響到售價的高低。

因此，航空公司若要達到獲利目標，就要重視安全政策，避免因安全失誤導致成本高漲，影響收益結果。

三、營業政策的執行與考核

航空公司爲了確保公司的營業人員都能盡心盡力努力達成所賦予的目標，通常都會採用胡蘿蔔與棍子的政策，也就是獎勵與處罰並行，以激發營業人員全力衝刺，發揮最大的潛力。

在獎勵方面，有的發給獎金，有的採取行政獎勵，例如記功嘉獎，主管考績加成（如列爲優等），因爲營業單位人數衆多，行政獎勵不易公平，一般還是以實惠的金錢獎勵比較盛行。有獎賞必須伴隨著懲罰才能達到維持紀律，保持績效的結果。懲罰的方式依其經營者的領導風格而有不同的處置，嚴厲者可能對負責營業主管採取撤職、逼退、降調等較激烈手段撤換營業主管，較溫和者可能採取警告、提出改善報告、解釋未能達成目標原因、開會檢討、年終考績考量等手段以期未來能有所改善。

第二節　市場調查

航空公司設定營業目標後，隨即應進行營業銷售活動爭取營收，但市場情況瞬息萬變，競爭對手花招百出，顧客需求莫測高深，售價高低如何制訂，在在都需要有足夠且適當的資訊作爲參考，方能作出正確決策，有效吸引顧客上門，進而爭取生意，達成公司營業目標。因此，市場調查乃成爲航空公司營業單位不可或缺的重要工作，也成爲其營業成敗的關鍵因素。

市場調查主要是針對各國政治經濟變動情形、個別產業興衰、各地突發事件對空運之影響、運輸業重要事件、各地航空市場供需情形、各地競爭者運價水準、各競爭者之策略、顧客需求、客戶流動狀況等資訊作有系統的蒐集及分析，由其結果再研擬出有效的營業策略來爭取營收。茲分別說明如下：

一、各國政治經濟變動情形

航空貨運經常受到各國政經情況變化的影響，例如台海兩岸未三通前，中國大陸空運市場蓬勃發展，但我方航空公司無法進入營運，只能依賴間接轉運，爭取少量貨物運送，但自從兩岸開放三通後，客貨機可以正式進入營運，承載貨物因此大幅增加。又如美國次級房貸崩盤及歐洲經濟風暴，重創各國經濟，連帶也使國際航空貨運陷入谷底。又如從前美國西岸碼頭罷工，造成亞洲至美國海運停擺，促成空運供不應求，也讓當時各航空公司大發利市，收益大幅提高。

因此，航空公司的營業部門必須隨時注意各國的政經變化，及時快速採取因應措施，調整運價，增減班次，更改航線，或增減對客戶的營業條件，如增加激勵佣金，或減少優惠，視當時市場情況作最適當的處置。例如爲因應金融風暴的衝擊，國泰、華航、長榮都曾於2008-2009年將數架貨機封存於美國亞利桑納沙漠中以減輕成本負擔，等2010年經濟情況好轉才陸續解封復航。

二、個別產業興衰

各地市場的產業經常發生變化，航空貨運亦隨之受到影響，例如台灣一度是成衣製造王國，成衣大量出口，成爲台灣航空貨運主流，但曾幾何時，成衣業爲追逐低成本誘因，陸續遷往人工、土地及生產成本較低的越南、中國大陸，航空公司也不得不減少台灣艙位，增添越南河內、胡志明航班。又如戴爾電腦極盛之時，在馬來西亞檳城設廠製造，由華航特別爲其開闢一條自檳城經台北直飛美國田納西州納許維爾的直通航線，將成品運往該地的轉運中心再以卡車分送美國各地，以滿足顧客在網路訂貨後五天交貨的嚴格要求。但近來由於網路訂單減少，戴爾電腦公司改變策略，將通路改由美國最大零售商沃爾瑪銷售，空運需求因此減少，華航也因此調整班次因應。由此可見，當地產業的變化影響空運業務至鉅，航空公司的營業部門一定要密切注意轄區產業及廠商的種種變化，包括產品的種類、產量、銷往地區、財務狀況、擴展遷廠等等情資，隨時掌握，迅速應變。

三、各地突發事件對空運之影響

航空貨運從啓運地，經班機中停點，飛越國家，到終點地，歷經陸地卡車運送，空中運輸，途中若有突發事件，都可能造成貨物運送延誤、異常，甚至毀損，或是被迫停留某地，無法繼續運送。例如泰國紅衫軍、黃衫軍示威暴亂，占領機場，使陸地運輸及空中飛行無法運作；法國民衆爲抗議政府退休金改革法案，上街示威而演變成街頭流血暴動，並造成供油中斷，不僅一般汽車加不到油，機場飛機亦無油可用，許多班機被迫取消。又如冰島火山突然爆發，歐洲大部分空域被迫關閉，各航空公司大量取消航班，造成空中運輸中斷，航空貨運自是大受影響。再如中國大陸經常在福建、江西一帶舉辦軍事演習，香港與上海、北京之間航班常受影響而長時間延誤。

因此，航空公司的營業部門須及時分析突發事件對班機運作的影響程度，與顧客保持密切聯繫，決定是否接受貨主託運，或採取某些應變措施，如熱帶魚加灌氧氣，以免託運途中缺氧死亡。

四、運輸業重要事件

航空貨運是機場到機場的運輸模式，無法從出口廠商處一路直接送到收貨人的手裡，必須結合陸運（包括公路與鐵路），或海運方能完成全程運送。

儘管空運以外的部分運輸常由代理商或空運公司負責安排，不是航空公司應承擔的責任，但在某些航空公司航線所不及之處，航空公司若已承接，並在空運提單上繕明終點站者，航空公司一般均負責前段或後段陸運（或海運）運輸，例如某航空公司接受中國廈門貨物，經台北往美國紐約轉波士頓，因該公司只飛航台北至紐約，因此，由該公司安排自廈門海運至台灣高雄，經報關核准後從高雄以卡車送台北接往紐約班機，送達紐約後再以卡車送波士頓。

由上述可知，空運與其他運輸模式息息相關，其他運輸模式若發生重大事件，航空貨運也勢必受到影響，例如卡車司機罷工、港口工人罷工，使空運貨物無法轉運。

有時雖然其他運輸模式發生重大事件並不影響空運貨物的轉運，例如美國西岸港口碼頭工人罷工並不影響香港空運貨物至美國芝加哥，但是由於此項罷工使海運貨物大量湧向空運，使得各航空公司班機爆滿，艙位供不應求，連帶推升運價。因此，航空公司的營業人員對其他運輸模式發生重大事件在醞釀之初，即應密切注意發展情勢，評估對當地空運市場的衝擊程度，及時採取因應措施，例如安排艙位、依情勢增班或減班、調整運價、取消訂位或重新訂位等等。

五、各地航空市場供需情形

航空公司經營一條航線成本甚高，為達到獲利的目的必須對目標市場作詳細的分析，其中最重要的考慮因素便是市場供需狀況。如果市場已達飽和，呈現供過於求的狀態，新加入競爭勢必要削價爭取客戶，導致競爭對手以更低價位反擊，如此惡性循環，使市場陷入一片血流成河的紅海殺伐，不但無利可圖，反將造成虧本局面。反之，如果市場仍有發展空間，即可研擬切入市場方法，並運用策略進一步發展。

市場供需情形的調查必須針對以下各項詳細蒐集資料，分析有利及不利因素：

1.當地海關進出口貨量及品類統計數字。

2.當地產經新聞報導。

3.當地商會統計數字與產業報導。

4.當地空運承攬業及報關業資料。

5.當地航空貨運站統計數字。

6.國際航空運輸協會的統計報告。

7.區域性航空公司組織統計數字（如亞太航空公司協會）。

8.其他航空公司每天或每週飛航該地班次、機型、艙位供給情形。

9.重要客戶產品、出貨頻率及貨量。

六、各地競爭者運價水準

對一般託運人（貨主）而言，運費是越便宜越能省成本，因此在選擇承運航空公司時常常將運價高低列爲首位考慮，但空運一如其他商品，高品質高價位者亦有人喜愛光顧，也有所謂「物超所值」的價廉物美商品或服務，廣受大衆歡迎，正如客運方面，有人願意花大錢買新加坡航空的豪華頭等艙，也有人只願買亞洲廉價航空機票。貨主也會因航空公司班次多寡、起降時間、艙位大小、服務優劣、工作效率、資訊連結、賒銷期限、長期關係、公司商譽、航線需求等等因素考量，未必全都以價位高低來決定託運的航空公司。例如，有一家中東貨運航空公司一向以低價在市場攬貨，一時也頗有斬獲，但因飛機老舊，經常無預警脫班或停飛，造成貨主及代理商很多困擾，幾次延誤後再也不敢託運。

航空公司在開闢新航線、新市場時，調查當地競爭者市場運價是必要步驟之一，所謂「知己知彼」才能決定以什麼價位在市場爭取到貨源，同時又能避免過度殺價，確保獲利。

七、各競爭者之策略

在商場上競爭在所難免，尤其在航空貨運市場上，產品及服務同質性甚高，飛機、艙位、航線、貨站、倉儲、流程等均大同小異，如何在競爭激烈的市場上出奇致勝，爭取到顧客的認同，進而拓展長期生意，有賴營業人員精心設計有效競爭策略，包括價格策略、廣宣策略、服務策略、航班策略、激勵獎金策略、公關策略、品質策略、賒銷策略等等，以期發揮本身之長，攻對方之短，爭取顧客之認同。最佳之策略應該是能爭取到生意，同時又不犧牲收益的藍海策略，而不是爭相殺價的紅海策略；爲達到此目的，營業人員應發揮創意，設計各種可行方案，對客戶產生「物超所值」的效果，而設計策略的第一步則是瞭解競爭者所採用的策略，所謂「知己知彼，百戰百勝」，利用對方的弱點乘虛而入。

八、顧客需求

一般而言，航空貨運託運人（貨主）的基本需求自然是將他的貨物以最快的速度安全送達目的地交給收貨人。但有時貨主需要的速度並非十分緊迫，只要相對於海運或陸運是早些到達即可。有些高價物品著眼於安全考量而使用空運，運輸速度並不那麼重要，例如高價名畫、黃金美鈔等，只要短時間安全送達即可，航空貨運安全防護較海運爲佳，常爲貨主列爲運輸方式首選，畢竟比起貨物本身天價，空運費用還是微小金額。有些貨物則是分秒必爭，例如人體移植器官、密封灌氧氣的熱帶魚、冷凍肉類等，運輸時間過久將導致貨物損壞。有些危險品則注重航空公司處理經驗與有效管理，以避免運送途中發生意外危險，例如易燃品、放射性物資、爆炸物等，需要受過訓練且有經驗的人員來處理。另外有些超重或超長貨物的貨主，要求能將貨物運走，運價倒不是主要的考慮，例如民用或戰鬥直升機、捷運系統開挖器具等。

因此，營業人員若能充分瞭解貨主需求，不僅能順利運送該貨物，獲得貨主的認同，而且也可以藍海策略方式，以較高運價承運。對於不是那麼趕時間的貨物提供較低運價，待班機有空位時再運送，使整體班機艙位能充分使用，產生最大收益。再如，從前戴爾電腦以網路銷售見長，對客戶保證訂貨後五天之內交貨，因此其製造、材料供應、運輸（包括空運及陸地轉運）必須分秒必爭，某航空公司即針對其需求開闢自生產工廠直飛美國分送中心之貨機航線，以最快方式送達購買者。由於航空公司能瞭解顧客需求，特別安排班機配合，因而能取得戴爾電腦長期大量貨源。

九、客戶流動狀況

市場上顧客購買何種商品或服務，並非一成不變，有時是因爲價格、品質、服務、公司政策、購買條件、流行等變化而改變購買品類及供應商。航空貨運市場亦復如此，廠商也可能因爲航空公司的服務、價格、航線、航班、異常案件、公司政策、產銷方式等等因素而改用其他航空公司。營業部門必須隨時注意市場現有客戶或潛在客戶流動情況等，探尋變動原因，以防既有客戶流失，並挖掘潛在客戶機會。

調查方法可參考產業新聞、直接拜訪、市場傳聞、機場貨站觀察交貨情形、檢討進出口貨量變化等手段進行調查分析。

第三節　顧客分類與營業對策

一、顧客分類

航空貨運的顧客貨物依來源不同可分為下列幾種：

1.直接廠商（Manufacturer）：例如台積電、蘋果電腦等大廠商直接交貨。

2.貿易公司（Trading Company）：例如鰻魚輸出公司。

3.個人託運者（Individual Shipper）：例如旅客以貨運方式交運後送行李。

4.代理商（Air Cargo Agent）：代航空公司招攬生意或代貨主辦理交運業務者。

5.併裝業者（Consolidators）：招攬空運業者小貨併成大貨後再交航空公司之業者。

6.空運公司（Forwarders）：對廠商招攬空運貨物，安排空運一切業務之業者。

7.郵局（Post Office）：航空郵件之交運者。

8.其他航空公司（Interline Transfer）：參與聯運或接受轉運之航空公司。

二、營業對策

以上顧客依交運可分為兩大類，即直接貨主，如廠商、貿易商、個人，直接由貨物所有人將貨交給航空公司承運；另一類以代理和招攬直接貨主，提供有關服務，再安排交給航空公司運送的間接貨主。航空公司對此兩大類的營業對策也有不同的做法。

(一)直接貨主

一般直接交運的貨主對航空公司的要求主要是服務品質的保證、合於市場價位水準的運費、便利的班表等，因此，航空公司的營業對策應著重在作業細節的安排，滿足顧客的需求，對於大量的貨運給予特別的安排，爲客戶節省成本，例如台積電前曾將八吋晶圓整廠由台北運往江蘇松江，因爲當時尚有大量訂單急待交貨，同時松江新廠有建廠投產時間壓力，因此，一面繼續生產，一面拆遷，還要趕時間包裝，倉儲陸運，機場報關，貨運站內打盤裝櫃，空運方面時程也必須嚴密規劃，安排包機及時運送，然而航空公司飛航包機並不是說飛就飛，事先必須向起降地民航局及機場當局申請飛航及落地許可，時間必須非常明確，另外，還要安排飛機調度、飛航組員安排、地勤作業機具準備、作業人員安排等等，一環扣一環，困難度極高，國內某大航空公司，以其多年豐富經驗對客戶台積電保證可以達到其需求，經過精密團隊合作，最後終能順利完成十餘班包機運作，將台積電的整廠遷廠如期運送完畢，贏得顧客滿意讚賞。有時航空公司也因這些直接大客戶的特別需求開闢特定航線，例如國內某大航空公司曾爲戴爾電腦開闢馬來西亞檳城經台北往美國田納西州的納許維爾班機，配合戴爾電腦網上行銷，顧客訂貨之後五日之內交貨政策，及時運送材料零件及成品。

航空公司吸引直接客戶的重要因素是良好的品牌，而品牌主要是建立在長期注意細節的服務及嚴謹的作業管理，讓客戶感覺可以安心將貨物付託，可以預期貨物按時順利運交收貨人。因此，航空公司應在平時注重訓練、管理及廣宣活動，建立良好知名度。

(二)間接貨主

至於代理商、併裝業者或空運公司等間接貨主，由於他們主要業務是向眞正的廠商貨主承攬空運貨物，提供必要的服務，再將貨物交給航空公司運送以賺取價差。基本上以價錢爲導向，時效有時還不是那麼講究，因此，航空公司對這些間接貨主的營業策略比較著重在給予優惠運價，提供足夠艙位以便他們對外銷售招攬貨源。

航空公司對這一類客戶的營業政策約有以下諸種類型：

1.逐案給予優惠運價，以爭取客戶交運。
2.於一定期限內累積相當金額或重量，給予後退運費，以鼓勵客戶大量交貨。
3.依營業額多寡給予年度激勵獎金，以維持與這些客戶長久關係。
4.保證某些班機艙位，供這類客戶有工具可對廠商招攬貨運。
5.建立緊密合作關係，例如針對特定廠商進行共同銷售，爲其提供特別服務。
6.合作進行包機業務，協助這類客戶爭攬大型運送生意。
7.給予較大賒銷金額及結報期限，以助其現金周轉。
8.共同舉辦促銷活動，例如舉辦高爾夫球賽，舉辦機場作業及飛機裝載觀摩，舉辦國外場站參觀訪問，或舉辦餐會、酒會介紹新產品或服務等，共同邀請廠商參加，增強航空公司、空運公司及廠商三方面之間關係。

總之，航空公司必須針對不同客戶群設計不同策略，除自身基本條件，例如服務效率、班機運作、安全保護、艙位提供、航線規劃、倉儲設施、客服水準等等，必須非常注重，不斷改進，達到客戶要求的標準之外，尙須針對客戶需求，例如售價、時效、艙位、賒銷、安全、服務等，多方蒐集資訊研究分析，訂出不同的對策以爭取客戶的認同與信賴。

第四節　市場開拓與競爭策略

航空公司欲求在航空界生存並發展，勢必要在競爭激烈環境中有所突破，先占一席之地，然後逐步拓展茁壯。因此，市場拓展是各航空公司營運中無可避免的課題。市場拓展策略依發展階段可分下列情形論述之：

一、初次進入之全新市場策略

對於尚未涉入的新市場，航空公司一般在進入全新市場之時，大都會採取下列策略：

1.進行市場調查，尋求潛在顧客。

2.調查競爭情況，研擬突破競爭者方略。

3.發動廣告宣傳行動，讓市場知曉所提供之服務內容，包括航線、機型、班機時刻表、營業處所、聯絡電話等。

4.拜訪客戶，提供開航初期特別折扣促銷，引起顧客注意。

5.與大客戶簽訂優惠合約，確保大客戶長期支持。

6.進行優劣勢及機會威脅因素分析（SWOT），針對優勢，如艙位充足、班次離到時間比競爭者更佳、航點更多等說服客戶。針對劣勢，如機型過小，設法以優惠價爭取小貨。舉例如**圖5-2**。

二、不惜代價搶攻新市場策略

此時獲利多寡不在考慮之內，只要能吸引客戶上門即可。以前國內的瑞聯航空開張之初以台幣一元超乎想像票價出售台北—高雄

優勢（Strengths）	**劣勢（Weakness）**
例如： 飛機多，艙位足 航網密，航點多 服務好，效率高	例如： 航權不足，航班不多 價位過高，競爭力差 飛機老舊，準點率低
機會（Opportunities） 例如： 景氣佳，市場需求大 歷史悠久，知名度高 顧客關係良好	**威脅（Threats）** 例如： 他航大量增班 他航低價傾銷 他航採用大型飛機

圖5-2　SWOT分析圖

班機，引起空運界大轟動，一時之間吸引不少旅客搶購，達到打開知名度並搶占市場之效果。

但是如果長期運用此策略勢必侵蝕獲利能力，可能招致競爭者跟進反擊，市場上互相廝殺的結果，血流成海，不但無法獲利，最終會因經營困難而倒閉。除非公司經過精算，在打開市場後，能在情況惡化之前的「適當」時機毅然停止殺價，並及時抬高售價彌補先前的損失，而競爭者亦能隨之止跌，不再繼續殺價或維持低價位，才有機會轉虧爲盈。除非公司有一套他人無法複製的降低成本妙招，例如美國西南航空、馬來西亞的亞洲航空等低成本航空公司，制訂低票價政策，以廉價爲號召，期望以薄利多銷，達到量大獲利目標，但能保持他人無法企及的低成本維持獲利。

三、從已進入之市場繼續拓展策略

在營業行銷方面，決定顧客交運的最大考慮因素是售價高低，因爲運價高低影響到廠商的成本及獲利能力。航空公司一方面要以比競爭者更優惠運價爭取顧客，一方面又要顧慮自身成本及獲利，要訂定適當運價誠屬不易。價格制訂首先要確定自身在市場的定位，主要考慮因素如**圖5-3**所示。

經由蒐集分析市場需求程度，檢視市場大小及發展潛力，研析外在環境競爭情形，進入市場機會，觀察其他航空公司航班多寡，可提供艙位多少，檢討自身可用資源，例如有多少飛機可調派、多少航權可使用、多少航班可飛、什麼時間帶可用，以及公司期望未來達到何種目標等等因素來確定自身在該市場的定位，藉以決定售價高低，由此既可應付外在競爭，同時也可爭取最大獲利，達到公司原定年度營運目標。此時應該採用低價政策，爭取市占率爲先，即所謂的「紅海策略」，還是以創新獲利爲主要考慮，即所謂「藍海策略」，兩者各有其利弊，茲將有關詳細考量項目臚列如**圖5-4**。

所謂紅海策略，是指採用一切可用手段與競爭者對抗，包括以低於對方的運價銷售，給予客戶特別折扣，少收或免收材積重量，在其他航線給予優惠，保障艙位，給予後退獎勵金，准許客戶賒欠，方便其財務周轉等，主要目的是在維持市場占有率，進而逼退

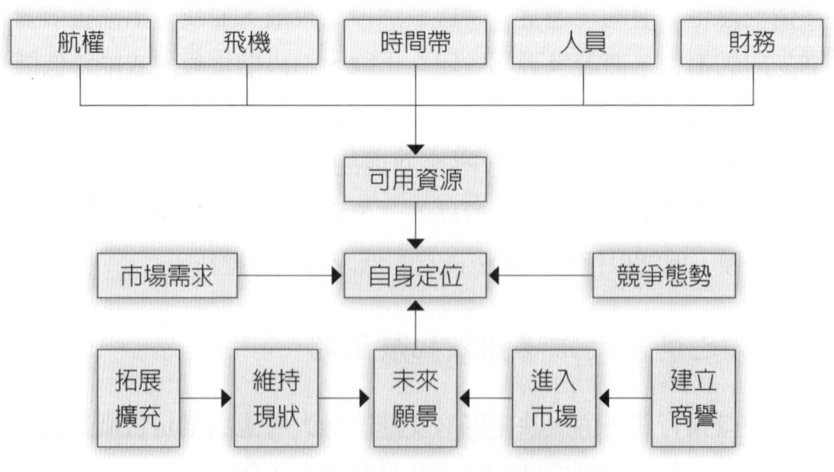

圖5-3　價格制訂之主要考慮因素

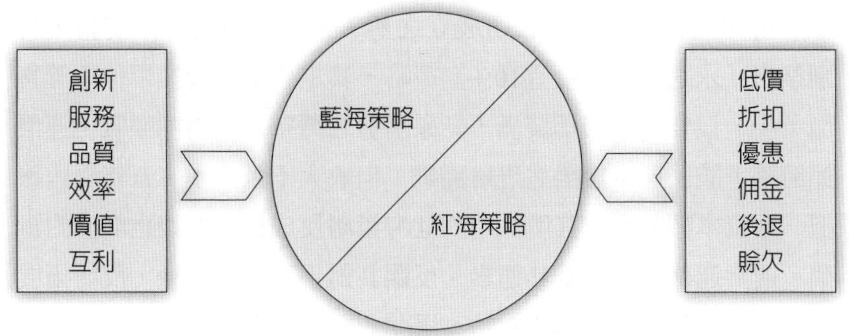

圖5-4 藍海策略與紅海策略考量項目

競爭者。此種策略開始時相當有效，客戶可享受比較多的好處自然大受歡迎，但是航空公司究竟能撐多久，不無疑慮，因爲：

1.競爭者勢必反擊，導致惡性競爭。

2.反覆競爭使收益逐漸走低，侵蝕獲利能力。

3.客戶嘗到甜頭後，航空公司要收回優待不易，將遭到反彈及出走投向對方。

4.紅海策略導致長期收益低落，但油價及其他成本日增，不易支撐。

5.低收益可能導致服務品質下滑，甚至因無利可圖而退出市場。

創立於1953年的地中海貨運航空公司，曾一度是中東業務首屈一指的貨運航空公司。在桃園國際機場尚未啓用前，地中海航空還有定期航線飛航台北松山機場。在1990年代，由於波灣戰爭和黎巴嫩內亂，業務也因此一落千丈，曾以低價殺入台灣市場，初期也頗有斬獲，但航班經常脫班，服務品質低落，不能獲得貨主信任，終不敵殘酷現實，於2004年地中海航空清空所有機隊停止營業。

再如，台灣某航空公司成立之初，為爭取市場客戶支持，特別祭出「永遠比對手便宜10%」策略，其主管要求營業單位不管售價多少，只要每班機都裝滿，結果引發台灣空運市場割喉戰，運價節節落，該公司班機雖然班班滿載，但收入不敷成本，五年之內終把一個資本額虧光，其所採用的紅海策略反成為「飲鴆止渴」的毒藥，連貨運代理商都受其連累。反觀其對手不隨雞起舞，反而拓展新航線，增購飛機，開闢新站，甩開糾纏，以創新、服務的「藍海策略」取勝，將競爭衝擊降到最低，且乘機開展新商機。

四、最佳設備，高品質服務，高效率運作，高獲利目標經營策略

商場上經營手法各顯神通，有人以低價薄利多銷，有人以高品質產品高售價取勝。例如在新加坡客運方面，有廉價捷星航空（Jet Star），以便宜票價招徠旅客，業務鼎盛，而新加坡航空、杜拜的阿酋航空以良好口碑吸引搭乘頭等艙、商務艙等高票價商務人士，獲利豐厚，各擅勝場。貨運方面有聯邦快遞（FedEx）、優比速（UPS）等航空公司，採取高品質、新設備、高效率、高安全性、戶到戶服務與眾不同的藍海策略，訂定高於競爭對手的售價，吸引需要高品質的顧客，永遠維持領先業界的作為，拉大與競爭者的差距，大投資，但也獲高利，創造市場區隔。再如，華航也曾不斷以創新手法，率先開闢台北到美國達拉斯（Dallas）、邁阿密（Miami）、休士頓（Houston），成為亞洲航空飛航各該機場的領頭羊，並與飛中南美洲航空公司合作，將亞洲貨物在各該機場轉運，直接送達中南美洲客戶手中，在別人模仿之前，訂定高價政策行銷成功。另與戴爾電腦合作，為該公司量身訂做，開闢無人飛航的馬來西亞檳城飛美國田納西州的納許維爾航線，包辦戴爾電腦常年

空運業務。採取此種訂價政策成功之鑰在於有新創舉，永遠領先業界，並且在各項服務細節再精進，獲得《航空貨運雜誌》（*Air Cargo World*）票選評為「航空貨運卓越服務獎」（Air Cargo Excellence Award），在顧客心目中建立優良品牌，方能屹立不搖。以高價藍海策略創造優勢及收益還必須在下列領域中多加努力：

1.維持最年輕機隊，避免因為機隊老舊，故障頻繁而影響班機運作準時率。

2.各項設備如裝卸機具及資訊軟體不斷更新，以保持最高工作效率。

3.提供精緻貼心服務，如對顧客主動提供運送詳情，快速解決疑難等。

4.簡化作業流程，提供盤櫃，讓廠商可以在工廠直接將貨物裝入盤櫃內，減少先存倉、盤點、再出倉裝車手續與人力浪費，加速作業流程時間。

5.嚴謹有效管理機制，有效團隊合作，避免人為失誤而形成異常案件。

6.明快因應市場變化，及時調派飛機，因應市場艙位需求，適時調整運價。

7.創新領先同業競爭，在營業策略、設備更新、服務方式各方面創新領先。

五、訂價策略及訂價考慮因素

(一)公司先制定獲利目標

公司先預定年度盈餘目標，再據以制定年度營業總額，由此再依所能提供之艙位及運能換成每班機及每公斤價值，加上運作成本而形成市場售價。惟此種定價乃一廂情願想法，常因外在環境影響而不易維持定價，例如經濟不景氣、競爭者降價、淡季量少、市場萎縮等因素而鬆動，不易達成預定目標。

(二)以成本為基礎考量訂價

一般商家在訂價時，總是先考量成本，再加上預計要獲利的金額後訂為售價。只是，市場多變很難預料，消費者對業者提供的產品及服務亦難始終如一，使得業者必須時常因應改變其訂價及營業對策，因此以成本為基礎加預定利潤來訂價，理論上雖然言之成理，但究其實際，常無法如意實施。航空公司的成本不外乎以下幾種：

1. 產品直接成本，例如飛機購置成本分攤、文娛設備費用、餐飲設備（餐車、餐具）、客貨裝載設備（貨盤、貨櫃等）、利息費用、保險費、維修費用。
2. 產品變動成本，包括飛航成本、機場作業成本、航管及落地費用、倉儲成本、客貨服務費用等。
3. 管理及行銷費用，例如人事、辦公處所租金、水電瓦斯費用、電腦資訊費用、資金周轉費用。
4. 促銷費用，例如廣告宣傳、促銷活動（開航酒會、週年慶、球賽、年度酬賓晚會等）、代理商佣金、大客戶激勵獎金、行銷人員獎金、交通費等。

航空公司如依以上成本基礎，外加利潤方式來訂售價，如市場景氣旺盛，只要隨時視市場狀況調整售價，只要不低於成本水準，只會影響獲利多寡，不致造成虧損。反之，如果市場蕭條，以此方式訂價，遇到競爭者殺價求售時，勢必無法應付競爭而一敗塗地。但是上述成本中，某些項目實際上很有彈性，例如，廣宣費用、交際費用、週年慶、球賽等等費用就可以撙節使用，以降低成本來降低售價競爭壓力。

(三)以因應競爭對手策略訂價

市場上永遠存在著競爭，消費者在考慮空運服務時，經常考慮的主要因素約有下列幾種：

◆貨主的需求

貨主的商品種類繁多，空運需求也各有不同，例如海鮮，必須以最快速度運送，在旺季時只要求航空公司給予艙位，運費價格並非主要考慮。然而，如果市場上的競爭者在同一時段內也有同樣的班機服務，艙位亦可安排時，貨主可能就要考慮其他競爭因素了，例如，價位高低、服務效率、長期關係、其他優惠等來決定將貨給哪家航空公司承運。另如冷凍肉類，貨主除要求運送速度外，另尋求飛機要有控溫設備及在起迄機場有冷凍倉庫的航空公司來承運，運價反而是次要考慮。再如，貨主的商品原應走海運，但因生產延誤改空運，必須在某特定日期內送交收貨人，否則將面臨鉅額罰款，此時，如果航空公司營業人員知悉此種情況，設法協助安排班機艙位，使貨物順利運出，貨主不但不計較運費，而且心存感激，成爲往後的長期客戶。

◆價位高低

無可諱言的，一般貨主對運費還是相當敏感，因此，在有競爭者的市場，航空公司必須詳細蒐集競爭者在市場上採取的定價水準，不能與消費者的期望相差太遠而無法銷售其產品。

◆服務品質

貨主莫不希望交運的貨物能順利送達收貨人手中，但在運送過程中，貨主非常需要航空公司人員的服務，包括提供協助，如提供訂位服務、班機資訊、熱帶魚在途中要加灌氧氣、貓狗動物沿途要餵食加水、更改目的地、修改收貨人、告知提貨情形等等，服務好壞、效率高低都會影響貨主光顧意願，與運價高低有時並無必然關係。

◆附加價值

一般消費者都希望買到的商品「物超所值」，例如買披薩送可樂、買一送一等。航空公司也可提供貨主額外服務，讓貨主有「物超所值」之感，例如，與貨主資訊系統連線、可直接訂位、查詢貨物運送過程、查詢班機資料等。另外，例如提供專業協助運送特別貨物，如華航曾幫助國科會將福衛1-3號人造衛星送往美國發射到太空，協助台積電、茂德整廠拆遷到中國大陸，以專業、效率讓貨主十分滿意而建立長期合作關係。

(四)消費者認知與經驗

很多消費者受廣告宣傳長期洗腦，對某些產品產生好感而決定其購買意願，也有人曾與某產品或服務經歷過美好或惡劣的購買經驗而對某品牌產生好惡觀感，也有因爲心理因素而寧願付高價購買，例如，貨主因某航空公司人員熱心協助，排除萬難讓貨物在旺季一位難求情況下，取得艙位趕上市場需求，因而對該公司產品或服務產生特別的價值認知，而決定交運意願及接受其售價。

(五)依照政府法令規定運價

世界上有很多國家對市場商品或服務的售價採取管制措施，例如在物價大幅波動時，政府常對大宗民生物資採取限價措施；兩岸通行後，政府要求經營兩岸航空公司在台北與上海之間航段降價；最近美國、歐盟、澳洲、馬來西亞等國以違反公平交易法或反托拉斯法爲名起訴許多航空公司及其負責主管，就是政府法令影響市場定價之明顯例證。

(六)利用通路拓展業務策略

航空公司可以自設營業單位，聘僱業務代表四處向廠商或空運承攬業者招攬生意，也可以藉由適當通路爭取生意，通路的差異，也因佣金的多寡、代銷條件的不同而使市場定價產生差異，如何選對通路，使航空公司的營業達到價量齊揚，獲利可觀境界，是航空公司不可忽視的課題。

營業通路約有以下幾種：

1.總代理或地區代理：通常在無直接航線的地區實施，也可能因當地特殊情況而設置，由總代理代表航空公司在該地區營業。
2.一般代理：在設有營業處所城市實施，利用代理商向廠商招攬生意，其成功與否在於所選定的代理商是否有營業能力及給予的價位是否合適而定。
3.政府機構通路：例如政府採購局、軍方採購運輸單位、公營產業公司，如電力公司、石油公司、捷運局等有大宗貨物進出者。
4.直接廠商通路：例如從前戴爾電腦與華航的合作，美國沃爾瑪大型連鎖百貨公司、台積電、友達、蘋果等大型電腦公司等等洽商合作。

第五節　制定行銷策略規劃方案

由於市場競爭關係，航空公司必須以有效策略出奇致勝，方能爭取顧客，擴大營業並獲取最大收益。研擬策略約有以下幾種考慮因素及步驟：

一、蒐集資料

蒐集制定策略方案所需的基本資料，大約有下列幾項必須先予以蒐集考慮：

(一)航權之取得

航權是航空公司營運最基本的憑據，制定策略方案時最先考慮是否有現成的航權可供使用、哪條航線可以飛航、有多少航班可用，若無現成的航權，本國及飛航的國家是否願意給予飛航的權利，在確定這些問題後再來決定用何種策略。例如，台灣與美國之間訂有開放天空協定，沒有航權的限制，可以飛航兩國任何國際機場，沒有班機數量限制，因此在策略運用上範圍較廣，可以在現有市場增班，改換大型飛機以擴大市場占有率，也可以開闢新航點，增加新航線，擴大服務航網。如果對市場沒有把握，或自有飛機等資源不足，也可以與其他航空公司共用班號，共同聯營方式增加營收。

在航權受到限制情況下，則有不同的策略，例如請求政府出面與外國政府展開談判，爭取所需的航權，或透過自己在該國的政商關係，取得該國民航當局的同意給予臨時航權，例如華航當初取得瑞典斯德哥爾摩貨運臨時航權，開闢了台灣與瑞典第一條航線，奠定了往後定期航班基礎。航空公司也可設法取得該國默契後，向本國政府要求展開談判，取得正式航權，例如長榮航空公司以長期經營海運所累積起來的政商人脈關係，取得英國、法國政府的默契後，透過兩國政府協商，終於取得倫敦、巴黎航權。此外，也可透過參加國際民航聯盟，如星空聯盟（Star Alliance）、寰宇一家聯盟（Oneworld Alliance）、天合聯盟（Sky Team Alliance）等組織之策略，因應航權、航線不足之困境。

總之，策略的研擬必須先就航權之有無先加以考量，方能進一步發展有效的策略規劃。

(二)航線之規劃

航空公司在規劃新航線時，應考量航線的經濟效益，究竟採取點對點直飛航線，還是多點串飛，還是以輻湊中心轉運方式運作，不同的航線規劃，在決定營業策略時自有不同的考量。

(三)航機之取得

制定策略方案主要目的是拓展營運規模，增加營收，而生產工具的飛機扮演最主要角色。在實施策略方案時，是否有適當的航機來執行運送任務，能否產生預期的經濟效益，是策略方案設計的重點考量因素。航機的來源有就現有機隊中抽調、短期租用他人飛機、購買現貨市場航機、訂購新機等方式來取得航機。不同的航機取得來源，將影響策略方案實施時間，也會影響成本與收益，直接影響策略方案的成效。

(四)資源之取得

策略方案貴在能有效實施，但方案的實施需要許多資源的支持，例如資金的籌措；設備的添置準備；飛航、維修、營業、服務等人員的訓練派遣；飛航證照、機場落地許可的獲得等等，有了這些資源的充分支援，策略規劃的目標方有可能實現。基本上，航空公司如急於實施某策略規劃，可以一面就現有資源調撥使用，一面再進行補充。如資源的取得確有困難，例如飛航人員不足，一時無法訓練或外聘補充，可將該規劃延後實施，或透過聯航合作，例如向他航購買艙位、安排共用班號、濕租短期飛機等方式先占商機。

(五)市場之資訊

策略方案之研擬主要是要因應市場之需求，應付市場競爭，或擴大市場占有率，增加營收獲利，因此策略方案研擬時必須對市場資訊有充分瞭解與掌握，方能制定出確實可行方案。

以上是制定策略方案的前置準備工作，各項因素考量越周詳，準備越充分，所擬的策略方案成功的機會越大。茲以**圖5-5**表示策略規劃前置準備事項及產生策略範疇。

二、策略規劃範疇

策略規劃的目的主要是針對市場的開發與擴展、機隊運能的充分利用、產品與服務的改善、建立商譽及創建品牌、應付競爭挑戰的對策，以及藉由與其他航空公司合作，擴大營運範圍等等議題，討論情勢並設法找出有效的解決方案。茲分述如下：

(一)市場開發策略

一般而言，航空公司針對市場所研擬的策略，不外乎在未曾進入的市場尋求突破，以占一席之地，或是在現有市場上精益求精，尋求進一步擴大營收及市占率。兩者在策略規劃方面略有不同，在

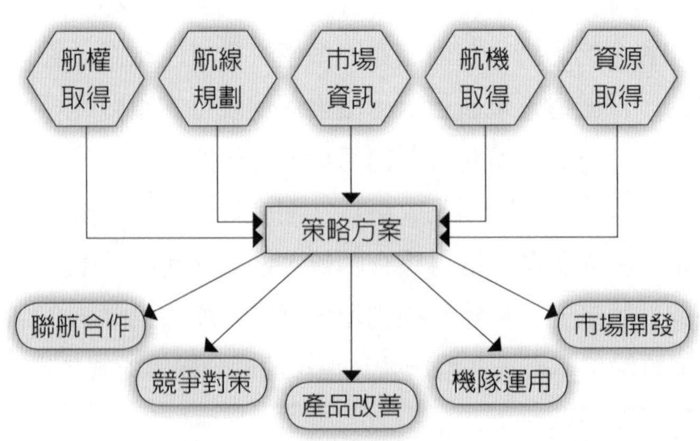

圖5-5　策略規劃前置準備事項及產生策略範疇圖

前一種情形下，對於未曾進入的市場尋求突破，使用的策劃可能有以下幾種方式：

1.在已有航權且有意經營的市場，在開航前大幅作廣告宣傳，引起市場注意。
2.舉辦產品說明會，讓潛在客戶瞭解公司業務。
3.超低價切入市場，吸引客戶試用。
4.與當地具有規模及市場開發能力的大型代理商簽訂合約，給予較佳條件爭取貨源。
5.研擬激勵辦法，吸引並鞏固大型代理商及客戶。

(二)市場拓展策略

策略規劃可能偏重在運價政策的調整、新顧客群的追求、新營業據點的開發。

(三)機隊運用策略

使目前機隊充分利用，提高每日飛機使用率，研擬機隊汰舊換新及擴充，增加艙位供給，以因應營業成長的需要。

(四)產品改善策略

產品的創新可以擴增營業範圍，並可維持營業的成長，因此，航空公司應在此方面不斷改善，例如研發快捷服務、戶對戶、物流服務（Logistics Service）、貨櫃運輸、包機服務（Charter Service）、倉儲服務（Warehousing Service）、配送服務（Distribution Service）等新策略。

(五)服務改善策略

服務品質提高，可以贏得客戶的信賴及喜愛，增進顧客關係，效率提高可以增加營收及降低成本，增加競爭力。透過人員訓練，使員工充分瞭解顧客服務技巧，充實專業知識，簡化作業程序，使用電腦資訊，建立客服中心，客戶意見調查，增加服務設備等等手段，改善服務水準。

(六)建立商譽與品牌策略

商譽與品牌是航空公司在競爭環境下，超越對手、吸引客戶的最佳方法，也是不必在市場上以殺價流血犧牲收益的「紅海策略」爭取客戶，而是以高品質、高效率建立起來的「藍海策略」來取勝，例如中東阿酋航空、新加坡航空連年獲認爲「年度最佳航空公司」，建立商譽與品牌，贏得客戶信賴與支持。航空公司可以服務、設備、效率、創新等改善策略，建立商譽與品牌。

(七)應付競爭與挑戰策略

航空公司經營新航線後，對當地市場應已相當熟悉，甚至已擁有某些固定客戶群，對競爭者的競爭手法應也知之甚詳，對競爭者的挑戰與壓力策劃因應即成爲保護現有戰果，防止對手反攻蠶食的重要工作。

(八)聯航合作策略

與其他航空公司合作，利用其航權進入未獲准飛航之市場，擴大營業範圍。航空公司也可以透過聯航合作，互換艙位，降低成本，增加營業靈活度，例如參加國際性聯盟，如星空聯盟，或雙邊合作。

三、策略計畫之研擬

商業策略猶如軍事的戰略，都是希望透過詳細分析可用資源、所處環境、競爭對手條件及有關各地政經情勢發展等因素，尋求可行方案出奇致勝。但是策略計畫的研擬牽涉到公司自身資源運用、外在政經環境變化、各級經營者理念的差異、從研擬到執行時空變化，以及產生效果之不確定性等因素，要制定有效策略並非易事。基本上，制定策略步驟大約如**圖5-6**所示。

(一)蒐集分析市場資料

航空公司通常由負責企劃單位先就要研擬策略的項目，如機隊發展策略、開闢新航線策略、營業發展策略、聯航合作策略、產品改善策略、服務升級策略、競爭應變策略等等，蒐集有關資料，進行優劣勢分析，尋求突破機會，並先衡量威脅策略成敗程度。例如從事擴充機隊策略研究，須先蒐集將使用新機之目的，如果只是汰舊換新，則必須視市場大小，將目前現有飛機或近期內研發中的各式新機資料，如航程遠近、每小時耗油情形、引擎推力、酬載（可裝載客貨能量）多寡、組員人數、訓練需求、預定售價、經濟效益、維修設備、貸款來源及利息負擔、市場營業資訊等等資料，由主辦企劃單位洽飛機製造公司及有關單位提供，以便企劃單位研究分析，或分送航務、機務、財務、營業、服務、法保等單位共同研究。其他策略的擬定亦復如此，就其特殊情況，進行有關資料蒐集

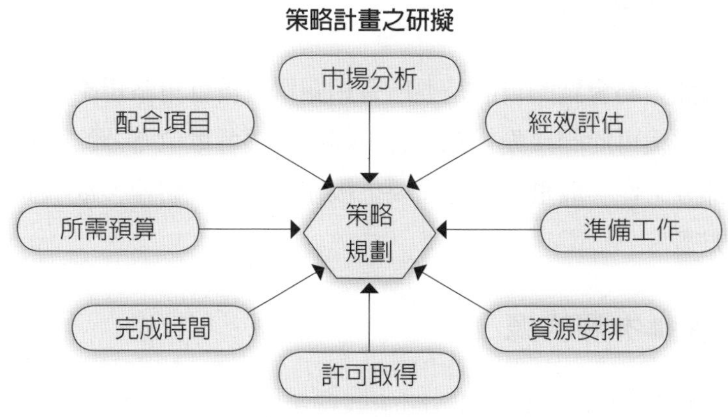

圖5-6　研擬策略工作內容

與分析。

(二)完成經效評估

企劃單位應把握時效，並協調有關單位及早完成研究分析，同時進行可行性評估，包括財務獲利情形、策略的有效性、困境的突破機會、資源獲得可能性等，皆須通盤考慮評估。

(三)估算所需預算

策略規劃所需預算，包括人事費用、辦公室處所設置維護、所需器具用品、租金、通訊、營業費用、代理費、政府規費、開辦廣宣費用、促銷活動費用、管理費用等等，視策略方案內容詳加估算，再與預期收益相對照，以便評估該策略方案之效益。

(四)進行策劃會議準備工作

企劃單位完成經效評估後，隨及進行籌備策劃會議準備工作，工作包括協調上級主管、其他單位，預定開會日期、時間及地點，然後將策略規劃內容及分析評估報告簽請上級核閱，並請准予召集有關單位開會，確定各項原則及執行方案。

四、召開策略會議

召開策略會議的目的是要所有相關單位再就策略規劃內容詳加檢視，討論可能的缺失，確認各項細節，讓各單位充分瞭解其應負責的部分工作，最重要的是需要上級在會中做成結論，裁示批准該策略方案。

五、安排有關資源

策略目標確定後，即將開始執行策略計畫，使預定策略目標實現，此時公司企劃單位應依策略規劃會議決議事項，協調有關單位，安排策略規劃工作所需要的資源，包括：財務支援、人力調派、航機調度或租購、辦公處所及應用器具準備、組織編制設立、建立工作程序等。

六、申請有關許可

視策略規劃項目的需要，即時向有關政府單位或機場當局申請必要的證照或許可，例如購新機擴充航點策略，必須向民航局申請，取得飛機適航證、無線電台許可證、飛航新航點的許可、起降機場時間帶許可等。

七、協調有關配合單位執行

策略規劃的執行需要許多單位去執行，例如財務部門要去籌措需用的財源，企劃部門需要申請航權，營業單位進行營運布建，航務單位安排飛行組員調度訓練，人事單位開始建議選派有關工作人員等等，由策略規劃單位協調各單位分別進行，並將執行結果回報給規劃單位彙整。

八、檢查並確定完成時程

策略規劃單位必須在策略規劃會議中經各單位討論後，擬訂一份工作分配表及工作進度表，並明確訂定工作完成時間，以免個別單位的延誤而影響整體策略計畫的進行（**圖5-7**）。策略規劃單位必須不時查問各單位執行狀況，以免延誤預定完成時間。

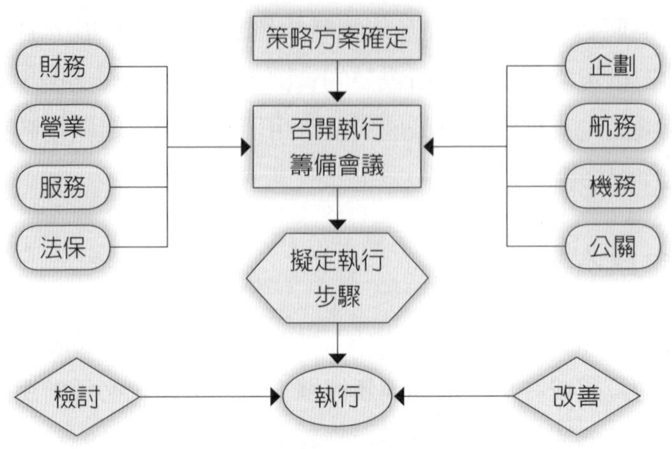

圖5-7　策略規劃進行步驟

第六節　策略規劃成效評估

策略規劃應該是經過非常縝密研擬，考慮許多不同的情境，動用許多資源來進行，公司高層及策略規劃單位莫不期望能達到預期的效果，但是再好的計畫常常趕不上環境的變化，因此策略規劃在實施後，一定要在適當時間內作詳細檢討評估。航空公司的策略規劃最終目的是要達到獲利的目標，以下是評估能否獲利的指標，也是策略規劃的主要項目。

各航空公司的獎懲辦法各有不同，考核標準也各異。大致言之約有以下幾個範疇：

1.顧客是否增加？

2.對盈餘是否有貢獻？

3.指定的營業額是否有達到？

4.平均單價是否有成長？
5.班機平均裝載率是否成長？
6.代理商家數及營業額是否有成長？
7.對營業擴展是否有助益？
8.對長短期財務是否有幫助？
9.是否可以降低成本？
10.郵件數量及金額是否有成長？
11.是否爭取到額外加班機、包機？
12.對飛機使用率能否提高？

至於是否能達到上述目的應從分析營業狀況下手。營業分析工作包含：

1.營業按週、月、季、年統計分析。
2.與去年同期比較。
3.每條航線營收及成本分析。
4.各機型盈虧分析。
5.各站營收統計分析。
6.總成本及分項成本分析。
7.公司及貨運整體盈虧統計分析。

第七節　行銷業務管理

行銷業務的進行需要許多營業、服務人員、財務、航務、機務、公關及行政等等的支援，有效統合這些資源才能產生有效的行銷，其中尤以營業管理更居重要關鍵。茲將有關行銷管理事務說明如下：

一、營業人員管理

(一)營業人員訓練

營業人員必須充分瞭解公司產品，諸如航線分布、機型大小、可用艙位、現行班表、運價政策、營業策略、行銷技巧、訂位程序、市場資訊、客戶情報等等，營業人員必須加以訓練，使其在外出進行行銷活動之前，嫻熟有關知識與技巧。換言之，營業人員是否具有執行業務能力與資格是營業人員管理的第一步。

(二)營業人員工作分配

航空公司的客戶包括代理商、廠商、貿易商、個別交運顧客、郵局、其他合作航空公司、本公司內部各單位運送物品、政府機關客戶，甚至爲慈善機構免費運送物品，凡此均需營業人員照顧處理，包括提供資訊給顧客、接受訂位、安排艙位、處理顧客投訴、辦理營業報表結報、拜訪客戶爭取生意等等，工作相當繁重，尤其承攬業及代理商，廠商爲數甚多，僅單一城市及周邊甚至可達四、五百家，營業人員工作分配必須兼顧客戶的涵蓋面、工作輕重負擔的公平性及業務的需求。

(三)營業人員工作報告

營業人員工作首重績效表現，營業主管通常透過營業人員工作報告來掌握營業人員的工作概況及顧客與市場情況，營業人員工作報告大致有每週營業訪問計畫表（Weekly Sales Call Plan）、每日營業工作報告（Daily Sales Report）、每月顧客交運記錄（Monthly Customer Sales Record）、顧客資料檔案（Customers Profile）等等，視各航空公司業務需要而有不同設計。

二、營業目標管理

營業單位通常都會從總公司接受營業目標任務之指定，基本上是以年度總營收爲目標，訂定年度營收預算，同時併列相應的營業支出預算。有時總公司另依過去淡旺季資料並依未來市場預測，於新年度開始之前，同時指定各營業單位每月營收預算。各營業單位主管據此目標，略爲加碼再分配給營業人員，訂爲個人營業目標，並據以考核營業人員績效，於年終時決定獎懲。

營業目標管理有下列幾種評估標準：

1.客戶數目增減。

2.客戶營業額增減。

3.指定配額達成情形。

4.營業人員獎懲措施。

三、營業推廣管理

公司要推銷產品或服務，免不了需要作推廣活動，但是推廣活動必須注意兩個層面，一是推廣活動是否有效，另一方面要看所花費成本是否值得，因此營業單位必須透過管理手段，使推廣活動順利進行，同時在有限經費下作有效運用。

(一)廣告宣傳管理

航空公司常常需要藉廣告宣傳來促銷或推廣。常用的廣宣方法是利用廣告媒體，包括使用電視、報紙、雜誌、廣播、文宣、傳單、電郵、通告等方式。各種廣宣方式所需經費及效果各有不同，甚至有極大差異，營業單位應就業務需要，對於媒體的選擇及經費的支付嚴加選擇與控管。

(二)推廣活動管理

航空公司的推廣活動包括辦理產品說明會、邀請客戶參訪作業、約客戶餐敘、舉辦球類比賽、從事慈善活動、參與社團活動（如承攬業公會大會、扶輪社例會）、客戶年會（週年慶、春酒、尾牙）等，營業單位應利用機會，適時舉辦或參加各種推廣活動。

推廣活動牽涉到經費支出、營業成效、顧客關係、人力運用、時間耗費等，營業單位必須作有效管理，包括活動規模大小、可用預算金額、邀請名單、舉辦活動場地、計畫推廣活動內容、主持人選任、節目進行程序、工作人員任務分配、餐飲禮品的籌備、協辦單位及人員、廣告通知寄發處理等等都必須嚴格考量及控管，使公司有限的人力、時間及金錢資源有效運用，以免浪費虛耗，徒增成本而蠶食獲利。

四、成本控制管理

經營航空公司主要是要獲利，方能對股東發放股利，對員工加薪及分紅，並累積資金作爲未來擴充之用。然而獲利並非易事，除營業人員努力爭取營收，運用有效策略應付競爭，開拓新市場及提高運價之外，嚴控開支，使營收大於費用支出，才能獲得營業淨利（營收減營支之結果）。成本控制有以下注意事項：

(一)辦公費用管理

辦公費用包括辦公室租金、水電通訊費用、辦公器具設備、行政管理費用、清潔維修費用、咖啡茶水供應、員工教育訓練費用等，基本上都是必要的費用，但營業單位仍可尋求降低成本空間，例如，辦公室地點、空間大小、樓層高低、租期長短，以及是否自購取代租用，都可能影響辦公室費用開支。再如，水電管制、公用車輛租賃及自購也會影響成本高低。

(二)營業費用管理

營業費用是指爲執行營業行銷而產生的費用，包括業務代表車馬費、加班費、激勵獎金、交際費、員工薪資、產品說明會費用等，營業單位應視業務需要，本「當用則用，當省則省」原則撙節使用，並有一套管理考核制度，以防營業人員濫用浪費。例如交際費是因應營業人員爲爭取行銷及維繫顧客關係所花費經費，如邀請顧客飲宴、打高爾夫球、致送紅白帖禮金等，然而營業人員並非全部皆能奉公守法，並以公司盈餘爲念，有些操守欠佳者可能虛報交際費中飽私囊，營業主管必須能適當管理，使營業費用確實發揮增進營收效用。

(三)推廣費用管理

爲推廣業務，營業單位勢必要辦理許多行銷活動，諸如廣告宣傳、促銷活動、餐會邀約、球敘、參觀訪問、研討會、週年慶招待會等等，所需費用可大可小，高低可能相差很大，如何以有限經費，達到有效行銷推廣目的，在在考驗營業主管的經營能力。例如廣告宣傳費用相當龐大，廣宣內容是否恰當，刊登媒體是否有效，使用時段及媒體位置（版面或內頁），廣告時間及版面大小等皆牽涉到經費高低及成效良窳，豈可不愼？總之，營業主管必須有一套評估管理制度以確保經費花在刀口上。

(四)運價管理

運價影響行銷結果及獲利至鉅，訂價太高會嚇退客戶，訂價太低雖能招徠客戶，但會侵蝕收益，甚至造成虧損。一般商業行銷訂價約有以下幾種方式：

1.以成本爲導向訂價，先考慮成本再加利潤的訂價，但是否爲顧客接受？

2.以消費者購買意願爲導向訂價，但有可能運價偏低而造成虧損。

3.以競爭者的訂價爲導向訂價，能取得一時生意，但競爭者可能反擊。

4.推出新產品的訂價，例如新型貨櫃運價。

5.將現有產品加以組合的訂價，例如海空聯運運價，以爭取不願負擔太高的顧客。

6.因長期建立優質服務口碑而預期顧客因名望而購買的心理訂價。

7.針對顧客特性而訂定的特別運價，例如爲長期大量交運海產業者訂價。

8.因應新開航、淡季、艙位閒置等等而訂定促銷價。

一般營業人員爲儘速達成交易，顯示業績，都有低價銷售傾向，但也容易引起市場惡意競爭，導致收益低落，使公司產生虧損。營業主管如何在運價管理方面顯現功力，並引導屬下作有效行銷，同時產生最高收益是公司考核營業主管的重要依據。

五、顧客服務與抱怨管理執行

雖然航空運輸業可說是一種相當嚴謹的行業，各航空公司都有詳細的作業程序，員工也受相當的訓練，也有層層的管理，但人爲疏失也是無可避免，因牽涉作業人員衆多，有航空公司嚴格訓練及良好管理的自聘人員，也有外包的倉儲、地勤代理商聘用人員，訓練及管理可能未必能符合航空公司標準，國際航線又牽涉到不同國家法規、文化差異，例如德國人工作嚴謹，印度人可能不一樣態度，另外，在國際運送途中也可能遭遇天氣變化、政局騷亂、機械故障等等不可控制因素而使貨物受損或產生延誤異常，遭致貨主抱怨或求償自是難以避免。航空公司處理顧客抱怨必須及時審慎，以期化危機爲轉機，維繫顧客長期關係，顧客服務與抱怨管理應採取以下行動：

1.立即主動與抱怨顧客聯繫溝通，瞭解事實眞相，並誠摯表達歉意。
2.立即採取補救措施，設法補償顧客損失。
3.及時採取改善措施，防範類似案件再次發生。
4.研析顧客抱怨原因，作爲員工改善服務依據。
5.建立服務考核制度，以確保服務品質。
6.設立處理顧客抱怨程序，俾能迅速有效爲顧客解除困難或損失。
7.持續進行員工服務訓練，使員工有正確的服務觀念。
8.不定期進行顧客意見調查，充分瞭解顧客心聲。

第八節　營業績效檢討

營業活動必須投入相當多資金，例如，設立各地營業單位、招聘營業及服務人員、購置及維修飛機器具、安排倉儲設備、支付地勤作業、行政管理、機場落地費、飛航管制費、支付代理商佣金、銀行貸款利息等等，這些龐大開支端賴營業收入來挹注，並藉以產生盈利回饋股東，獎勵員工並作未來發展基金。因此，對於營業單位的表現必須嚴密監督，隨時檢討並及時採取因應措施。

營業績效檢討內容及績效獲利關係如**圖5-8**，說明如下：

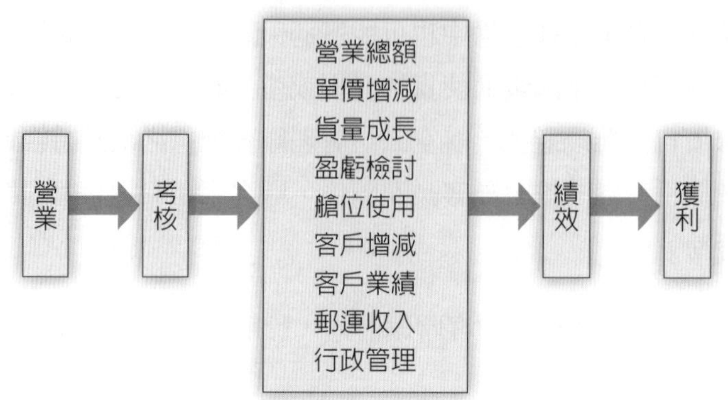

圖5-8　營業績效檢討內容及績效獲利關係

一、營業總額檢討

一般而言，營業總額的多寡與營業績效有直接關係，航空公司整體貨運收入來自各地區分公司，地區分公司營業收入來自不同航線，不管營收來自何處，營業單位績效的檢討通常以某一基期與另一基期作比較，或與事先擬定的預算檢討增減情形。例如，與去年同期比較，與上月比較，與上季比較，或者與年度預算擬定的每月達成率作檢討等等，而比較的數字即以各該營業單位在此特定期限內達成的營收總金額，如達成預定營業目標或超越，即表示績效良好，應予獎勵，反之，低於預定目標，營業主管應予檢討和處分以期改善。

二、單價增減

在行銷實務中，以低售價招攬生意最容易且爲顧客歡迎，也比較容易與競爭者爭勝，然而，如果一味以低價攬貨而不顧成本，最終必導致公司虧損。因此，航空公司在評量營業績效時，除看營業總額增減外，售價高低也都是必須嚴加檢視。售價的檢討包括淡旺季調整幅度是否恰當，航線各點售價比率組合是否合適，在市場售價與競爭者應維持的地位是否過當，例如與本公司強項與弱勢來訂相當的售價，有無過當或不足。此外，也要檢視淨單價是否有增長或滑落作爲績效考核的依據。

三、貨量成長

貨量多寡與營收息息相關，所以營業績效檢討通常都將貨量增減列爲評估的重要項目，除在評估基期（如每月、每季或年度）承運的總貨量之外，也要評估每一航線，並詳細分析運往每一終點城市（City Pairs, or Destination）之貨量，以確定各航點營業績效。

四、盈虧檢討

如前述，營業人員爲便於達成公司指定的營業目標，最簡便的方法就是賤價求售，使營業總額目標及要求的貨量輕易達成，但其結果卻是犧牲公司的獲利，尤其航空公司是高成本的行業，獲利率偏低，一般若能達到5~8%即算甚佳表現，因此只要稍微疏忽售價及成本控制，非常可能面臨虧損局面。尤處今日不穩定經濟情勢及高漲油價，通貨膨脹蠢蠢欲動，營運風險甚高。因此評估營業績效，除考核總營收、總貨量之外，審慎分析盈虧更是航空公司評估營業績效的主要課題。

五、艙位使用

航空公司的產品究其實際，只是販賣「空間」、「位移」及相關不可捉摸的「服務」，換言之，即是提供「艙位」將旅客或貨物由甲地移往乙地，當飛機起飛，其產品即已賣掉，未售完的艙位即無法再賣，猶如過期的水果般腐爛，不像一般實體商品那樣可以存儲，等明天或明年再賣。因此，航空公司都要求其營業單位將每一班機的艙位充分利用，營業單位也因此採用許多行銷策略，例如與大客戶簽訂長期合約，以保障穩定貨源，或於班機起飛前以特價爭攬貨源以填充未及時售出之艙位，或是以優惠運價承運其他航空公司聯運貨物，設法在班機起飛時能將艙位裝滿貨物，產生最大收入。

六、客戶增減

一般而言，客戶的數目愈多，貨源也相對較多，航空公司不但有較佳機會爭取足夠貨物填滿班機艙位，而且也可有較佳機會選擇高價貨物增加營收。因此，客戶增減情形也是航空公司評鑑營業單位經營績效的重要手段。在檢視客戶增減，也要同時考核交易金額變化情況，特別是規模較大的客戶增加或流失也是衡量經營績效的考慮項目。

七、客戶業績檢討

航空公司的業務主要營業對象為代理商（Agent）或空運公司（Forwarder），在大城市如紐約、巴黎、上海、台北、香港等，航空公司仰賴為數多達數十家、數百家代理商承攬貨源，而代理商及空運公司常遊走於各航空公司之間，影響航空公司之營收。因此，代理商的業績表現也是航空公司考核其營業主管績效的要項。

八、郵運收入

郵局的郵件是一項穩定的貨源，雖然數量可能不大，尤其現在電腦日益發達，許多人使用電郵（E-mail），使一般個人的郵件大量減少，還有快遞公司，如聯邦快遞（FedEx）、優比速（UPS）、敦豪（DHL Global Forwarding）、天遞（TNT）持續發展也搶了不少郵件與小包裹業務，然而由於工商界全球化蓬勃發展，世界生產分工也方興未艾，經郵局寄送郵件小包的數量還是很多，航空公司對郵件仍極力爭取，並列爲營業績效考核項目之一。早期郵運因必須以優先於一般貨物運送，運價也較一般貨物爲高，近年來，郵局爲因應外在快遞業的挑戰，而且航空公司數量增加，航線日增，郵局對航空公司的選擇性增加，於是開始與航空公司討價還價，航空公司的郵運收入因此節節下跌，維持運價及設法提高運價就成爲考核營業主管能力的課題。

九、行政成效管理檢討

營業績效良窳除了可以上述主要項目予以檢視外，管理適當與否影響營業績效甚鉅。

單位內部對於工作任務編派、資源運用、管理制度、團隊合作、行政效率、教育訓練、獎懲辦法、科技運用等等軟硬體綜效運用，也應列入檢討。以下各項常常作爲營業績效檢討時被提出詢問營業單位的問題：

1.目標是否達成？

2.計畫是否適當？

3.執行是否確實？

4.溝通、協調及團隊合作是否有效？

5.事先無法預知與掌控情況應變是否恰當？

6.訓練是否充足，服務是否優良？

7.廣告宣傳及公關活動是否有助行銷？

8.市場售價偏高或偏低？

9.是否及時調整售價促銷？

10.給予客戶及內部員工之激勵辦法是否恰當？

11.有否加強客戶營業訪視？

12.是否調整航班艙位以因應需求？

13.辦理廣宣活動是否積極有效？

14.有無與他航聯營合作以增加貨源之可能性？

第九節　代理商之指定與管理

航空公司設置營業處所，聘僱營業人員為貨主提供營業、訂位等等服務。然而航空公司如果僅在營業處所守株待兔，營業成效一定有限。為擴大營業面，爭取廣大市場生意，航空公司一般都用「代理商」的方式來經營，每當「代理商」爭取到一筆生意，航空公司即給予一定比率的「佣金」作為酬謝。「代理商」為自己的利益，聘請許多「業務代表」（Sales），到處找生意，自行負擔其固定成本（如薪水、車馬費等）。航空公司只在代理商招攬到生意，交給航空公司時才給予佣金，航空公司不必擔心淡季時養一大堆閒人的成本，長期下來，對航空公司比較有利。

航空公司的貨運業務行銷通路，可以**圖5-9**表示之。

航空公司與「代理商」之間牽涉到鉅額金錢的來往，必須嚴格管理，否則如遭遇倒閉，將造成公司損失，有時甚至影響公司現金周轉，使公司營運陷入困境，尤其是在經濟不景氣時或淡季時更應小心。

一、選擇合適之代理商

航空公司的代理商其實可以分成兩大類，一是作業代理，包括貨運站業務代理、機坪作業代理、飛航作業代理、飛機維修代理、

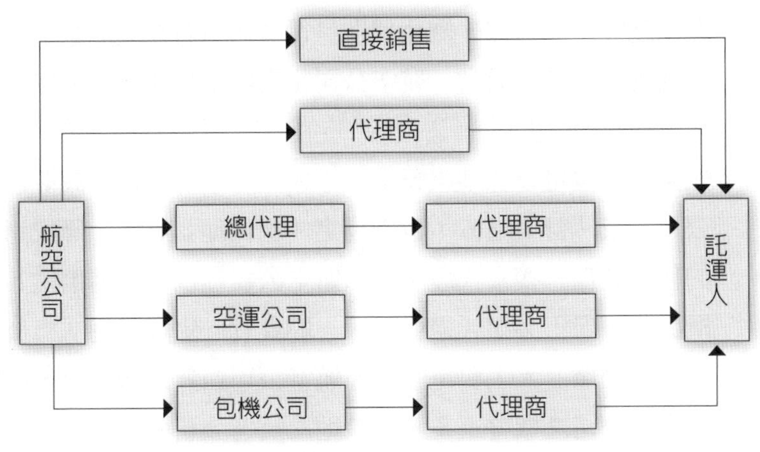

圖5-9　航空公司的貨運業務行銷通路

餐飲供應代理、運務作業代理等；另一大類就是營業代理，包括國家總代理、地區總代理、獨家代理、一般性貨運代理等。代理商大小規模不一，財務結構不同，經營能力亦諸多差異，航空公司須對代理商之開發、評鑑、信用調查、簽約、賖銷條件、管理、淘汰等有一套管制辦法，以應公司業務需求，進而完成對公司有利之營業目標。原則上，航空公司以下列步驟來選擇合適之營業代理商：

1.主動接洽市場上商譽良好，財務健全，管理嚴謹，業務繁盛，歷史悠久的大型代理商，雙方談妥條件後，簽約指定爲代理，給予空運提單，進行營業，然後按約定期間結帳。
2.被動接受市場上現有代理商申請，經過營業單位對該代理商進行評鑑、信用調查，經確定合格後，簽約指定爲代理，給予空運提單，進行營業。
3.航空公司可以在某地區或一國之內指定「總代理」負責該地區或國家之營業，「總代理」被航空公司賦予類似航空公司本身設置之「分公司」或「營業處」一樣的角色，指定年度營業配額達成目標。總代理則自行負擔所有營運開銷，並作必要的廣告宣傳活動。航空公司相對給予較佳價位及保障艙位以利其營業獲利。

4.航空公司也可以在某業務量尚不太大，不適合自行設置「分公司」或「營業處」，也未指定「總代理」之處，尋找適當的代理商爲「獨家代理」，由航空公司提供優惠運價供其招攬生意，但不必如「總代理」一般負責一定程度的「年度最低營業配額」。主要是該地區航空公司並無班機飛航，顧客利用該公司之機會不多，但該地之貨運公司可能代理其他公司，或許某些顧客在安排行程中可使用到指定「獨家代理」之航空公司，斯時即可由該代理爭取到該航段之生意。例如，某航空公司飛航阿拉伯聯合大公國，指定某旅行社爲其總代理。另在附近的國家，如卡達、巴林、科威特、安曼、沙烏地阿拉伯、約旦、黎巴嫩、敘利亞、埃及、蘇丹等國指定「獨家代理」以擴大貨源。這些專屬代理如有顧客有貨物送往台北或香港，即設法爭取到這些顧客使用簽約的航空公司班機。

二、代理商指定程序

代理商之選擇有許多事項需加以考慮並經一定程序審查才能決定，有關指定程序及後續管理約如**圖5-10**所示。

三、代理商的評鑑

航空公司在指定某代理商之前，都要經過一番評鑑過程，以確定該公司是否適合爲長期合作對象，並能長期安全交易，達到爲公司爭取獲利之目的。主要評鑑重點包括法定資格審查、財務狀況、

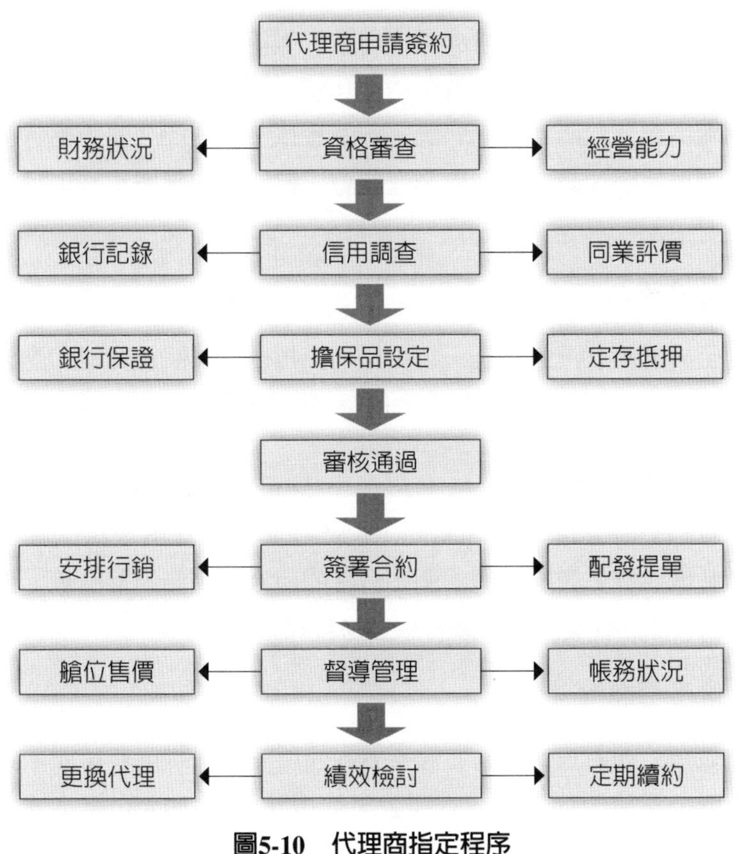

圖5-10　代理商指定程序

一般商譽、銀行信用、經營能力等。

(一)法定資格審查

資格審查主要在查核該公司是否有法定資格來從事空運業務，有些國家規定比較寬鬆，只要有一般商業登記即可招攬空運生意，但許多國家則對旅行社及空運承攬業的設置及經營都有特別的法規規範，以中華民國法規爲例，《民航法》中第66條規定「經營航空貨運承攬業者，應申請民航局核轉交通部許可籌設，並應在核定籌設期間內，依法向有關機關辦妥登記後，申請民航局核轉交通部核准，由民航局發給航空貨運承攬業許可證後，始得營業。」其他國家亦有類似法規。因此，航空公司在指定代理商之前，首先要求代理商提供相關執照與營業狀況，俾憑審核。代理商之執照應包括經濟部公司執照、政府營利事業登記證、航空貨運承攬業許可證等三種。

(二)財務資格審查

至於財務狀況的評鑑，須由代理商提供營業狀況資料，應包括近兩年之資產負債表及損益表，以憑查核其財務狀況是否健全。

(三)一般商譽的調查

包括外界對該公司的風評，反應在營業額、客戶群的經營能力、其他航空公司的評語，例如付款的速度、廠商的反應等，由航空公司的業務代表蒐集有關資訊，提報其主管裁決。

(四)信用資格審查

航空公司對占90%以上營業額的代理商信用狀況非常注重，因為航空公司給予代理商或空運公司信用賒銷。IATA的規定及國際航空業的慣例，是給代理商或空運公司15天的信用賒銷期，有時航空公司由於生意上的考量，甚至給予30天、45天、60天、90天不等的長期賒帳。如果代理商或空運公司信用不佳，周轉不靈，甚至惡意倒閉，累積起來的金額可能很大，對航空公司會造成巨大財務傷害。因此，在指定新代理時一定要詳細作信用調查，即使已成為交易中的代理，也要隨時注意代理商之信用狀況，以確保權益。

信用調查從要求申請者填具信用交易申請表開始。在申請表中應至少包括來往銀行及帳號、信貸情形。營業部門就其提供之資料進行查證，並調查該代理商來往之其他航空公司及客戶之反應，填具客戶信用綜合鑑定卡，若考評未能達到標準，則拒絕與其簽約。

信用調查手續齊備後，由營業與會計部門塡具信用交易審議表，建議賒銷額度、期限、提單配發量及預期營業情況，由有權者（通常是分公司總經理）核准。

奉核准後，由會計部門依簽約順序排定會計帳號，將相關資料輸入貨運訂位與貨運營收等電腦系統中，以便後續處理。

對於既有已簽約且無不良信用交易之代理商續約，僅需取得適當之抵押擔保品後，即可逕行續約，本程序中所提及之相關作業程序與文件即可免除。

(五)經營能力審查

代理商是否有經營能力主要觀察以下幾個要點：

◆有無航空貨運專業知識

代理商代表航空公司向廠商爭取貨源，同時也代表廠商處理貨物交付空運事宜，應該對航空公司的業務有充分的瞭解，例如機型大小、飛機艙容、班機離到時間表、飛航地點、運價、訂位程序、有關進口各種法規等都要相當熟悉才能迅速有效執行代理業務。

◆有無航空貨運代理經驗

有經驗自是駕輕就熟，無經驗必須從頭摸索學習，難免影響營業績效。航空公司尋找代理商自然應該選擇有經驗的代理商爲佳。

◆代理商是否有專業從業人員及設備

代理商的員工直接與顧客打交道，如專業知識不足必定無法提供迅速有效的服務，甚至容易造成誤失，影響顧客使用意願，進而影響代理的航空公司業務。

◆有無固定客戶

有固定客戶一方面有穩定貨源可供應給代理之航空公司，一方面也代表其專業能力獲得顧客的認同，也意味著有能力可爭取其他客戶。

四、抵押擔保品設定

航空公司雖然經過信用調查，認爲該申請代理商信用良好，但商場如戰場，情勢變化無常，代理商也可能無預警被客戶倒帳，而無法準時付款給航空公司。爲保障權益，航空公司通常要求代理商提供銀行擔保品、銀行定存單或不動產抵押。舉例言之，代理商必須接洽其來往的銀行開出一定金融的保證書給航空公司收執，萬一代理商一時無法償付所欠運費，則由擔保的銀行代付。至於擔保品的金額多寡，各航空公司的標準與政策各有不同，也視航空公司對該代理商信評程度而定，通常是1：3或1：4範圍內，亦即代理商提供一百萬元的擔保品，航空公司可以給代理商三百萬元賒帳信用。抵押擔保品設定之標準有時視生意來往情形而有所增減，以簽約所在地爲依據。航空公司可接受之擔保品種類爲銀行定存單、不動產抵押及銀行保證等三種。

擔保品爲定存單時，必須以質權設定予航空公司，並請銀行依法塡具「拋棄行使抵銷權同意書」以確保航空公司權益，定存利息歸代理商所有。擔保品爲不動產抵押時，必須以簽約航空公司爲第一順位，且需經由不動產價值鑑定。

擔保品爲銀行保證時，需由銀行出具保證書，保證書之內容與格式，應優先使用航空公司法保室所認可之標準格式，否則需經由營業或會計主管核可。

五、代理商簽約之文件

以上基本需求滿足後，航空公司就可以安排與代理商簽約。代理契約乙式兩份，由雙方各執乙份，代理契約之有效期限應與抵押擔保品期限相同。另外尚需代理商印鑑卡乙式兩份，客戶、航空公司會計組各執乙份。然後航空公司即可依業務需要及提單配發管制作業要點配發提單。

六、代理商管理

代理商簽約後，航空公司所負責之業務代表必須隨時注意代理商之業績、債信、財務狀況。如果營業績效欠佳，應隨時開會檢討原因。若是需要航空公司支援，例如給予特別優惠以爭取廠商臨時大型運送計畫，或是更改營業政策以配合代理商促銷活動。其中應注意事項如下：

(一)超額賒銷現象

代理商若連續三個月發生超額賒銷現象時，必須及時催討，以免形成鉅額呆帳。如果超額賒銷現象是因爲營業額大增所致，應重新檢討其賒銷條件。若代理商營業持續擴增，所需額度不敷使用而必須超過分公司經理之權限時，業務人員應先請代理商提高抵押擔保品增加賒銷額度，並以專案會同會計組報請財務處及總經理核定。

(二)抵押品期限

抵押品到期前之一個月，需由營業部通知代理商辦理更新。

(三)業務檢討

對連續三個月，未達最低營業標準之代理商，將視情況採提醒、警告、停發提單或終止代理契約。

(四)終止代理契約

因故需與代理商終止代理契約時，應先由會計單位清查該代理商與該航空公司之所有帳務均已結清，且未使用之提單均需如數收回，再以簽呈報請分公司總經理核可後，退回其抵押擔保品，結束雙方業務往來關係。

七、使用表單

在指定代理商過程中需要使用許多表單，作爲申請、審核、管理及事後存檔備查之用，也作爲將來雙方有糾紛時，需要進行法律行動時查考之證據。其中包括由代理商提出之申請書、信用交易申請表、航空公司負責調查人員準備之信用調查報告、客戶信用綜合鑑定卡、信用交易審議表、代理商之保證書、代理商印鑑卡，以及雙方簽署之代理契約等。

八、代理之終止

簽署代理合約，完成指定手續後，航空公司營業人員即密切注意代理商的業績表現，如代理商表現不佳，航空公司須與代理商共同檢討，並設法改善營業條件。若經一段時間努力仍無表現，則終止合約關係，將提單及運價授權收回。

其他終止代理合約尚有以下幾種原因：代理商拖欠運費久未解決、代理商業績欠佳久未改善、代理商與航空公司直接競爭者簽代理合約、合約到期雙方或一方不願續約、代理商破產停業等等。

第六章

訂位與艙位安排實務

- 訂位的功能與艙位分配
- 訂位處理程序
- 營業單位與機場作業單位應變
- 特殊貨品訂位安排

航空公司在爭取到貨主託運生意後，爲確保客戶所託運之空運貨物，均能獲得妥善安排而按計畫準時裝機，及時送達目的地交給收貨人，並且充分利用所有班機之貨運艙位，以達到公司的最大收益，同時使公司內部各單位作業人員均能充分溝通，對顧客所要求事項均能確實做到，並安全處理有關貨物，順利完成運送任務，一套完整的訂位系統實不可或缺。

第一節　訂位的功能與艙位分配

航空貨物形形色色，有很多貨物需要在運送過程中特別照顧，例如動植物需要控制溫度，保持空氣流通；高價珠寶錢幣，需要安全保障；高科技產品需要防震防竊；生鮮蔬菜水果、海鮮水產，需要注意時效。凡此，都需要在貨主訂位時，開始作必要的安排，及時通知有關單位注意處理。

訂位的功能對航空公司營收目標的達成舉足輕重，如**圖6-1**所示。

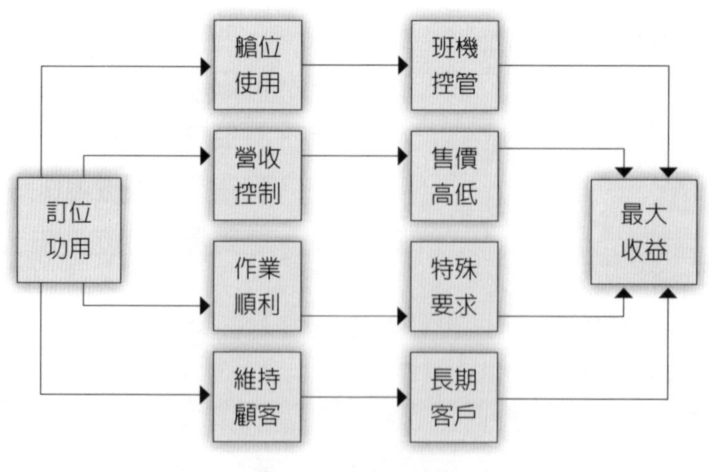

圖6-1　訂位的功能

一、訂位管理方式

航空公司的訂位系統可分爲三大範疇，一是總公司層級，一是區域性層級，一是地方分公司或營業處層級。航空公司總公司層級通常都設有「訂位管制中心」，綜管全線各班機艙位管制及訂位安排，將所有班機艙位依「全部中央控管」、「全部分配給有關各站」或「部分中央控管，部分分配給有關各站」三種不同方式進行管制。

(一)總公司控管方式

◆全部中央控管方式

「全部中央控管」就是當顧客要訂某班機艙位時，必須先向啓運站之分公司營業處訂位，分公司再向總公司「訂位管制中心」要求所需求之艙位，「訂位管制中心」再查看該班機是否有艙位可提供資料，即使有艙位也要查看比對該貨之售價，通常總公司「訂位管制中心」爲爭取公司最大營收，都會儘量把艙位優先保留給價位較高的貨物。俟決定後再通知分公司確認，由分公司營業處轉知顧客。這種控管方式有很大的缺點：

1.時差影響效率：就是顧客的訂位要求在分公司與總公司「訂位管制中心」之間來來回回才能確認，時間耗費太多，尤其是大型航空公司航線遍及全球，總公司可能在美國，分公司在日本，日夜顛倒的時差，將延誤訂位確認的時間。
2.艙位分配爭議：如果班機途經好幾個站，艙位要給哪一站？也容易引起爭議。對顧客而言，在艙位無法確認前無法作後續的種種安排，造成很多不便。顧客除非在旺季一位難求情況下，否則一定會去找很快確認艙位的航空公司，對航空公司的營運有不利的影響。

◆全部分配給有關各站

另一種管制方法爲「全部分配給有關各站」，亦即總公司經研究各站售價、貨量及市場規模後，將班機艙位分別分配給有關各站，各站則在所分配的額度內自行對外銷售，接受顧客訂位並及時確認。此種管制方法之優缺點如下：

1.優點是較能迅速回應顧客的需求。
2.缺點是總公司不容易掌握整體收益。

因爲各分公司各有其達成營業額的壓力，常常只顧慮本身業績表現，只要有機會一定設法把艙位完全使用完畢，即使降價求售也在所不惜，至於別站是否也需要該班機艙位，賣的價格是否較高，根本不在考慮之內，結果公司整體營收自是會受到負面影響。

◆部分中央控管，部分分配給有關各站

上述兩種方式的綜合，採用兩者的優點，避免兩者的缺點，亦即總公司將各航班部分艙位依各站售價及貨量分析結果分配給各站自由銷售（Free Sales），同時由總公司保留控管部分艙位，若各站艙位不足銷售時可向總公司申請，總公司再依剩餘艙位及運價高低決定是否確認或給予多少艙位。若總公司控管艙位已使用完畢，總公司此時可查各站訂位資料，協調尚有艙位之分公司讓出給需求之分公司，使班機能充分滿載。

(二)區域控管方式

至於區域性層級的訂位管制系統主要是針對大區域的班機艙位管制。大型航空公司由於航線遍及全球，若所有班機的艙位均由總公司控管，不但工作量過大，而且因爲地區時差問題導致時效延誤，與航空公司講究快速原則背道而馳，故許多中大型航空公司都採取區域性管制系統，例如美國航空、聯合航空、大陸航空等每天有數百千航班在飛行，在分秒必爭的日常作業中實無法由總公司控管所有班機細節，因此，可能在紐約、洛杉磯、芝加哥、達拉斯、亞特蘭大、休士頓等地設置地區性管制中心，分別控管配屬在該地區之航機及航班艙位及運行，歐洲地區、亞洲地區之航空公司亦有類似安排。地區性的訂位控管一如總公司與分公司之間關係，只不過訂位的確認權由總公司轉移到區域控管中心而已。但是，如果訂位牽涉到其控管班機之外行程時仍須總公司確認，例如某總公司在台北之亞洲航空公司在美國洛杉磯設置「美洲訂位中心」，專管美洲返台班機訂位事宜。如有紐約往台北班機之訂位需求時，須向美洲訂位中心要求並由其確認即可，但如顧客需要由紐約經台北到香港，而台北到香港是由總公司控管，則必須由總公司「訂位管制中心」確認，除非總公司有分配給「美洲訂位中心」自由銷售之額度，方能在其限額內自行決定是否確認。

(三)地方訂位控管方式

地方分公司或營業處層級的訂位管制系統主要是針對當地顧客訂位需求作必要之處置。原則上，總公司通常就某班機給予地方分公司或營業處一些艙位額度供其自由銷售，換言之，只要是在限額內地方分公司或營業處可以自行決定對顧客的訂位需求是否馬上確認或婉拒，如需求超過其限額則向總公司申請臨時額外艙位。地方分公司或營業處對於已獲分配的限額之使用有以下幾種方式：

◆先來先訂，額滿為止

通常適用於小型窄體客機，因其下貨艙容量有限，僅能裝載幾百公斤，甚至旅客行李太多時，貨物完全無法裝載。

◆部分艙位保留給簽約之長期大客戶，部分艙位自由銷售

此項方式可用於艙位較多班機，或是大型飛機。主要目的是在爭取穩定貨源，同時也讓大客戶特別是大型空運公司或代理商有固定艙位對外銷售，以便雙方維持長期合作關係。

◆優先確認重要客戶訂位

所謂重要客戶包括以下幾種類型貨物及客戶：

1.交貨量大客戶：貨量龐大，例如蘋果電腦、惠普電腦、台積電、鴻海、富士康、友達等等大廠，經常有大量貨物交運。
2.長期穩定供貨客戶：某些客戶雖然貨量不大，但供貨穩定，例如生鮮蔬果供應商，每天定時定量運送到某地市場。
3.運價較高貨物：運價高對航空公司收益提升有利，應該優先給予艙位。例如黃金、美鈔、高價藝術品、名貴汽車等。
4.有時效貨物：對緊急或有時間壓力之貨物，航空公司通常都安排優先運送，例如郵件、快捷貨物、新聞媒體稿件影片、動物園動物、海產鮮貨客戶等。

二、多邊聯運管理方式

航空公司的航線有限，如果客戶交運的貨物超越本身航網之外，或是飛機故障一時無法修復，原先所承接的訂位貨物必須轉給其他航空公司載運。因此，目前許多航空公司之間，大多簽訂有「多邊聯航運送協議」（Multilateral Interline Traffic Agreement, MITA），MITA為多邊聯運協議是IATA的組織之一，航空公司成為會員後始得互相轉運貨物。如轉運航空公司之間無多邊聯運協議，則可簽訂兩家航空公司之間的「雙邊聯航運送協議」（Bilateral Interline Traffic Agreement, BITA）互相轉運。總公司訂位管制單位對此種聯運事項尚須作下列工作：

1.將總公司有關單位與其他航空公司簽訂的「多邊聯航運送協議」及「雙邊聯航運送協議」通知各站。
2.遇有本公司貨物需要與MITA或BITA簽約航空公司聯運時，先向該公司以電報向其要求訂位，爲俟其回覆確認後，通知原先要求之本公司訂位單位確認。

第二節　訂位處理程序

地方分公司或營業處在接獲顧客訂位時，其作業處理步驟如**圖6-2**。

一、接受客戶訂位

航空公司的訂位單位接受客戶訂位，工作要點如下：

(一)訂位方式

客戶可經由電話或傳眞或網路訂位，經訂位人員查看班機狀況後回覆確認，如艙位不足，洽請貨主改訂其他班機。另外，航空公司也可能事先分配給某些長期大客戶固定艙位，此時可透過電腦聯線，直接訂位。

(二)訂位資訊

客戶訂位時應提供之資料包括：客戶名稱、提單號碼、品名、件數、重量、材積、目的地、使用倉庫、訂位班次及特殊交待事項等，訂位員需將相關資料逐項記錄於訂位表中。

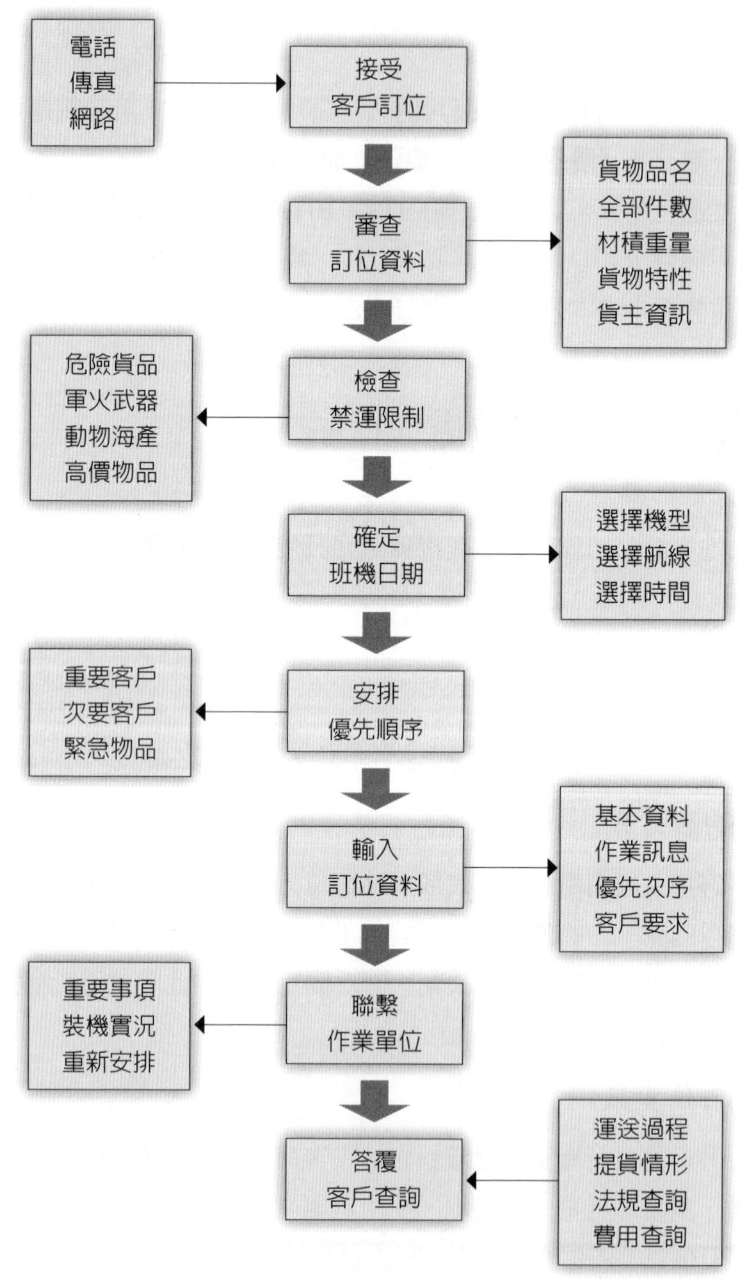
電話
傳真
網路
接受
客戶訂位
審查
訂位資料
貨物品名
全部件數
材積重量
貨物特性
貨主資訊
危險貨品
軍火武器
動物海產
高價物品
檢查
禁運限制
確定
班機日期
選擇機型
選擇航線
選擇時間
重要客戶
次要客戶
緊急物品
安排
優先順序
輸入
訂位資料
基本資料
作業訊息
優先次序
客戶要求
重要事項
裝機實況
重新安排
聯繫
作業單位
答覆
客戶查詢
運送過程
提貨情形
法規查詢
費用查詢

圖6-2　訂位處理程序

(三)特別記載事項

單件貨超過80公斤以上之重貨，客戶需另提供貨物尺寸、重量及包裝方式。特殊貨物（如活生動物、生鮮品、危險品、棺木、貴重品等）及所有經由機邊驗放倉進倉之有時間性貨物，客戶需另提供貨品之名稱及物品特性資料。

(四)不可接受訂位之禁運物品

有些貨物經有關國家列為禁運品時不可接受訂位，如爆炸物、武器、毒品、靈長類之活生動物（除非是特許作為實驗用者）等。

(五)不需訂位物品

一般貨物100公斤以下小貨，大多不需經由訂位而優先裝載。惟若班機是小型機，因艙位有限，所有貨物都必須訂位以免超售。另外，小件貴重物品，或需要特別照顧之物品（如骨灰），通常需要事先訂位以便安排特別照顧。

二、審查訂位資料

航空公司營業處訂位人員於接受客戶訂位後，應立即查對客戶所提供之訂位資料是否齊備，若有資料不足時，應以電話與客戶聯繫，補足資料。

客戶之訂位資料齊備後，訂位人員應查核該貨物是否適合空運條件，遇有下列情況，應通知客戶拒絕接受該貨之訂位。

1.啓運站、轉運站或目的站列入禁運通告（Embargo Notice）者。
2.依照《地面作業手冊》（*Ground Handling Manual*）規定，貨物超重、超長，逾越班機承載最大限制者。

3.未簽訂聯運協議（MITA或BITA）之其他公司提單無法訂位（輸入貨運訂位電腦系統時，會自動拒絕）。

4.班機遇特殊情況，如艙位明顯不足或承載重量不足而無法裝貨時。

5.危險物品規章明定不可經由商業客機或貨機承運者。

三、艙位安排

訂位人員對航空公司收益處於非常關鍵地位，其任務是控管及販賣公司的產品——將艙位充分賣出，同時也對客戶提供資訊與服務，影響顧客對航空公司的觀感。訂位人員有關處理訂位業務原則及注意事項如下：

(一)可用艙位

每班飛機之可用艙位，以總公司每年夏、冬兩季所頒布之艙位分配表爲基準，訂位員可依作業經驗酌予增減，並於必要時向總公司申請額外艙位。

(二)配合營業單位

訂位單位對艙位的使用基本上要協調並尊重營業單位的意見，因爲營業人員在外爭取客戶，對客戶售價及需求最清楚，對客戶的重要性也較能掌握，究竟是長期大貨量、低運價的大型空運公司比較重要，還是臨時按表訂高價交運的散客比較重要，營業單位應會依如何達成總公司所指定營收配額加以衡量，訂位單位應盡力配合而不能隨意接受訂位，如果接受太多訂位而因艙位有限，無法全部同班機運出時，必定要遭受客戶強烈抱怨，如何面對客戶抱怨及擺平後續問題，還是營業人員。

(三)艙位分配原則

◆長期客戶

一般而言，營業單位為維持長期生意，大多保留部分艙位給長期交貨顧客。

◆大型客戶

對大型、貨量多的客戶，如大型空運公司，尤其是跨國而有大量來回貨源的公司，或是大型跨國而有大量產品、零組件、原料進出的廠商，除給予優惠運價以資拉攏外，也在艙位給予保障。因此營運單位必須將此訊息通知訂位單位，藉以在每班機預留艙位。

◆一般客戶

除長期特定之客戶外，一般客戶之艙位確認則按訂位優先順序處理（First Come, First Service）。

◆轉運貨物訂位

如有必須經由其他站轉運者，必須先獲得轉運站確認艙位，例如，由國內甲站出口之貨物，若需經由乙站轉運，則甲站必須事先協調乙站之訂位員安排或預留適當之艙位。艙位超售時，應將超售之貨物列入候補（Stand-By），並應立即通知客戶。

◆聯運貨物訂位

聯運貨物訂位如貨物須經由其他航空公司轉運者，訂位人員須先發電報給該公司，經其確認後，方可在本公司班機訂位記錄上確認訂位。如無法取得其他航空公司確認，應即通知客戶，查詢是否願意候補，以免往後貨物未能及時運送時，造成航空公司與客戶之間糾紛。

◆候補貨物

客戶若同意將該貨列入候補，訂位員須於訂位本中註明。若客戶無法同意將該貨列入候補，訂位員應接受客戶取消訂位或改訂其他班機。

四、輸入電腦

訂位員審查訂位資料無誤後，確定可以列入班機訂位時，接下來的步驟就是將有關貨物資訊輸入貨運訂位電腦系統（或依公司實況以人工紙本記錄表處理），逐筆鍵入提單號碼、安排之班機、出貨客戶名稱、品名、件數等相關資料。

如有特殊交代事項，如重量過重、貨物之尺寸過長、材積太大，動植物、海鮮水產、危險品、貴重品、遺體（棺木或骨灰）等特殊貨品需要在作業中特別注意者，或在機場有數個不同貨運站可供進儲出口貨者（如台北有華儲、榮儲、永儲、遠儲四家公司都可以接受處理進出口貨），訂位員必須問清楚使用倉庫名稱，並在訂位記錄上註記備註欄中，以供後續各作業單位找貨及處理之參考。重要客戶之貨物或需優先裝載者，訂位員應於訂位記錄上備註欄內註明「優先裝載」代號（如Must Go）以提醒機場作業人員優先處理，遇有艙位不足或飛機酬載重量不足時，先拉下其他貨而讓這些貨先走。列入候補之貨物，亦需於訂位之備註欄中註明「候補」，以利機場作業。

貨運訂位電腦系統將按輸入之資料，自動排列每班機之訂位表（Cargo Booking Advice, CBA），同時傳達總公司「訂位管制中心」、分公司營業組、訂位組、機場貨運服務組（或稱運務組）、有關場站。

訂位資料逐筆輸入後，訂位員須根據訂位本核對每一班機之訂位表（CBA），以確認所有訂位資料均已正確輸入無誤。

然後，班機管制單位將班機訂位記錄傳給機場作業單位作爲裝機作業之依據。

機場作業單位依訂位記錄將貨物裝入盤櫃，按時裝機運出後，在電腦系統鍵入班機已執行，有關單位包括各站同時獲得訂位裝機資料。

五、聯繫機場作業單位

班機起飛後，訂位員須根據機場作業單位所製作之班機實際裝載艙單，逐筆與訂位表核對是否所有貨物均已裝載。

未能如期裝機之貨物，須先與機場作業單位查對原因，如係因班機延誤或取消或因作業失誤所造成之異常情況，應主動告知客戶，且安排最優先之班機裝載出口。如貨物未能如期裝機之原因，係因客戶所造成，則客戶需按程序重新訂位。

航空公司除提供於網站供顧客查詢貨物運送情況外，另於貨營部設有貨物查詢專線電話，供客戶查詢裝載之正確班機與轉運之相關訊息。

六、接受客戶查詢

客戶訂位前後經常有許多查詢，包括班機運作日期、離到時間、空餘艙位情形、到達地或中停地政府法規（特別是有關危險貨品、動植物及農漁輸出入檢疫或禁止事項法規）、機場截止收件時間、貨物包裝要求、必備文件、貨物運送過程、收貨人領取貨物情形、存倉待運費用等等問題，訂位人員必須經過訓練並熟知有關規定，必要時發電報詢問外站，待得到正確答案後再回覆客戶。辦公室中也必須備有公司規定，IATA出版的《航空貨運規章》（*The Air*

Cargo Tariff - Rules），以及政府規定，如檢疫法規、海關規定等等，以備客戶查詢時隨時查看，給予正確答案。

第三節　營業單位與機場作業單位應變

航空公司接受客戶訂位後，在一般正常情形下大都會依訂位班機將貨物如期送達目的地，但實際上航空公司在作業中可能遇到許多不可抗力的因素，例如天災、飛機故障、航管限制或禁止，或是人為疏失，如訂位超過艙容、機具操作失誤導致貨物損壞、裝載次序安排錯誤而被拉下、倉儲位置誤置尋找無著、清點疏失誤送他站等等因素而延誤運送，甚至遺失無處可尋。有時因為貨物本身的問題，如貨物變質腐爛、包裝不良破裂、標籤不明脫落無法辨認等無法及時運出。有時是因為貨主本身的問題而耽誤行程，如文件不齊無法通關（例如無檢疫證明或輸出入許可）、違反政府有關法規、貨物被海關扣留（如國防機密物品不可輸出）、託運人與收貨人之間有財務糾紛而要求貨物暫停運送等，使得貨物儘管已訂位仍無法如期運出。

有上述種種異常情況發生時，營業單位與機場作業單位應保持密切聯繫，迅速作有效善後處理，茲分別說明如下：

一、由於不可抗力引起之異常處理

儘管由於不可抗力引起之異常航空公司可以免責，但是基於顧客服務及商譽的維護，航空公司還是必須儘速採取必要行動，縮短因延誤而造成客戶不便或因此影響商機。處理程序如下：

1.機場作業單位將班機或貨物異常情況及時通知營業單位。

2.營業單位隨即將此異常情形通知客戶，建議及詢問處置方法（特別是易腐品）。
3.安排後續班機艙位。
4.選擇優先順序，以緊急、易腐、重要客戶貨物、延誤較久次序安排班機艙位。
5.如訂位貨物太多，下一班機無法容納，必要時安排加班機疏運。
6.如旺季訂位貨物太多，無法安排下班機或加班機疏運，可考慮轉給他航。

二、由於航空公司人員疏失引起之異常處理

如果是航空公司疏失引起的異常案件，航空公司有義務作補救措施，一般的做法有下列幾種方法：

1.由機場作業單位通知貨主及營業單位異常情況。
2.如果是航空公司人員疏失造成貨物外包裝破損，但內容物完好，由機場作業單位將貨重新包裝，並以最早班機送出，同時知會營業單位、終點站及貨主。
3.如果內容物完全毀損，機場作業應即通知貨主及營業單位，請貨主指示是否先行退關，重新包裝新品後再送，或是取消該貨交運，由營業單位協調貨主辦理求償事宜。
4.如果貨物遺失，通知貨主及營業單位，請貨主提求償，並以新提單補送新貨物，由營業單位重新安排訂位，並處理貨主求償事宜。

三、由於貨物本身引起之異常處理

航空貨物種類繁多，其中不乏本身品質容易變質腐壞者，例如蔬果、鮮花、海產、肉類等，運送時間長短、原始包裝材料良窳（如隔熱保麗龍太薄、防潮紙箱破裂）、添加物質（如乾冰、氧氣）多寡等都可能造成貨物損壞。基本上，如果因為貨物變質可歸咎於貨主準備貨物交運時有瑕疵，航空公司對於該貨損壞、延誤，可以不用負責賠償。因此，此類異常航空公司可依下列原則處理：

1.由機場作業單位通知貨主及營業單位異常情況。
2.請貨主指示是否退關、退運，如貨主同意並以新品補運，則以新提單重新訂位。
3.如貨主不願退運，則請貨主簽署豁免航空公司責任聲明，續依原訂位班機運送。
4.如貨物腐壞產生惡臭，液體外漏汙染其他貨物或傷及人員、飛機、器具，航空公司有權在通知貨主並經海關同意後逕行銷毀。

四、由於貨主本身引起之異常處理

航空貨物在交運時常須附送有關文件，有些文件是貨主辦理海關清關所需，若有缺失，在出口地會影響海關放行，貨物因此無法依所定班機及時運出，責任不在航空公司。在進口地則無法通關進口，頂多影響收貨人權益，航空公司沒有義務去承擔任何責任，因此，即使貨主文件不齊，航空公司還是可以依所訂班機運出。

但是有些文件是政府機關要求的法律文件，絕對不可或缺，例如危險品貨主申告書、輸出入許可證（Export/Import Permit）、動植物檢疫證明（Certificate of Quarantine for Live Animal & Plant）等，事關公共安全及國家公權力的執行，若貨主未檢附這些文件，航空公司不可將貨主交運貨物依訂位班機送出，同時若因此延誤貨物的運送，航空公司不必負責。對此類異常，航空公司機場單位處理方式如下：

1.由機場作業單位通知貨主儘速補送必備的文件，在貨主補送文件送齊之前，將貨物暫時留置。
2.在電腦提單資料中內註明異常情形，並更改訂位記錄。
3.通知營業單位協調貨主儘速採取行動，並重新訂位。
4.發電報通知終點站貨物未依訂位班機送出，以便因應收貨人查詢。

第四節　特殊貨品訂位安排

一、特殊貨品種類

航空貨運中有許多貨物由於其價值太高，或由於其特別性質，需要特別照顧及處理以避免在運送途中遭到意外或偷竊遺失，這些需要特別照顧處理的貨物統稱之爲「特殊貨品」，大致可分爲以下幾大類：

(一)貴重物品

凡是高價物品通稱爲貴重物品，傳統說法是指諸如紅藍寶石、瑪瑙、翡翠、珍珠等珠寶、錢幣、現鈔、高價藝術品、黃金、白銀等貴重金屬等等，近來科技發達，有些產品輕薄短小，但單價甚高，也是被人覬覦的對象，例如高價手機（如蘋果iPhone）、單眼照相機、攝影機、電晶體、半導體等等，因此也被認爲是貴重物品。

(二)危險物品

貨物有潛在危險，在運送過程中稍有疏失即可能造成人員傷亡，損害飛機或其他貨物，例如IATA及國際民航組織（ICAO）危險品規章所列管的爆炸物、腐蝕物、可燃性氣體、壓縮氣體、易燃固物、易燃液體、過氧化物、放射性物品、醫藥生技實驗用病原體、乾冰等物質，通常需要特別包裝，有數量限制，並伴隨特別文件，如貨主申告書。

(三)動植物貨品

一般經常空運的動物包括貓、狗、鼠等家庭寵物，貓熊、丹頂鶴、無尾熊、海豚、企鵝等動物園展示動物，鰻魚、石斑、鮭魚、熱帶魚等食用或觀賞動物。植物方面種類甚多，例如食用蔬菜水果、觀賞用花花草草等。動植物因恐影響生態及傳染疫病，多數政府及航空公司都將動植物列爲特殊貨品，對於動植物的國際運輸，都有檢疫證明及輸出入許可等管制措施。

(四)冷藏物品

很多貨物很容易因溫度變化而變質腐壞，或是經過長時間運送而腐敗，例如肉類、海鮮漁產、蔬菜水果、鮮花、疫苗、巧克力、冰淇淋、醫藥用品、人體移植器官等等，需要不同溫度來保存品質，例如某些貨物需要以零度以下較低溫度保存，如冷凍牛肉，有些貨物則需低溫，但需在冰點之上，例如血液；因此有所謂「冷藏」與「冷凍」之分。

(五)棺木骨灰

空運貨物中常有客死他鄉而需運回家鄉安葬之人類遺體或骨灰，爲表示對死者之尊重，因應家屬特殊要求，特別通關程序及符合政府檢疫安全規定，例如棺木遺體須做防腐，特別包裝要求，並檢附「死亡證明書」、「防腐證明書」、「火化證明書」等等特別處理，故稱爲特殊貨品。

(六)超大、超重、超長物品

航空公司有時會接到客戶要求運送體積龐大貨物，例如直升機、飛機組件、工廠機器設備，也有非常笨重的貨物，例如發電機組、漁船引擎、特殊車輛等，貨物也可能很長，例如飛機機翼、探油開採機具等，都需要事先安排必要的特別處理機具及作業程序。

(七)精密儀器

由於科技發展日新月異，高科技貨品越來越多，很多貨物非常精密，需要格外審慎小心處理，例如人造衛星組件、積體電路板、電子工廠設備等，廠商常要求貨物不可重摔、激烈震動，甚至外箱上貼有「變色龍」不可傾斜倒置警示，凡此均視爲特殊貨物。

(八)容易腐壞物品

易腐貨品通常是指貨物在常態氣溫、氣壓情況下容易變質損壞的貨物，例如上述需冷藏／冷凍物品、烤鴨、水果、濃縮飲料、糕餅食品、孵化中雞鴨蛋、溫控藥品、生物科技實驗品、疫苗等。

二、訂位安排

(一)確定物品特性

訂位人員在接到訂位要求時，先要確定貨物特性，如果貨物是貴重物品，因其高價性質極易遭受搶劫偷竊，為保障貨物的安全運送，航空公司從接受訂位開始，就必須謹慎妥善安排各項作業細節。營業單位在接受訂位時，首先要貨主提供充分完整資訊，例如品名價值、包裝情況、件數重量、遞交時間、接洽人員等，以便安排後續保安措施。

其他如危險品，必須查明眞正物品化學名稱而非一般商品名稱，以便決定是否可以接受空運，或是只能裝貨機，不能裝客機，或是有否數量限制，同時依據有關規定，告知客戶有關包裝及文件需求訊息，以免貨主違規導致航空公司飛機及工作人員傷亡損害。

至於易腐品、需冷藏貨品、超大、超長、超重、精密器材、動植物、遺體棺材骨灰等其他特殊貨品，亦應一一查明特性，決定是否可以接受，以及在何種條件下可以接受，同時確定貨主是否依有關包裝規定辦理並準備必要文件。除要注意包裝大小及材質外，還要顧慮飛機機型、艙位大小及飛機貨艙是否能調控溫度。

(二)告知客户應遵循事項

特殊貨物在運送過程中因容易造成偷竊、腐爛、危險、顛簸損壞、裝卸困難，機型艙位大小、飛機結構承受重量、班機運行時間等等困難與限制，政府機關也有許多法令規範，特別是危險貨品的運送更有詳細的規定，貨主及航空公司如未依規定辦理將受嚴厲處罰，因此，航空公司訂位人員於客戶訂位時告知客戶，同時一一與客戶確認是否遵行，以免雙方受害。

(三)查明運送途中應注意事項

有些特殊貨物需要特別照顧，並非一般航空公司人員所知悉，例如運送俄羅斯白鯨，應保持多少溫度、氧氣水量如何供應等等，人造衛星如何防震、動物多久應餵食、熱帶魚灌裝氧氣能維持多久、放射性物質應與人員保持多少距離、硫酸破裂漏出時應如何處理、海鮮要多少乾冰等等，唯有託運貨主最爲清楚，訂位人員必須一一向貨主查明，以便通知機場作業人員及飛航組員注意辦理。

(四)操作注意事項輸入電腦

爲明責任及方便各站有關人員查詢，訂位人員除與顧客充分溝通，取得必要資訊外，並須將上述資訊輸入電腦訂位記載中，以供作業中或事後追查責任之用。例如，動植物貨品交運時，動物需要足夠空氣和食物，也要注意氣壓及溫度的調節，植物需要冷藏及保濕以免枯萎腐爛。

(五)通知啓運站、中途站及終點站

理論上訂位人員將上述特別交代事項輸入電腦，各有關工作人員可自行從電腦中查詢辦理應做事項，但機場每天班機繁多，作業時間緊湊，加上每班機提單爲數甚多，班機工作人員實在無法一一檢視內容及附記事項，爲確保這些特殊貨物注意事項能依貨主要求澈底執行，避免貨物損壞及後續求償損失，訂位人員除在電腦提單資訊中詳加註明外，並需另行以電報通知啓運站及終點，及早作貨物接受、倉儲、機坪運作及裝機、卸貨等警衛保安安排。

(六)追蹤運送過程並將結果通知託運人

對於特殊貨品運送過程貨主自然非常關心，訂位人員應隨時追蹤貨物流程，除可提醒作業人員外，也須通知顧客令其安心，這也是建立優良服務品牌必要手段。

第七章

航空貨運費用計算

- 運費計算基本概念
- 空運相關費用
- 普通貨物費率
- 特殊貨物費率
- 分類貨物費率
- 貨櫃費率
- 其他與運送相關服務費用

航空運輸當中因爲服務提供者不同，服務項目及內容不同，而且參與運送者除航空公司之外，尚包括倉儲業、物流業、報關業、承攬業、地面運輸業、銀行業、包裝業、政府機構（如海關、動植物檢疫所、商品檢驗局）等諸多行業，各有其收費標準。航空公司收費部分，除運費外，尚有貨物報值費、運費之外的其他服務費和代墊費等，以上將陸續於往後章節中分別加以說明。

航空公司的運費早期由航空公司自行訂定，後來IATA成立，爲統一標準，並避免惡性競爭，造成航空業者利益受損，乃在其會員運務會議中制定統一的點對點運價供會員航空公司遵照辦理，並且設置稽查人員（Enforcement Officer）到處明查暗訪，對違反規定的航空公司處以重罰。當時美國也要求各航空公司向其民航局（Civil Aeronautics Board, CAB）提報運費表。在這段時間，各航空公司必須按運費表所列金額收費，稱之爲「公布費率」（Published Rate），沒有列表的運費稱之爲「未公布費率」（Unpublished Rate）。

以上實務後來因爲各國陸續實施「反壟斷法」（Anti-Trust Law，或稱「公平交易法」），各航空公司若仍依照IATA統一費率表收費即有違法之虞，因此目前已無統一費率之實務，但是有些國家仍規定各航空公司必須向其民航局提出費率表核備。近年來由於市場競爭激烈，各航空公司運價變動頻繁，若每次變動必須向民航局報備實不堪其煩，因此，各國民航局常睜一隻眼，閉一隻眼，只要航空公司售價不高於報核的水準，沒有人提告情形下，讓航空公司自行浮動運價。

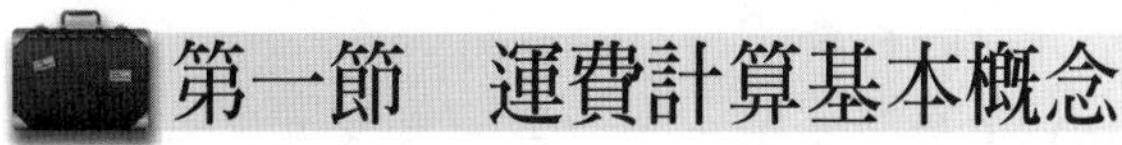

第一節　運費計算基本概念

空運運費基本上以一定單位數量收取一定金額爲基礎，依貨物數量的多寡，按比例計算。茲將有關基本概念說明如下：

一、費率

費率（Rate）是航空公司運送一單位重量單位貨物收取的運費。通常由航空公司印製公告，計價的貨幣原則上是啓運國家的貨幣爲單位，例如從日本出發，費率表以日幣標示，從中國出發，以人民幣標示，從德國出發，以歐元標示，以此類推，除非某些國家的貨幣波動過鉅，無法確定其對外幣匯價，且該國採取嚴格管制，不能隨意向國外匯款，因此爲方便國際運輸運價計算而以外國強勢貨幣爲費率單位，作爲結算基礎，例如印尼幣浮動甚大而以美金計價。

二、重量單位

目前全世界使用的重量單位有公制與美制兩種，公制以公斤（Kilogram (me), kg）爲單位。美制以磅（Pound, lb）爲單位。一公斤約等於2.4647磅。以公斤爲單位時，如果有小數點，0.5公斤以下進位到0.5公斤，0.5公斤以上低於1公斤時，進位到下一個整數。如以磅爲單位，0.5磅以下時可以不計，0.5以上時，進位到下一個整數。

對於貨物材質輕卻占大體積者，航空公司以材積換算成重量計費。目前一般換算標準如下：

貨物材積以公分（cm）為單位＝最大的（長×寬×高）除以6,000（立方公分）＝公斤（kg）數

貨物材積以吋（in）為單位＝最大的（長×寬×高）除以166（立方吋）＝磅（lb）數

貨物材積以吋（in）為單位＝最大的（長×寬×高）除以366（立方吋）＝公斤（kg）數

以公分（cm）量長寬高時，如有0.5以下小數點時，以整數計算，可以不計小數點，0.5以上可進位到下一個整數。例如：

162.2× 155.6× 141.4 (cm)＝162× 156×141 (cm)

依上述方式取得之材積，如有小數點必須先取至三位小數點後再進位，例如：

162× 156× 141 (cm)＝3,563,352（立方公分）

3,563,352（立方公分）／6,000（立方公分）＝593.892（公斤），進位為594公斤

另如以吋量材積時：

64× 61 × 55＝214,720 (cu/in)（立方吋）

214,720（立方吋）／166（立方吋）＝1,293.494（磅），進位為1,294磅

三、可適用費率

在航空公司或其代理商開發空運提單時已生效，可用來計算運送該貨運費的公布費率。費率有普通貨物費率（General Cargo Rate, GCR）、特殊貨物費率（Specific Commodity Rate, SCR）、分類貨物費率（Class Rate, CCR）、貨櫃（集裝）費率（Unit Load Device

Rate）等，託運人可依貨物性質，依規定使用適當費率。目前規定費率使用時應依下列優先次序使用：

1.分類貨物費率（CCR）。
2.特殊貨物費率（SCR）。
3.普通貨物費率（GCR）。
4.貨櫃（集裝）費率（ULD）。

四、運費計算方式

以每公斤（或磅）可適用費率（Applicable Rate）乘以貨物應收費重量（Chargeable Weight）。例如：

可適用費率為每公斤USD2.00，應收費重量為100公斤，應收運費則為：

USD2.00× 100（kgs）＝USD200.00

貨物應收費重量可以整批貨物視爲同一種類重量計算。如果是混裝貨物（Mixed Consignment），亦即整批貨物中有不同的貨物，例如同一空運提單上顯示總共有一百箱，其中有二十箱筆記型電腦，三十箱印表機，五十箱遊戲機，此時，貨物應收費重量可以整批貨物視爲同一種類重量計算，但基本上此種混裝貨不可包含下列特別費率貨物（一般費率較高且有特別運送條件）：

1.貴重物品，如錢幣、黃金、白金、鑽石、珠寶，或每公斤價值超過美金1,000元者。
2.活生動物（Live Animal）。
3.人的遺體（Human Remain），不管是否已火化。
4.外交郵袋（Diplomatic Bags）。

5.後送行李（Baggage Shipped As Cargo）。

6.危險品。

7.自動車輛。

混裝貨物如果可以適用不同費率，則可申告不同的應收費重量，例如同一空運提單上顯示總共有一百箱，其中有二十箱汽車音響400kgs（適用特殊貨物費率SCR4416），三十箱腳踏車零件500kgs（適用普通貨物費率），五十箱成衣600kgs（適用特殊貨物費率SCR2199），此時，貨物應收費重量可分別依三種貨物分開計算。

如上述貨物全部包裝在一大箱內，則貨物應收費重量應以全部重量計算，費率者應使用其中最高者爲全部貨物運費計算基礎。

五、航空公司的收費

支付航空公司有關運送貨物或相關服務費用，如報値費，其金額視申告貨物價值及重量或由材積換算成重量的數目而定。另由航空公司所提供的相關服務，如開發空運提單的「文件處理費」、重新包裝或代付政府有關規費的「代墊費」（Disbursement）、代收貨款的「代收手續費」（Cash On Delivery, COD Fee）、「危險品處理費」（Dangerous Handling Charge）等。

六、其他費用

國際航空運輸除航空公司爲運送該貨所收的「運費」外，尙有代理商爲貨主提供服務的種種費用，如報關費、代墊關稅、陸地運輸費、倉儲費、文件處理費、銀行押匯費用、物流服務費等。

七、付款方式

貨物交運時，貨主（託運人）理應先繳交運費，以免運送之航空公司將貨送到目的地後，萬一收不到運費而造成損失。然而在國際貿易實務中，進口商與出口商所訂的買賣合約有所謂由賣方負擔運費的條款（Cost and Freight, C & F），買方負擔運費的條款（Free On Board, FOB），航空公司爲因應國際貿易實務的需要，對於運費的收取也在某種條件之下採取由託運人付費的「運費預付」（Charge Prepaid, PP）及收貨人付費的「運費到付」（Charge Collect, CC）兩種收費方式。貨主（託運人）必須選擇運費全部預付或全部到付，不可以部分預付，部分到付。至於應交航空公司的其他服務費用，亦復如此。

(一)運費預付

空運提單上如果繕打運費預付（PP），託運人應於貨物交運時，將運費繳交給航空公司出口櫃檯。有關運費預付仍有下列條件：

1.所有預付費用在貨物交運時必須以當地貨幣現金付清，在貨幣浮動激烈的國家及嚴格外匯管制的國家可能依航空公司規定，以特定的強勢外幣支付運費，通常是用美金。除非航空公司對長期大客戶，且付款信用良好，有保證金之業者，給予一定金額的信用賒欠帳戶，此種信用賒欠帳戶可依雙方約定的期限內繳款，至於一般客戶均須將運費繳清，航空公司方能安排運送。

2.託運人保證償付任何在運送途中新產生的額外費用，例如由航空公司代墊的政府機關規費用或罰款，或因貨物包裝不良破損而重新包裝的代墊包裝費。

3.託運人保證償付因任何託運人要求退運所產生的各種費用，包括航空公司的運費、辦理退運手續的政府機關規費、貨運站倉儲費用、處理服務費等等。

4.託運人如拒付全部或部分預付費用，航空公司可以拒絕運送該貨物。

5.如在貨物交運時有某些費用不能確定時，航空公司可要求託運人先繳一定金額的保證金，待一切確定後多退少補。

(二)運費到付

如上述，託運人亦可選擇運費到付（CC）方式進行貨物交運，亦即由收貨人於貨物到達終點站時，繳清所有費用後，領取提單，辦理清關手續後領貨。惟爲保障航空公司能確實收到運費，此種付款方式有下列條件：

1.託運人保證如果收貨人拒付運費時，負責償付所有運費及相關費用。

2.貨物送達終點國家的法規准許運費、雜費到付方式。此種情形通常發生在外匯短缺、嚴格控制外幣匯兌的國家，航空公司可能收到當地貨幣運費後，無法匯回在他國的總公司。

3.到付運費應將提單上所列啓運站貨幣金額，以終點站當地銀行公告兌換率，換算成終點站當地貨幣支付航空公司。

4.收貨人付運費時，還須繳付「貨運到付手續費」，補償航空公司收費及轉帳回總公司的處理成本。至於手續費應收若干，由各航空公司自行訂定或參照IATA出版的《航空貨運規章》第七章7.2.2. List of payment facilities有關規定辦理。

基本上，這種手續費用應不低於應收運費的5%，而且不低於美金10元或其相當等值其他國家貨幣。各國收費標準各有不同，例如法國以徵收到付費用5%，最低金額29.80歐元作爲手續費；美國也是5%，最低金額美金10元。

第二節　空運相關費用

貨主託運貨物自然應付運費給航空公司，但實際上貨主所付的費用不僅是簡單「運費」一項而已，在運送過程中，航空公司除了運送之外，還提供許多其他相關的服務，例如代墊重新包裝費用、政府機關徵收的規費、罰款、文件處理費、運費到付服務費、保險費等，另外，託運貨主與收貨人之間依國際貿易買賣條件，如FOB（船上或機上交貨，亦即運費由收貨人負擔）或CIF（含保險費及運費，即運費、保險費由託運人付費）等等衍生的費用，航空公司因此提供不同的服務，也就產生不同的額外收費，另外，貨主經常委託代理商代辦許多手續，例如安排卡車送貨到機場、代付貨運站倉租、代理報關手續、代墊政府規費等等，代理商不但要將代墊費用收回，也要向貨主收取代辦服務費。

一般而言，航空貨運的運費基本上可分爲航空公司爲運送該貨物所收取的「運費」（Transportation Charge）；貨主爲提高航空公司賠償責任幅度，申告運送價值（Declare Value for Carriage），航空公司爲此而收取的「申報貨值費」；以及代理商爲協助貨主交運貨物而產生的費用三大類。其中航空公司收取的運費又可分爲「空運運費」、「服務費用」、「代墊費用」三大類；申報貨值費又可分爲申報貨價但不必繳報値費，以及申報貨價超過限度而必須繳報値費等兩大類。

航空公司所收的「運費」視貨物性質及數量，可分四大類計價，即普通貨物費率（GCR）、分類貨物費率（CCR）、特殊貨物費率（SCR），以及大宗貨櫃、貨盤費率，亦稱貨櫃（集裝）費率（ULD）等四大類。另又依航空公司與貨主之間是否有洽商特別運價合約，可分爲「公布費率」、「合約費率」（Contract Rate）、「貨主打盤費率」（Prepacked Rate, PPK Rate）、「單一費率」（FAK Rate）。代理商費用又可分爲「地面運輸費用」、「倉儲費用」、「服務費用」、「代墊費用」等四大類，茲分別以下列**圖7-1**、**圖7-2**說明之。

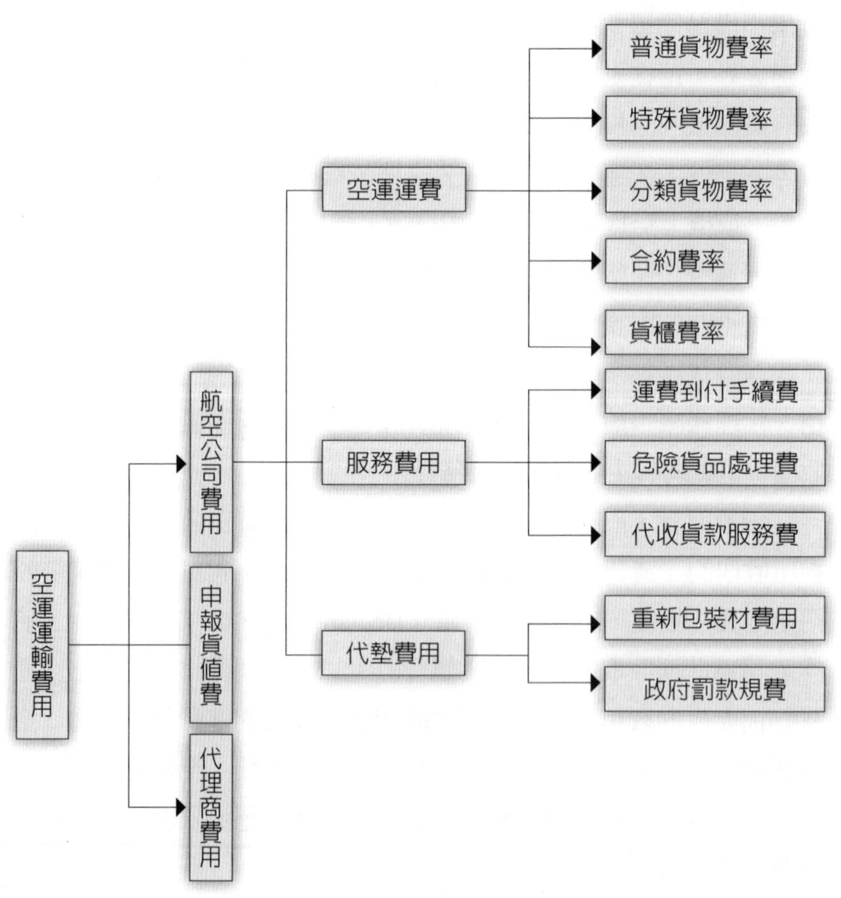

圖7-1　空運運輸費用

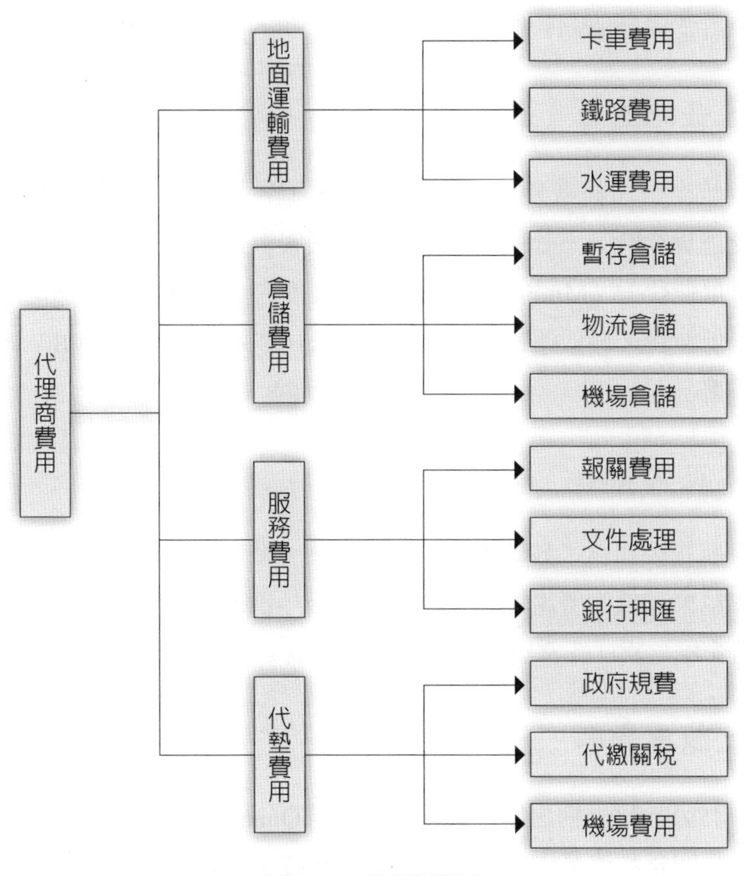

圖7-2　代理商費用

第三節　普通貨物費率

普通貨物費率（GCR）是一般普通貨物都可以適用的費率。航空公司基於成本的考量，對於每批交運貨物，訂有最低運費要求，例如貨主交運一件0.5公斤貨物，航空公司一樣也要有人接貨，繕打艙單、電腦輸單發送電報、裝櫃上機等等作業，與大量貨物無異，因此航空公司收取最低運費以挹注成本。同時，也為爭取較多貨源，訂定貨量越大，費率越便宜的級距，以示優惠。茲說明如下：

一、最低運費

航空公司經考量成本後，在兩個航點之間訂定最低運費，貨主交運貨物時，不管使用何種費率，最後算出之運費不得低於表列「最低運費」（Minimum Charge），如低於最低運費，則應使用表列最低運費。最低運費以每單一航空公司空運提單（MAWB）爲收費標準。

二、正常費率

航空公司爲了鼓勵貨主多交運貨物，特別訂定貨物重量越大，費率越來越低的優惠辦法，一般以45公斤爲基準級距，45公斤以下的費率稱之爲「正常費率」（Normal Rate）。

三、數量費率

45公斤以上稱之爲「數量費率」（Quantity Rate），依某特定航點之間貨物流量大小，航空公司可再往上增訂較高級距，較低費率，通常以100公斤爲一單位增訂，有時也會以300公斤、500公斤、1,000公斤跳訂以應數量較大流量需要。茲以公布費率表爲例：

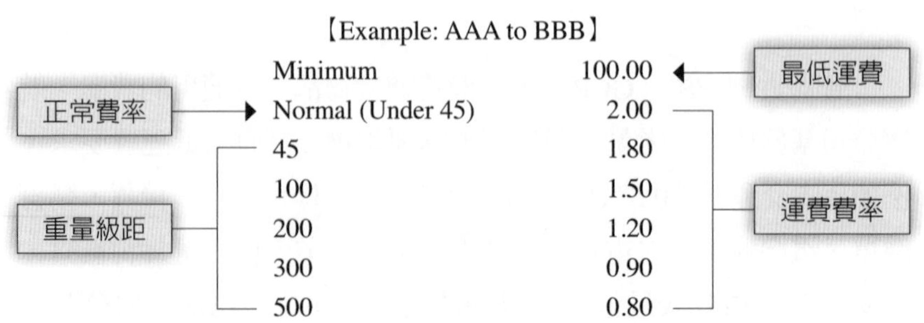

基本上費率的使用應以貨物的重量來決定級距，但如果貨主引用比貨物實際爲高的重量級距當作收費重量及相應的較低費率，導致較低收費，航空公司可以允許此種算法。茲舉例說明如下：

【例一】貨物重量5公斤

依上列費率表，貨物只有5公斤，應使用45公斤以下（Normal Under 45）費率計算：

$2.00× 5 kgs＝$10.00

但是上述運費低於最低運費要求，所以應使用最低運費$100.00。

【例二】貨物重量50公斤

依上列費率表，貨物50公斤，應使用45公斤以上（Over 45）費率計算：

$1.80× 50 kgs＝$90

但是上述運費還是低於最低運費要求，所以應使用最低運費$100.00。

【例三】貨物重量70公斤

依上列費率表，貨物70公斤，應使用45公斤以上（Over 45）費率計算：

$1.80× 70 kgs＝$126

上述運費已高於最低運費要求，所以應使用上述運費$126.00。

【例四】貨物重量90公斤

依上列費率表，貨物90公斤，應使用45公斤以上（Over 45）費率計算：

$1.80× 90 kgs＝$162

上述運費理應收$162，但是航空公司准許貨主將貨物重量當作較高重量收費，因此，貨主可將重量90公斤當作100公斤計算，引用較便宜的100公斤費率$1.50，如此，得到較便宜的運費：$1.50× 100 kgs＝$150（vs. $162），但基本上，貨主也不是可以隨便將貨重提高以適用較低費率，因爲重量越高通常會導致較高運費，只有當重量在兩個費率級距附近才有可能獲致較便宜運費。以上述貨物爲例，如果貨主將收費重量提高到200公斤，使用200公斤費率$1.20，則運費變成$1.20× 200 kgs＝$240，比原來的$162多出很多！

第四節　特殊貨物費率

特殊貨物費率是航空公司有鑑於在某兩航點之間有很大量特別貨物移動，例如有大量鰻魚從台北輸往日本東京、泰國的水產輸往香港、中國大陸大量成衣輸往美國、越南的鞋子輸往歐洲、香港玩具輸往……，爲爭取這些貨物由原先海運運輸轉往空運，特別設計一套較普通貨物費率便宜的「特殊貨物費率」以鼓勵貨主多多利用空運。此種費率有以下幾個要點：

一、只適用單向運送

主要是因爲從起點到終點地有某些貨物大量移動，航空公司才會設計這些特殊貨物費率來吸引貨主使用空運，而一般國際貿易因爲進口國家沒有或者很少這類貨物，才會進口該類貨物，因此，反向沒有同類貨品輸出，例如日本進口台灣的鰻魚，但無鰻魚出口到台灣，航空公司也就沒有必要設計回程的相同特殊貨物費率來爭取貨源，實際上也沒有這類貨物輸出，特殊貨物費率也因此只能有台灣往日本單向適用。

二、只適用特定貨品

如前述，特殊貨物費率是航空公司爲鼓勵某些特殊大量貨物的貨主多多利用空運而設定，因此，這種費率只限某種特定貨物才能適用。例如前述之鰻魚、鞋類、成衣等，視起迄點之間的貨量由航空公司在費率表上顯示。爲節省費率表篇幅，IATA設計一套四個數字爲一組的代碼來表示某類貨物，數字由0001直到9999，分別代表各種貨物。基本上，以第一個號碼代表一大類相同或相關貨物，例如0001-0999爲可食用動物及蔬菜，1000-1999爲活生動物及不可食用動物及蔬菜，2000-2999爲紡織品、纖維及其製品等等，其他項目參考下列說明。

0001-0999	Edible animal and vegetable products
1000-1999	Live animals and inedible animal and vegetable products
2000-2999	Textiles: fibres and manufactures
3000-3999	Metals and manufactures, excluding machinery, vehicles and electrical equipment
4000-4999	Machinery, vehicles and electrical equipment
5000-5999	Non-metallic minerals and manufactures
6000-6999	Chemicals and related products
7000-7999	Paper, reed, rubber, and wood manufactures
8000-8999	Scientific, professional and precision instruments, apparatus and supplies
9000-9999	Miscellaneous

三、只適用於航空公司費率表上有顯示者

換言之，只有該航段有該特殊貨物，且有相關數量，航空公司才會制定適用於該特殊貨物的費率，沒有印製代表該特殊貨物的代碼，即使交運的貨物是某特殊貨物亦無特殊費率可用。例如，台北至東京有下列費率表：

TAIPEI NEW TAIWAN $ TWD		TW	TPE KGS
TOKYO	JP	M	1281
		N	102
		45	77
	0300	250	50
	0320	2000	41
	0800	250	50
	1403	100	50
	2199	250	45
	4417	250	50
	7629	100	66
	9989	45	51

其中有0300（Fish, ediable, seafood），如貨主託運鰻魚，且貨重達250公斤，即可適用此特殊貨物費率，每公斤50元。如果貨主託運雞蛋（0230），250公斤，則無特殊費率可用，只能用超過45公斤的普通貨物費率（GCR），每公斤77元。

四、有最低重量要求

上述鰻魚貨主如要使用0300費率，貨重必須達到250公斤方可使用。

Example:
TAIPEI
NEW TAIWAN $ TWD

JOHANNESBURG		ZA	M	2196
			N	434
			45	326
	(LIVE FISH)	1024	250	319
	(TEXTILES)	2199	100	260
	(TEXTILES)	2199	500	226
	(AUTORADIO)	4416	100	269
	(MACHINES)	4703	100	269
	(COSMATIC)	6601	100	227
	(TOY)	9202	500	243

第五節　分類貨物費率

在空運貨物中有些貨物因其性質特殊，需要特別照顧，如動物需要加以保溫、餵食、充分提供新鮮空氣；黃金美鈔等貴重貨物需要保安人員護送及特別存儲；人的遺體、骨灰也要特別小心處理；有些貨物如報紙、雜誌，因為長期交運，重量較重，航空公司為爭取這些生意而給予特別優惠。另外，旅客後送行李當作貨物運送，航空公司也給予特別優惠。

一、分類貨物的種類

1.活生動物及其裝運箱籠。

2.貴重物品。

3.報紙、雜誌、期刊、書籍、目錄、盲人點字書、盲人有聲書。

4.後送行李當作貨運運送。

5.人類遺體(含棺木及骨灰)。

6.汽車(自動車輛)。

二、分類貨物的費率計算方式

通常以普通貨物費率(GCR)加乘若干百分比來表示。

IATA依地區及各國特殊規定在其編印的《航空貨運規章》中詳列各該地區應使用的百分比供各航空公司採用,例如在歐洲之內(來往於ECAA國家之間運送除外),有關分類貨物費率規定如**表7-1**。

表7-1 分類貨物費率規定

Commodity(貨品)	Rule(參考規章)
活生動物(出生72小時之內小雞除外)	3.7.2
出生72小時之內小雞	3.7.2
貴重物品	3.7.6
人類遺體(骨灰)	3.7.9
人類遺體(棺木)	3.7.9
盲人點字書、盲人有聲書、報紙、期刊、雜誌、書籍、目錄	3.7.7

三、活生動物及出生72小時之內家禽(Live Animal & Baby Poultry less than 72 hours)

各IATA地區活生動物費率依**表7-2**參照計費。

表7-2　各IATA地區活生動物費率

動物分類	IATA Area（地區）					
	Within 1（一區）	Within 2（二區）	Within 3（三區）	Between 1 & 2	Between 2 & 3	Between 3 & 1
所有動物（72小時之內家禽除外）	175% of Normal GCR	175% of Normal GCR	150% of Normal GCR Except 1 below	175% of Normal GCR	175% of Normal GCR Except 1 below	175% of Normal GCR Except 1 below
72小時之內家禽	Normal GCR	Normal GCR	Normal GCR Except 1 below	Normal GCR	Normal GCR Except 1 below	Normal GCR Except 1 below

Exception:

1.Within and from the South West Pacific sub-area: 200% of the applicable GCR.

2. Minimum charges covering all area, excluding between countries in the ECAA.

四、貴重物品

貴重物品（Valuable Cargo）泛指一般高價物品，非常容易遭劫失竊，航空公司必須在接收、存儲、運送過程中嚴密防範，增派保安人員監管，制定特殊處理程序，加強各項軟硬體設施以保貨物安全。如有失竊異常，賠償金額也相當龐大。因此，航空公司對貴重物品收取比一般普通貨物較高運費來挹注增加的成本。

IATA爲方便航空公司明確界定何種貨物是貴重物品，特在其編纂的《航空貨運規章》（參閱該規章第三章3.7.6節），給予下列定義：

貴重物品是交運貨物之中包含有一件或多件下列物品：

1.任何物品申告運送價值（Declared Value of Carriage）相當每

公斤美金1,000元或更高（英國例外，每公斤450英鎊）。

2.金塊（包括已提煉或未提煉的金塊、金粉、金飾等各種型式的黃金）及其他貴重金屬，如白金（Platinum）及各種型式的白金合金等。

3.法定錢幣、旅行支票、股票、債券、郵票，及可使用之銀行現金提款卡、信用卡等。

4.鑽石（包括工業用鑽石）、紅寶石、藍寶石、翡翠、貓眼石、珍珠（包括養珠）。

5.含有上述寶石的珠寶。

6.由白銀、黃金、白金做成的珠寶和手錶等。

7.其他由黃金、白金等製作的物品。

費率：

Area（IATA地區）	Rate（費率）
All IATA Area（所有地區，ECAA國家之間除外，見規章3.7.1.3）	200% of the Normal GCR

【Example】

例如貨物美鈔100公斤，依下列費率表：

TAIPEI NEW TAIWAN $ TWD		TW	TPE KGS
TOKYO	JP	M	1281
		N	102
		45	77

如依普通貨物費率計算，貨物重量100公斤，理應使用超過45公斤費率，每公斤77元，但貨物是錢幣，應使用貴重物品費率，200% Normal GCR，因此，費率應該是每公斤：102× 200%＝204，而不是每公斤77元。

貴重物品的最低運費是一般最低運費的200%，但不少於美金50元或等值的其他貨幣（有些國家有例外，例如從法國出發的費率是250%，參閱規章3.7.6）。

五、報紙、雜誌、期刊、書籍、目錄、盲人點字書、盲人有聲書等

以上貨物一則因為質量較重，一則因為長期定期會出貨，此外也因為要照顧盲人，所以對於這些貨物，航空公司大多給予優惠運價，以下為IATA制定各地區費率供各航空公司參照採用：

Area（IATA地區）	Rate（費率）
◆Within IATA Area 1（美洲之內） Within Europe（see also rule 3.7.1.3）（歐洲之內） Between IATA area 1 and 2（美洲與歐洲之間）	67% of Normal GCR
◆All other Areas（其他地區，如Area 3的亞洲地區）	50% of Normal GCR
◆Quantity Rate 基本上，當貨物屬於「分類貨物費率」所定範疇項目時（如動物、貴重物品、棺木骨灰、報紙等），一定要優先使用分類貨物費率，即使結果導致較普通貨物費率為高運費，也要使用分類貨物費率。但是報紙、期刊等這類貨物使用普通貨物費率（GCR）可以比使用上述分類費率，獲致較低運費，則貨主可使用此種較低運費，原因是航空公司本來就是要優待上述貨源，自然容許貨主使用較低運費。	
◆最低運費 最低運費以普通貨物費率（GCR）的最低運費為準，換言之，以分類貨物費率計算的結果，不得低於普通貨物費率（GCR）的最低運費。	

【例一】貨物報紙100公斤，從紐約運往墨西哥（IATA 1），依下列費率表：

New York			US
US Dollar USD			KGS
Mexico City	MX	M	1281
		N	102
		45	77

如依普通貨物費率計算，貨物重量100公斤，理應使用超過45公斤費率，每公斤77元，但依分類貨物費率，每公斤費率為67% of the Normal GCR，依上表費率應：

Normal Rate 102×67%＝68.34，全部運費為：$68.34/kg×100 kgs＝$6,834.00

【例二】貨物報紙10公斤，從紐約運往墨西哥（IATA 1）

依上列費率表資料，運費為：

每公斤Normal Rate 102×67%＝68.34

運費為：$68.34/kg×10 kgs＝$683.40

但總數低於上表的最低運費$1281.00。

所以貨主應繳運費$1,281.00，而不是依分類貨物費率所算出的$683.40

【例三】貨物報紙100公斤，從紐約運往墨西哥（IATA 1），依下列費率表：

New York			US
US Dollar USD			KGS
Mexico City	MX	M	1281
		N	102
		45	77
		100	65

依上列費率表資料，運費為：

每公斤Normal Rate 102×67%＝68.34

運費為：$68.34/kg×100 kgs＝$6,834.00

但在上表中有100公斤級距，每公斤65.00，如用普通貨物費率（GCR）計算，運費應爲：$65.00/kgs×100 kgs＝$6,500.00，比用分類貨物費率所算出的運費$6,834.00爲低，依上述原則，貨主應繳運費$6,500.00，而不是依分類貨物費率所算出的$6,834.00。

各航空公司原則上依上述規定收費，但亦有個別航空公司另行制定其特別收費標準，例如，德國漢莎航空公司規定從德國出發及在德國境內，德航承運的此類報章雜誌依可適用的普通貨物費率（GCR）收費。至於其他航空公司及國家特別例外規定，請參照IATA所發行的《航空貨運規章》第七章各國規定彙編（Section 7: Information by Countries）。

六、當作貨物運送的後送行李

當旅客搭機旅行時，常於出發時，或到達機場報到時才發現隨身行李超重，必須付航空公司超重行李費，由於超重行李費很貴（有些航空公司以單程頭等艙票價1%爲一公斤收費標準），有些旅客不願意付如此高的超重行李費，因而選擇以後送貨運方式運送以節省費用。惟後送行李必須在旅客搭機之前辦妥報關及交運手續，而且，大部分情形行李無法與旅客同一班機送達終點站，行李送達後，託運旅客也必須經過海關清關手續後，才能領出，與一般隨身行李到站後，馬上從行李轉盤取走大不相同。

當作貨物運送的後送行李內容只限個人穿著衣物、個人使用物品，包括手提樂器、手提打字機及手提運動器材，但不包括機器、機具、零組件、錢幣、債券、珠寶、手錶、盤子、皮草、軟片、照相機、機票、文件、酒類、香水、家具、商品、商業用品等。

(一)交運條件

後送行李使用分類貨物費率必須符合下列條件（Conditions）：

1.託運人使用此分類貨物費率交運後送行李時，其運送航段限與旅客所持有之機票上所顯示的航段相同。
2.上述後送行李必須在託運旅客搭機離境前，完成交運手續。
3.託運人使用此種分類貨物費率必須申告內裝物品明細，完成運送及清關文件（如託運單、空運提單、報關單、內裝物品清單等）。
4.託運人必須負責所有運費之外其他有關該行李取貨、交貨及報關費用，並親自或委託代理人辦理報關手續。
5.託運人的機票號碼、預定搭乘班機號碼及日期必須繕打在空運提單上。
6.後送行李運送班機由航空公司視情況決定，可能無法與託運人（旅客）同一班機運送。
7.此種費率不可與普通貨物費率（GCR）或特殊貨物費率結合使用而導致更低運費。
8.上述條件之外，其他航段如有普通貨物費率（GCR）或特殊貨物費率可引用時，則應使用該費率。

(二)後送行李運費費率

Area/Country	Rate
◆From all IATA Area, except	
From Malaysia and South West Pacific…………………	Applicable GCR
◆From Malaysia………………………………………	50% of the Normal GCR
◆From Australia and Papua, New Guinea……………	75% of the Normal GCR
◆From New Zealand to Niue, Samoa, and Tonga……	Applicable GCR
◆From New Zealand to all other Countries.…………	50% of the Normal GCR
◆From the rest of South West Pacific……………………	50% of the Normal GCR
◆From Croatia………………………………………	75% of the Normal GCR

◆Quantity Rate

如果有普通貨物費率中45公斤以上費率可引用而導致較上述分類貨物費率為低運費時，此種普通貨物費率可以使用。

◆Minimum Charge

上述費率所計算出來的運費不可低於表列最低運費，如低於最低運費，則應使用最低運費。

七、人類遺體（棺木、骨灰）

人類遺體當作貨物運送通常有兩種方式，一是將遺體裝在棺材內運送，另一種方式是火化後以骨灰罈運送。棺材的處理比較簡單，基本上與一般貨物無異，只須注意不要強烈碰撞，避免日曬雨淋，防止破損以免氣味或液體逸漏，小心搬運以表示對死者的尊敬。

至於骨灰，由於裝在骨灰罈內，比較容易受到擠壓受損，掉落破裂，因此，許多航空公司都將骨灰罈交給機組人員交接，而不裝載於下貨艙，或裝入貨櫃、貨盤，以便周全保護。

對於人類遺體的運送，各國及航空公司都有特別規定，詳細規定參閱IATA編制發行的《航空貨運規章》第七章「各國規章」（Information By Countries）。以美國有關規定為例：

(一)一般規定

所有人類遺體必須有美國駐地領事簽發的證明（Certificate），空運提單上應顯示處理該遺體的殯儀館名稱、地址。

如遺體已經火化，託運人須提供下列文件：

1.死亡證書（Death Certificate）。

2.火化證明（Cremation Certificate）。

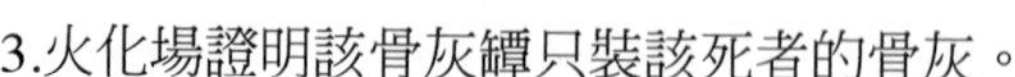

3.火化場證明該骨灰罈只裝該死者的骨灰。

如遺體未經火化，託運人須提供下列文件：

1.死亡證書。
2.駐地領事殯葬證明（Consular Mortuary Certificate）。
3.法醫移動許可證（Corner's Removal Certificate）。
4.殯儀館負責人宣誓書，證明該遺體是裝在密封的棺材內，而且棺材內只裝入死者本人及必需的衣物、必要的包裝材料而已。
5.假如有塗藥防腐，需附上防腐證明（Embalming Certificate）。

運送人類遺體運費依下列原則計算：

Area	Ashes	Coffin
All IATA Areas (Except within Area 2)	Applicable GCR	Normal GCR
Within IATA Area 2	300% of Normal GCR	200% of Normal GCR

(二)最低運費

運送人類遺體時，如骨灰，有時可能重量太輕，運費依上述原則計算結果低於一般表列最低運費，此時，應使用表列最低運費。但在IATA Area 2之內有例外，在該區內應使用一般表列最低運費的200%作為最低運費，但金額不能少於美金65元或等值外幣。

八、自動車輛

運送自動車輛（Automotive Vehicles）應使用普通貨物費率的45公斤以下費率（the Normal GCR），不管實重多少，都不可用45公斤以上費率（Quantity Rate），例如，車輛1,000公斤，普通貨物費率表上有45公斤以下費率，每公斤$100，也有45公斤以上費率（GCR Quantity Rate），每公斤$80，按一般普通貨物1,000公斤理應可用45公斤以上費率，每公斤$80，但車輛必須使用較高運費的45公斤以下費率，每公斤$100。

本費率使用的區間如下：

1.日本、韓國、東南亞與IATA Area 1（美洲）之間。
2.從日本到歐洲。
3.從日本到西南太平洋。

第六節　貨櫃費率

自從大型飛機陸陸續續出現後，不僅載客量大增，航程加長，而且貨艙容積也加大許多來載運增多的旅客行李，同時，也可載運大量貨物，增加營收。航空公司一方面要爭取大量貨源來填滿增大的艙位，一方面也要因應大型飛機增加的客貨量，使飛機在停機坪儘量縮短作業時間，因此飛機製造公司在客機的下貨艙及全貨機的上下貨艙設計可裝卸貨櫃及貨盤的電動設備，同時也訂出規格，讓貨櫃製造商生產各種貨櫃供航空公司選用，讓航空公司降低裝卸人力成本，加速作業效率。航空公司也因此推出「集裝費率」，即一般俗稱的「貨櫃費率」，以較低運費鼓勵貨主使用。

當貨主使用「貨櫃費率」，原則上必須向航空公司借回IATA註冊有案的貨櫃或貨盤，自行裝貨後，將整個盤櫃交航空公司承運。除非在某些國家法令規定，出口貨物必須在海關監管的機場貨運站裝櫃，在這種情形下，貨主可委託貨運站代爲裝櫃或打盤，或租用貨運站部分地方自行裝櫃打盤。

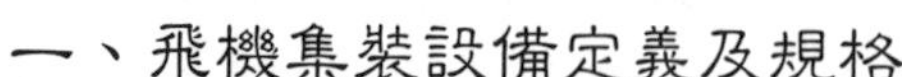

一、飛機集裝設備定義及規格

(一)飛機集裝設備

飛機集裝設備（Aircraft Unit Load Devices）或稱貨櫃／貨盤是一種可以與飛機上抑制系統（鎖扣系統）相結合的裝貨設備，換言之，當集裝設備裝上飛機後，可以用飛機上的鎖扣固定在飛機上，使集裝設備即成爲飛機整體的一部分，不會在飛行途中移動而危害到飛行安全。

飛機集裝設備由IATA會員航空公司擁有，託運人或租賃公司（ULD Leasing Company）也可以自行購用，但這些集裝設備必須符合IATA技術規範及大小規格。

(二)上／下艙集裝設備

上艙集裝設備（Main Deck Unit或稱Upper Deck Unit）及下艙集裝設備（Lower Deck Unit）是專門設計來裝載於客機承載旅客甲板的集裝設備，一般飛機可分爲窄體機及寬體機，客機及貨機，飛機上搭載旅客的艙位甲板稱之爲「主甲板」，主甲板底下的貨艙稱之爲「下甲板」。

窄體客機上艙主甲板搭載旅客，下貨艙通常無電動裝卸設備，無法裝載集裝設備，一般是將行李或貨物逐件由人工在機艙內疊放，也稱爲散裝。

窄體貨機上下艙都可以裝貨，主甲板地板上通常有滾輪及鎖扣設備，用人力推動或用電動驅動飛機集裝設備。寬體客機上艙搭載旅客，下貨艙通常有電動驅動飛機集裝設備，寬體貨機上下艙都有電動設備，可以裝卸飛機集裝設備。

二、使用集裝費率一般規則

(一)限制（Restriction）

使用集裝費率時，貨物不可包含下列物品：

1.危險貨品。
2.活生動物。
3.貴重物品。
4.人類遺體。

(二)決定使用集裝運費收費重量原則

集裝運費基本上適用於能裝在集裝設備內（貨櫃／貨盤）的貨物，若同一空運提單內，除裝在集裝設備內的貨物外尚有下列貨物，則該貨物應另行計算：

1.貨物使用該集裝設備費率時，有一件或一件以上的貨物超過該集裝設備（貨櫃或貨盤）的規格材積（Dimensions，長寬高）而不能裝入該集裝設備內。
2.貨物的全部或一部分由於需要特別綑綁固定（Tie-down Requirement）而妨礙其他貨物裝進該同一集裝設備內。
3.由於貨主要求單獨裝在一個或多個集裝設備內的貨物。
4.在貨艙內需要特別裝載程序的貨物，例如材積過大，需要裝在貨艙中央跨兩盤位的貨物（Centre Loading），需要大區域面積裝載的大貨（Zone Loading），需要超過一個盤位且需要個別固定的重貨（Local Tie-down Over More Than One ULD Position），或是長度太長，超過數個盤位的超長貨物（Over-hanging Shipment）。

5.以上貨物應依毛重（Gross Weight）或是材積換算的重量（Volumn Weight），取較高者為計費標準，但集裝設備（貨櫃或貨盤）的重量及綑綁器具的重量不計。

6.每個集裝設備（貨櫃或貨盤）都有「最低運費」（參閱IATA出版的《航空貨運規章》第三章3.10.5.），如一批貨使用一個以上集裝設備（貨櫃或貨盤），整批貨的最低運費是每個集裝設備最低運費的總和。

(三)提取、遞交集裝設備及其他服務

航空公司提供或協助提供提取（Pick-up）、遞交（Delivery）集裝設備，裝卸集裝設備內貨物，貨主須負擔當地航空公司設定的服務費用。但是在離到機場內的提取、遞交服務，貨主不必付費。至於其他航空公司提供的服務，依當地航空公司所訂收費標準由貨主付費（以上不適用於歐洲之內及往返美國／美國領土之間的航空服務）。

(四)重新丈量貨盤高低大小，或從集裝設備卸貨

貨主使用集裝費率時，貨主或其代理商必須負責裝貨打盤，由於集裝費率整體而言，較普通貨物費率便宜，航空公司不提供或協助裝櫃或打盤作業服務以節省人力成本，並加速作業時效。

貨主使用集裝費率時，必須將裝好貨物的集裝設備或稱貨櫃貨盤交到空運提單上列明的離境機場（Departure Airport）給航空公司，在空運提單上所列的終點站，由航空公司整盤櫃交給收貨人自行拆盤櫃取貨，航空公司不代為拆卸，除非航空公司有代拆服務，並由收貨人負擔有關拆卸費用。

託運人將集裝設備交航空公司時應遵守下列規則：

1.裝載盤貨不可超過集裝設備的外側最大的尺寸（參閱IATA出

版的《航空貨運規章》第三章3.10.8），以免碰撞飛機艙壁或甚至無法裝入飛機。一般貨櫃因製造時已依規定設計，配合飛機艙型，裝機時不會發生不合問題，但以貨盤裝貨時，可能堆疊疏忽，超過規格尺寸，貨主在裝貨時必須小心謹慎，避免超出規定的最大尺寸。

2.託運人將盤櫃交航空公司時，如需航空公司丈量盤貨外圍尺寸或是調整盤櫃內貨物，此種服務應依IATA《航空貨運規章》3.10.5規定收費。

(五)使用輔助設備

使用集裝設備（盤櫃，ULD）運送貨物，因體積及重量甚大，必須使用許多輔助設備（Ancillary Equipment），如低底盤有滾輪拖車、平板滾筒存放架、有滾輪之輸送車等來運作，但由於這些設備有限，而且價值甚高，補充不易，因此IATA規定航空公司不可提供這些輔助設備給貨主或其代理商，不管付費或免費（以上規定不適用於歐洲之內及來往美國／美國領土）。

(六)遺失或損壞集裝設備

盤櫃在託運人或其代理商保管期間遭到損壞（Damage）或遺失（Loss），託運人必須負責賠償。

三、使用航空公司集裝設備

如果託運人或代理商要求航空公司提供屬於航空公司的集裝設備，純粹是爲了容易包裝（Packing），下列規則應遵守：

(一)收費基礎

1.如果貨物裝在集裝設備內，但是可以自集裝設備中取出分開運送者，例如貨物均經個別以紙箱包裝，必要時可自集裝設備取出分開運送，收費重量是該貨的毛重或材積重，以較高者爲準。集裝設備的實際重量可以不計，下述之集裝設備租金亦可不計。

2.如果貨物裝在集裝設備內，無法自集裝設備中取出分開運送者，例如整個貨櫃裝滿散裝橘子，無法自集裝設備取出分開運送，收費重量是該貨的毛重或材積重，以較高者爲準，加上集裝設備的實際重量，下述之集裝設備租金應加收。

(二)集裝設備租金（ULD Leasing Charges）

1.如航空公司將集裝設備租給託運人或代理商裝運上述無法分開運送之貨物，如散裝橘子，每個集裝設備每趟航程的最低租金爲每10立方呎（cu.ft），或0.2832立方公尺（cu.m）收費美金0.20元或等值其他貨幣，金額最低不少於美金3元。至於只能使用一次即丟的設備，如木棧板或紙箱，不可出租。

2.如託運人或代理商數次借用集裝設備時，每次均應依上述收費標準收費。每次航程均須分別在空運提單上的「Due Carrier」欄位內打上應收租金金額。

3.如航空公司基於考量飛機艙內地板重量限制（一般是150磅／每平方呎），只是爲了作業方便而使用分散重量的墊板（Spreader）或類似設備來運送貨物時，則不應向託運人或代理商收費。

(三)航空公司集裝設備編號及規格（Diagrams of Aircraft ULD）

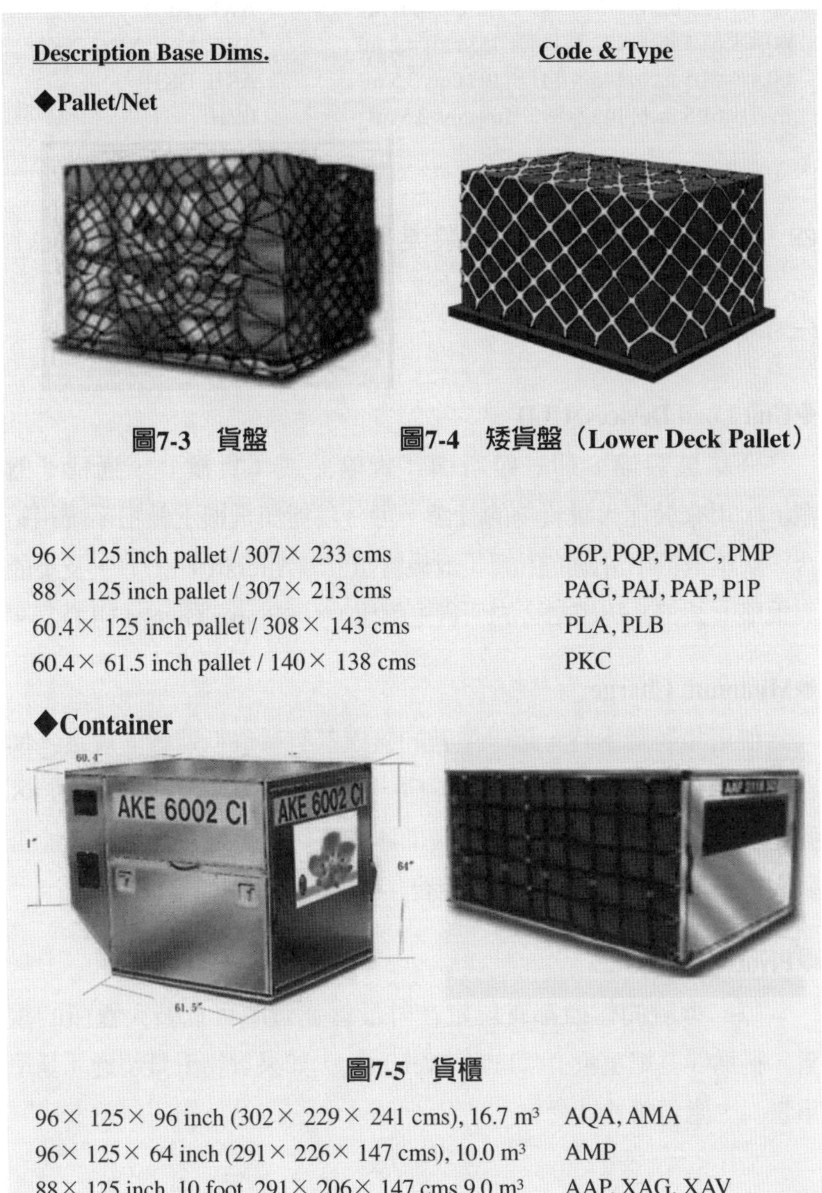

Description Base Dims.	Code & Type
◆Pallet/Net	

圖7-3　貨盤　　圖7-4　矮貨盤（Lower Deck Pallet）

Description Base Dims.	Code & Type
96× 125 inch pallet / 307× 233 cms	P6P, PQP, PMC, PMP
88× 125 inch pallet / 307× 213 cms	PAG, PAJ, PAP, P1P
60.4× 125 inch pallet / 308× 143 cms	PLA, PLB
60.4× 61.5 inch pallet / 140× 138 cms	PKC

◆Container

圖7-5　貨櫃

Description Base Dims.	Code & Type
96× 125× 96 inch (302× 229× 241 cms), 16.7 m³	AQA, AMA
96× 125× 64 inch (291× 226× 147 cms), 10.0 m³	AMP
88× 125 inch, 10 foot, 291× 206× 147 cms 9,0 m³	AAP, XAG, XAV

88× 125 inch, 302× 210× 157 cms 12.2 m^3	AAF
38× 125 inch, 306× 86× 157 cms 5.6 m^3	DXF
60.4× 125 inch, 308× 143× 152 cms 7.0 m^3	AWD, ALD
60.4× 61.5 inch, 132× 144× 153 cms 4.2 m^3	AVE, AKE, XKG, XKN
60.4× 61.5 inch, 143× 141× 109 cms 3.5 m^3	AKH, DKH
39.7× 61.5 inch, 143× 89× 109 cms 2.5 m^3	DZH

四、貨盤／貨櫃大宗貨集裝運費（Bulk Unitization Charges）

(一)名詞定義

◆Unit Load Devices, ULD

「集裝設備」即一般所稱「貨盤」或「貨櫃」，通稱「盤櫃」，用來裝運大量貨物的設備。可分爲能與飛機上鎖扣系統相結合，防止飛行中滑動的所謂「飛機盤櫃」（Aircraft ULD），及不能與飛機上鎖扣系統相結合的「貨主盤櫃」（Shipper Owned ULD）。

◆Minimum Charge

使用集裝費率時，每一型號的盤櫃都有「最低運費」規定，換言之，當貨主決定使用某型號盤櫃，不管貨重多少，能否全部裝入盤櫃，都需要付該型號規定的最低運費，然後再視貨量多寡及能否裝入盤櫃，決定應否再付額外運費。

◆Pivot Weight

每一型號的盤櫃都有規定在付最低運費時可以裝入盤櫃的重量，稱爲「基準重量」（Pivot Weight），如果貨物重量超過「基準重量」，應再額外計費。

◆**Maximum Allowable Weight**

每一型號的盤櫃都因考慮盤櫃設計結構最大安全因素而有「最大可裝貨重量限制」（Maximum Allowable Weight）規定，即使貨主有足夠的貨物，而且盤櫃內仍有空間可裝入貨物，但如果貨重超過該型號盤櫃的「最大可裝貨重量限制」，也不可裝入，必須把超過的部分依櫃外貨物，單獨依可適用費率計費。

(二)航空公司盤／櫃收費基礎

航空公司提供適合飛機裝運的集裝設備裝運託運人貨物，運費計算原則是依每一盤櫃在一定重量下，收取一定金額，如貨物重量超過所訂的收費重量，再依超出的貨量是否能全部裝入盤櫃，決定應加付運費金額。基本上，IATA將各式盤櫃依其不同規格，劃分爲三十四類（ULD Type），並規定基準重量，供會員航空公司參考，作爲設定各式盤櫃運費收費基礎，詳列如下：

IATA ULD Type	IATA ULD ID Code	Minimum Chargeable Weight Per ULD in Kgs	IATA ULD Type	IATA ULD ID Code	Minimum Chargeable Weight Per ULD in Kgs
1	PG/AGA	5540	4A	UB	1700
1P	PR/ARA	4935	5	PA/AAKA	1630
2	PM/AMA	2860	5A	AAP/PA	1720
2A	PA/AAA	2610	5W	PA/AAU	2170
2AA	UA	2390	5WA	PA/AAF	2125
2B	PM/UM	2130	6	ALP/DLP	1155
2BG	PM/AMP	1895	6A	AQF/DQF	1110
2C	PA/AAD	3220	6W	PL/ALF	1460
2D	PA	2330	7	PY/UY	1015
2H	PM/AMD	3525	7A	AQP/PQ	950
2Q	AMJ	2750	8	AKE/DKE	710

IATA ULD Type	IATA ULD ID Code	Minimum Chargeable Weight Per ULD in Kgs	IATA ULD Type	IATA ULD ID Code	Minimum Chargeable Weight Per ULD in Kgs
2R	PF/AFP	2685	8A	AKH/PLC	590
2W	PM/AMF	2265	8B	AKC	800
2WA	PM/AMU	2500	8C	AKP/DKP	550
3	PA/AA	2100	8D	APE/DPE	565
3A	PA	2240	8F	AE	765
4	PB/UB	1845	9	PE	885

註：各地區及航空公司之例外情形，請參閱IATA TACT- Rules 3.10.4規定。

◆集裝設備型號舉例

貨盤（Pallet）

PAP/P1P/P1G RATE CLASS 5

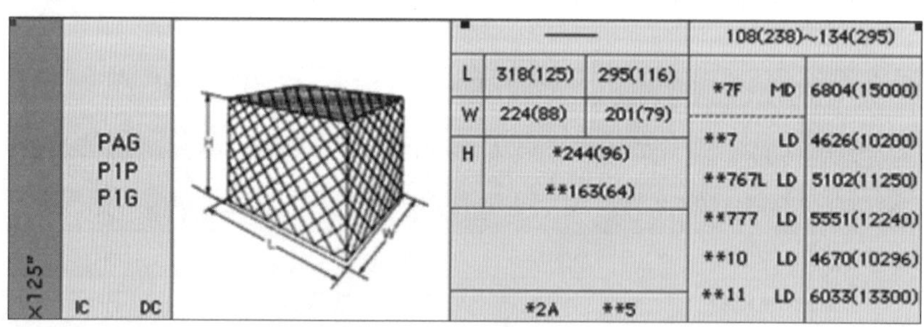

Wide body aircraft. Full width lower deck container.

Suitable for the following aircraft: Boeing 747, 767, 777, 757-200F

Volume 349 cu. ft. (9.83 cu. m.)

Tare weight 120 kgs/264 lbs

Max Gross Weight 4264 kgs/9402 lbs

PMC RATE CLASS 5

96"×125"	PMC PQP P6P			—		132(291)~140(309)	
			L	318(125)	295(116)	*7F MD SIDE DOOR	6804(15000)
			W	244(96)	220(87)	**7F MD	6804(15000)
			H	*300(118) **244(96) ***163(64)		***7 LD	5035(11100)
						***767 LD	5102(11250)
						***777 LD	6055(13350)
	IC DC			*2H **2 *** —		***11 LD	5148(11350)

Wide body aircraft. Full width pallet with net.

Suitable for the following aircraft: Boeing 747, 767, 777

Lower deck pallet suitable for the following aircraft: Boeing 747, 767

Volume 450 cu. ft. (12.7 cu. m.)

Tare weight 130 kgs/286 lbs

Max Gross Weight

747　5034 kgs/11075 lbs

767　5103 kgs/11227 lbs

Please note that the maximum gross weight is variable for the different aircrafttypes, in case of transfer.

AAP LD-9 RATE CLASS 5

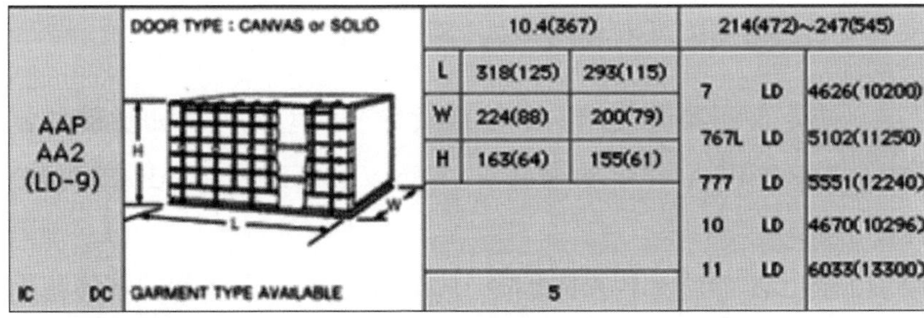

AAP AA2 (LD-9)	DOOR TYPE : CANVAS or SOLID		10.4(367)		214(472)~247(545)	
		L	318(125)	293(115)	7 LD	4626(10200)
		W	224(88)	200(79)	767L LD	5102(11250)
		H	163(64)	155(61)	777 LD	5551(12240)
					10 LD	4670(10296)
IC DC	GARMENT TYPE AVAILABLE		5		11 LD	6033(13300)

Wide body aircraft. Full width lower deck container.

Suitable for the following aircraft: Boeing 747, 767, 777

Volume 350 cu. ft. (10.0 cu. m.)

Tare weight 200 kgs/440 lbs

Max Gross Weight

747　6033kgs/13273 lbs

767　4626kg/10501 lbs

777　4626kg/10501 lbs

AKE LD-3 RATE CLASS 8

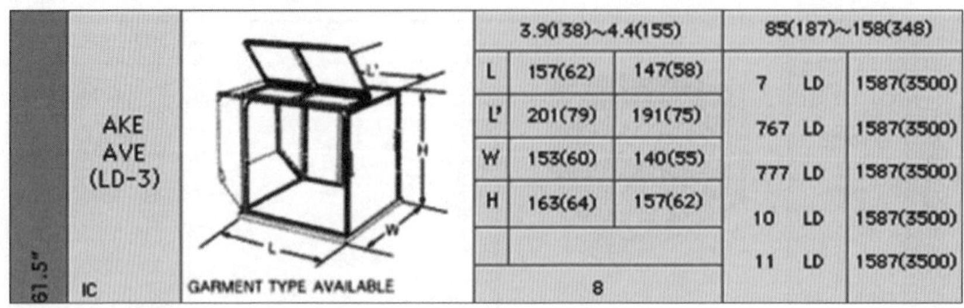

61.5"	AKE AVE (LD-3) IC	GARMENT TYPE AVAILABLE	3.9(138)~4.4(155)			85(187)~158(348)		
			L	157(62)	147(58)	7	LD	1587(3500)
			L'	201(79)	191(75)	767	LD	1587(3500)
			W	153(60)	140(55)	777	LD	1587(3500)
			H	163(64)	157(62)	10	LD	1587(3500)
						11	LD	1587(3500)
			8					

Wide body aircraft. Half width lower deck container.

Suitable for the following aircraft: Boeing 747, 767, 777, 757-200F

Volume 150 cu. ft. (4.2 cu. m.)

Tare weight 72 kgs/158 lbs

Max Gross Weight 1588 kgs/3493 lbs

AKH

Lower deck container suitable for the following aircraft: A320

Volume 120 cu. ft. (3.4 cu. m.)

Tare weight 76 kgs/167 lbs

Max Gross Weight 1134 kgs/2499 lbs

(三)運費計算方式

集裝設備運費可依下列步驟計算：

1.決定使用集裝設備（貨櫃或貨盤）的型號，例如貨盤型號P1P/P6P/PAG等，貨櫃型號AKE/AVE（LD-3）/AAP（LD-9）等。

2.查出該型號規定基準重量（Pivot Weight），各個型號集裝設備所規定的重量皆有不同。

3.如果交運的貨物重量不超過該型號規定基準重量，運費即爲該型號盤櫃的最低運費（Minimum Charge）。

4.如果交運的貨物重量超過該規定基準重量，運費計算又可以分爲以下兩種方式：要先查閱該貨盤或貨櫃規定容許的最大重量：

(1)如果該貨重量超過基準重量，而且該貨盤或貨櫃仍有空間可裝，但沒有超過最大重量限制，運費計算如下：

最低運費＋超過基準重量×特定費率（Over Pivot Rate）＝總運費

(2)如果該貨重量超過該型號盤櫃最大重量限制，而且不能全部裝入盤櫃內，運費計算如下：

最低運費＋超過基準重量×特定費率＋超出最大重量的盤櫃外貨重×可適用費率＝總運費

以上運費計算方式以**圖7-6**表示之。

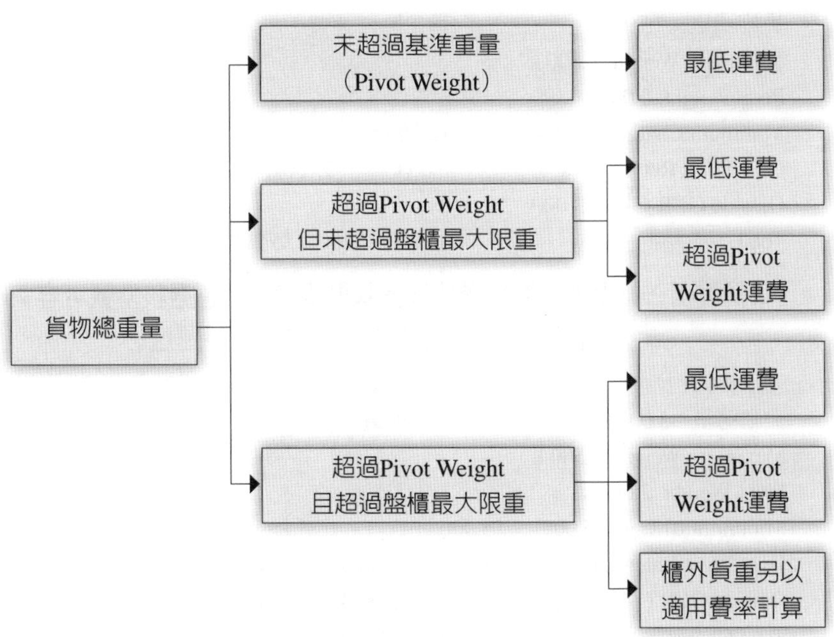

圖7-6　集裝設備運費計算方式

【案例說明一】貨物重量未超過該型號基準重量

（基本資料）

貨物總量：1,500 k	貨主應付運費如下：
ULD資料：	
Maximum Weight: 2,500 k	
Pivot Weight: 2,000 k	
Minimum Charge: $5,000	$5,000（貨物只有1,500 k也要付此數）
Over Pivot Rate: 2.00/k	0
Outside GCR (+45): 3.00/k	0
Total Charges:	$5,000

【案例說明二】貨物重量超過該型號基準重量，但未超過該型號可容許最大重量

（基本資料）

貨物總量：2,100 k	貨主應付運費：
Maximum Weight: 2,500 k	
Pivot weight: 2,000 k	
Minimum Charge: $5,000	$5,000
Over Pivot Rate: 2.00/k	2.00/k ×（2,100k－2,000k）＝$200
Outside GCR (+45): 3 00/k	0
Total Charges:	$5,000+ $200＝$5,200

【案例說明三】貨物重量超過該型號基準重量，且超過該型號可容許最大重量，有部分貨物置於盤櫃外運送

（基本資料）

貨物總量：3,000 k	貨主應付運費：
Maximum Weight: 2,500 k	
Pivot Weight: 2,000 k	
Minimum Charge: $5,000	$5,000
Over Pivot Rate: 2.00/k	2.00/k×（2,500k－2,000k）＝$1,000（櫃內貨）
Outside GCR (+45): 3.00/k	3.00/k×（3,000k－2,500k）＝$1,500（櫃外貨）
Total Charges:	$5,000+$1,000+$1,500＝$7,500

以上有關集裝盤櫃型號資料及運費計算規定，請參閱IATA出版的《航空貨運規章》第三章3.9-3.10各節規定。

第七節　其他與運送相關服務費用

一、貨物申報價值費

貨主交運貨物時須先簽署一份空運提單，連同貨物一起交給航空公司，空運提單的功用之一就是一份運送合約，其中界定了航空公司與貨主之間的權利與義務關係，特別是敘明航空公司對於貨物損壞或滅失的最高賠償責任僅限於一公斤十七個特別提款權（Special Drawing Right, SDR），約相當一公斤美金20元，貨主必須在提單上申報貨物運送價值，如果貨主認爲沒有特別價值申告，可以在貨物遭受損失時，接受航空公司此種金額賠償，貨主可在提單上繕打「無申告貨物運送價值」（NVD），無須繳交額外費用。

如果貨主認爲貨物的價值遠超過上述金額而欲航空公司負擔更高責任，貨主可以在提單上申報較高貨物運送價值（Declared Value for Carriage），並繳交相關的「報值費」（Valuation Charge），如果貨物在運送途中有所損失，航空公司可依實際的損失或最高以所申報的運送價值賠償。

決定申報價值，是以貨主在提單上「貨物運送價值」欄內所申報的金額除以貨物毛重，得到每公斤的申報價值。

「報值費」的計算是以貨主申報的運送價值超過十七個特別提款權（SDR），約相當一公斤美金20元的部分，航空公司每公斤收取0.75%作爲正常運費之外，多加收取的「報值費」。

【例一】

貨物毛重：1,000 kgs
貨主申報價值：USD15,000
每公斤申報價值：USD15,000/ 1,000 kgs＝USD15.00＜ USD20.00
報值費：不用交報值費

【例二】

貨物毛重：1,000 kgs
貨主申報價值：USD25,000
每公斤申報價值：USD25,000/ 1,000 kgs＝USD25.00＞ USD20.00
（航空公司原應賠償責任）
報值費：（USD25.00－USD20.00）×0.75%×1,000kgs＝USD37.50

二、代墊費

(一)代墊費定義

代墊費是在空運提單上所列啓運站臨時發生與運送該貨有關的服務費用，由託運人或航空公司先行墊付，待貨運到終點站之後才向收貨人收取的費用。此項服務只限於開始空運之前運輸該貨，或處理該貨，或處理文件等費用，例如，貨物包裝不良破損，由航空公司安排重新包裝；熱帶魚氧氣不足，重新加灌氧氣；應海關要求，臨時開箱檢查費用；應貨主要求更改提單內容等。

代墊費是由運送最後一程的航空公司（Last Carrier）向收貨人收取後，歸還給開發提單的航空公司以便付還代墊的代理商或代墊的航空公司。代墊費必須在提單「其他費用」（Other Charges）欄內，「歸於代理商」（Due Agent），或「歸於航空公司」（Due Carrier）欄中視何人代墊擇一塡入代墊金額。

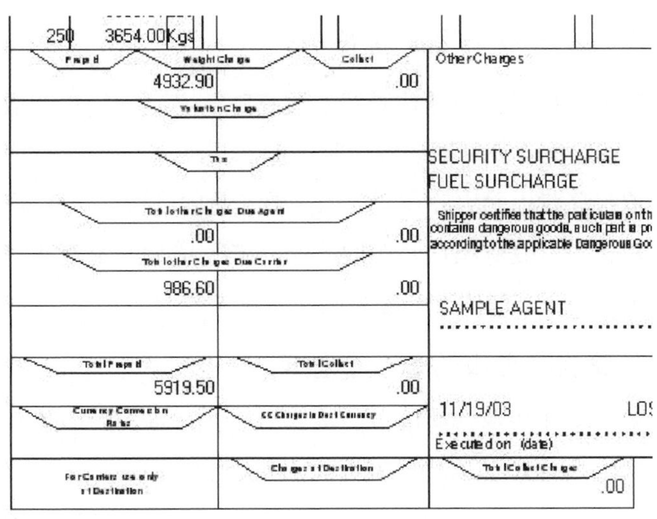

250 3654.00Kgs

Prepaid	Weight Charge	Collect	Other Charges
4932.90		.00	
Valuation Charge			
Tax			SECURITY SURCHARGE FUEL SURCHARGE
Total other Charges Due Agent			Shipper certifies that the particulars on th contains dangerous goods, such part is pr according to the applicable Dangerous Goo
.00		.00	
Total other Charges Due Carrier			
986.60		.00	SAMPLE AGENT
Total Prepaid		Total Collect	
5919.50		.00	
Currency Conversion Rates		CC Charges in Dest Currency	11/19/03 LO Executed on (date)
For Carriers use only at Destination		Charges at Destination	Total Collect Charges .00

(二)提供代墊費服務的限制

由於有些國家有外匯管制，不能隨意匯款進出國境，例如阿爾及利亞（Algeria），代墊費只能在可以「運費到付」的地方才可適用，因爲運費可以到付，表示航空公司在終點站收到運費後可以將運費匯回啓運站。

(三)代墊費金額

爲防止貨主或代理商利用代墊費方式進行不法套匯行爲，航空公司規定任何代墊費金額（Disbursement Amount）不可以超過提單上「運費總額」（Total Weight Charge）的金額。

以上規定也有例外，當「運費總額」的金額低於USD100（或其等值貨幣），代墊費可以高達USD100，香港可以高達USD300，而尙比亞（Zambia）則規定任何代墊費不得高於USD100（或等值貨幣）。

(四)提供代墊費收取之服務費

航空公司提供代收「代墊費」服務時，必須向貨主收取適當的服務費，稱之爲「代墊費收取之服務費」。

上項服務費也適用於在提單內一般「其他到付」（Other Collect Charge）欄內有收費項目時應收的服務費。這項服務費應打入提單「歸於航空公司」欄內，在終點站向收貨人收取。

(五)代墊費收取之服務費收費標準

基本上，「代墊費收取之服務費」收費標準是以收取代墊費金額的10%作爲航空公司的服務費，但不低於USD20.00（或等值貨幣）。

上項標準也有例外，例如汶萊（Brunei）以代墊費金額的10%爲準，但不低於BND50.00；新加坡8%，但不低於USD17.00。歐洲ECAA國家中亦有EUR12.00-50.00不等之收費差別，請參閱IATA最新出版的《航空貨運規章》，或各航空公司最新規章。

三、文件處理費

航空公司或其代理商爲貨主開發空運提單時，包括分項繕明費用細目，應向貨主收取「文件處理費」，此項費用包括應貨主要求在提單上增加資訊，更正內容等。

收費標準各地各有不同，基本上，IATA有以下標準供各航空公司參辦：

IATA Area 1:……………………………………USD15.00

IATA Area 2:……………………………………USD15.00

IATA Area 3:……………………………………USD15.00

美國、加拿大、亞太地區及歐洲ECAA國家都有例外情形，例如中國收CNY50，日本JPY200，英國GBP5.00，德國EUR10.00，印度USD3.70等等，請參閱IATA最新出版的《航空貨運規章》，或各航空公司最新規章。

四、危險品處理費

由於危險貨品具有潛在危險性，諸如容易燃燒、爆炸性、酸鹼腐蝕性、病毒傳染、放射性危害、高壓氣體爆炸衝撞等特性，很容易在運送途中發生意外，造成旅客及工作人員傷亡，飛機及財務損失，因此IATA特別根據國際民航組織（ICAO）及有關政府法規編印《危險品規章》供會員航空公司遵照辦理。各國政府也有各別法規，強制貨主就包裝、存儲、運送、文件處理、異常處理等項目，依各類物質特性詳加規範，違者將受懲罰。因此，貨主在將危險貨品交運時，必須填報「危險品貨主申告書」，並依規定將貨物包裝、存放、運輸。

航空公司在處理及運送危險貨品時，須增加人力檢查及處理，耗費更多時間，因此必須收取額外服務費用來挹注增加的成本，IATA也制定一些收費標準供各會員航空公司參酌使用，基本上，依該會所編《航空貨運規章》第4章4.5節表列數字標準收費，但整批危險貨品最低收費不低於USD80.00。例如從台北出發到美洲地區（Area 1）及亞洲地區（Area 3），每件危險品貨物收台幣280元，每批貨（可能含許多件貨）最低不少於台幣2,779元，最高不超過台幣4,800元。又如香港，不分件數，每批貨只收港幣312元。

上項費用是運費之外的額外服務費，除了在啓運站所發生的費用外，如沿途各站及終點站國家或航空公司另有規定及收費，亦應列入提單相關欄位，一併徵收，最後此項費用應回歸到開發提單的航空公司。

由於各國匯率經常變動，各國政府法規也可能修訂，以及航空公司可能因成本或營業考量，上述危險品處理費也可能隨時變動修正，在實務運用時，應參考遵照最新IATA規章，當時適用的國家法規及航空公司規章。

五、運費到付手續費

空運提單上如顯示運費及報值費是到達目的地才付款者，航空公司應向貨主加收「運費到付手續費」。另外，如有「其他到付費用」需要航空公司收取者，貨主照樣要付運費到付手續費。

上項費用歸於最後承運的航空公司，亦即將貨運送抵終點站的航空公司收取。在提單不必列此項費用，直接收費即可，除非貨主要求以空運提單作爲收費發票（Invoice）時，方將上述金額列入提單交貨主收執。

收費標準各地及各航空公司均有差異，詳參各航空公司規章及IATA編印的《航空貨運規章》第七章7.2.2所列付款辦法及最低金額。

例如：

日本

Charge Collect Accepted : Yes

Charge Collect Fee : 5% of weight and valuation charges

Minimum Charge : JPY 3,000

中華人民共和國

Charge Collect Accepted : Yes

Charge Collect Fee : 5% of weight and valuation charges

Minimum Charge : CNY 100

台灣

Charge Collect Accepted　: Yes

Charge Collect Fee　: 5% of weight and valuation charges

Minimum Charge　: USD 10.00（收費時換算成當地貨幣）

英國

Charge Collect Accepted　: Yes

Charge Collect Fee　: 5% of weight and valuation charges

Minimum Charge　: GBP 10

六、保險費

相對於其他運輸方式，空運可說是較安全的運輸模式，航空業都要經過嚴謹的規範，飛機器材經常檢驗更換，人員不斷訓練考核，層層嚴密組織管理，以確保服務品質，保障客貨及工作人員的安全。但是運送途中常會遭遇到不可預測的天災人禍，如颱風洪水、暴動戰爭、飛機失事、人員疏失、機械故障等等意想不到的事件，造成財物損失。貨主在將其貨物交運前，爲保障其財物安全，除愼選可靠的運送公司外，通常都要爲其貨物購買保險，以備萬一貨物遭受損失時可以向保險公司求償，避免財物的損失。

在空運實務中，貨主可以透過兩種方式購買保險，一種是接洽市面上的保險公司，談妥條件、價錢，簽署保險單即構成保險，遇到貨物損失時，貨主逕行洽保險公司依保險單上所列條款理賠。此種保險與航空公司無涉，保險金額及保費均不必繕打在空運提單上。

另一種是購買透過航空公司所安排的保險，這種保險是由航空公司事先與某特定保險公司洽商條件與保費標準，設定型化保單，存放航空公司營業處所供顧客公開索閱，貨主透過此方式購買保險時，只要在「貨主託運申告書」（Shipper's Letter of Instruction）上保險欄位打上欲保險金額，並在申告書上簽署，同時繳交保險費（Insurance Premium），航空公司或其代理商據以繕打空運提單，最後雙方在提單上簽署即完成保險的購買，如貨物遭受損失，貨主可透過航空公司向保險公司求償。

此種保險有以下條件與限制：

1.貨物必須在飛機起飛前完整交給航空公司簽收。
2.保險金額必須在「貨主託運申告書」及空運提單上明顯標明。
3.貨主在上述文件簽署證明投保金額無誤。
4.貨主交貨時繳清保費。
5.班機起飛後不可增減投保金額。
6.此種保險不適用於到付。

至於保費原則上視投保金額大小而定，費率各航空公司皆有其規定，可洽各航空公司查詢，或參閱IATA編印的《航空貨運規章》第八章8.3「各航空公司規章彙編」（Carrier's Information）章節。

例如法航提供全險（All Risk Insurance）供其客戶選用，其內容重點如下：

1.全險涵蓋貨物實質損壞，不管什麼理由的滅失、偷竊、破裂及延誤（限易腐品）。
2.所有貨物皆可投保，除了珠寶、錢幣、金銀貴重物品、股票、旅行支票等有價證件、信用卡、超過美金一萬元的藝術品、軍火、危險品等不接受投保。
3.如果貨物因其本質而損壞，如由內部腐爛，由於包裝不良、延誤、外國戰爭、暴動、罷工、海盜劫掠等引起的損壞，貨物直接或間接受到輻射性影響而損壞等情形不負賠償之責。

4.保險期間自貨主將貨物交到法航啓運站貨站開始，至貨物遞交給收貨人爲止。

5.保費爲一般貨物以投保金額之0.23%計算、電子品0.50%、陶磁器1.25%等等。

七、國際快遞貨物

快遞空運航空公司，如聯邦快遞（FedEx）、優比速（UPS）、敦豪（DHL）等專營快遞空運，有個別設計的營運模式及作業方法。至於傳統航空公司，除了經營一般貨運外，也常利用現成的航機設備，兼營所謂的「優先快運服務」，以較高收費，特別安排的作業程序及優先使用艙位，使這類貨物能比一般貨物及早送達目的地，或依貨主要求由特定班機，於特定時間送達。

提供此項「優先快運服務」的航空公司都有其相關規定，諸如交貨條件、收費標準、作業程序、送達時間、責任歸屬等。一般而言，航空公司大概有以下的基本規定：

(一)貨主交運條件

1.貨主需先接洽航空公司，確定該航空公司有提供此項「優先快運服務」及預定運送時日之班機並先訂位確認。

2.「貨主託運申告書」上繕明要求使用「優先快運服務」，由航空公司或其代理商在空運提單上繕明。

3.貨物包裝必須完整，航空公司及政府機關所需文件齊備，適合快速運送處理，不需途中海關或檢疫機關拆驗而影響運送時效者。

4.貨主依航空公司規定，繳付比一般傳統空運爲高的「優先快運服務」運費。例如華航貨運曾提供「快捷服務」，收費依傳統貨物收費標準加收25%，廣受客戶歡迎使用。

5.危險貨物（IATA *Dangerous Goods Regulations* 所規定，當地法規及航空公司規定的危險品），除第九類外，不得當「優先快運服務」貨物交運。

6.貴重物品（如錢幣、珠寶、藝術品）或每公斤申報價值在美金一千元以上貴重物品，不得當「優先快運服務」貨物交運。

7.活生動物、人類遺體（骨灰或棺材）亦不得使用，主要是因爲此類貨物通常需特別照顧處理，且需經有關機關驗放，有時手續未完備尙會被留置，影響運送時效。

(二)收費標準

各航空公司對於「優先快運服務」產品各有不同設計，有些保證在限定時間內送達，否則退費免費運送或罰款，有些提供次日送達，有些只保證由所訂位班機送達，有些保證兩天、三天等等，依市場需求設計，並依提供之服務快慢而有不同收費，貨主交運時須洽詢航空公司確認。

IATA爲方便會員航空公司擬訂運價，特設定以一般貨物收費之140%供各航空公司參酌採用。

(三)責任歸屬

航空公司收下這類貨物後基本上應依所訂班機或任何可能及早運送班機將貨物送交收貨人，避免延誤。然而有時因某種航空公司不能控制的因素無法及時送達，因此若由航空公司承擔延誤責任似有不公平。以下情況，航空公司可不必承擔責任，惟航空公司有義務將這些排除條件事先告知託運貨主，或在提單上註明，或另以書面要求託運貨主簽署承認知悉這些排除責任條款，避免日後紛爭。茲將有關條件說明如下：

1.氣候臨時變化，如颱風轉向、機場大雪關閉、地震海嘯襲擊、暴雨洪水成災。

2.飛機遭遇鳥擊、火山灰飄浮、空中雷擊等導致機械臨時故障，臨時改降其他機場維修而延誤。

3.飛機因途中航管、旅客或飛行組員急病、突發緊急事件或機場因意外事件關閉而改降其他國家或其他機場而導致延誤行程。

4.飛機或貨物因劫機、戰亂、暴動、誤擊等意外事件而毀損或延誤。

5.飛機因航管、機場員工、政府機關公務員或地勤人員罷工而使班機無法運作或延誤。至於航空公司員工罷工是否免責頗有爭議，有待協商解決。

6.政府機關指示或強制行爲，如在飛越領空時因航權問題、軍事演習、海關搜查、衛生檢疫等等，被迫改道、轉降、拘留、延遲起飛、空中盤旋等而延誤。

7.由於貨主文件不齊，貨物遭到海關或檢疫單位沒收、留置、檢驗、退回等而延誤送交收貨人，例如無輸入許可證而無法清關領貨。

8.收貨人拒收貨物，或通知後未能及時出面領貨，或對航空公司的到貨通知沒有回應，使貨物無法即時遞交。

9.貨物本質缺陷，途中或到達時爲保護飛機、機具、作業人員及其他貨物的安全，而將該貨隔離、銷毀而延誤或無法遞交。

10.收貨人簽收文件後因其自身問題而無法及時領貨，例如國際貿易實務中常有透過信用狀買賣，眞正收貨人若未前往銀行付清款項，取得提單上列爲收貨人的銀行授權書，無法自航空公司取得該貨。

(四)航空公司的賠償責任

航空公司對於貨物因未能依「優先快運服務」及時送達，延誤而產生的損失，例如喪失市場商機、減損市場價值、取消訂單、貨物變質、客戶拒收等及衍生的損失不負責任。

如證明此項延誤是航空公司處置不當，且無上列各種非航空公司所能控制原因，航空公司原則上應將收取的「優先快運服務」費用與一般貨物運費之差額退回貨主，亦即將該貨當作普通貨運送。雖然航空公司對延誤不負責，但託運貨主原先要求「優先快運服務」，卻無法獲得應有的服務，儘管可獲得退回差額，但不滿情緒可想而知，航空公司的商譽將受到損害，不可等閒視之。

八、小包裹服務

除了郵局，快遞公司提供文件及小包裹服務（Small Package Service）之外，一般傳統航空公司為爭取營收，也多有小包裹服務，IATA也因此設計出一些規範，如小包裹尺寸大小，總長度不可超過229公分（cm）／90吋（inches），每件重量限制，不超過32公斤（kgs），收費標準（例如從德國啓運不超過886歐元），及提供各地區及各航空公司特別規定等等資訊，供各會員航空公司參考使用，詳見該會出版的《航空貨運規章》第三章3.12詳細規定。就實務而言，航空公司為因應市場競爭及營收考量，通常都會精心設計一套合適的辦法，在應用上應洽詢承運航空公司，查明有關規定。

第八章 航空公司機場作業單位及其功能

- 旅客服務部門
- 貨運服務部門
- 飛航服務與管制部門
- 飛機維護部門
- 地勤服務部門

航空公司爲達成運送客、貨的目的，必須有許多單位配合作業，其中除營業、訂位、管理、後勤支援等各單位外，機場作業單位也占了很重要的關鍵地位，包括飛機飛航管制、機場的運務作業，以及有關餐飲、裝卸、航務、機務等地勤支援單位，各國航空公司都有其因應工作需要而設立的單位，功能及名稱亦各有不同，基本上應涵蓋旅客報到服務、空中服務、貨運服務、飛航服務、飛機維護、地勤服務、餐飲服務、管制中心等等，茲以**圖8-1**表示並作簡要說明。

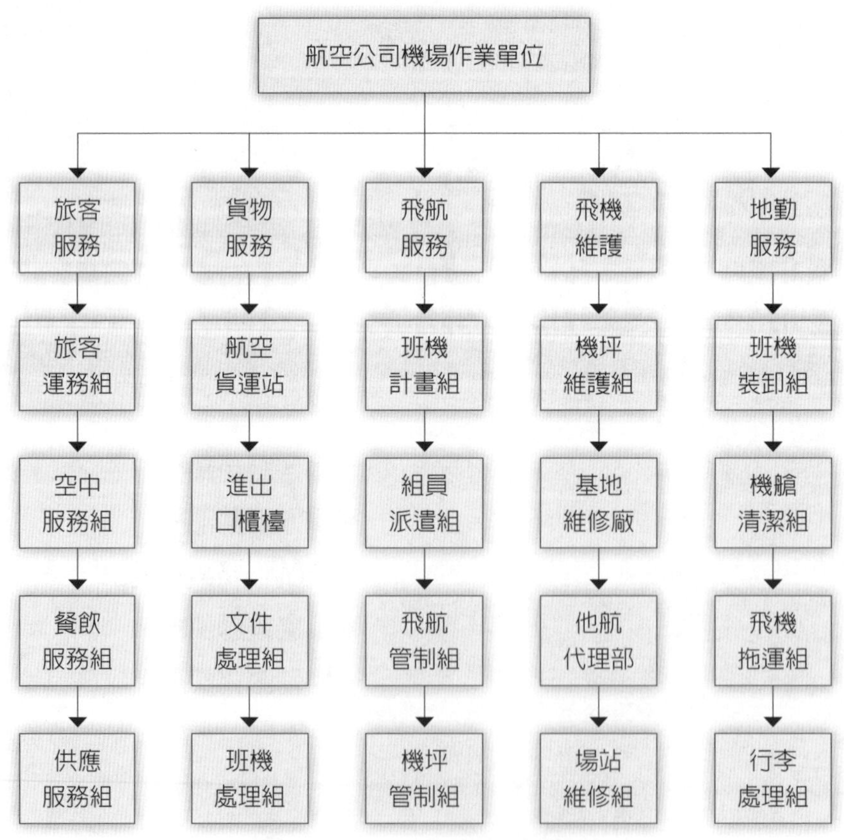

圖8-1　航空公司機場作業單位

第一節　旅客服務部門

一般航空公司除少數專營貨運的航空公司，如盧森堡航空公司（Cargolux Airlines International）、聯邦快遞公司（FedEx）、敦豪（DHL）、優比速股份有限公司（UPS）、中國貨運航空公司（China Cargo Airlines）等，大多數以客運為主，只利用客機下貨艙搭載行李剩餘的空間裝運貨物，因此，機場的作業單位大部分以旅客服務為主，說明如下：

一、機場旅客服務部門

旅客訂位後到機場開始旅行，首先向航空公司報到櫃檯辦理報到手續。辦理這些業務的單位各有不同名稱，有稱運務部或運務組（Traffic Department）、旅客服務部（Passenger Service Department）等等，主要功能是使出入境旅客能順利如數登機或離機，並確保各項作業準時完成，班機按照班表準時離到。主要工作包括櫃檯報到、查驗護照簽證、接受行李託運、協助旅客通過證照查驗、行李安全檢查、候機室及貴賓室服務、到達旅客引導通關入境、離到班機裝載資料通報國內外有關單位、班機資料整理存檔、臨時發生事故處理（如旅客急病、安全恐嚇、飛機故障誤點或取消），以及火災、颱風、水災等天災，抗議、暴動等人禍應變處理等。

二、空中服務部門

「空中服務」是指班機在飛行途中提供旅客的種種服務，航空公司通常設專屬單位管理、訓練空服人員，安排工作班表，制定工

作程序、服務標準等，單位名稱通常稱爲「空中服務部」（Inflight Service Department），其主要功能是提供服務讓旅客在飛航途中舒適順利，確保安全，主要工作包括餐飲服務，提供影視、音樂、文娛設施，安全防護指導，處理緊急應變，協助行動不便旅客上下飛機，販賣免稅物品，處理機上旅客急救，制止旅客脫序行爲等等。空服部門辦公室可設在總部空服中心，也可能設在機場機組人員報到中心，視各航空公司政策而定，一般航空公司通常在機場設有報到中心，除作爲班機組員報到、確定機組人員如數準時報到之外，也作爲出勤前簡報班機重要工作及注意事項提示場所。

三、餐飲服務部門

一般航空公司都會在班機上視航程遠近、飛航時間長短、起降時間早晚、票價艙等的差異，提供不同質量的餐飲服務，即使新興的低成本航空公司（Low Cost Carrier, LCC），標榜簡化服務項目不提供免費的餐飲，但是機上仍會準備一些付費餐飲販售，以備旅客不時之需。因此，一般航空公司在機場通常都設有餐飲服務部門（Catering Department），名稱各有不同，主要功能是擬訂菜單、確定品項質量、管制預算費用，主要工作包括協調客運營業部門、擬訂餐飲品項內容、與提供餐飲的空廚公司洽商價量、安排班機送餐時間、協調運務部門視旅客實際訂位報到情形、增減班機訂餐數量、定期檢討訂餐數量是否有浪費情形、督導供餐時效及隨時抽查檢視質量等等。

四、空服用品供應部門

空中服務用品種類繁多，包括杯盤、餐具、餐車、咖啡、茶包、熱水壺、報紙、雜誌、影片、音樂、毛毯、枕頭、盥洗包、拖鞋等等，需要有一專責單位來規劃、採購、管理。空服用品供應部門（Inflight Service Supply Department）的主要功能就是確保班機飛航期間，有足夠充分的物品可讓空服人員適時提供給旅客使用。其主要工作內容包括班機需求分析評估、物品訪價採購、影視系統選擇、文娛報章雜誌種類及數量決定、菜單及節目單編排印製、安全存量控管、物品存倉、盤點、發放、回收列管等等。

五、空服用品裝卸作業部門

空服用品必須依班機離到時間及時裝卸，至於由何人執行從倉庫取貨送到飛機裝卸任務，各航空公司有其不同政策與編組，有些由供應部門設置一個次級單位負責執行裝卸供應品作業，有些航空公司則另外成立專責單位負責，有些航空公司爲節省成本，甚至外包給地勤代理公司來執行。

空服用品裝卸作業部門（Inflight Supply Operation Department）主要工作爲依供應部門制定的標準裝載量，協調航務管制中心確定飛機到達定位時間，適時將供應物品自倉庫取出，送往班機交空服人員點收，同時與運務部門保持密切聯繫，確定最後旅客報到人數，將供應品作最後增減調整。

第二節　貨運服務部門

對專營航空貨運的航空公司而言，貨運營收是主要收入，對一般傳統航空公司而言，利用客機下貨艙搭載行李剩餘的艙位裝載貨物，增加的收入也是營收一大來源，有些航空公司除客機之外，尙擁有全貨機，例如國泰、華航、韓航、長榮航空、新加坡航空等航空公司，貨運收入有時達全公司總收入30-40%，因此，航空公司通常在機場設置專門收貨、放貨的貨運站，也都設置貨運服務部門來處理貨運運務有關事宜，一般稱爲貨運服務部（Cargo Service Department），負責接受貨主交運、安排倉儲、打盤裝櫃、海關通關、文件處理、費用收取、班機安排、機坪裝卸、顧客服務等等，工作相當繁雜，需要不同的分工。基本上可分爲管理指揮的執勤主管單位、面對貨主顧客的進出口櫃檯、班機文件處理單位、貨物清關出倉打盤及裝櫃的作業部門、機坪督導裝卸、接送班機業務單位等等，茲分別說明如下：

一、航空貨運站

每個機場大致都依進出口貨量大小，設有規模不等的航空貨運站，作爲貨物進出國境時出口交運、到貨領貨地點，班機裝運前，或班機到達卸貨後暫時存儲地方，海關清關場所，以及貨物打盤、拆盤、裝櫃、拆櫃、貨物清點場所。換言之，航空貨運站的主要功能是充作進出口貨物與航空公司交接及完成出入境手續之介面。

基於經濟效益考量，航空貨運站可能由航空公司自行設置經營，並可代理其他航空公司業務，或是由中立的政府機關（如民航局或機場管理當局）設置，成爲公共貨運站，接受所有航空公司委託，處理所有進出貨物，也可能由民間籌組，代理航空公司的進出貨物處理業務，例如台灣桃園國際機場就有華儲股份有限公司、長榮空運倉儲公司、遠翔倉儲、永儲股份有限公司等四家航空貨運站，分別代理飛航桃園國際機場各航空公司貨運業務。香港也有亞洲空運中心（Asia Airfreight Terminal, AAT）及香港空運貨站有限公司（Hong Kong Air Cargo Terminals Ltd., HACTL）、敦豪中亞區樞紐中心（DHL Central Asia Hub）等三家公司，以及正在籌建中將於2013年啓用的國泰航空公司專用貨運站，處理香港各航空公司進出貨物通關、裝卸、暫存等業務。

二、貨運服務部門

由於航空貨運業務相當繁雜，機場貨運作業牽涉到許多外部單位的協調，許多外站電報交換聯繫，內部又牽涉到許多不同時段班機的處理，而且經常要全天候輪班工作，工作人員的調派排班，工作進度控管，文件、貨物處理，臨時緊急事件應變處理等，因此，機場貨運服務部門必須設置統一指揮管制中心，統籌管制所有進出境貨運業務，以及不同管理階層分工合作。各航空公司對於此項管制單位各有不同名稱，人員編制及所賦予的功能與職責亦視其需要而有不同安排，大致約可分爲以下幾個等級的管理機制：

1.機場經理（Station Manager），總管機場貨運業務管理、督導與指揮。
2.輪班值勤經理（Duty Manager）或值勤主管（Office in Charge）若干人輪值，其下設置若干「督導員」或「管制員」，負責輪值期間內指揮管理的工作。
3.各分部主管（如進口組、出口組、轉口組、快遞組、會計組、管理組、總務組、維護組、安管組等等，視各公司需要及制度而定），有些公司稱其主管爲「組長」（Section Manager）或「小組長」（Section Chief）。
4.各分部主管底下再設「督導」（Supervisor）。
5.如有需要，有些公司再設下一層管理主管稱爲「領班」（Leader），由資深作業人員帶領若干人處理各輪班工作。

第三節　飛航服務與管制部門

班機的運作相當複雜，除上述客運、貨運種種作業之外，如何使飛機安全飛行，準時飛行，緊急情況應變，都需要一套精密的管制及提供必要的服務，航空公司因此特別設置飛航管理單位，通常在總公司設有統籌全面航務運作的「航務處」（Flight Operation Division），或其他各航空公司認為合適的名稱，負責飛航法規的制訂，組員訓練、考核，設備規範、採購、維護，飛安事件防範與調查改善，組員調派管理等等。在機場方面也設有專責單位，各航空公司各有其考量而有不同的名稱，例如「航務中心」（Flight Operation Center）、「航管中心」（Flight Control）、「聯合管制中心」（Joint Flight Control）、「運行管理部」（Flight Operation Department）等等，處理日常班機運作事宜，其下可再依工作需要，細分不同更小單位，茲分別說明其功能與工作內容如下：

一、班機計畫組

班機計畫組（Flight Planning Section）於班機起飛前必須做許多準備工作，諸如飛行路線的擬定、飛行高度的需求與申請、沿途氣象資料的收集、備降機場的預擬、各地航管最新規定、飛機維護調度資訊，旅客、行李及貨物、郵件重量，貨物及行李盤櫃個別重量收集，製作飛行計畫、載重平衡表（Weight & Balance Sheet）、裝載計畫表、跑道分析表、油料需求計算等班機起飛前的種種計畫與準備。

二、飛航組員派遣中心

一般稍具規模的航空公司南來北往的班機繁多，起降頻繁，操作飛機的組員來來去去，分秒必爭，在如此繁忙的工作中如何讓不同型式的飛機、不同等級的組員，按部就班、秩序井然地執行任務，端賴飛航組員派遣中心（Flight Crew Dispatch Center）精心安排，讓班機能在預定時間有合適組員操作飛機，並於臨時狀況發展時，如班機遭遇天氣變化時延誤，發生故障或意外時，當班組員急病等情況下，能及時調度其他組員應付變局。

三、飛航管制組

班機準時起降不僅有關商譽，影響顧客的觀感及權益，同時也會產生一連串後續作業及財務上的損失，例如，班機延誤起飛，無法及時在目的地機場關閉前降落而改降鄰近機場，因而產生額外地面運輸，或餐飲、住宿開銷，同時遭受顧客抗議抱怨。有時班機在飛航途中因飛越領空國家突發狀況，如爆發戰爭，或發生政變而關閉空域，也可能在飛行途中遭遇恐怖份子劫機、破壞，需要緊急協助及指引，也可能因為飛機故障，組員或旅客急病，需要臨時改降附近機場急救，凡此，都必須有專責單位守望處理，因此，航空公司大都設有類似飛航管制單位（Flight Control Section），儘管名稱各有不同，但其職掌及功能大致相同，亦即管制班機起降時間，飛航動態守望，指揮處理緊急狀況，讓班機維持安全、準時運作。

四、機坪作業管制組

班機在停機坪的作業牽涉到許多單位的分工合作，有些工作可以單獨完成如飛機加油，有些工作必須等待其他單位完成其職掌工作後才能進行，如機艙清潔完成後才能上客，又如貨運服務部貨物處理小組完成貨物打盤、裝櫃，取得各盤櫃重量後通報航務計畫組，該組才能製作載重平衡表及裝載分配表交地勤公司裝卸組裝載盤櫃，環環相扣，只要其中一個工作鏈未能及時完成工作，其他單位必受拖累而無法進行工作，而使班機延誤。

爲防止上述情況發生，班機管制中心常另設一「機坪作業管制組」（Ramp Operation Control），或指派專人擔任「機坪作業協調管制員」（Ramp Coordinator），負責依事先開會協調達成的作業起迄時程及檢查表（Check List），檢查各單位的作業進度，若有落後，即提醒催促，以確保班機各項作業準時完成，讓班機準時起降。

第四節　飛機維護部門

航空公司必須將飛機維持可用狀態方能保持班機的準時率，但一架飛機有幾萬件零件，要維持所有零件完全運轉實非易事，航空公司因此必須有一套嚴密的維護制度。

通常航空公司將飛機維護（Aircraft Maintenance）分爲三大類，一是作爲重大修護的基地維護，一是本場停機坪例行檢查及輕微修護，一是外站機場過境檢查維護。分別說明如下：

一、機坪飛機維護組

航機在拖出基地修護廠棚到停機坪準備執行班機任務時，基本上已經過適當檢查，確定處於適航狀態，可以馬上執行飛航任務，但是在停機坪等候裝載客、貨之時，還是需要做些輕微維護工作，諸如液壓油和潤滑油的檢查及添加、臨時電線短路修理、椅子不能放倒、廁所不通、咖啡壺不熱、燈泡不亮、冷氣不冷、影視系統故障等等，都需要有維護人員在機邊及時進行修護，以免影響班機運作。因此航空公司一般都會在停機坪設置專責單位，指派相當數量的專業人員駐守，即所謂的「機坪飛機維護組」（Ramp Maintenance）。

在停機坪發現的維修異常，大致可分兩大類，一種是可以馬上修復的輕微故障，即使無法修復，只會影響服務水準，但不會影響飛行安全，例如，飛機一個廁所不通，一時無法修復，因班機起飛在即，為免影響飛機準時率，只好請空服員暫時封閉故障的廁所，等飛機回到基地，或在下一站有較長時間再行修護。在這種情形下，機坪維修人員可依據規定，在飛機隨機的記錄簿上（Log Book）詳細記載異常情形及所採取的行動，然後將飛機放行，稱為「可放行項目」（Go Item）。另一大類是有重大故障，或會影響飛行安全的情形，例如氣象雷達故障、氧氣瓶不足、廚房熱餐設備損壞等等，無法使班機正常運作，這種情況稱為「不可放行項目」（No Go Item），機坪維修人員必須通報基地維護單位派人及機具前往停機坪修復，甚至於故障無法完全修復時，將飛機拖回廠棚，進行完整修護，班機另訂起飛時間，或在有飛機可調度情形下，儘速另派飛機替飛。

二、基地維修廠

基地維護主要做定期例行重大維修，例如A、B、C、D四級定期維護，依飛機製造公司維護手冊及政府有關法規辦理定期更換零組件，並依規定時程及飛機飛行時數，進行不同程度的翻修，例如第四級D級維修，幾乎將整架飛機全面拆解，做細部檢測與更換零組件，維修時間可長達一、兩個月。在一般情形下，若飛機遇有重大故障，例如更換引擎、起落架（Landing Gear）故障（**圖8-2**）、機身有裂痕或破洞、導航系統故障等，需要完善設備或特殊機具維

圖8-2　飛機維修

修時，飛機就必須送到修護棚廠進行維修工作，主要是基地維修廠（Base Maintenance）有完善機具設備，方便飛機零組件拆裝，有充足專業技術人力可以調派支援，有足量的零組件庫存可以及時換修，也有完整的技術手冊規範可參考運用。

基地維修廠一般都設在航空公司總部所在地的機場，由於每架飛機零組件多達幾萬件，而且有許多不同領域的功能機具，如引擎、電子、機械、電腦、金屬、噴漆、清潔等等工作，因此在基地維修廠內設有不同單位，分別執行各項維護工作，各航空公司對單位層級和名稱視其需要而定，例如「總廠長室」、「行政管理部」、「經營企劃部」、「器材補給部」、「資訊業務部」、「安全管理部」、「會計財務部」、「場站修護部」、「專業修護部」、「發動機修護部」、「電子儀器修護部」、「裝備修護部」、「工程計畫部」、「內艙裝修部」、「技術訓練部」等等。

航空公司除了在總部所在地設基地維修廠之外，也可能因爲營業範圍廣闊、飛機架數龐大、飛航路線頻密，例如美國主要航空公司——美國航空、聯合航空、達美航空、大陸航空（Continental Airlines）等大型航空公司營運飛機動輒數百架，航線遍及廣大美國及世界各地，爲爭取時效，便於管理，會將一定數量的飛機指派在某些固定航線，並在某些地方設置區域維修基地，以分散維修壓力。

三、場站維修組

航空公司除在總部所在地設基地維修廠及機坪維修組維修飛機之外，飛航國內外廣大航點的飛機也都需要做輕微修護及檢查，例如，過境班機檢查及補充液壓油和潤滑油、檢查飛機外部情況、聽取飛行組員有關機況異常報告、採取簡易維修工作等等，如果這些工作都由自聘員工執行，勢必聘用龐大人力並購置大量機具備用，對高成本的航空公司而言頗不經濟，因此，航空公司大多找當地爲基地的航空公司洽商代理合約，進行實質維修工作，但爲保障維修品質及重大事件溝通聯繫，航空公司通常會派自家人員駐站督導，稱爲「機務代表」，對外代表公司聯繫，對內對班機維護狀況提出報告，並安排管理本公司維修備用器材。

以上外派駐站機務代表，一般都由基地維護廠設置專責單位統籌管理，各公司名稱各有不同，有些公司就稱之爲「場站維修組」（Station Maintenance）。

四、他航代理部

如前述，航空公司一般在外站通常只派機務代表，實際的維修工作則委託當地航空公司代理，許多具代理能力的航空公司爲執行代理業務，特設專責單位處理代理業務。主要理由是被代理的公司飛機機型、修護規範、零組件、表單、檢測項目等等可能與代理公司不同，或是工作人員需要特別訓練並持有特別執照，方能進行維修工作。因此，航空公司設立「他航代理部」專門處理代理業務，包括接洽業務、擬訂價格、制定工作程序、安排及訓練人力、控制維修品質、與顧客聯繫溝通等等。

第五節　地勤服務部門

在機場作業中，地勤服務部門（Ground Handling）配合航空公司之班機作業，提供人力從事所謂的「體力勞動」（Physical Handling）服務，負責旅客服務，行李、貨物、郵件裝卸及拖運，飛機移動，機艙清潔，添加用水，餐飲、空服用品裝卸，水肥車清理運送等等繁雜工作，大致可依工作性質分為下列幾大部門：

一、班機裝卸組

飛機離到時所承載的行李、貨物、郵件必須馬上裝卸（**圖8-3**）。地勤代理公司配合班機離到時間在停機坪等候，於飛機停靠妥當後，根據航空公司所提供的裝卸艙單及裝載分配表資料，馬上

圖8-3　行李裝卸

進行裝卸盤櫃及散裝行李、貨物、郵件等工作，並將行李、貨物、郵件及時拖運至行李處理間、貨運站或機場郵件處理中心等定點，交有關單位處理續辦事宜（**圖8-4**）。

二、機艙清潔組

離境班機上客之前，機艙內必須保持清潔，入境班機下客後，地勤代理公司人員馬上進行清理機上垃圾及雜物，並以吸塵器清理地板，整理座椅，更換椅套，清理廁所，擦拭桌椅等，讓後來上機旅客有一乾淨舒適環境。

三、機坪指揮及拖車組

飛機進出停機坪，必須有人站在機前指揮引導到定位，指揮者「Marshal」在飛機前面指引機長走在正確路線上，並指示前進或停止（**圖8-5**）。在飛機退出時，必須由特製拖車推出至滑行道後，才

圖8-4　機坪拖運

由飛機本身動力前進（**圖8-6**）。如果停機坪擁擠，以飛機自有動力前進可能發生碰撞，產生危險，此時，必須以拖車拖拉至定位，地勤代理公司爲此特設一個專責單位來執行此項任務。

四、旅客行李處理組

出境旅客到航空公司櫃檯辦理時，同時託運行李，地勤代理人員協助將行李放置輸送帶，並在行李間分送裝櫃，通知裝卸組前來拖運。進口班機的行李拆櫃、輸送到行李轉盤，這些工作都由行李處理組負責（**圖8-7**、**圖8-8**）。

圖8-5　飛機移動指揮

圖8-6　飛機移動拖拉

圖8-7　行李處理

圖8-8　行李裝卸

圖片來源：台灣桃園航勤服務公司網站。

第九章

機場航空貨運站運作實務

- 航空貨運站的功能與組織
- 接受出口貨物
- 貨物暫時存倉待驗
- 貨物打盤裝櫃

機場貨運作業由貨主將貨物送達機場貨運站交貨開始，經貨運站收貨暫存，貨主接著向海關申請報關出口，貨運站配合海關取貨檢驗，海關核准後，貨主將空運提單、海關核准單及其他有關文件交給航空公司出口櫃檯，經出口櫃檯收單並收費後，安排出口班機，準備艙單，資料輸入電腦，辦理出倉手續，安排打盤裝櫃，通報班機管制單位，通知地勤代理公司拖盤櫃至機坪裝機，完成出口作業。茲以**圖9-1**顯示出口流程。

至於貨運站進口作業則與出口反向操作，詳情將在進口部分再行詳述。

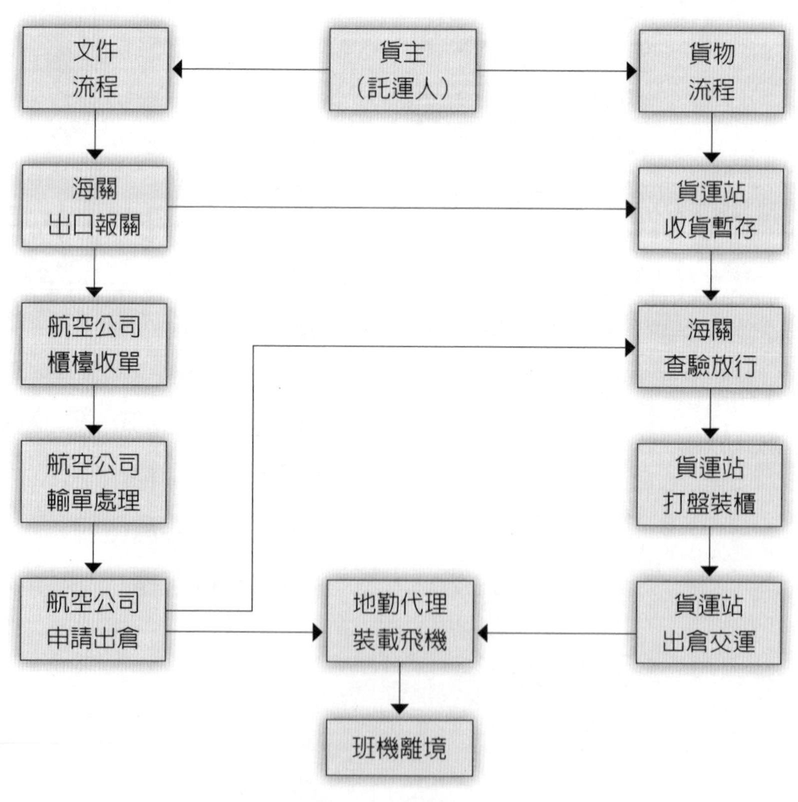

圖9-1　出口流程

第一節　航空貨運站的功能與組織

由上述流程可見，空運貨物在啓運機場第一個交接點就是航空貨運站，航空公司的運送始於機場，航空貨物的交運也始於機場。貨主將託運貨物自行或委託代理商送到機場，大型航空公司在機場設有貨運站接收交運貨物及相關文件，並自行聘用工人處理貨物打盤裝櫃作業，中小型航空公司貨量較少，基於成本考量常將收貨及後續貨物倉儲、裝櫃等作業外包給其他公司或專業代理公司處理。文件及服務有時自理，有時外包，視各航空公司營運政策而定。機場貨運站的功能與組織分述如下：

一、貨運站功能

機場航空貨運站主要功能是作爲國際貨運貨物進出國境的關口，航空公司接受貨物之處，提供貨主辦理報關的場所，貨物暫存等候海關或檢疫所查驗的地方，航空公司整理貨物、安排打盤裝櫃的工作地盤，出口貨物等候裝機待裝區，其主要功能簡言之，即充當倉儲、出入境管理、進出口貨物作業場所，過境貨物接轉處理場所說明如下：

(一)航空公司接受託運貨主交貨及暫存場所

航空公司要承運貨主託運貨物，首先要告知貨物應送往何處，由航空公司清點接收，一般航空公司都在機場備有機場貨運服務辦公室，並設置貨運倉庫（貨運站）接受貨物，以備後續處理。

貨運站一般設在機場邊，與停機坪相連，方便貨物倉儲與拖運裝機。但是機場周邊的土地由於使用者衆多，常呈現僧多粥少現象，因此常有晚到的航空公司無法取得機場周邊土地設置貨運站，而代理公司的貨運站又無空間容納時，只好向海關及有關單位申請將貨運站設在機場外，或由機場外有執照的民間貨運站（Container Station）代理，當然在此情形下，貨物進出機場相當不便，而且也衍生許多額外拖運及海關規費，增加成本支出。

貨運站一般設有若干卡車卸貨（出境貨）或上貨（入境貨）碼頭，有些碼頭還裝有升降機可調整高度以便與卡車高度相接，方便貨物移動。倉庫依管理需要，設置小貨架、中型貨架、大型棧板區，甚至電動貨盤、貨櫃存儲架，增加倉庫存儲量，提高工作效率。另外，必須有一片空間供打盤、拆盤、裝櫃、拆櫃及貨物調度整理之用。

某些航空公司班次稀少，貨量不多，且可馬上裝機出口的場站節省成本，設備相當陽春，只有空間及堆高機，貨物劃區存放，無貨架，更無高層電動存儲架。有些貨運站部分有貨架，部分使用平面空間，有些貨運站號稱全自動倉庫，貨物自碼頭卸下進倉後，即由全自動設備送至定位，此類貨運站多見於歐美各大城市班次密集，進出貨量龐大的場站，例如德航在法蘭克福機場（Frankfurt Airport）有一個設備相當複雜的全自動貨運站。

貨物進倉後，由貨運站人員將貨送入儲位，每個儲位均有編號，方便往後存取，避免錯誤及尋找時間。在航空公司獲得海關准許出貨打盤裝櫃，或進口貨在貨主完成報關之前，貨運站即作爲暫存場所。由於貨運站提供暫存及協助貨主辦理海關驗貨搬運服務，通常都要收取「倉租」或服務費。

(二)貨運站作爲海關報關驗貨場所

國際空運貨物進出國境都必須經過海關檢查驗放，因爲各國對於貨物都有管制，一方面視貨物的種類徵收關稅，是國家稅收的重要來源，一方面對於某些禁制品或管制品進行把關。因此，貨主在出口貨物之前，或進口貨物領取之前，都必須向海關報關，經申報查驗，完成報關手續之後才能將出口貨交運，或辦理進口貨提領。

貨運站通常必須向海關申請爲通關場所，置於海關監管之下，所有進出貨物及人員必須得到海關許可才能有所動作。若貨運站長期表現良好，門禁管理良好，保全措施完善，可向海關申請爲「自主管理貨運站」，經海關查核同意後自主管理，減少海關層層干涉，方便及簡化作業，增加通關時效。

通常貨運站在倉庫內設置一特別有圍欄的驗貨區，在海關指示下，貨運站人員適時將需要檢驗的貨物送往該處受檢，驗畢後歸返原儲位，待貨主完成報關手續，海關放行後才提出裝櫃出口，或遞交進口貨給收貨人。

(三)貨運站是進出口貨物裝卸貨盤、貨櫃作業場所

近代大型飛機大都使用貨櫃或貨盤（通稱集裝設備）裝運行李及貨物，爲增加營運時效，加速裝卸速度，貨櫃或貨盤都在班機離到前後在貨運站準備或拆卸，使飛機地停時間縮短，增加營運周轉機會。貨運站在運送過程中，扮演班機貨物準備作業場所。

(四)貨運站是過境貨接轉處理場所

航空公司班機南來北往，不僅載運點對點貨物，也載運本班次航點之外貨物，例如台北—東京航線，可能載運香港、曼谷經台北至東京貨物，也可能載運其他航空公司轉運貨物，例如，加拿大航空溫哥華到東京的班機，載運印尼雅加達貨物，在東京轉中華航空經台北轉印尼雅加達等等，這些過境轉運貨，如果不是時間剛好，可以在停機坪馬上接轉的「直轉貨」，通常要先送到貨運站過境倉庫暫存，等適當班機起飛前，再併入該班機出口艙單，自過境倉庫取出裝機再出口。貨運站因此成爲處理這些過境貨處理場所。

(五)貨運站是國家管理貨物進出國境的處所

貨運站除了作為上述海關管制國家貨物的功能外，貨運站尚扮演其他國家行政管理的重要角色。各國為了國民的健康，對於某些物品必須嚴加管理，例如含有瘦肉精的牛肉可能造成人體神經系統的傷害，因此政府規定牛肉進口檢驗時必須「零檢出」，政府檢驗機關在進行「三管五卡」檢驗動作時，第一關就是在貨運站。

另外，諸如嗎啡、鴉片、海洛因、大麻、搖頭丸等毒品的查緝防堵，槍械、爆炸物等妨礙治安器具，也在貨運站進行查驗，以免偷渡進口，造成社會問題。另外，國家可能為保護本國產業發展，避免高科技資料外流，或是國防機密軍品被偷渡影響國家安全，因此對某些物品嚴加管制進出國境，貨運站就是很重要的管制點。

二、貨運站的組織

各地的貨運站組織名稱及管理層級有不同的設計。一般言之，貨運站的組織可分成兩大類，作業管理組織及行政支援組織，其下再依實際需要分設其他組織及更下層組織，例如在作業管理組織之下設聯合管制中心，統籌人力調派及業務管理，其下再設進口部、出口部、機邊驗放部、快遞部等等，其下再設接收組、打／拆盤組、倉儲組、驗關組、進口櫃檯、出口櫃檯等等。行政支援組織亦復如此，例如設置行政管理部、會計財務部、企劃發展部、機具維修部、顧客服務部、資訊管理部、安全管理部等，其下再依需要設下層組織，例如在行政管理部之下設人事資源管理組、教育訓練組、總務管理組等；在企劃發展部之下設市場調查組、行銷管理組、營運發展組等；在安全管理部之下設閉路電視監控室、警衛管理室、庫房安全室等等。簡言之，貨運站組織功能如**圖9-2**所示。

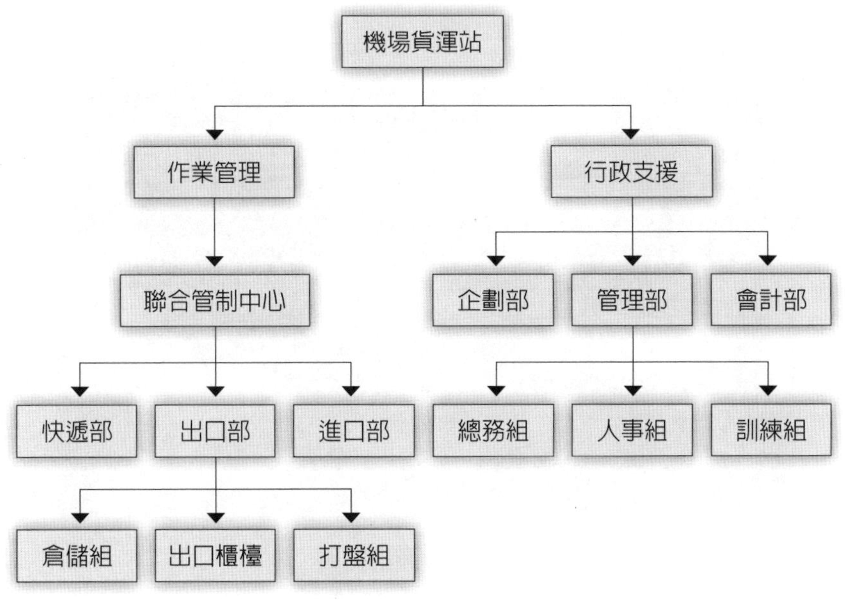

圖9-2　貨運站組織功能

第二節　接受出口貨物

接受託運人交貨

貨物交運的第一步是由貨主（或其代理商）將貨物送至機場航空公司專用或共用貨運站（Air Cargo Terminal），由貨運站代表航空公司接受貨物（**圖9-3**）。

貨運站人員接收貨物時，首先依貨主申告書填寫之內容檢查下列事項：

圖9-3　貨運站交貨

(一)檢查件數與重量

清點件數是否相符，檢查重量與貨主申告書上所示重量是否相符（**圖9-4**）。如有不符情形，馬上請託運人澄清或更正文件上記載數字並請託運人在文件上蓋章或簽字證明，同時填寫異常通知單交航空公司備查。

(二)檢查貨物外表

包裝外表是否完整攸關責任與賠償，如接收貨物過程中發現有異常情形，且破損情況嚴重者，貨運站人員應拒收，並拍照存證，傳送航空公司出口櫃檯參辦後續事宜，如更改訂位記錄，通知營業訂位部門及託運貨主，同時安排後補貨物遞補。如情況不嚴重，僅有輕微破損，不影響貨物運送安全而貨主堅持現場修補後繼續交運時，運站人員應在「貨主託運申告書」上詳細記載破損情形及修補概況，例如註記：第5號，木箱一面破裂3公分，經重新秤重爲100公斤，內容經檢查完好，並請託運人簽名作證後，將破損貨物以膠帶封補後收貨入倉。

(三)檢查包裝材質

檢查包裝材料是否堅固適當，是否符合政府法規要求，例如危險品特殊包裝規定，國際航協（IATA）有關動植物包裝規定、棺材

圖9-4　清點貨物

圖9-5　檢查標籤

骨灰運送規定等。根據IATA規定，貨物的包裝必須能承受所謂的「正常作業」（Normal Handling）而不致受損，貨運站人員接收貨物時，必須注意貨物包裝材質確定符合IATA的規定。

(四)檢查箱號標記是否按序號

貨主包裝貨物，可能內容物品各有不同，因此必須將貨箱編號，並準備「包裝清單」（Packing List），彼此對照。貨運站人員應檢查箱號，依序檢收，以免將來海關驗貨時發生牛頭不對馬嘴的情形。

(五)檢查貨箱上標籤

包括航空公司主提單標籤（Master Airwaybill Label），併裝貨（Consolidation）之分提單標籤（House Airbill Label），警示標籤，如上下方向、易碎品、危險品（易燃品、放射性、爆炸物、磁性物、腐蝕品、高壓氣體、過氧化物等）、動植物、快遞貨，以及其他處理該貨應注意之警告標籤，如不可疊壓、不可橫放、禁止水濕等等（**圖9-5**至**圖9-7**），並將注意事項註記在內部處理文件，提醒同仁注意。

航空公司每天要處理衆多班機，裝運許多貨物到世界各地，如果沒有適當制度勢必天下大亂，貨物不知運到何處。因此每件貨物都要貼上列有航空公司公司名稱的標籤，賦予特定提單號碼，作爲該貨的「身分證」（Identity），以便工作人員辨識。此種標籤原則上由航空公司印製，分發給貨主或空運代理商貼用，近年來代理商或空運公司爲爭取時效，常用其自身電腦列印標籤，以免來回向航空公司取回或一時短缺而影響貨物運出。不管是航空公司提供或由代理商印製，此種航空公司標籤（亦稱Master Label）必須包含以下幾個主要項目（**圖9-8**）：

防濕

小心

勿壓

防曬

動物

實驗用

易碎品

此端向上

時間溫控

重貨

鋰電池

乾冰

圖9-6　其他作業警示標籤

1.航空公司名稱，如China Airlines、EVR Air、Cathay Pacific Airways、Singapore Airlines等。有時航空貨運承攬業者使用其自行印製的電腦標籤，則承攬業者公司名稱及標誌亦應顯示在標籤上。

2.主提單號碼（航空公司提單號碼）。

3.航空貨運承攬業者或代理商（Air Cargo Agency）之承攬業提單號碼。

註：Class01爆炸物，Class02壓縮氣體，Class03可燃氣體，Class04可燃固體，Class05過氧化物，Class06有毒物，Class07放射性物品，Class08腐蝕品，Class09雜項

圖9-7　危險品警示標籤

資料來源：IATA, *Dangerous Goods Regulations*.

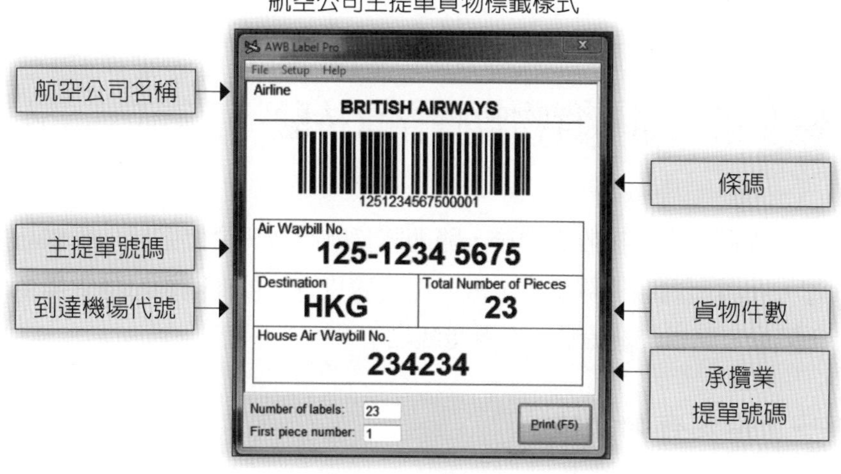

圖9-8　貨物標籤

4.目的地機場名稱，最好加註國家名稱及機場代號以免誤送至錯誤地點，例如New York (JFK), USA，因為很多國家，特別是英國及前英國殖民地，常有相同地名。另外，很多城市有好幾個機場，例如美國紐約就有甘迺迪國際機場（John F. Kennedy International Airport, JFK）、拉瓜迪亞國際機場（La Guardia International Airport, LGA）、紐瓦克自由國際機場（Newark Liberty International Airport, EWR）三個國際機場。

5.總件數與重量。有時為方便作業參考，特別標明某特定物件重量，例如一張提單內包含9件小組件及一件5,000公斤引擎，總重量6,000公斤，若能在標籤上註明件數為1/10，重量為5,000/6,000kgs，讓作業人員容易安排起卸機具。

(六)驗收無誤後簽名蓋章

貨運站人員接收貨物後，在貨主申告書上簽名蓋章以示貨物如數完好收訖，並將申告書歸還給託運人以便稍後遞交航空公司，證明貨物確實進倉。

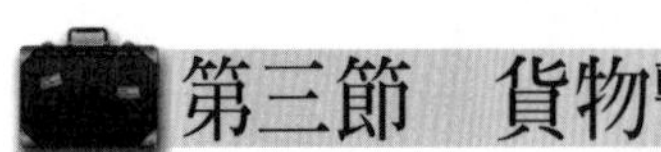

第三節　貨物暫時存倉待驗

貨運站人員接收貨物後，隨即將貨物存放入倉儲系統，等候託運人在辦理海關清關手續，需要提出驗貨時，依海關指示將貨提至海關驗貨區供海關檢驗。存倉步驟如下：

一、指定存儲倉位

由於進出貨運站貨物量相當龐大，如無完善管理制度，貨物進倉後猶如石沉大海，不易找尋。一般貨運站都在倉庫內劃分儲位並編碼區別，有時尚區分爲大貨區、中貨區、小貨區、盤貨區、木棧板區等以便區分尋找。整批貨物進倉後，貨運站人員先要給該貨賦予一組倉位號碼，有時貨多，可能給予兩組以上倉位編號，分別存儲。

二、輸入存倉記載

在電腦內或以紙本在指定倉位上輸入主提單及分提單號碼、航空公司名稱、班機號碼、日期、目的地等資料。如有兩處以上儲位，則分別記錄件數以便出倉時清點。

三、提貨檢驗

託運人將貨物進倉之後，即攜帶報關文件向海關申請報關。海關如需驗貨，即通知貨運站將貨物自儲存區送往海關驗貨區接受檢查。在海關官員指示下，貨運站人員配合打開貨箱供海關查驗，查驗後再將貨物封好，海關在封條上蓋章簽字，如一切合乎規定，完成報關手續，海關關員會在貨主申告書上簽字蓋章放行，貨物則由倉庫工作人員歸回原存儲倉位，等待航空公司通知如何打盤裝櫃，及哪一班機要出倉裝運時再取出裝盤櫃，或以散貨方式出倉，移交地勤代理公司人員拖往機坪裝機。

進口貨物則於班機卸載後，點交入倉暫存，等候收貨人辦理報關手續，屆時貨運站人員配合提驗，並於航空公司指示時，將貨遞交收貨人。

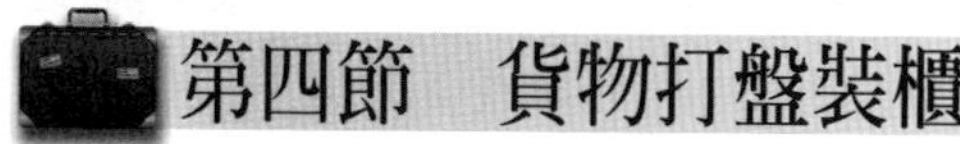

第四節　貨物打盤裝櫃

貨運站的功能之一是進出口貨物裝機或卸貨的作業場所。出口貨如果裝在大中型飛機，貨物大都要事先堆疊在貨盤上（術語稱爲打盤），或裝入貨櫃。有關作業說明如下：

1.託運人將「貨主託運申告書」繳到航空公司櫃檯，以表示貨物已完成報關手續，航空公司於班機收件時間截止時，彙集所有貨物之貨主申告書報關單，及班機艙單向海關申請貨物出倉，完成批准手續後，通知倉庫出貨打盤裝櫃。

2.貨運站於接獲航空公司出貨通知之後，依據航空公司艙單指示，將貨物自暫存區清點取出，核對主提單及分提單號碼，拖至打盤區。

3.貨運站打盤人員，依據航空公司打盤指示，將貨物分別裝入指定的櫃內或打到貨盤上。如有部分貨物不能完全裝入，遺留貨物應詳加記錄，及時通知航空公司處理。

4.打盤人員將貨盤上及貨櫃內貨物提單號碼及件數作成記錄和

掛籤，掛在貨盤上或貨櫃上，以便各站工作人員辨認櫃內貨物詳情。

5.盤櫃完成後，貨運站尙須將每一盤櫃秤重，並將記錄送航空公司。

6.裝載完成之盤櫃拖至待運區，等候班機準備裝載時，點交給地勤工作人員拖往停機坪裝機。

以上是以台灣爲例說明貨運站處理出口貨流程，世界各地各有不同法規，導致不同作業程序，但國際貨物於出境時，基本上都需經過報關手續，獲得海關許可後才能出口。進口貨物在貨運站之處理與上述作業類似，只是程序剛好相反，詳見後續第十一章節說明。

第十章

航空公司出口貨運作業

- 出口貨運有關文件及規定簡介
- 航空貨運責任歸屬
- 機場辦公室組織之功能及其職掌
- 航空公司出口櫃檯業務
- 出口班機文件處理
- 貨物出倉及打盤裝櫃安排
- 出口危險貨品之處理
- 出口活生動物接受及處理
- 離境班機作業

第一節　出口貨運有關文件及規定簡介

空運貨物並非只將貨物交給航空公司就可了事，因爲國際空運牽涉到各國對出入國境貨物的管制，包括對貨物徵收關稅，進出貨物管制或禁止，疫病管制，對國內產業獎勵免稅、退稅措施，因此必須有許多文件證明貨物品項、數量、價值、許可。對貨主而言，在國際貿易買賣行爲中，賣方將買賣標的貨物由空運交付買方過程中，對於貨物內容、數量、品項等，是否依買賣合約交付，必須依賴隨貨文件說明及證明。另外，航空公司處理貨主交來的貨物後，在後續的存儲、從盤櫃裝卸、停機坪處理、飛機裝卸過程中必須依賴貨主提供的隨貨文件，充分瞭解貨物性質以確保運送安全，並根據貨主提供的文件處理貨物，以符合有關政府法規需求。因此，貨主將貨物送到機場貨運站時，除了貨物之外，尙須帶來事先準備的相關文件，包括貨主託運申告書、空運提單（如係併裝貨加送承攬業提單）、包裝清單、發票，以及其他特許文件，如輸出入許可、產地證明（Ce rtificate of Origin）、動植物檢疫證明、農漁產品輸出入許可、危險品貨主申告書、武器彈藥出入境許可等，先將貨物卸到出口倉碼頭交給貨運站人員接收，然後再將貨物進倉證明及有關文件交給航空公司出口櫃檯。

航空公司出口的文件約有以下幾種：

一、航空公司貨運提單

航空貨運提單是空運文件中非常重要的文件，也是必備的文件。其主要功用有以下幾種：

(一)它是空運途徑路單

提單上面詳細記明託運人、收貨人名稱、地址、聯絡資訊，貨物品名、數量、重量、材積、特性、標記，以及處理該貨應注意事項，例如危險品、動植物、貴重品、溫度控制物品等特殊貨物處理方法等資料。另外還有承運航空公司、航班、路線、轉運點或接續運送航空公司資訊等，是貨主、代理商、卡車公司、物流公司、報關行、貨運站、海關、動植物檢疫局、商品檢驗局、航空公司及地勤代理公司處理該貨的重要依據，也是在異常情況下理賠的評估資料。

(二)它是處理有關費用之帳單

提單上有運費、代理商代墊費、報值費、航空公司代墊費、貨款代收費、危險品處理費、運費到付手續費、貨物包裝不良由航空公司代爲重新包裝費用、託運人指示退運或改送第三地運費及清關費用、倉租費等等費用註記，另有記帳賒銷帳號，是航空公司與貨主清帳依據，也是航空公司內部會計作業憑證。

(三)它是航空公司與託運人貨主之間的運送合約

貨物在運送期間牽涉到金額高低不等的貨物交接移轉，其中有關財產權、安全保障、損害賠償之民法、刑法的適用等等權利與義務行使的法律問題，爲保障彼此權益，航空公司與託運人之間必須訂立運送合約以規範彼此的法律行爲。空運提單依據國際公約有關空運規定，如1928年《華沙公約》、1955年《海牙議定書》以及往後蒙特利爾等一系列公約、IATA所制定的規範、國內法規定、航空公司的運送條件及空運慣例等，綜合將運送條件列成合約並印在提單背面，且在提單正面有由航空公司與託運人簽署同意背面運送條件及合約欄位，供雙方確認合約之簽訂。

(四)它是購買經由航空公司中介的保險單

由於運送途中貨物經由許多單位處理，衆多工作人員經手，許多工具操作，並有許多不可預測情況發生，例如南亞大海嘯、伊拉克戰爭等天災人禍等等風險，貨主爲避免貨物在運送途中遭遇的損失，通常會爲其貨物購買保險以便遭遇損失時可取回貨價。

貨主可以逕行向保險公司洽購保險，遇有損失則逕行與保險公司理賠，與航空公司無涉。另可透過航空公司事先安排的定型化保險條款（Policy）購買保險，有此情形時，則將投保金額及保險費打在提單上，遇有異常時，依提單上註記向航空公司求償理賠，因此，空運提單也是保險單。

(五)它是航空公司與託運人及收貨人之間貨物收受的收據與證明

航空貨物種類繁多，價值高低各有不同，例如金銀名畫，價值高達數百萬、數千萬，高科技產品亦價值不斐，成衣鞋子價值較低但數量龐大，整批貨物金額亦甚可觀。

貨主（託運人）將貨物交運若無適當保證，勢必面臨極大風險。因此貨主與航空公司之間必須有一定交接程序，並有書面簽收文件爲證。空運提單上有適當欄位供有關各造簽署，證明交接程序完備無誤。因此，空運提單亦可作爲收據之用。

空運提單共有三份正本，一份託運人收執聯（藍色，Original 3），作爲航空公司收到貨物的收據，及已簽定運送合約之證明，一份航空公司收執聯（綠色，Original 1）及一份收貨人收執聯（粉紅色，Original 2），隨貨送交收貨人，據以向航空公司提貨。另有白色副本九份，湊成一套共十二份，白色部分僅供作業參考，並不能作爲法定契約正本，除非經航空公司同意，並簽字蓋章證明爲正本（**圖10-1**）。

Shipper's Name and Address | Shipper's Account Number

UNITED AIRLINES
1234 N.W 12 ST
MIAMI, FI 31212

Not Negotiable
Air Waybill
Issued by UNITED AIRLINES
LOS ANGELES, CAIFORNIA

Copies 1, 2, and 3 of this Air Waybill are originals and have the same validity.

Consignee's Name and Address | Consignee's Account Number

CHINA INTERNATIONAL USA
ROOM 801-807, DONG SHAN PLAZA
69, XIAN LIE ZHONG ROAD
GUANGZHOU, CHINA

It is agreed that the goods described herein are accepted in apparent good order and condition (except as noted) for carriage SUBJECT TO THE CONDITIONS OF CONTRACT ON THE REVERSE HEREOF. ALL GOODS MAY BE CARRIED BY ANY OTHER MEANS INCLUDING ROAD OR ANY OTHER CARRIER UNLESS SPECIFIC CONTRARY INSTRUCTIONS ARE GIVEN HEREON BY THE SHIPPER, AND SHIPPER AGREES THAT THE SHIPMENT MAY BE CARRIED VIA INTERMEDIATE STOPPING PLACES WHICH THE CARRIER DEEMS APPROPRIATE. THE SHIPPER'S ATTENTION IS DRAWN TO THE NOTICE CONCERNING CARRIERS' LIMITATION OF LIABILITY. Shipper may increase such limitation of liability by declaring a higher value for carriage and paying a supplemental charge if required.

Issuing Carrier's Agent Name and City
BLUE SEA SHIPPING
841 SANDHILL AVE
CARSON, CA 90746

Accounting Information

Agent's IATA Code | Account No.

Airport of Departure (Addr. of First Carrier) and Requested Routing
LOS ANGELES　LAX

To	By First Carrier (Routing and Destination)	to	by	to	by	Currency	CHGS Code	WT/VAL PPD	WT/VAL COLL	Other PPD	Other COLL	Declared Value for Carriage	Declared Value for Customs
CAN	UNITED AIRLINES	HKG	UA	CAN	UA	USD	PP	X		P		USD 84300.00	

Airport of Destination	Flight/Date	Amount of Insurance	
GUANGZHOU BAIYUN　CAN	1834	NIL	INSURANCE - If carrier offers insurance, and such insurance is requested in accordance with the conditions thereof, indicate amount to be insured in figures in box marked "Amount of Insurance".

Handling Information　PLEASE NOTIFY CONSIGNEE UPON ARRIVAL

These commodities, technology or software were exported from the United States in accordance with the Export Administration Regulations. Ultimate destination　CHINA

Diversion contrary to U.S. Law prohibited　|　SCI

No. of Pieces RCP	Gross Weight	kg lb	Rate Class / Commodity Item No.	Chargeable Weight	Rate / Charge	Total	Nature and Quantity of Goods (Incl. Dimensions and Volume)
250 CTNS	8055.61 / 3654.00	Lbs / Kgs		3654.00	1.35	4932.90	CONSOL AS PER ATTACHED MANIFEST 250x12"X14"X13"
250	8055.61 / 3654.00	Lbs / Kgs				4932.90	

	Prepaid	Collect
Weight Charge	4932.90	.00
Valuation Charge		
Tax		
Total Other Charges Due Agent	.00	.00
Total Other Charges Due Carrier	986.60	.00
Total Prepaid / Total Collect	5919.50	.00
Currency Conversion Rates / CC Charges in Dest. Currency		
For Carrier's use only at Destination / Charges at Destination / Total Collect Charges		.00

Other Charges

SECURITY SURCHARGE　493.30
FUEL SURCHARGE　493.30

Shipper certifies that the particulars on the face hereof are correct and that insofar as any part of the consignment contains dangerous goods, such part is properly described by name and is in proper condition for carriage by air according to the applicable Dangerous Goods Regulations.

SAMPLE AGENT
Signature of Shipper or his Agent

11/19/03　LOS ANGELES　SAMPLE AGENT
Executed on (date)　at (place)　Signature of Issuing Carrier or its Agent

FORM -AWB INTOI　APPERSON BUSINESS FORMS, INC. C1836 (11/97)

圖10-1　航空公司空運提單範本

提單由航空公司印製及管制，視爲有價文件，每張提單都有一組號碼作爲控管之用，其上所列資料即代表一批貨物，包括所有人、貨物名稱、數量、運送責任及締約各造之間的財務關係，是非常重要的運銷文件，必須嚴密管制，非經適當程序不得隨意更改。

提單內容資料的填製可由貨主先填寫「貨主託運申告書」後交由航空公司出口櫃檯依其資料打入提單內。如貨主委託代理商交運，代理商可依航空公司代理合約取得航空公司提單代爲填製。

二、航空貨運承攬業提單

航空貨運承攬業者經過多年的演變，由最初的代理商角色逐漸演變成「空運承攬業公司」，最近更演變成「物流公司」，扮演類似航空公司角色，也開發該公司自行印製有其標記的提單給「託運人」（廠商），自身即成爲「運送人」（Carrier），然後彙集許多廠商的貨物後，再將大批貨交航空公司承運，賺取大量貨物優惠費率所產生的利差。由航空公司開發的提單（亦稱爲主提單）給這些「空運承攬業公司」，此時這些空運承攬業公司即成「託運人」，航空公司成爲「運送人」。

空運承攬業公司所開發給廠商的提單稱之爲「承攬業提單」（**圖10-2**）。空運承攬業公司在將貨物送機場交給航空公司時，通常將所有的分提單用大信封密封，附訂在主提單之後，隨貨送終點站交其「收貨人」（通常是其海外分公司），屆時再由分公司拆包後，取出遞交廠商據以辦理報關手續，領取貨物完成運送。

「承攬業提單」型式及內容與航空公司提單大致相同，連背面的「運送條件」（Condition of Carriage）條文也大同小異。主要是考慮萬一有異常發生，需要對廠商理賠時可與得自航空公司之賠償相當，避免有差距而造成空運公司的額外損失。

LAXCAN-676542

Shipper's Name and Address	Shipper's Account Number	Not Negotiable
GERGY INC. 9133 S. LA CIENEGA BLVD., STE 170 INGLEWOOD, CA 90301	123546	**Air Waybill** Issued by **BLUE SEA SHIPPING** 841 SANDHILL AVE CARSON, CA 90746 Copies 1, 2 and 3 of this Air Waybill are originals and have the same validity.

Consignee's Name and Address	Consignee's Account Number	
CHINA INTERNATIONAL USA ROOM 801-807, DONG SHAN PLAZA 69, XIAN LIE ZHONG ROAD GUANGZHOU, CHINA	464536	It is agreed that the goods described herein are accepted in apparent good order and condition (except as noted) for carriage SUBJECT TO THE CONDITIONS OF CONTRACT ON THE REVERSE HEREOF. ALL GOODS MAY BE CARRIED BY ANY OTHER MEANS INCLUDING ROAD OR ANY OTHER CARRIER UNLESS SPECIFIC CONTRARY INSTRUCTIONS ARE GIVEN HEREON BY THE SHIPPER, AND SHIPPER AGREES THAT THE SHIPMENT MAY BE CARRIED VIA INTERMEDIATE STOPPING PLACES WHICH THE CARRIER DEEMS APPROPRIATE. THE SHIPPER'S ATTENTION IS DRAWN TO THE NOTICE CONCERNING CARRIER'S LIMITATION OF LIABILITY. Shipper may increase such limitation of liability by declaring a higher value for carriage and paying a supplemental charge if required.

Issuing Carrier's Agent Name and City		Accounting Information
BLUE SEA SHIPPING 841 SANDHILL AVE CARSON, CA 90746		
Agent's IATA Code	Account No.	
Airport of Departure (Addr. of First Carrier) and Requested Routing LOS ANGELES　LAX		MAWB　016-2354-5463

To	By First Carrier (Routing and Destination)	to	by	to	by	Currency	CHGS Code	WT/VAL PPD	WT/VAL COLL	Other PPD	Other COLL	Declared Value for Carriage	Declared Value for Customs
CAN	UNITED AIRLINES	HKG	UA	CAN	UA	USD	PP	X		X		84300.00USD	

Airport of Destination	Flight/Date	Amount of Insurance	INSURANCE
GUANGZHOU BAIYUN　CAN	1834	NIL	INSURANCE - If carrier offers insurance, and such insurance is requested in accordance with the conditions thereof, indicate amount to be insured in figures in box marked "Amount of Insurance".

Handling Information　PLEASE NOTIFY CONSIGNEE UPON ARRIVAL

These commodities, technology or software were exported from the United States in accordance with the Export Administration Regulations. Ultimate destination　CHINA　　Diversion contrary to U.S. Law prohibited　　SCI

No. of Pieces RCP	Gross Weight	kg lb	Rate Class Commodity Item No.	Chargeable Weight	Rate/Charge	Total	Nature and Quantity of Goods (Incl. Dimensions and Volume)
250 CTNS	8056.00 3654.178	L K		3654.00	1.82	6650.28	COMPUTER PARTS 250x12"X14"X13"
250 CTNS	8055.61 3654.00	L K				6650.28	

Prepaid	Weight Charge	Collect	Other Charges
4932.90		.00	
Valuation Charge			
Tax			
Total other Charges Due Agent			Shipper certifies that the particulars on the face hereof are correct and that insofar as any part of the consignment contains dangerous goods, such part is properly described by name and is in proper condition for carriage by air according to the applicable Dangerous Goods Regulations.
.00		.00	
Total other Charges Due Carrier			
986.60		.00	SAMPLE AGENT Signature of Shipper or his Agent
Total Prepaid		Total Collect	
5919.50		.00	
Currency Conversion Rates		CC Charges in Dest. Currency	11/19/03　TAIPEI　SAMPLE AGENT Executed on (date)　at (place)　Signature of Issuing Carrier or its Agent
For Carrier's use only at Destination		Charges at Destination	Total Collect Charges .00　LAXCAN-676542

FORM-AWB INT01　APPERSON BUSINESS FORMS, INC. C1836 (11/97)

圖10-2　航空貨運承攬業者承攬業提單範例

分提單也是空運過程中很重要的文件，其性質與航空公司提單相同，因為航空貨運承攬業者在併裝許多廠商的貨物交航空公司承運，法理上是「貨主／託運人」，但對海關而言，他們並非眞正的廠商貨主，不能代替報關繳稅。因此，眞正的廠商貨主必須以「分提單」進行報關手續才能取貨。

分提單上右上角通常都印有航空貨運承攬業者的名稱及其標記（Logo）以茲識別，並印有該公司代號及提單流水號碼以便控管，以及海關報關之申報。

三、航空快遞提單（Express Air Waybill）

快遞貨運業者，如聯邦快遞（FedEx）、優比速（UPS）、敦豪（DHL）等，為因應快遞作業需要，所使用的空運提單與一般傳統航空公司提單格式略有不同，如**圖10-3**、**圖10-4**所示。

四、航空公司艙單（Airline Air Cargo Manifest）

航空公司的艙單（Cargo Manifest）是班機載運貨物的「明細表」，其中顯出班機資料，包括航空公司名稱、班機飛航日期、班機號碼、飛機註冊號碼、起降機場、承載貨物詳情（包括提單號碼、件數、重量、品名、特殊貨品註記）及終點、轉運站名等。另有一欄供官方（特別是海關）批註（**圖10-5**）。

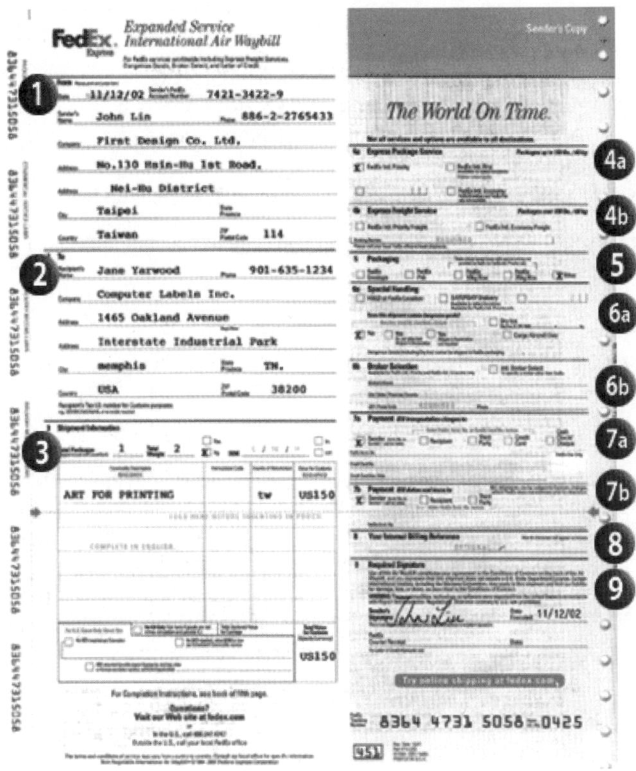
FedEx Express
Expanded Service International Air Waybill

11/12/02			7421-3422-9
John Lin			886-2-2765433
First Design Co. Ltd.			
No.130 Hsin-Hu 1st Road.			
Nei-Hu District			
Taipei			
Taiwan			114
Jane Yarwood			901-635-1234
Computer Labels Inc.			
1465 Oakland Avenue			
Interstate Industrial Park			
memphis			TN.
USA			38200
1		2	
ART FOR PRINTING		tw	US150
			US150

Questions?
Visit our Web site at fedex.com

Sender's Copy
The World On Time.
11/12/02
Try online shipping at fedex.com
8364 4731 5058 0425

圖10-3　快遞貨提單

DHL EXPRESS

Track this shipment via the DH

Shipment Air Waybill DHL
(Non negotiable)

1　Payer account number and insurance details

Charge to [X] Shipper [ ] Receiver [ ] 3rd party　　[ ] Cash [ ] Cheque [ ] Credit Card

Payer Account No. 625000001

Shipment Insurance　*see below*
[ ] *Yes Insured value (in local currency)*

Not all payment options are available in all countries

2　From (Shipper)

Shipper's account number	Contact name
625000001	

Shipper's reference　*(up to 32 characters but only first 12 will be shown on invoice)*
eClub No P805020001

DHL office

圖10-4　快遞貨提單

AIR EXPRESS AIRLINES
CARGO MANIFEST
ICAO ANNEX 9 APPENDIX 2

Date : 01MAY10
Flight No. : AX-0673 Aircraft Registration:B18315

Point of Loading: TPE Point of Unloading as Below

AWB No.	PKGS	Nature of Goods		Weight	Ex	To	Official
TPE – PEN							
897-45649423	11	Consolidation		180	TPE	PEN	
897-45756550	24	Computer & Parts		650	TPE	KUL	
897-45772462	30	Coins	VAL	97	TPE	SIN	
897-64376981	67	Human Remain	HUM	300	TPE	PEN	
897-45801044	130	Live Birds	AVI	150	TPE	PEN	
897-45790636	11	General Cargo		550	TPE	JKT	

圖10-5 航空公司艙單

五、貨主申告書

(一)貨主託運申告書

貨主將貨物交運時必須提交一份「貨主託運申告書」（Shipper's Export Declaration，或稱Shipper's Letter of Instruction），或「貨主託運書」給航空公司（**圖10-6**）。由於貨主交運的貨物林林總總，航空公司對貨物內容及有關資訊並不十分瞭解，因此乃有隨貨文件應由託運貨主準備之規定。但是航空公司的提單是非常重要的文件，是航空公司與託運人之間的運送合約、收費帳單、作業指示、貨物移轉的收據、保險單等，牽涉到雙方許多權利和義務關

SHIPPERS LETTER OF INSTRUCTION

SHIPPER'S NAME AND ADDRESS:

REF: | **ORDER NO.**

CONSIGNEE NAME AND ADDRESS

ATTENTION: | **TELEPHONE:** **FAX:** **E-MAIL:**

NOTIFY PARTY:

DESTINATION: air freight ☐ sea freight ☐ mark X

IEG PTY LTD
(International Freight Forwarders & Customs Broker)
Unit 20, No. 2 Bishop Street
St Peters, NSW, 2044
Australia
Tel: +61-2-9517 4114
Fax: +61-2-9517 4100
www.ieg.com.au

1.Shipper hereby authorizes IEG Pty Ltd to complete airwaybill/ bill of lading, sign same and prepare all documentation necessary in connection with dispatch and delivery of cargo on behalf of shipper in accordance with conditions of contract.

2.Shipper hereby certifies that goods (or parts thereof) mentioned hereunder are:

Non-Hazardous ☐　　Hazardous ☐

Signature of Shipper: ____________
Date: ____________

NUMBER OF PCS	GROSS WEIGHT	DIMENSIONS PER PCS	CUBIC VOLUME	NATURE AND QUANTITY OF GOODS

SPECIAL HANDLING INFORMATION:

DECLARED VALUE FOR CUSTOMS

CHARGES: Tick if applicable

	PREPAID	COLLECT
FREIGHT	☐	☐
HANDLING	☐	☐
ECN	☐	☐
PICK UP	☐	☐
INSURANCE	☐	☐
AIRWAYBILL FEE	☐	☐
PACKING	☐	☐
WAR RISK	☐	☐
FUEL SURCHARGE	☐	☐
CERTIFIED INVOICES		

NOTE: IF PAYMENT METHOD NOT INDICATED ALL ABOVE CHARGES WILL BE AUTOMATICALLY PREPAID TO YOUR ACCOUNT

ECN:

COUNTRY OF ORIGIN:

FREE DOMICILE AUTHORITY
I/We hereby authorise IEG Pty Ltd to arrange customs clearance and delivery at destination and agree to be liable for customs clearance and delivery charges thereon

Including:

DUTY ☐ YES　☐ NO
TAX ☐ YES　☐ NO

DOCUMENTS ATTACHED:

DOMMERCIAL INVOICE ☐
PACKING LIST ☐
CERTIFICATE OF ORIGIN ☐
L/C COPY ☐
OTHER ☐

圖10-6　貨主託運申告書

係，不容隨意塡寫或更改，航空公司也因此將提單編號控管。爲使託運貨物資料正確繕打入提單內並便於控管提單，乃有「貨主託運書」之設計，由託運人將託運該貨有關資料塡入託運書中，再簽名證實所塡資料正確無誤後，由航空公司或其代理商據以開發航空公司的提單。其意義是「貨主給航空公司的指示」，以代爲開發空運提單之用。

貨主託運書內容主要包括以下各要項：

1.託運人及收貨人名稱、地址、城市、國家、通訊方法（如電話、傳眞、電郵）等資訊。

2.啓運機場及到達機場（Airport of Arrival），顯示全稱，包括省（州）、國家名稱，以免誤送同名機場。

3.要求之路線／要求之訂位班機（Requesting Routing/Requesting Booking）。

4.標記及編號（Marks and Numbers），顯示貨主之嘜號標記及貨箱上之編號。

5.貨物包裝種類、箱號（Number and Kind of Packages），如紙箱、布捲、木箱等。

6.貨物說明（Description of Goods），詳細說明貨物名稱、性質，必須與其他隨貨文件說明相符，如輸出入許可、商業發票（Commercial Invoice）、危險品貨主申告書、報關單等一致。

7.毛重（Gross Weight），公制公斤或英制磅爲單位表示。

8.材積（Measurement），以長寬高相乘表示單件材積及總材積。

9.啓運站運費及其他費用（Air Freight/Other Charges at Origin）。

10.申告運送報值（Declared Value for Carriage），以便提高損壞時之賠償金額，如無申告以NVD（No Value Declared）填寫。

11.海關申報價值（Declared Value for Customs），作爲終點站海關課稅參考。

12.保險要保金額（Insurance Amount Requested），如透過購買保險時方要填寫。

13.貨物處理資訊（Handling Information and Remarks），例如動物餵食注意事項、到貨通知。

14.日期及簽字（Date and Signature），以示資料正確並負責。

(二)危險品貨主申告書

主要目的是讓貨主藉由此申告書向航空公司說明託運的危險貨品詳細內容，以便航空公司人員在運送途中能安全處理。申告書中也聲明品名依法規正確申告，依規章包裝，以及意外發生時如何處理等（**圖10-7**）。

六、貨主隨貨文件（Shipper's Accompany Documents）

(一)包裝清單

貨主將貨物交運時通常會隨貨附寄一份「包裝清單」，目的是要告知收貨人每一包裝內容物詳情，好讓收貨人收到貨物後可以據以清點實際收到的品項及數量是否與約定相符。同時，如果運送途中有損壞也可以據以向航空公司要求賠償。此外，海關在清關過程中也以包裝清單記載內容，決定抽驗某部分貨物，或全部查驗。包裝清單內容請參閱下附樣本（**圖10-8**）。

SHIPPER'S DECLARATION FOR DANGEROUS GOODS

Shipper	Air Waybill No. Page of Pages Shipper's Reference Number (optional)
Consignee	CHINA AIRLINES
Two completed and signed copies of this Declaration must be handed to the operator.	**WARNING**
TRANSPORT DETAILS This shipment is within the limitations prescribed for: *(delete non-applicable)* PASSENGER AND CARGO AIRCRAFT / CARGO AIRCRAFT ONLY Airport of Departure:	Failure to comply in all respects with the applicable Dangerous Goods Regulations may be in breach of the applicable law, subject to legal penalties.
Airport of Destination:	Shipment type: *(delete non-applicable)* NON-RADIOACTIVE / RADIOACTIVE

NATURE AND QUANTITY OF DANGEROUS GOODS

Dangerous Goods Identification						
UN or ID NO.	Proper Shipping Name	Class or Division (Subsidiary Risk)	Pack-ing Group	Quantity and type of packing	Packing Inst.	Authorization

Additional Handling information

I hereby declare that the contents of this consignment are fully and accurately described above by the proper shipping name, and are classified, packaged, marked and labelled/placarded, and are in all respects in proper condition for transport according to applicable international and national governmental regulations. I declare that all of the applicable air transport requirements have been met.	Name/Title of Signatory Place and Date Signature *(see warning above)*

F-F7013B　　2005.01.150 Printed in Taiwan, R.O.C

圖10-7　危險品貨主申告書

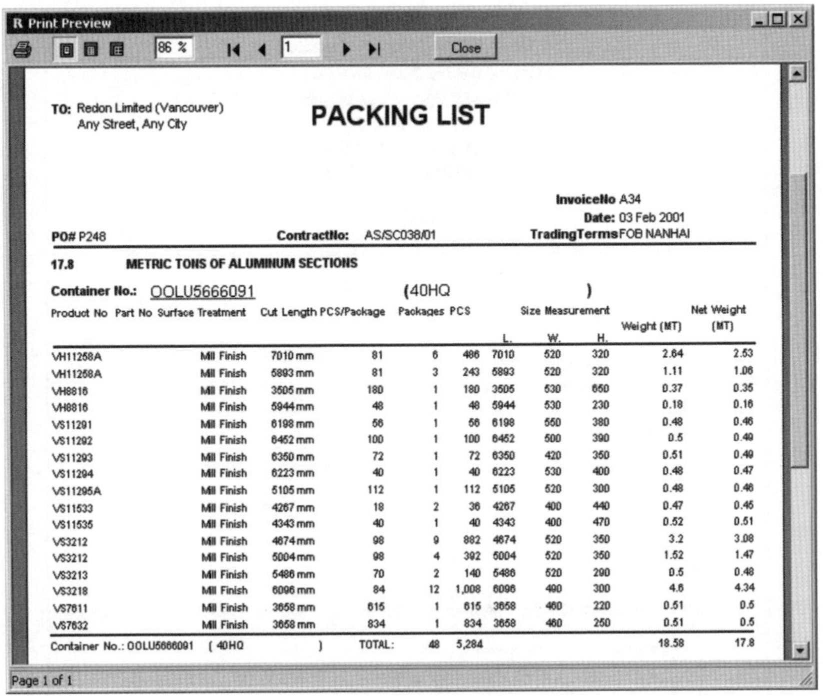

TO: Redon Limited (Vancouver)
Any Street, Any City

PACKING LIST

InvoiceNo A34
Date: 03 Feb 2001
PO# P248　ContractNo: AS/SC038/01　TradingTerms FOB NANHAI

17.8　METRIC TONS OF ALUMINUM SECTIONS

Container No.: OOLU5666091　(40HQ　)

Product No	Part No	Surface Treatment	Cut Length	PCS/Package	Packages	PCS	Size Measurement L.	W.	H.	Weight (MT)	Net Weight (MT)
VH11258A		Mill Finish	7010 mm	81	6	486	7010	520	320	2.64	2.53
VH11258A		Mill Finish	5893 mm	81	3	243	5893	520	320	1.11	1.06
VH8816		Mill Finish	3505 mm	180	1	180	3505	530	650	0.37	0.35
VH8816		Mill Finish	5944 mm	48	1	48	5944	530	230	0.18	0.16
VS11291		Mill Finish	6198 mm	56	1	56	6198	550	380	0.48	0.46
VS11292		Mill Finish	6452 mm	100	1	100	6452	500	390	0.5	0.49
VS11293		Mill Finish	6350 mm	72	1	72	6350	420	350	0.51	0.49
VS11294		Mill Finish	6223 mm	40	1	40	6223	530	400	0.48	0.47
VS11295A		Mill Finish	5105 mm	112	1	112	5105	520	300	0.48	0.46
VS11533		Mill Finish	4267 mm	18	2	36	4267	400	440	0.47	0.45
VS11535		Mill Finish	4343 mm	40	1	40	4343	400	470	0.52	0.51
VS3212		Mill Finish	4674 mm	98	9	882	4674	520	350	3.2	3.08
VS3212		Mill Finish	5004 mm	98	4	392	5004	520	350	1.52	1.47
VS3213		Mill Finish	5486 mm	70	2	140	5486	520	290	0.5	0.48
VS3218		Mill Finish	6096 mm	84	12	1,008	6096	490	300	4.6	4.34
VS7611		Mill Finish	3658 mm	615	1	615	3658	460	220	0.51	0.5
VS7632		Mill Finish	3658 mm	834	1	834	3658	460	250	0.51	0.5
Container No.: OOLU5666091		(40HQ	)	TOTAL:	48	5,284				18.58	17.8

圖10-8　包裝清單

(二)商業發票

商業發票主要用途是供買賣雙方確定貨物價值，通常也隨貨送收貨人以證明所送貨物確實依雙方買賣合約進行。商業發票也作為海關決定貨物價值，是否課稅的依據。貨物如有損壞而向航空公司求償時，商業發票上的貨物價值也是決定賠償金額的重要參考資料（**圖10-9**）。

Cash & Long Power Supplies
❶ **115 Doncaster Suite #31 - 43**
West Deptfort NJ 01066
Contact : Jim Cash
Telephone : 609-555-6904
EIN (IRS) No. 555-55-555

INVOICE

❷ Date : 30 September 99

Purchase Order : 04297

Ship To :

❸ Kramer, Potz & Baer Inc
345 Hitchens Way
Fetham, Middlesex, TW14 0U
United Kingdom
Contact : Todd Warner
Phone : 01-875-8257

Sold To :

❹ Baird, Caruso & Swanberg Co.
206 Dilley Place
Oxfordshire, U.K. OX8 15E
Contact : Susan Miller
Phone : 01-713-4444

Tin # : 3529 8843 610

	# of Units	Description of Goods Harmonized System Tariff Number if Known	Country of Origin	Unit Value	Total Value
50	50	Aluminum Windshield Wiper Assemblies	United States	$10.00	$500.00
50	50	Natural Rubber Replacement Blades	United States	$3.00	$150.00
25	25	Printed Instruction Kits	United States	$5.40	$135.00
		Shipping Charges			$155.00
		Total Value			*$941.30*

Terms : CIF
3 Packages
30 Lbs
CURRENCY : US$

Shipper　　　Date

圖10-9　貨主發票

七、政府機關要求文件（Documents Required by Government）

(一)海關報關單

海關報關單（Customs Declaration）主要用途是供貨主向海關申報進出口貨物之用。主要內容包含進出口商資訊、貨品有關資訊（如名稱、數量、材積、金額等）、海關查核記錄及課稅資料、貨物違禁查扣或繳稅放行註記等，作爲政府管制貨物進出國境及課稅依據。

各國海關依其國情之差益而各有不同形式的報關單，內容亦迥異。茲以台灣海關報關單爲例（**圖10-10**），供讀者參考。

(二)輸出入許可證

各國政府因國防安全、商業機密、農漁保護、經濟考量、環保健康、社會治安、產業發展等等考量而對進出口貨物進行管制，有些貨物嚴禁進口，如毒品；有些貨物可以有條件進口，如有檢疫證明之動植物；有些貨物經特案許可者准許進口，例如軍警用武器彈藥；有些貨物因保護產業而不許出口，但經申報後經政府有關機關審核許可者不在此限。

凡此種管制貨物必須獲得輸出入許可證方能運輸出入國境。輸出入許可證因案情不同而各異，以下範例（**圖10-11**）供參考。

(三)動植物檢疫證明

動植物進出國境時通常須經過檢疫程序，主要目的是防範疫病的流傳，保障國民的健康安全，例如，防止口蹄的傳入、果蠅蟲卵闖關、福壽螺混入境，造成生態浩劫、病蟲害侵入等等，其申請書簡介如**表10-1**。

（範例）

關 01002 出 口 報 單		聯別	共　頁 第　頁	
	報單(收單關別 出口關別 民國年度 船或關代號 裝貨單或收序號) 號碼 [illegible] / / 87 / 1879 / 0135			

外銷品使用原料及其供應商資料清表

出口貨物項次	產品或使用原料（含中間產品及進口原料）名稱、規格	數量或重量	進口商名稱及營利事業統一編號	供應或加工製造廠商名稱及統一編號	備註
1.	COLORED ALUMINIUM SLAT 0.18mmx 25mm	13,057KGS		日光(股)公司 22229966	
	ALUMINIUM COIL 0.15mmx 25mmx COIL	14,624KGS (已含損耗)	日光(股)公司 22229966		
2.	不銹鋼剪刀 8" KITCHEN SHEAR	1,200PCE		好用實業有限公司 87643210	
	COLD ROLLED STAINLESS STEEL SHEET IN COIL # 430 1.5mm	108KGS (未含損耗)	好用實業有限公司 87643210		
	（	以下	空白	）	

圖10-10　出口報單

輸入許可證申請書
APPLICATION FOR IMPORT PERMIT

第一聯：簽證機構存查聯

共 頁	第 頁

①申請人 Applicant	③生產國別 Country of origin	④起運口岸 Shipping Port
②申請人印章 Signature of Applicant	⑤賣方名址 Seller	
	⑥發貨人名址 Shipper	
	⑦檢附文件字號	

⑧項次 Item	⑨貨品名稱、規格、廠牌或廠名等 Description of Commodities Spec. and Brand or Maker, etc.	⑩商品分類號列及檢查號碼 C.C.C. Code	⑪數量及單位 Q'ty & Unit	⑫單價 Unit Price	⑬條件及金額 Terms & Value

簽證機構加註有關規定 Special Conditions	輸入許可證號碼 Import Permit No.
	許可證簽證日期 Issue Date 許可證有效日期 Expiration Date
	簽證機構簽章Approving Agency Signature

一、本輸入許可證一經塗改即屬無效，商品分類號列蓋有簽證機構校對章者除外。
二、本輸入許可證記有貿易資料，關係商業機密，請予保密，不得外洩或買賣。
三、進口貨品，申請人應自行瞭解及依照有關輸入規定、檢驗、檢疫、衛生及其他相關國內管理法令辦理。

收件號碼
收件日期

圖10-11 輸入許可證

表10-1　輸入動物及其產品檢疫申請書

輸入動物及其產品檢疫申請書　編號：VP 40-1
APPLICATION FORM FOR
IMPORTING ANIMAL AND/OR ANIMAL PRODUCTS

申請號碼 Application No.________ •申請日期 Application Date & Time________ 受理日期及時間 Process Date & Time________

委託書號 Authorization Document No.________ •報單號碼及項次 Goods Declaration No. & Item No.________

報驗代理人(統編) Agent________ 身分註記 Agent Type □報關行 □報驗行 □業者 □個人 □其他

•申請人(統編) Applicant________

申請人地址及電話 Address & Telephone No.________

•收貨(件)人及地址 Consignee & Address________ 進口人&名稱 Importer & Name________

•貨物名稱 Description of Goods________ •貨品分類號列 C. C. C. Code________

•總申報數量 Total Quantity________ •總淨重(KGM) Total Net Weight________

年齡Age______年(Year)______月(Month) 雄(M)______隻 雌(F)______隻 晶片號碼 Microchip No.______

毛色及特徵 Color & Characteristics________ 預防注射種類及日期 Vaccination Type & Date________

•航機班次／船舶呼號(名稱) Name of the Carrier________ •賣方國家及代碼 Country of Seller________

•生產國別 Country of Origin________ •起運口岸 Place of Loading________ 途經地點 Country of Transit________

預約檢疫日期及時間 Inspection Date & Time________

•貨櫃(物)存放處所(存放處所代碼) Location of Goods________ 連絡電話 Telephone No.________

•貨櫃號碼 Container No.________ •報關總完稅價格(檢疫物) Duty________

•運輸方式 Transport Type □海運 □空運 □郵包 □攜帶

原持證件 Original Certificate________ 結匯證件號碼 Foreign Exchange Document No.________

申請人特別要求 Special Request________

檢疫處理 Quarantine Treatment________

標記及備註

第二節　航空貨運責任歸屬

一、貨主的責任與義務

在空運過程中，航空公司及託運貨主之間雙方都有權利、義務關係，已詳載於空運提單背面之「運送合約」，其中有關貨主的責任與義務如下：

1.貨主有義務辦理依法應完成各項手續與行動，包括出口國、過境國及進口國爲貨物辦理進出國境報關手續及政府機關依法要求辦理事項，如辦理動植物檢疫手續、貨物安全檢查等。

2.貨主必須繳交運費及與運送有關費用（如文件處理費、倉租、航空公司代墊費、運費到付手續費、危險品處理費等），以及政府所徵收之有關規費。

3.貨主應將貨物準備妥當，以便航空公司可立即發送該貨，包括貨物以適當材質包裝，貼妥適當警示標籤（如此端向上、易碎品、防止水濕、各種危險品標籤、活生動物標籤等），航空公司及空運公司有提單號碼及啓運站與目的地之標籤。另外如貨主有需要時，亦可將箱號（Carton or Case Number）或嘜頭（Marking）印在箱上。

4.貨主有義務提交與運送該貨有關之文件，包括貨主託運申告書、空運提單、代理商或空運公司的承攬業提單、包裝清單、發票、產地證明、輸出入許可證、危險品貨主申告書、動植物檢疫證明等，除貨主託運書、航空公司提單、空運公司分提單及併裝艙單（House Manifest）是必須送航空公司的文件外，其餘文件視貨物性質及政府機關要求，由貨主決定應檢附何種文件。貨主如因文件不齊而遭拒運或受到政府機關處罰，一切由貨主負責，航空公司僅協助查看文件是否齊備，但不負法律義務。

5.託運人，或依法應負責的貨主及收貨人，如因其貨物遭致其他貨物受損，或遭致航空公司飛機或其他財產損失，應負賠償責任。例如交運的危險品未依規定包裝及申告，於運送途中爆炸起火，造成飛機及機上客貨毀損，貨主應該負責賠償。

二、航空公司的責任與義務

1.貨主將貨物及文件交給航空公司並繳交有關費用後，航空公司就負有保管該貨物之責任與義務，有關該貨物在運送過程中的任何毀損、破壞或延誤所造成的損失，對託運人、收貨人或有關任何人負責，直到貨物交給提單上指定的收貨人或依法可以取得該貨的所有人爲止。

2.航空公司的責任範圍原則上應依據規範國際運送的國際公約規定，航空公司應負責的程度限於該公約的規定且限於航空公司有重大疏失或故意的行爲，例如貨物未妥善保護而被堆高機輾過遭致破損，屬於重大疏失；航空公司員工偷竊，屬於故意的行爲。

3.對於交運貨物的損害如果是由於運送之必需而引起者，航空公司不負責，除非能證明此項損害是由於航空公司的重大疏失或故意的行爲。例如飛機運送過程中會遭遇到起降時的激烈震動、高度氣壓變化、途中天氣冷熱差異、貨櫃艙內貨物堆疊等等，貨主對交運貨物應妥善包裝以保護在上述運送情況下，能安全運送，若未能如此而損壞，航空公司可不負責。例如玻璃磁器只以紙箱簡單包裝而無充分襯墊物保護，以致損壞，航空公司不負賠償責任。

4.航空公司對於貨物之毀損、滅失、損壞，可證明是由於貨物本身內在瑕疵、品質、貨物性質或貨物缺點所引起的損壞不負責任。例如肉品腐壞、化學品變質、氣體溢散、熱帶魚缺氧等非航空公司所能控制者。

5.航空公司對動物在運送途中，因爲自然因素導致死亡而引起的任何滅失、損壞或費用，以及死亡或傷害是由於動物自身的行爲、習性，或遭受其他動物撕咬、踢撞、牴刺，或因包裝箱籠大小環境的限制，無法避免此種傷害或死亡時，航空公司不負責任。例如龜兔同籠，兔子被咬受傷；紅毛猩猩在阿拉斯加過境轉運，不能適應寒冷天氣而死亡；黃金獵犬因箱籠太小，無法轉身而衝撞受傷。

6.在不違反有關法令情況下，航空公司依照運送合約執行其運送而引起的損失或毀損不負責任，不管航空公司是否知悉此項運送或將引起損害。例如飛行途中飛機遭遇雷擊受損而改降其他機場，因此導致運送時間延長，使生鮮貨物受損。

7.託運人、收貨人或任何有權提出賠償要求的人持續的疏忽而導致的損害，航空公司不負責。例如班機因故將延誤起飛，航空公司通知熱帶魚託運人重新灌氧氣，屢經通知，貨主未採行動導致熱帶魚缺氧死亡，航空公司只要有已盡到通知義務證據，可不負責。

8.航空公司對貨物毀損、滅失、損壞或延誤的賠償責任，原則上不超過可適用的國際公約規範，目前標準以不超過十七個特別提款權（17SDR）爲度。如果在航空公司與託運人簽定的運送合約中（印在空運提單背面，如雙方在提單上簽署即構成運送合約的成立），託運人申報較高的貨物價值，且繳交報值費，航空公司的賠償責任即提高至該申報價值或依賠償當時之市價標準，貨主求償時必須提出其要求價值之證明。

9.當貨主因部分貨物或內容物毀損、損壞或延誤要求賠償時，航空公司考量賠償僅限於損失的件數重量部分，換言之，不是整批貨全部都賠。但是，如果毀損的部分會影響全部或部分貨物價值時，則應將受影響部分亦應列入考量。例如，哈雷機車的引擎遭到毀損，整部機車即無法使用，此時應考慮全賠。又如，一部桌上型電腦鍵盤受損，航空公司的賠償責任只限該鍵盤。如貨主對部分損害無法提出損害金額證明，航空公司賠償則依損壞貨物重量或該部分占整體價值比例決定賠償金額。

10.如果航空公司發現貨主託運的貨物因其本質瑕疵、品質變化、包裝不良，可能會影響飛機、人員、財產安全時，航空公司可以不經通知丟棄或銷毀該貨，航空公司亦可不必對該貨的損失負責。例如硫酸破漏，影響人機安全，航空公司可立即卸貨拋棄。

11.航空公司開發提單涵蓋其他航空公司航段時，開單航空公司對他航而言僅是他航之代理。有關該航段運送責任事宜，應以該他航爲主要對象。貨物運送如牽涉到兩家航空公司聯運時，託運人應以第一家航空公司爲交涉對象，而收貨人或有權提貨之人則以最後一家航空公司爲求償對象。

12.當航空公司依有關規定免除或限制其責任時，此種免除或限制亦適用於該航空公司之代理商、僱佣人員及其代表人，也適用於航空公司所租用之飛機（公司）和其他交通工具。

例如華航承運貨物從台北運往美國麻州波士頓，首段由華航運往紐約，再由紐約以卡車運往波士頓，如在後段發生損失時，其責任比照前段華航責任限度辦理。

13.國際運輸航空公司的責任最高限於17SDR（賠償金額依實際損失，但最高不超過17SDR），除非貨主申報較高價值，並繳交相關的報值費，才能讓航空公司承擔較高責任，有損失時，依實際損失賠償，但最高不超過該申報價值。

第三節　機場辦公室組織之功能及其職掌

一、機場經理及值班經理室

機場貨運經理主要功能是管理內部貨運工作，對外代表公司及貨運部門，主要工作包括人員進用、訓練、管理、考核，制定工作程序，確保工作品質，安排班機工作編組，處理緊急及異常狀況等等。在總公司所在的「基地機場」（Home Base）或「樞紐機場」（Hub），因業務量大，在經理之下常再設輪班之「執勤經理」，從事管理及督導工作，但比較偏重每日工作的管理（Daily Work Management），重要工作包括以下各項：

1.檢查進口班機資料，若有轉機貨物，於班機抵達前以電報通知班機接送小組及地勤裝卸組，以便及時於機下檢查，處理轉運手續。掌握班機離到時間，及時溝通協調，使排班工作人員獲得最新資訊。

2.涉及本站之貨物異常案件電報蒐集，分發啓運站及中途站所發班機盤櫃裝載內容電報（ULD Contents Message）及班機盤櫃裝載艙位電報（CPM-Container/Pallet Message）給班機處理人員，貨運站及地勤代理參考準備。

3.電話或傳眞通知地勤代理、郵局轉運單位、貨運站、倉儲業者，有關臨時加飛班機、取消班機或延誤有關資料及離到時間，以便各該單位提前做適當處置，安排額外人力並協調總公司貨運服務、營業處、城區營業組及訂位組、機坪管制組、地勤公司、海關、航警局、貨運站等各有關單位，採取必要措施。

4.調度班機工作人員，依航班時間、飛機承載貨物多寡，安排適當人力。

5.收發電報，依電報內容採取必要的行動，例如需要事先通知收貨人準備領貨。蒐集特殊貨物有關資訊，例如緊急特別重要外交郵件、貴重物品等，並交代專人照顧處理。傳送有關班機資料分送有關單位參辦。

6.控制工作進度，確保各項工作及時完成。

7.協調各單位，例如通知地勤代理公司飛機停靠位置及離到時間。

8.應付緊急意外案件，例如貨櫃在拖運途中或裝卸時掉落受損、發生爆炸、失火等，並負責指揮員工採取必要行動。

9.處理上級主管交辦事項。

二、值勤主管重要電報收發管制作業程序

值班經理（OIC）負責日常管理工作，並作爲班機貨運作業指揮中心，每日內外溝通協調爲其工作重心，而其中對於處理電報更是不可或缺的工作，茲說明如下：

1.所有進出電報由值班經理審閱，均須登記保存備查。

2.凡總公司各處室，及他站拍發之通知、規定等電報，班機冬夏季班表電報，客貨機班次、機型、離到時間、重大異動電報，重要貨品、物資裝運計畫及動態訊息電報，涉及本單位作業之重大異常案件之電報均屬重要電報，應由值班經理登記後，立即公告周知。

3.值班經理將需要執行之電報，分別傳送單位內各組長、督導、領班等次級主管，轉知所屬員工遵照辦理或執行有關事項。

4.如有須通知、回覆外站或國內各有關單位電報，由本單位內權責次級單位主管草擬電稿，呈送值班經理核准後，以機場貨服辦公室名義發報（以華航為例，機場貨服辦公室SITA電報代號為TPEFFCI），如屬重大案件，必須以單位主管名義發出（以華航為例，機場貨服辦公室主管SITA電報代號為TPEFNCI）。

5.電報經處理後，連同有關資料存檔備查。

三、處理重大緊急事件

(一)惡劣天候造成緊急情況

天氣變化影響航空公司運作至鉅，例如颱風來襲、豪雨淹水、暴風雪肆虐、濃霧瀰漫、地震損壞等等導致飛機無法起降，或發生意外，客貨作業被迫中斷。在此種情況下，值班主管應馬上啓動緊急應變措施，隨時蒐集氣象資料，通知總公司及當地有關單位，例如各級主管、營業訂位單位、本單位作業督導及機場其他單位，如裝卸地勤代理公司、航機管制中心、貨運站倉庫、郵局機場郵運處理中心、海關及檢疫等政府有關機關、餐飲服務單位等，並依情況緩急調派人員適時處理班機後續事宜。另外，及時發出電報通知外站有關單位，以便各該站可及時作必要的調整。

(二)恐嚇電話或恐怖攻擊

航空公司經常會遭遇到恐嚇電話或恐怖攻擊，有些恐嚇電話純粹是惡作劇，但眞假難辨，値班主管平時應訓練員工於接獲此種恐嚇電話時應保持冷靜，儘量詢問細節，試圖瞭解企圖，並馬上向上級與班機管制中心及安管單位報告詳情，依指示作後續處理。

如遇到恐怖攻擊，應於第一時間向警察機關報案，並向公司上級及安管單位報告，並保持現場狀況以便有關單位調查。

(三)員工於作業場所發生重大傷害

由於機場作業繁忙，又有時間壓力，協同工作單位很多，不管在貨運站倉庫或是停機坪，機具、堆高機、加油車、餐車、水車、拖車、電源車等各種特種車輛穿梭來往，不同班機的貨物、郵袋、行李、貨櫃貨盤到處堆置，員工在作業中很容易遭致傷害，如有此種工安傷害發生，値班主管應立即將傷員送航站醫療中心或附近醫院急救，並呈報上級主管，同時進行調查責任歸屬，研究辦理撫卹賠償事宜。另外，應召集本單位有關主管（督導）檢討意外發生原因及預防措施，並公告周知，必要時還須辦理員工講習或訓練，以確保員工充分知悉其重要性。

(四)進口貴重品存倉前遭竊或遺失

貴重物品，如現鈔錢幣、金銀貴重金屬、名畫、古董、珠寶、高科技晶片、貂皮大衣、名貴皮包等，基本上，航空公司都有一套嚴謹的作業程序，包括交接簽單、安全警衛、特殊處理辦法（如艙單註記、電報通知、値班員工護送等）、貴重品特別倉庫存放等，理應安全無虞。但是日常作業仍不免有失誤情形發生，値班主管接獲此項異常報告時，應即刻進行調查，如果是失竊，馬上向機場航警報案，請貨運站提出報告。如果是破損，內容物有遺失時，應將該貨過磅，依據提單或包裝清單檢查登錄重量及內部物品之差異，並拍發電報至相關站查詢，同時協助配合檢警單位調查，檢討檢查內部作業疏失，向上級及總公司提出報告。

(五)班機嚴重延誤或取消，損及生鮮貨物之運送

班機運作常因天候因素、機械故障、飛機調度、恐嚇劫機、旅客生病、飛行組員失能、航權問題未決、航路管制等等原因而遭致嚴重延誤，甚至取消飛航，值班主管應立即檢視該班機裝載貨物情形，如有生鮮貨物（如海鮮活魚、冷凍肉類、水果蔬菜等）、時間緊急物品（如新聞影片、醫藥疫苗等）、危險物品（如易燃品、爆炸物等）、活生動物等特殊貨物，值班主管必須及時指定專人馬上處理，包括自機上卸貨，放置適當倉庫，指示出口櫃檯通知營業訂位單位，通知貨主班機異常情形，並依貨主要求辦理退倉或暫存倉棧及採取必要措施，如熱帶魚貨物添加氧氣、加水；肉品類存放於冷藏、冷凍庫或儘速安排轉到其他班次或其他航空公司班機運出。

(六)離場航機事故

遇有飛機起飛時發生事故，值勤主管應即向上級報告，並依公司通報系統規定，發出航機事故通知，親自或指定代表趕赴現場，瞭解情況並蒐集有關資訊，同時準備該班機貨物託運單、艙單、提單、貨物裝櫃清單、載重平衡表、裝載位置分配表等表單備查。此外，應指定專人負責與有關公司及政府機關協調聯絡，並配合、協助相關單位之調查。

(七)可疑貨物或郵件處理

值班貨運員如發現可疑貨物（如有電線外露之可疑爆裂物）或郵件時，應立即向值班主管報告，由值班主管通報機場安檢單位及公司安管單位，請求派人處理，同時，蒐集有關該貨之資訊、提供

貨物託運單、提單及相關文件予安檢相關單位，配合、協助相關單位之調查。

(八)其他相關重大事件

其他相關重大事件或重大異常事件（如飛機受損）、機場關閉（如濃霧、大雨、颱風）等，應隨時掌握狀況之發展並通知相關主管。有危險品運送時，隨時與危險品處理小組聯繫，協助對內及外站之聯繫工作。

第四節　航空公司出口櫃檯業務

進出口貨物在機場貨運站流通過程中，另一個重要過程是伴隨貨物控制文件的流通與處理，因此，航空公司在機場辦公處所通常都設有進出口櫃檯，負責收受顧客文件，收取費用，提供顧客必要服務並處理與運送貨物有關的種種作業。

一、航空公司出口作業流程

航空公司出口作業流程如**圖10-12**。

二、出口重要工作項目

1.接受貨主或其代理商提單及有關文件。
2.收取運雜費。
3.依訂位記錄安排出口班機。
4.文件資料輸入電腦。
5.繕製班機艙單。
6.申請海關同意將貨物出倉。

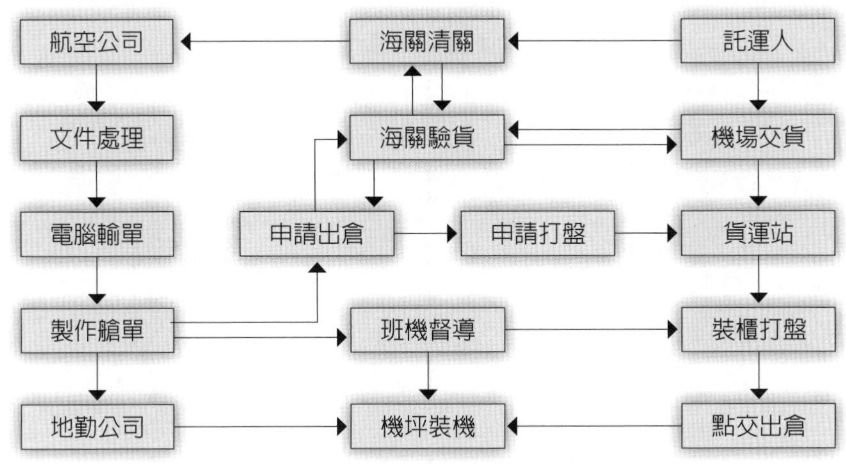

圖10-12　航空公司出口作業流程

7.通知貨運站依班機計畫裝盤櫃。

8.協調機坪作業單位裝載班機。

9.電報將班機裝載情形通知有關場站及總公司與分公司營管單位。

三、出口櫃檯收單作業流程

出口櫃檯收單作業流程如**圖10-13**。

航空公司依公司營運政策及國際航空運輸規定，讓出口作業人員瞭解及順利完成貨物運送任務，並維護作業品質及安全，通常都有公司制定的作業手冊或規範，及IATA編印的專業書籍，如《危險品處理手冊》、《活生動物處理手冊》、《貨運盤櫃規章及處理手冊》、《機場地面作業手冊》、《飛機裝卸手冊》、《貨運規章及費率手冊》等等，供作業人員遵循。出口櫃檯人員即依這些規章手冊，收受貨主交單，並審查其正確性，以及安排後續運送事宜。IATA編印的規章手冊如下樣本（**圖10-14**）。

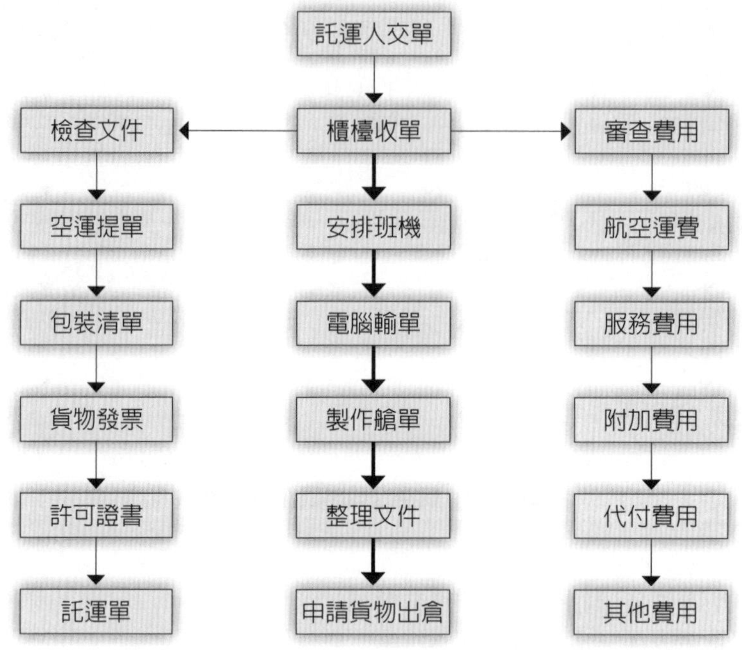

圖10-13　出口櫃檯收單作業流程圖

圖10-14　工作手冊

四、出口櫃檯收單及審查

航空公司在機場都設有出口櫃檯負責收文件及安排出口貨裝運事宜，貨主將貨物交給貨運站收貨並經報關手續後，必須將與貨物有關文件交給航空公司出口櫃檯。航空公司出口櫃檯職員為確保貨物及文件相符，並遵守進出口國家及運送航空公司之規定，必須詳細檢查內容，茲將有關作業內容說明如下：

(一)託運單

託運單是託運人對航空公司申告貨物內容及運送需求資訊，同時也是報關放行證據，託運人將託運單繳交出口櫃檯時，航空公司人員應仔細審閱其內容，要點如下：

1.託運人是否已完成報關手續，海關是否已簽字蓋章放行？否則應退回託運人補辦。

2.檢查託運單及號碼、品名、件數、重量、目的地，須與提單相符。

3.檢查進倉記錄，確定貨物確實進倉，並查看是否有進倉異常註記。

(1)檢查貨物名稱，如係貴重品、活生動物或特殊貨物（如大貨、重貨等），必須依照IATA《活生動物處理手冊》、《地面作業手冊》等規定，確認無誤；如牽涉到其他航空公司航段所達之特殊貨物，需確認訂位後，方可同意進倉。

(2)以機邊驗放方式進倉之特殊貨物，因時限考量可不先經進倉程序。

(3)特殊貨物如需要時在託運單上特別標示，以提醒後續作業員工注意。

(4)如貨物材積較大，倉庫需在託運單上註明丈量的材積尺寸，出口櫃檯必須審核提單上之貨品名稱說明欄（Nature of Goods）是否加註貨物尺寸，並在運費欄內註明以實際貨重收費。

(二)空運提單

託運人繳交的文件包括航空公司開發或代理商所開發的空運提單，如果是空運公司的併裝貨，則同時要繳交空運公司開發的承攬業提單及空運公司準備的併裝艙單。

提單審查應注意下列事項：

1.查核託運單上之託運人、收貨人、啓運站、終點站是否齊全，若有缺漏即予以退回補正，否則貨物可能送錯地方，交錯人。

2.檢查託運單及提單（如係併裝貨物則須檢查併裝艙單）上之品名有無危險品或疑似危險品，確認無誤後始可同意貨物運送。

3.貨物處理訊息（Handling Information）是否塡具指示事項。

(三)收費部分審查

依提單所示收取運費及有關費用（如係運費預付者）：

1.檢查提單之特別運價是否引用適當，例如動物、貴重物品、遺體骨灰等以分類貨物費率（CCR）計價。

2.特殊貨物如貴重品、危險品等貨物之額外收費（如報值費）是否正確。

3.各項航空公司應收其他費用（Due Carrier Charges）及代理商

應收其他費用（Due Agent Charges）是否計算正確。

4.運費到付（CC）及預付（PP）是否標明正確。

(四)其他注意事項

1.公司及代理公司提單需輸入電腦者，於收單時應立即輸單，並依本公司輸單時間作爲收單時間證明。

2.如發現提單開立錯誤或與託運單資料相異需退交寄貨人時，應立即將電腦訂位取消，將錯誤原因輸入電腦作註記，並立即通知寄貨人其代理報關公司前來更正，資料改妥後重新訂位補正電腦資料。

3.檢查代理公司出口貨物進倉時是否符合各代理公司各項要求與規定事項，若無特殊要求時，比照本公司之作業規定。注意各外站及各航空公司特別規定事項，以免貨物誤送或滯留外站造成困擾。

4.至美國出口貨物如爲併裝貨提單，必須另附美國海關之7509Form，以便在電腦輸單。

5.由於美國反恐措施不接受非已知託運人交運之貨物，即收提單時須檢查提單是否有依規定簽署及訂位，如有異常立即通知業者及訂位組處理。

第五節　出口班機文件處理

一、電腦輸單

出口櫃檯接受託運人交來託運貨物有關文件，收取相關費用，審查文件是否正確齊備，並確定貨主完成海關報關手續後，將文件交由電腦輸單人員將資料輸入電腦。輸入資料包括以下幾項重要內容：

1.提單資料，包括航空公司的主提單號碼及空運公司承攬業提單號碼及公司名稱。
2.顧客資料，包括託運人及收貨人名稱、地址、電話。
3.貨物資料，包括品名、件數、重量、材積、申報貨物價值等。
4.費用資訊，包括運、雜費、服務費、幣別代號、會計資訊。
5.飛航資料，包括班機號碼、飛航日期、啓運機場全名及機場代碼、到達機場全名及機場代碼、運送路徑及轉運地點。
6.貨物處理訊息，包括需要特別處理訊息（如冷凍、保溫等）、通知第三人、危險品安全指示等。
7.代理商名稱、地址及帳號。

輸單完畢後，輸單人員將所有文件放於待辦夾。待辦夾可依目的地編列，例如香港（HKG）、曼谷（BKK）、東京（TYO）、上海（SHA）、紐約（JFK）、倫敦（LON）等等，或依班機號碼編列，如JL301、BR612、CA877、CI3122等等，等待進一步處理。

二、準備艙單

俟班機收件時間截止，櫃檯人員停止收貨並通知班機處理人員開始處理該班機作業。班機值班人員作業要點如下：

1.分別自待辦夾中取出提單等有關文件，整理出班機飛航各站文件。
2.依訂位組傳來的訂位資料，將本班機應運出貨物提單排出優先次序。

3.在電腦已有的提單資料中，輸入班機號碼、日期。

4.經由電腦製作班機艙單（班機裝載貨物明細表）。

5.印製各單位需要艙單數量，基本上，艙單須分送海關（放行及海關存檔）、貨運站（打盤裝櫃指導用）、檢疫所（如有動植物）、地勤代理公司（裝卸參考用）、營業單位（存參及確認貨物運出）、財務單位（結算費用）、班機值班人員（檢查出貨及督導裝卸參考用）、中途站、終點站入境海關（申報進口貨物明細）及當地站作業參考，本站存檔備查。至於數量多少，視各航空公司政策及各地政府規定辦理。

三、整理及分送班機文件

班機文件包括貨主託運書、班機艙單、航空公司主提單、空運公司附訂在主提單後面密封的承攬業提單、空運公司併裝艙單、貨主視需要而附訂在提單後面的文件（如包裝清單）等，班機值班人員須將所有文件整理清楚，依提單目的地分送各站及班機飛航各站有關單位。基本上，班機文件分送原則如下：

1.海關：班機艙單＋貨主託運書（上有海關准許出口簽章）供海關查核艙單所列貨物是否均已完成清關手續（查驗後退回航空公司存查），藉以在艙單上簽署，核准航空公司自貨運站倉庫中提貨裝機出口。

2.貨運站：班機艙單＋打盤裝櫃指示，供貨運站自倉庫中提出所列貨物打盤裝櫃，並作爲艙單上所列入貨物確已出倉，貨運站對該等貨物已無保管之責。

3.地勤代理公司：班機艙單＋盤櫃號碼＋未能裝進盤櫃貨物清單＋裝載艙位分配表（Load Distribution Sheet），供地勤代理公司核對班機應裝盤櫃數及裝載位置，並清點櫃外散裝貨物件數。

4.檢疫所或其他政府機關單位（如航警、聯合檢查單位等）：視需要給予若干艙單。

5.航務中心（或稱聯管中心、班機管制中心，各航空公司名稱不同）：艙單＋盤櫃裝貨資料，供該單位計算班機載重平衡表及裝載艙位分配表。

6.外站：入境申報艙單若干份，依各地政府要求辦理。艙單若干份＋提單及附訂各有關文件，供到達站清點、報關、倉儲及遞交收貨人。

7.本站：艙單＋提單副本（Air Waybill Copy）＋貨主託運書＋貨主申告書（危險品、動植物等）＋班機載重平衡表＋裝載艙位分配表＋盤櫃裝載資料＋班機貨物最後實際裝載電報（FFM/CFL等），供本站存檔備查。另準備艙單供班機作業督導人員藉以查核。

8.營業單位：艙單＋提單副本，供營業人員核對訂位記載及存檔。

9.財務單位：艙單＋提單副本＋郵運單（AV-7），供核對營收金額，帳務結報。

第六節　貨物出倉及打盤裝櫃安排

出口貨物在航空公司完成電腦輸入、製作艙單後，即須安排自倉庫中取貨出倉。

先委由貨運站完成打盤裝櫃作業的盤櫃，把貨物打盤裝櫃，然後將其交給地勤代理公司，拖往停機坪裝機。航空公司打盤裝櫃的安排及作業程序如**圖10-15**。

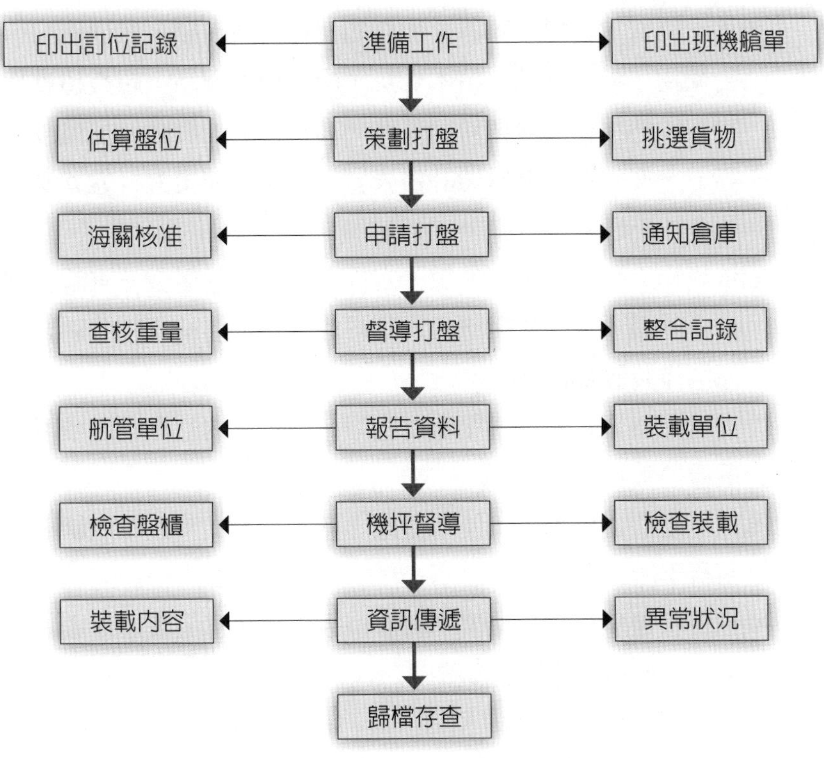

圖10-15　出口班機打盤作業流程圖

一、打盤前準備工作

航空公司負責班機打盤人員在通知倉庫打盤之前，先要做一些準備工作，步驟如下：

1.列印班機艙單。

2.核對艙單上所列提單號碼與貨主託運單是否相符。

3.託運單上是否都經海關簽證放行。

4.查看訂位記錄，在艙單上勾出已訂位提單號碼，安排打盤裝櫃優先次序。

5.挑出特殊貨物提單號碼，加註如何打盤或裝櫃，如危險品、動植物、貴重物品、棺木骨灰、冷凍或冷藏品、超長超重貨物、敏感性物品（如新聞急件、高科技不能震動、控溫設備等），必須在「裝盤櫃計畫表」上註明，並提醒打盤管制人員多加小心。

6.依貨物大小、重量、件數，安排預計裝載盤櫃數。查看貨物大小材積，以小貨裝櫃、大貨打貨盤及不同站貨物分別裝櫃原則作裝盤櫃計畫表。

7.查看班機貨物最後實際裝載電報，確定自本站出發班機可裝載盤櫃數。

8.瞭解班機之機型，可使用盤櫃之數量、型式及重量限制，預留行李所需之櫃量。

9.預留機邊驗放貨之位置。請訂位組先與託運人確定件數、重量，以便預留適量之盤櫃。

10.訂位記錄單上註明「Must Go」但未交單之貨或可單打盤櫃之貨，可預先申請單打，在班機截止前仍未交單或未放行時，應即更正刪除，並通知倉庫將貨物自盤櫃中卸下。

11.乾貨除了根據材積、重量申打適當之盤櫃外，對於長貨、重貨及超高等特殊貨，亦須給倉儲打盤人員及裝載單位明確之指示，使在飛行安全及裝載考量上作適當之處理。

二、辦理海關出倉手續

出口班機艙單製作完成後，列印正式艙單一式三份，至倉庫出口倉海關辦公室，辦理正式出倉事宜。首先需要將貨主報關完成，已蓋有海關放行大印之「貨主託運申告單」，連同艙單送海關駐庫值班人員查驗，取得同意出倉裝機許可簽署後，將出倉單交倉庫管制中心安排取貨出倉裝盤櫃。

三、申請倉庫打盤裝櫃

航空公司在取得海關同意貨物出倉簽證後，由值班人員將艙單及「裝盤櫃計畫表」交貨運站管制中心申請打盤，並傳送打盤計畫，註明申打盤櫃數量、高度及其他特殊要求事項。

四、監督倉庫人員打盤

在打盤期間，航空公司派遣駐庫監督裝盤櫃人員，巡視打盤區，督導倉庫人員打盤裝櫃，及時解決問題，並確保所有貨物如數依計畫裝上盤櫃。

1.注意貨物堆疊有無頭重腳輕。
2.檢查綑綁網繩是否拉緊。
3.有無漏裝貨物。
4.特殊貨品是否依規定處理。
5.在現場協調解決打盤問題，如依計畫應裝同一貨櫃之貨物無法裝入之處理。
6.對於倉儲人員所打盤櫃空間是否充分利用，打盤是否確實，塑膠紙是否妥予覆蓋等也要仔細檢查。
7.航空公司值班人員在作業期間應與倉儲人員保持聯繫，充分掌握作業進度，遇有班機長時間延誤亦應主動告知倉儲人員。
8.在督導過程中特別注意以下原則：
(1)「下重上輕，交叉放置，輕取輕放」之原則。
(2)重貨及大貨先上，緊急貨物（Urgent Shipment）先上，候

補貨最後再填補空間。

(3)較鬆軟或不規則之貨應儘量避免打盤，可使用AA2/AAF或AQ6/AMA等貨櫃裝載。

9.普通貨物打盤時要覆蓋塑膠紙，並依據相關各站天候狀況，有雨則應適時增加塑膠紙的數量。

五、裝櫃完成之後續工作

1.貨物裝盤櫃完成後，檢查所有盤櫃是否扣鎖完善安全。

2.打盤作業完畢，盤櫃均應過磅核對重量。

3.倉庫員工打好盤櫃後須填寫打盤記錄表及盤櫃掛籤，註明裝入盤櫃貨物提單號碼、件數重量明細及目的地等資料。

4.航空公司出口值班人員應仔細查核託運單、提單與盤櫃資料上重量、件數及材積是否符合。

5.通知地勤公司盤櫃完成作業，請其前來將各盤櫃拖往停機坪裝機。掌握機坪地勤代理公司人員盤櫃調貨交接狀況，以及散貨處理情形。

六、資訊傳遞

1.打盤裝櫃資料通知班機飛航管制單位（如航務中心），包括櫃（盤）號、重量、目的地等，以便飛航管制中心製作「班機載重平衡表」、「盤櫃裝載艙位分配表」，以供地勤公司遵循裝載及飛行組員操控飛機之用。

2.貨載資料除盤櫃號碼、重量外，亦應將目的地、超長／重盤櫃及諸如外交郵袋、報紙、鮮貨、危險品、動物、貴重品等特殊貨物注意事項註明在傳送資料中。

3.拍發盤櫃裝載內容電報，通知各有關單位及班機飛航各站。

第七節　出口危險貨品之處理

由於科學的發展日新月異，工商產品也隨之推陳出新，國際貿易、製造分工已成爲全球化，因此，國際運輸所承運的林林總總產品中，免不了有某些產品具有危險性，例如爆炸物、腐蝕性物品、易燃品、壓縮氣體、磁性物品、過氧化物、醫療病毒等等，若發生意外可能傷及旅客與飛航組員生命安全，損毀貨物，造成飛機失事，破壞設備等等空安、地安、人安事件，造成人命財產損失。

爲防範此種物品造成傷害，由各國政府組成的國際民航組織（ICAO）特指定專家研擬有關運送危險品種種規範，包括品名定義、編號、分類、標籤需求、包裝材料、數量限制、客貨機裝載規定、各國政府及各航空公司特殊規定等等，供各國採用，作爲管理運送危險品的依據。國際運輸牽涉許多不同國家，因此IATA特邀集專家就國際民航組織所定規範彙編成《危險品規章》，供各會員航空公司遵循，有些國家以此作爲國內法裁定造成損害刑事處罰及民事賠償之依據，有些國家則據以制定其國內法並規定違法刑度及罰金，例如美國訂有49號聯邦法典（49 CFR）即以上述國際民航組織及IATA規範爲基礎，成爲專門規範危險品運送的法律。有關危險品的運送及處理重點摘要說明如下：

一、危險品的分類

危險貨品依貨物性質的不同，分爲九大類（Classes）：

1.爆炸物（Class 1-Explosives）：凡含有會爆炸危險之物質均屬之，例如黑色火藥、煙火、爆竹、彈藥等。

2.氣體（Class 2-Gases）：凡可燃性氣體、不可燃無毒氣體、有毒氣體均屬之，有壓縮氣體、液化氣體、冷凍液化氣體、揮發性氣體等，例如桶裝瓦斯、氧氣瓶等。

3.可燃性液體（Class 3-Flammable Liquids）：燃點低，容易引燃的液體，例如汽油、柴油等。

4.可燃性固體（Class 4-Flammable Solids）：可發出火焰的固體，或遇水會產生可燃性氣體之固體，例如煤炭。

5.過氧化物（Class 5-Oxidizing Substances）：物質本身不一定會自燃，但會產生助燃氧氣的物質，有固體及液態之分。

6.毒性或傳染性物質（Class 6-Toxic and Infectious Substance）：可能會導致死亡或傷害人體的物質，例如病源菌。

7.放射性物質（Class 7-Radioactive Material）：含有放射線，會影響人體健康的物質，例如鈾、鈽、核能發電棒等。

8.腐蝕性物質（Class 8-Corrosives）：與人體或生物細胞接觸產生化學變化而造成傷害，或洩漏後與其他物質接觸造成腐蝕損害，甚至完全毀滅的物質，例如硫酸、鹽酸等。

9.其他雜項危險品（Miscellaneous Dangerous Goods）：未列以上危險品之物質在運送途中有危險者，例如磁性物品、乾冰等。

二、出口櫃檯處理危險品作業流程

出口櫃檯處理危險品作業流程，參閱**圖10-16**。

三、出口櫃檯處理危險品基本原則

(一)處理危險品之依據

接受危險品必須完全遵照當年度IATA出版之《危險品規章》，

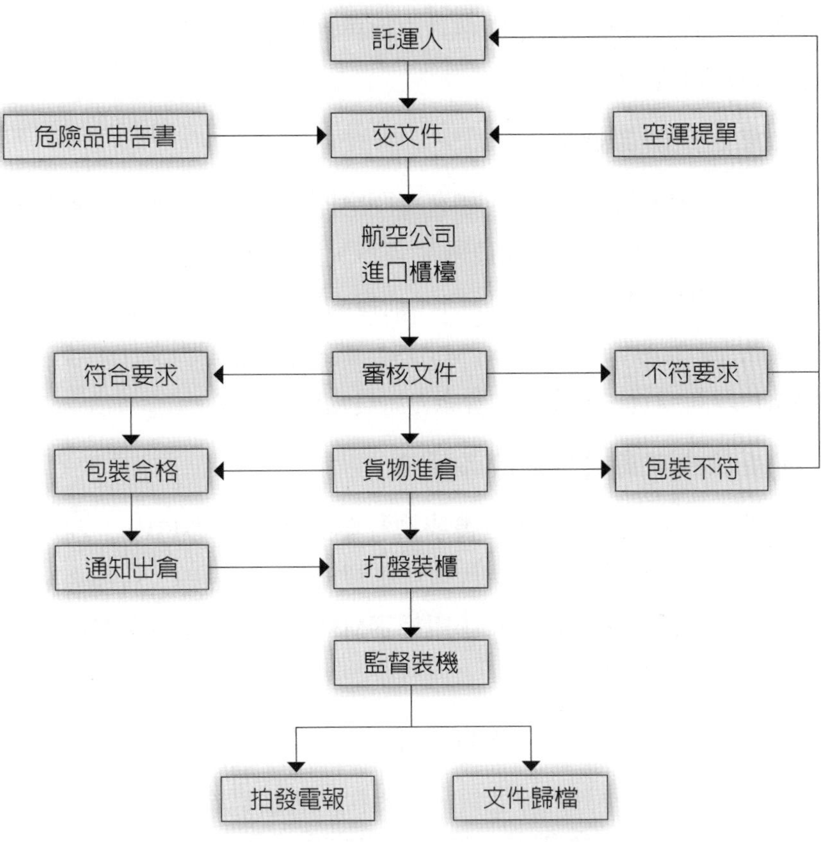

圖10-16　出口櫃檯處理危險品作業流程

以及航空公司內部自訂之《危險品作業手冊》（*Dangerous Goods Handling Manual*）標準作業程序處理。

(二)處理人員證照

由於危險品處理稍有不慎，即可能釀成大禍，處理危險品人員必須受過完整的訓練，充分瞭解處理方法及規章內容，因此，出口貨物危險品審核人員均需具備受過航空公司、IATA或民航局所舉辦之危險品基礎訓練課程及通過測驗，取得證照方可擔任處理危險品工作，並且必須於每二十四個月之內再參加複訓課程及通過測驗，以保持最新資格。

(三)確定危險品性質

出口櫃檯收到危險品，如有疑問應即刻與代理商或貨主聯絡，請其確定該貨物是否爲《危險品規章》上所規範之危險品，如再有疑問得要求貨主提供該貨物詳細書面資料。如物質安全資料表（Material Safety Data Sheet, MSDS）或其他相關證明文件，若無法聯絡代理商或貨主，應通知倉庫先將貨物留置待查。

(四)查核代理商處理危險品資格

收受託運人危險品申告書或物質安全資料表（MSDS）前，須以電腦檔案或歸檔文件查詢代理商受訓證明是否過期，若超過期限或未有受訓證書，則危險品小組拒審MSDS及拒收危險品進倉，以符合民航局相關法令規範。

(五)非危險品（NOT RESTRICTED）審查

經審核貨物不具危險性質，或貨物品名雖列於《危險品規章》4.2節內，但不具危險性質，則視同一般貨物予以同意進倉或安排班機運送，且於提單品名欄位加註NOT RESTRICTED，在電腦中註記相關說明並確認訂位。例如，FRT AFTR CHK CFM-NOTRESTRICTED，表示該貨確經審核，確認爲非危險品。

(六)確認危險品

如經審查確認其貨物屬於危險品，或其MSDS所列之資料爲危險品，則應要求其貨主依《危險品規章》之規定申告，危險品小組依危險品同意進倉處理。若貨主無法提供足夠相關證明文件，站在飛安角度考量，應拒絕承載此批貨物。

四、接受危險品同意進倉步驟

1.危險品應先確認是否有訂位，再予審核相關資料。

2.需依TACT（IATA《航空貨運規章》）內，各國及各航空公司特別規定（State and Operator Variations）之說明辦理。有些航空公司規定所有危險品除Class 9及AOG（不包含Oxygen Generators）之外，不得以客機運送，須由貨機承載危險品。有些航空公司規定所有危險品不得以Excepted Quantities運送。有些航空公司不接受併裝貨的危險品，但有下列例外：

(1)一張主提單併一張分提單危險品貨物可允許併裝，即主提單（MAWB）之下可允許一筆併號（HAWB）。

(2)一個主提單帶有多個併裝提單，但必須是同一個出貨人，不同收貨人。

(3)若含多筆併裝可允許運送之危險品皆為ID 8000 Consumer Commodity或UN 1266 Perfumery Products。

(4)或含多筆併裝運送之危險品為ID 8000 Consumer Commodity與（或）UN 1266 Perfumery Products和非危險品貨物一同併裝。

一般航空公司規定凡屬液態第八類腐蝕性危險品，且不論為主危險性或次危險性，必須以組合包裝方式（即Combination Packaging）始可運送。

3.接受危險品同意進倉前，先請貨主依DGR的規定，繕打「危險品申告書」（Dangerous Goods Declaration, DGD），必要時由代理商或貨主先傳真至櫃檯。應先檢視DGD及MSDS或其他證明相關文件是否無誤，確認可運送時，於電腦中輸入IMP CODE。

4.危險品進倉時依據貨主之危險品申告書正本，遵照「危險品接收檢查表」（Dangerous Goods Acceptance Check List）所列，逐項確實檢查包裝是否完整，有無破裂溢漏之虞，標記、標籤是否齊全，數量是否符合《危險品規章》之限制，貨物是否如品名所述，務必嚴格執行，始可進倉。

一般貨物若附加乾冰作爲冷藏（凍）用途，貨箱上須加貼Class 9 Hazard Label及註明Name and Address of Shipper/Consignee，乾冰淨重，空運提單品名欄內須註明Carbon Dioxide Solid or Dry Ice, Class 9, UN1845件數X每箱淨重。

5.貨運站收受危險品時應依航空公司制定的「危險品接受檢查表」逐項檢查打勾並由接收人簽名負責。相關文件一份存參，保留至少二年。

6.櫃檯職員於危險品收單時須注意下列事項及文件是否齊全：

(1)確認訂位及電報代號是否均已輸入，是否爲限裝貨機（Cargo Aircraft Only, CAO）。

(2)危險品申告書（DGD）正本一式三份。

(3)危險品接受檢查表一式三份。

(4)空運提單上Handling Information欄內需註記相關說明，例如，Dangerous Goods As Per Attached Shipper's Declaration；若該危險品爲限貨機裝載須註記相關說明，例如，Cargo Aircraft Only。

(5)危險品須依照IATA出版的《航空貨運規章》規定收取危險品處理費（Dangerous Goods Fee），並列印於AWB D/G FEE欄內。

7.櫃檯職員於確定一切完好就續接受後，簽發一份「機長通知書」（Notice to Captain）給班機機長作飛行前檢查及異常處理之參考。

五、危險品異常溢漏時之處理程序

當航空公司值班人員發現危險品有破損溢漏或其他異常之緊急狀況時，應立即作處置，並檢視其他貨物是否遭受汙染，已裝機者應立即卸載，不得裝機，並依照下述處理程序進行作業：

1.隔離異常包裝（視危險品分類等級，不可任意碰觸異常危險品）。如果危險品沾染到身體或衣物，應立即用大量的清水洗淨身體，脫掉被沾染的衣物，停止進食或抽菸，雙手亦不可接觸眼、口、鼻，並應立即接受醫療檢查。意外狀況發生時，現場工作人員的名單須經確認，並記錄。重大異常應告知值班督導及主管，並由當班督導通知相關單位後續處理。

2.危險品屬性及異常狀況，通知機場管理當局航務組、安檢隊、消防隊、衛生署疾病管制局、檢疫局、環保局原子能員委員會等政府有關機關，及公司企業安全管理處、航空安全管理部、貨運管理處等。輕微之異常可視情況報告主管即可。

3.依出口貨、轉口貨之區分，重大或輕微異常分別通知託運人、報關行或危險品申告書之緊急聯絡人；外站進口貨由進口櫃檯通知收貨人及外站。

4.重大異常之危險品會同政府單位人員依據IATA DGR規定作處理。

5.輕微之異常依據提單上貨主處理指示及IATA DGR之規定作處理。

6.處理完畢之危險品如須放棄或退關，則依海關作業條例辦理放棄或退關。

7.將危險品異常狀況（含隱匿不報）之處理結果記錄於危險品異常情形報告表，並呈報主管。

六、危險品意外緊急通報系統

危險品發生嚴重意外事件時，航空公司值班人員除了應立即採取必要行動外，尙須視事態的嚴重性通知有關單位，例如危險品發生爆炸，起火燃燒，應立即通報消防隊進行撲滅行動。**圖10-17**爲常見通報系統。

七、危險物品銷毀

危險品若有破損以致無法繼續運送或貨主放棄領取時，航空公司通常必須在取得海關同意後將該貨予以銷毀。由於貨物的危險性，銷毀時必須視該貨之性質來決定如何銷毀，以下是特別要注意事項：

1.Class 1、7及DIV6.2等特殊屬性危險品須尋求有關單位協助辦理始可放棄。

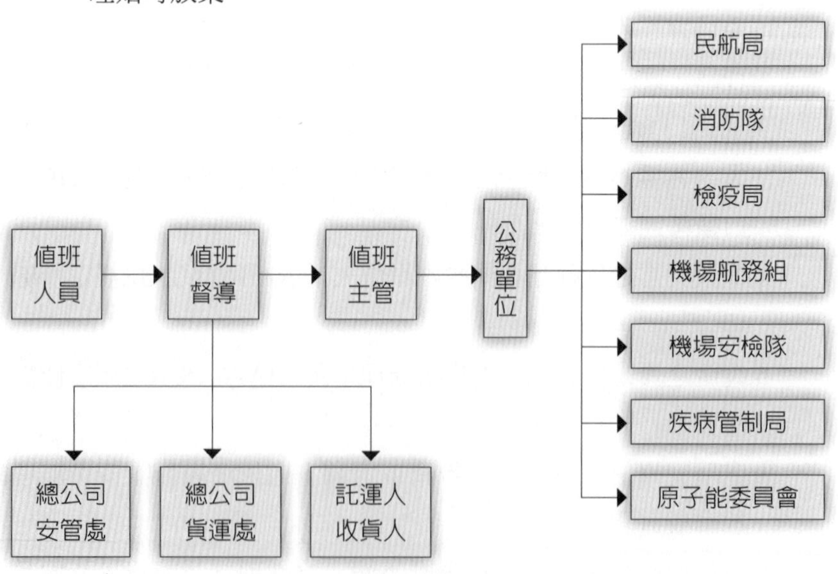

圖10-17　通報系統

2.其餘如Class 2、3、4、5、8、9及DIV6.1等可透過倉儲公司代爲協助處理。

3.其餘作業方式同一般鮮貨銷毀。

第八節　出口活生動物接受及處理

出口貨物中常有許多活生動物（**圖10-18**），由於動物容易暗藏細菌，因此有檢疫問題，動物的處理也要注意溫度高低、空氣流量

小鳥

小鳥

烏龜

小狗

圖10-18　活生動物

需求、飲食問題、健康問題、箱籠強固等等問題，以免在運送途中造成動物死亡、生病或傳染疾病，甚至脫逃。因此，IATA為空運活生動物特別制訂活生動物作業規範供航空業者參考遵守，定名為《活生動物處理手冊》。

出口櫃檯在接受活生動物必須遵照下列程序以確保動物在運送途中安全無虞：

1.所有作業及包裝應依當年度*IATA Live Animals Regulations*之規定辦理（**圖10-19**），特別注意箱籠規格（**圖10-20**）、材料、溫控、飲食、檢疫及各國法規等之適用。

2.活生動物出口事先必須完成訂位手續並由訂位單位發電報給終點站，確定受貨人接受該筆活生動物。

圖10-19　動物處理規章

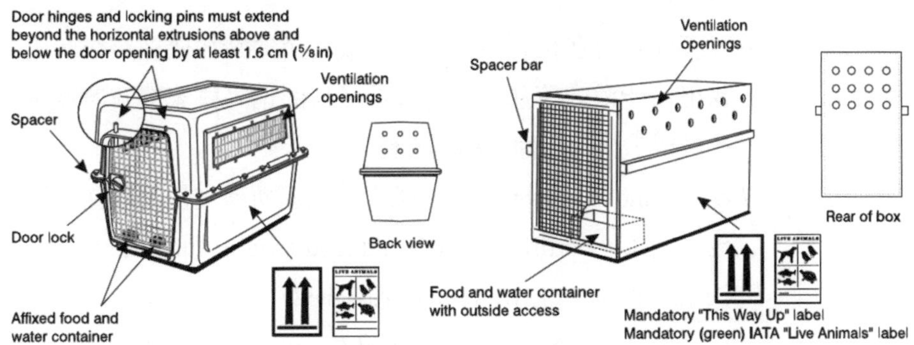

圖10-20　動物箱籠規格

3.在活生動物進倉前，需檢查件數、重量、包裝是否符合IATA及公司規定，並確認Shipper Certification上動物數量、箱籠規格及品名。依照IATA Live Animals Acceptance Check List逐項審核。

4.每箱最少需貼一張「活生動物標籤」（Live Animals Label）（**圖10-21**），「此端向上」（This Way Up）標籤四面均需各貼一張（**圖10-22**）。

圖10-21　活生動物標籤

圖10-22　此端向上標籤

5.檢視該筆動物外觀、健康情況，若呈現病態則不得接受運載，若有懷孕跡象則需另案處理。

6.代理商是否在相關欄位上填寫或勾選清楚並確認該筆活生動物出口皆遵守啓運站／轉運站／目的站等國家或政府規定，並得要求代理商備妥相關文件。

7.提單Handling Information欄內需註記何種文件隨附在提單之後。例如，Certificates of Health and Origin Attached. Shipper's Certification for Live Animals Attached.

8.在提單上貨品名稱（Nature and Quantity of Goods）欄內需註記：

(1)活生動物總頭（隻）數，如TTL：05 LIVE CANARIES。

(2)包裝箱之材積（長×寬×高），如DIMS：30×30×40cm。

9.Shipper's Certification for Live Animals及Live Animals Acceptance Check File一份存查於Live Animal Check List檔案中。

第九節　離境班機作業

班機離到時，航空公司機場辦公室都會安排輪值人員前往停機坪接送班機，處理有關進出口貨事宜。班機接送作業主要有以下幾項，茲以出口爲例說明之：

一、準備工作

由於停機坪有許多飛機停靠，尤其是大型航空公司的基地機場，經常在停機坪停靠一長串預備飛往各地的大小飛機，其中有很多同型飛機，作業人員一不小心可能將客、貨裝卸錯誤，因此班機準備裝載前，班機值勤人員首先向班機管制中心確認航機編號及停機坪位置，並通知地勤裝卸作業單位，以免貨物裝錯飛機，導致送錯目的地。

二、檢查盤櫃狀況

巡視貨運站倉庫，檢查盤櫃築打情形，核對艙單所列貨物是否如數裝入盤櫃內，並查詢倉庫打盤人員是否有異常狀況，例如短少、破損等，立即採取必要行動。

三、協調盤櫃拖運

協調貨運站與地勤裝卸作業單位，安排盤櫃、散貨出倉交接時間，及時將盤櫃拖往班機停機坪等候裝機。

四、檢查盤櫃裝載時效

在班機裝載過程中，班機值勤人員應隨時檢查班機裝載情形，確定裝載作業及時完成。

五、檢查盤櫃裝載艙位正確性

班機值勤人員應在裝載完成前，檢查盤櫃確實依照「盤櫃裝載艙位分配表」裝載於正確位置，如果時間許可應於裝載時，於機下核對上機次序及盤櫃號碼，以免失誤，影響飛機載重平衡。

六、檢查特殊貨物

查核特殊貨物是否依規定處理，例如危險品是否裝載於飛航組員可以接近的地方，以便有諸如燃燒等異常情況時組員可以採取緊急措施；動物裝於可控溫且可通風艙位，以保護動物的健康；貴重物品交飛航組員簽收，以避免偷竊遺失的發生等等。

七、準備出口班機文件

班機值勤人員於貨物打盤裝櫃之同時必須準備送本站各單位艙單及提單副本如前述，另須準備送外站文件，如艙單、提單正本及附件文件，分別依送達站名、單位名稱以大紙袋封妥，放置於大提箱內，於班機起飛前送上飛機，以供下一站處理。一般貨機置於組員登機門邊，客機由於上艙空間不足，通常置於下散貨艙門邊，以方便提取。

八、簽辦機長通知書

若有需要機長簽收文件如「危險品機長通知書」（Notice to Captain for Dangerous Goods, NOTOC）、貴重物品簽收單等，由班機值勤人員準備二份通知單，攜往駕駛艙，交組員簽收，由組員留下一份，另將一份組員簽收後帶回存檔以明責任。

九、維護機坪地面安全

飛機發動引擎前，協助機務人員確認停機坪內與當時工作無關人員、器具、車輛完全撤離，停機坪內無雜物，以避免雜物被引擎吸入，造成引擎損壞。另外也要清空附近貨櫃及拖車，以免妨礙飛機通道，如必要留置盤櫃在班機停機坪附近時，除了不能妨礙飛機通行之外，盤櫃必須以鎖扣固定在盤櫃拖車上，拖車煞車必須拉起，以免被飛機引擎強大氣流吹動，撞損其他飛機、人員、器具，造成地面安全事故，導致人命、財產損失。

十、傳送班機裝載資料

飛機起飛後，班機值勤人員將電腦內有關班機資料傳送外站及國內外有關各單位。另須發送班機貨物最後實際裝載電報（Cargo Final Load, CFL）、班機盤櫃裝載內容電報（ULD Contains）、班機盤櫃裝載艙位電報、特殊貨物發送通知電報（Special Cargo Notice），以便外站順利作業。

十一、班機文件存檔

最後，將班機有關文件存檔備查，包括航空公司的主艙單（Master Manifest）、代理商分艙單、主提單副本、打盤單、盤櫃掛籤副本、所有電報、貨主託運書（上有海關放行簽章）、危險品貨主申告書、海關航空公司准許貨物出倉裝機許可、特殊貨品機長通知書等與本班機有關之文件。

第十一章

機場進口作業實務

- 進口班機及貨物流程
- 進口櫃檯作業
- 進口貨物處理
- 電腦資料鍵輸及電報作業實務

航空公司機場貨運作業包括出、進口及過境轉運三大類項。進口作業又包括班機到達前資訊的收集與瞭解貨載情形等準備工作、班機到達時之接機、貨物郵件卸載、貨物進倉處理、文件處理、到貨通知、收費交貨、異常處理、特殊貨品處理、會計帳務處理、過境轉運貨處理等。茲分述如下：

第一節　進口班機及貨物流程

進口班機到達前及到達後有許多工作要做，主要可分爲班機到達前準備工作、飛機到達時接機工作、文件處理及傳送、貨物下卸及清點進倉、特殊貨物處理、過境貨物安排轉運、異常案件處理等六大範疇。

一、進口班機及貨物流程

進口班機及貨物流程如**圖11-1**。

二、班機到達前置作業準備

客戶使用空運就是希望航空公司提供快速服務，因此，航空公司的作業必須作周詳的安排，各單位互相配合，一環扣一環緊湊工作。到達的班機可能載運緊急貨物，如人體移植器官、生鮮海產、外交郵件、活生動物等等需要馬上提貨之物品，或是馬上在同一機場銜接其他班機運往他站之急貨。因此，航空公司班機接機人員必須在班機抵達前充分掌握班機承載貨物情形，並作必要事先安排，以便貨物能及時順利處理。準備工作說明如下：

1.查閱當日進口班機航班電報紀錄，摘錄需要處理的重大事

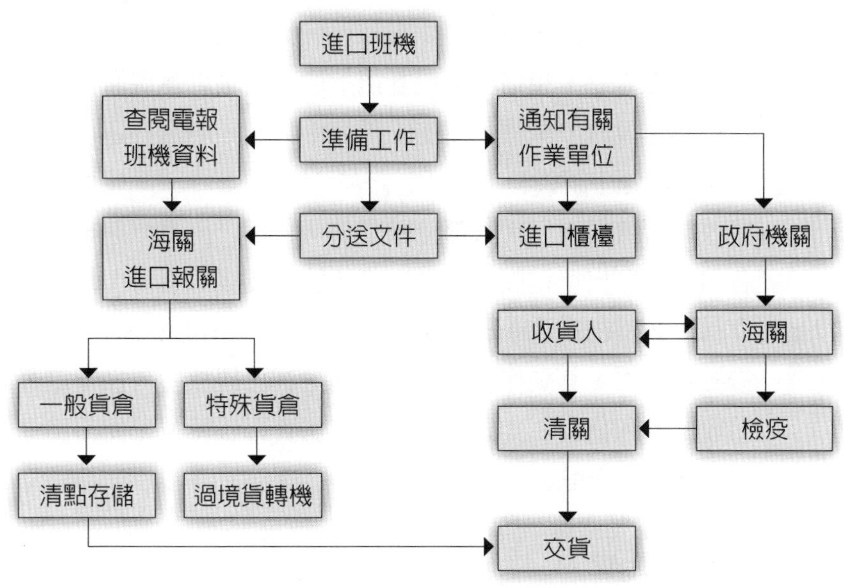

圖11-1 進口班機及貨物流程

項，並事先通知有關單位預作準備。

2.注意班機飛機編號、正確到達時間、停機坪位置，以免接錯班機。

3.查閱特殊貨物登記本和相關電報（如盤櫃裝載位置電報、盤櫃裝載貨物內容電報），預先瞭解到貨狀況，按照機坪直接轉運，一般須進轉口倉之轉運貨、進口貨及保稅貨，機邊驗放之易腐品及緊急驗放貨，需要保溫之冷藏、冷凍貨，高價貴重品、快遞貨等類別，註明於進口倉單上。班機抵達前，應將機放貨及快遞貨相關資料，通知裝卸單位優先處理。

4.檢查有無前班次已上艙單，但由於艙位不足或誤卸於外站，經由本班機運回之貨物，此貨需再補上艙單，如外站未曾打上艙單，應於班機抵達前準備妥當，於班機抵達時，連同其他進口艙單一併提交海關及有關單位。

5.檢查有無人體移植器官（如眼球、肝臟等）、高單價或貴重品等特殊貨物，視情況須親赴機下取貨或派車及警衛押運。當班貨運員應於飛機抵達前安排完畢（例如塡寫押運物品交接單、託運申請書）。

6.接收電腦資料。目前大部分航空公司大都已用電腦連線連結各站，均可使用電腦接收進口班機艙單及提單資料，惟接收資料時必須在外站將該班機電腦資料放行（RELEASE, V-O）後始可爲之，其動作包括查看班機是否已經放行，操作電腦接收文件和貨物，作班機到達的整體資料移轉並預先印出進口班機艙單備用。

三、接機及清艙

(一)貨機清艙作業

班機到達後，爲防止不法人員搭機偷渡，各國政府機場安全單位均有一套到達航機檢查辦法，例如台灣從前由警備總部派駐在機場的「聯合檢查處」人員負責班機離到前後的檢查業務，非經檢查人員簽可放行，啓運班機旅客不得登機裝貨，到達班機不可下客卸貨，惟目前貨機在停機坪之航機均由機場貨運人員負責清查機艙。飛機落地停妥後，由貨運員親自登機清查機艙。清查機艙時先取得列有組員及隨機人員名單的班機申告書（General Declaration）。清艙完畢，取下所有文件袋。製作入境清艙報告表，內含組員及隨機人員名單、入境貨物艙單、入境航空器清艙檢查表，交安檢駐倉人員備查或依當地政府機關規定辦理。

(二)貨物文件及航郵路單之接收與處理

各航空公司貨物文件和航郵路單放置位置不盡相同，注意各外站拍發之電報及掌握各文件之存放櫃號及位置，確實取回文件。

代理公司進口班機時可查詢該航空公司運務人員，該班機應有多少站之進口文件袋及是否有外站文件放置異常情形。

貨物文件置於上艙之班機應提前至空橋上等候接機。注意各航機是否以本地為終點或中間站？切勿把原航機之過境文件取回，若為換飛機再續航，須將過境文件取回交給出口當班同仁轉往續程班機。

除原航機之過境文件外，其餘貨運文件及本公司其他單位之文件亦須一併取回。

(三)特殊物品之接收與處理

1.如有前站交給組員保管之貴重品，在飛機停妥前須先到達空橋等候簽收接貨，接收時須先檢視貴重品外包裝、漆封、鉛封是否完整。

2.如有專櫃之貴重品，須先通知地勤代理公司派專人至機下拖櫃，貨櫃卸下後應檢視鉛封及號碼是否完整無誤。如有安排保全公司進機場押運，須待保全人員抵達後，始得拖櫃。

3.散艙如裝有貴重品，在航機停妥後須先至艙內查看貨品鉛封及外包裝是否完整。

4.小件貨品接機人員需親自取回，專櫃得隨同地勤代理公司的專車押至倉庫，當面點交給倉庫管理人員簽收。

5.接收時如發現外包裝、鉛封、重量有任何異常，須當場指出，並在押運品交接單上註明異常情形始得簽收。

6.交接時之異常應立即拍照存證或作記錄，要求倉庫管理人員開立接收異常表。

7.交接完畢，立即拍發電報告知啓運站及相關單位接收情形及異常狀況，本公司貨物應立即在電腦內提單資訊記錄（Cargo

Air Waybill Record, CAR）內註記。

8.交接作業之任何異常，均需立即向督導員以上人員反映並報告處理情形。

四、整理文件表單

接機後先自行檢查艙單袋內容，與貨運艙單提單無關之物品，一律不得攜回，並馬上通知當班督導指示處理。

由艙單袋取出提單文件若有短少，須先確定袋內無遺留任何文件；空艙單袋應收整齊，按規定位置存放。

(一)機邊驗放急貨之理單

所謂「機邊驗放貨」是指進口緊急貨物，貨主事先向海關及航空公司申請，將報關手續先行辦妥，航空公司費用繳清，等進口班機到達，由航空公司陪同海關人員到停機坪，等貨從飛機卸下即刻查驗放行，由航空公司安排地勤公司人員馬上將貨物拖出機場交收貨人。實務上，許多機場貨運站設有「機放倉庫」作爲驗貨場所，航空公司在接到貨主申請機邊驗放時，等貨卸下後，直接把貨物拖到「機放倉庫」，會同海關驗貨放行，而不在機邊驗貨。機放貨處理原則如下：

1.機放貨文件應優先處理。

2.貨物品名如符合進機邊驗放，不須另行通知，逕行進機邊驗放倉庫。

3.貨物品名不在固定機放名單內，以報關行或貨主通知單爲主，而併裝單亦須註明記號，主艙單與併裝單機放件數必須相符。

4.航空公司原則上不接受收貨人電話通知機放，若有電話通知得註明申請人姓名、時間，並要求傳眞申請書，據以辦理。

5.貨物品名可能爲機放者（如活魚），若貨主未通知機放，按善意保管人之責任得主動電話聯絡貨主，並經同意按前項辦理。

(二)特殊貨物之處理

除上述機邊驗放急貨之外，有些特殊貨物，如冷藏蔬果、冷凍肉類、貴重物品、活生動物，貨主可能並不急著提貨，但因貨物性質特殊，事先通知航空公司需要特別照顧。班機接機人員處理原則如下：

1.查閱特殊貨物通知，檢查本身負責之班機是否有通知進機邊驗放倉庫、冷藏、冷凍倉庫或主併號進倉之申請登記並按表處理進倉。

2.核對提單號碼、收貨人地址、目的地、件數、重量、品名是否與艙單相符。

3.查明核對收貨人是否爲本地地址或爲聯營轉口貨之收貨人，以免轉口貨誤進進口倉。

4.在主艙單上件數欄，依存放進倉別，標示不同進倉註記，如貨物送進口倉，不必註明任何記號；送轉口倉則註記或蓋「轉口貨物」印章；進冷藏庫、貴重物品庫則分別在艙單上註記，並將註記艙單分送倉庫有關單位，以便倉庫人員遵照辦理。

(三)轉口貨之理單

進口班機除載運進口貨之外，常常同時也載運經到達站轉往其他城市的所謂「過境貨」，班機接機人員處理過境貨文件原則如下：

1.理單人應在班機抵達前，先行將所有轉口貨盤、櫃資料電報通知貨運站，供拆、點貨參考。
2.轉口貨不論是否爲併裝貨，一律以主提單號碼進倉。首先核對轉口提單與艙單，再交轉口倉清點進倉。
3.直接在機坪轉機貨物應配合出口作業處理，將文件放置於該班機文件袋內，貨物儘快自到達班機卸下，直接拖到接轉出口班機裝載。轉口活生動物應檢視有無異常情況，如有異常須發電告啓運站。
4.貨物如轉其他航空公司，需謄製轉運單。
5.如因後段班機艙位不足，轉口貨分批走貨，前段作業人員需留提單副本，如爲併裝，需留併裝艙單及併裝提單副本給下一批作業人員使用。

(四)進口艙單作業注意事項

進口班機接機人員也要檢查艙單上的品名正確性，並注意以下事項：

1.如果艙單上品名與提單品名不一致時，以提單爲主。
2.艙單品名爲併裝貨，而提單未到或未附併裝艙單時，暫以航空公司主提單號碼進倉，並於艙單上註明併單後補。
3.提單品名欄位爲直接貨物名稱，例如Garment或Jewllery，而非併裝貨時，如未附併單，則以主提單號碼進倉。
4.主提單附有併單時：
(1)如果航空公司的主提單包含二張以上承攬業提單，所謂的「一併二」，一律以承攬業提單（House Air Waybill）號碼進倉，附上併裝艙單，並更正艙單品名爲併裝貨。
(2)如果是航空公司主提單只包含一份承攬業提單，即所謂的「一併一」，則應核對主提單與分提單的收貨人是否爲同一公司或同一人。如是，則以主號進倉，不要附併裝艙單。如否，則以承攬業提單號碼進倉，附上併裝艙單，並更正艙單品名爲併裝貨。

5.提單貨主爲航空公司（如公司自用的器材，免稅菸、酒、航材等公司貨，包括代理公司的公司貨）、軍方單位（軍品）、銀行、個人（人名）一律以主號進倉。

6.但如DHL、UPS等快遞併裝貨，則依其通知決定以主號或併號進倉。

7.取併裝艙單時特別注意在文件上有Cargo Manifest或Consolidated Manifest字樣者，才屬併裝艙單，切勿將其他文件如Invoice、Packing List等，誤當併單處理，增加後續作業困擾。

8.整理艙單時，如發現空運提單件數與艙單件數不符，應查明是否分批到貨？是否遺失併裝單或有先到留置併裝單？並須注意併單總件數是否到齊？如件數不符，應立刻查明是否有併單遺漏？理單過程中，對件數或文件有疑問時均須查明。

9.任何特殊要求事項應加註在艙單品名後面或清楚易辨之處。如冷藏、冷凍、貴重、精密儀器、活生動物、整盤整櫃等，並注意存放正確倉庫，例如危險品庫溫度在常溫即可，但應具備適當之消防設施；冷藏庫溫度約在2℃～8℃，冷凍庫溫度約在－12℃～－18℃。

(五)電報內容查核處理

一般班機之盤櫃裝載內容電報，每一票貨分裝於各盤（櫃）之件數總和，應與艙單上所示件數相同。理單時應留意查核。尤其與他航聯營之班機，更應注意本公司貨物是否裝在他航盤上，以免漏拆。

(六)貨主自行打盤或裝櫃貨（Shipper Prepacked ULD-PPK）進倉

PPK爲空運承攬公司自行築打之盤（櫃），通常外站均以一盤（櫃）爲一件，在出口站進倉出境及在到達站不拆盤（櫃），以整盤（櫃）出倉，但有些地方以該盤（櫃）內裝之實際貨物件數打在提單及艙單上，此時應以盤櫃數進倉，但以括號附註總件。可參看盤櫃裝載內容電報、電腦內提單資訊記錄（CAR）或實體空運提單內容。

(七)分送艙單

理單完成後，儘速將提單送交進口櫃檯及艙單分送海關和倉庫。各地及各航空公司艙單需求與分送對象各有不同，應依當地需求辦理。茲以台灣桃園國際機場說明如下：

1.艙單做五套：由上而下依次爲進口貨主艙單、併裝單，訂成五套。

2.主艙單每張均須加蓋公司艙單專用圖章。

3.五套艙單分送單位爲：駐倉海關一套，進口倉二套，機場貨運辦公室存檔一套，貨主委託代鍵EDI商一套。

4.代理公司均須備一套主艙單＋提單副本轉交代理公司留底存檔。

5.代理公司之轉運貨需將提單副本二份，並附上轉運單交代理公司。

五、艙單簽證

送海關及進口倉的三套主艙單，須經海關加蓋值班關員印章，以證明該艙單是班機抵達時，在海關監視下取得的合法進口貨物艙單，海關將據以控管該班機承載貨物，並據以處理貨主通關領貨及徵收關稅事宜。如艙單不足或記載與實際貨物不符，航空公司將依情節輕重受罰，因此，航空公司班機接機人員在理單時一定要小心謹慎不得有誤。

六、貨物進倉異常處理

1.貨物破損，由倉儲人員依異常情況開立貨物異常報告。較嚴重者，須拍照或重磅，並通知航空公司人員協助處理。

2.貨物標籤如有異常，由當班點貨人員處理後續事宜。

3.現場如發現有特殊貨物（如冷藏、冷凍、危險品等），需查證艙單及提單是否有做特殊註記，如無法查證需聯絡貨主確認，以確保貨物進存適當倉庫。

4.轉口活生動物進轉口倉時需注意餵水，保持空氣暢通且檢視是否正常。有異常時，須要求轉口倉開立異常報告，發電通知啓運站、目的站及貨服單位。

5.更正後之貨物資料，應連同進口倉艙單會同倉庫管理人員點貨進倉並更正進倉電腦資料，進口櫃檯艙單亦需修正為正確資料。

6.若有貴重品及特殊物品進倉，當班點貨人員應協同倉庫點貨人員優先監點進倉。

七、進口貨物重新秤重

出境貨物在送往機場貨運站時，貨主理應在提單或貨主託運申告書上打上貨物正確重量，但實務上，常有作業人員失誤，誤打重量數字，或磅秤失準而使得文件上的重量與貨物實重不符，也有可能是代理商或航空貨運承攬業者故意以多報少，賺取不法運費，因此有些航空公司要求終點站依一定比率抽查到站貨物重量，有時國外啓運站對某批貨物重量有疑問，亦會要求終點站重秤重量。

各場站依據航空公司總公司貨運主管單位所訂作業辦法處理重秤事宜。例行重秤，如超出重量容許誤差範圍（例如2,500kg以上2%，2,500kg以下3%），需拍發電報至啓運站及總公司貨運主管單位。重磅時以主號爲主（含機放貨）。

處理流程如下：

1.填寫申請單交倉庫辦理重磅（註明裝載盤櫃）。

2.依重磅申請單之正確資料，發電至啓運站及貨運品管單位。代理公司之重磅申請亦同，重磅結果應立即發電給要求單位。

3.存檔。

八、特殊貨物處理通知

客戶如有諸如機放、冷凍、冷藏、貴重、保稅、快遞等緊急貨物，需於班機抵達後快速卸貨，並儘速遞交，可事先依貨物性質向航空公司提出申請。如客戶親自通知或電話通知，航空公司進口櫃檯人員應記下客戶電話號碼、通知人姓名、時間、客戶傳眞等資料，填寫申請單，並通知值班接機人員及時採取行動。

值班接機人員依通知單在艙單上註明特殊處理方式。若提單上記載和通知單牴觸時以提單爲主，並由進口櫃檯與貨主確認。

如果貨物未依班機送到，班機接機人員在通知單上註明「貨物未到」（No Show），並交督導員作後續處理。

九、整盤整櫃申請進倉

有些貨物並非貨主自行打盤（櫃）之集裝貨（ULD），本應以散貨進倉，並於清關後，以散貨遞交給收貨人，但因某些貨基於安全考量或價值太高，或作業需求，貨主可事先向航空公司及海關申請整盤（櫃）進倉，經海關驗放後整盤（櫃）遞交貨主。例如中央銀行與外國銀行清算交換的貨幣鈔票，貴重物品如黃金、故宮珍品、政府警政署鎮暴武器、成衣掛櫃等等，常常要求整盤（櫃）進倉及交貨以保障該貨之安全，便於控管。

整盤（櫃）進倉作業處理流程如下：

1.填寫申請單（在總艙單上須註明整盤整櫃進倉，及盤櫃號碼）。
2.附主艙單、併裝艙單，會同駐庫海關檢視盤櫃並簽章（事前須檢查貨上主併號碼是否正確）。
3.申請單一份留海關，一份交進口倉庫管理人員。
4.由駐倉海關及陪點人員執行。

十、短／溢卸電報（Advice of Discrepancy）

班機到達後，貨物及文件經過清點，若發現有短缺情形，首先應在本站設法尋找，包括檢查所有盤櫃，看看是否誤與其他盤櫃混裝，再次清點散貨部分，仔細搜查盤櫃拆卸區，是否散落附近地區。文件方面，應先檢查是否有夾雜情形，其次檢查裝文件大皮袋箱，看看是否被啓運站誤裝在送其他站紙袋內。如果上述檢查仍無法找到，則應拍發電報通知啓運站及中停各站搜查，若仍無結果，則發電全線各站大搜索，以期誤送外站時能及時發覺而送回。電報範例如下：

(一)在終點站短卸（遺失）（Missing Cargo at Destination）

電文範例及說明如下：

電文：

MSCA JL357/06APR JFKTPE

232-12345675 P2T20K

OSI/MNFST IN LOD P1P8231JL

COMD: I C

CNEE: TWN POWER CO

SHPR: KEC

CKADV

說明：

MSCA JL357/06APR JFKTPE

(Missing cargo from flight JL357 on 06 APR from JFK station to TPE)

232-12345675 P2T20K

(Air Waybill No. 232-12345675 total 2 piece 20 kgs)

OSI/MNFST IN LOD P1P8231JL

(Other service information: the missing cargo was manifested on Unit Load Device P1P8231JL)

COMD: I C

(Commodity is Integrate Circuit Product)

CNEE: TWN POWER CO

(Consignee is Taiwan Power Company)

SHPR: KEC

(Shipper is KEC Company)

CKADV

(Please check your loading situation at your station and advise us your finding)

以上電報是終點站台北通知啓運站紐約，當日本航空（代號JL）的JL357號班機抵達台北時，發現列在貨盤P1P8231JL艙單上的兩件20公斤積體電路晶體貨品找不到，收貨人是台灣電力公司，託運人是KEC公司，請貴站清查裝載情形，並告知結果。本電文用許多航空公司簡字及代號，以縮短文字書寫時間，增加工作效率並節省電報費用。

(二)在終點站遺失空運提單（Missing Air Waybill at Destination）

電文範例及說明如下：

電文：

MSAW JL005/06APR/JFKTPE
131-12345675 /T20/100K
OSI RCVD SHPT AS SHOWN ON MNFST WZT AWB/DOC
CKADV

說明：

MSAW JL005/06APR/JFKTPE
(Missing Air Waybill documents from Japan Airlines flight JL005 on April 06 From station New York City JFK International Airport to Taipei, Taiwan)
131-12345675 /T20/100K
(Air Waybill Number 131-12345675 total 20 pieces/100kgs)
OSI RCVD SHPT AS SHOWN ON MNFST WZT AWB/DOC
(Othere service information: Received cargo as shown on manifest without Air Waybill and document)
CKADV
(Please check your station and advise us result)

以上是終點站於班機JL005/06APR抵達台北時發現貨物已如艙單所列收齊，但沒收到空運提單，請啓運站查明回覆。電文需簡潔，但必要的資訊，如班機號碼、提單號碼、件數、重量、路線、異常情形說明、要求對方行動等等都必須充分提供，以便有關單位據以清查。

(三)在終點站溢收空運提單（Found Air Waybill at Destination）

電文範例及說明如下：

電文：

FDAW/MH005/06APR/JFKTPE
232-12345675 JFKHKG/T20K350
OSI/AWB IN WZ TPE DOC

說明：

FDAW/MH005/06APR/JFKTPE

從馬來西亞航空公司MH005/06APR紐約（JKF）到台北（TPE）班機發現溢收提單。FDAW是Found Air Waybill簡寫代碼。

232-12345675 JFKHKG/T20K350

提單資料顯示：提單號碼232-12345675，貨物共兩件350公斤，應從紐約（JFK）送到香港（HKG）。

OSI/AWB IN WZ TPE DOC

其他資訊（Other Service Information, OSI）：提單到達時與台北文件混裝在一起。航空公司每天有許多班機進出，每班機都有許多文件要處理，而且都是在飛機起飛前最後關頭匆忙完成，值班貨運員有時要同時擔任好幾班飛機的作業，忙中有錯常不可避免，因此須仰賴後續追蹤補救，經由電報互相通報追查，將文件送到應送去的地方。

(四)在終點站溢收貨物（Found Cargo at Destination）

電文範例及說明如下：

電文：

FDCA/MH005/06APR/JFKTPE

232-12345675/T2K30

OSI/RCVD CGO BUT NO DOC

STNS PLS RUSH FWD AWB/DOC ET ADVS

FWD DTLS

說明：

本範例是針對本站收到未上艙單而送到的貨物，算是「溢收貨物」（Over Received Cargo）而發出的追查電報，此項溢收貨物也可能應該送外站而誤送到本站的貨物。電文內容與上述溢收提單類似，告訴啓運站只收到貨物，但無提單文件，請對方儘速送來，並告知補送班機、日期等詳情。其中文字略有不同，FDCA代表發現溢收的貨物（Found Cargo），STNS代表各站（Stations），FWD代表運送（Forwarding），DTLS代表詳情（Details），ADV代表通知（Advise）。

(五)多種異常電報（Multiple Irregularities）

電文範例及說明如下：

電文：

232-12345675DFWTPE/T5

MSCA/MH005/06APR/JFKTPE

MSAW/MH005/06APR/JFKTPE

OSI/STNS PLS CK UREND IF SHPT OFLD

說明：

以上範例是終點站在班機抵達後沒有收到提單，也沒有收到貨物，因此發電給啓運站及中停各站追查，並請告知是否卸在該站。OFLD是指自班機因臨時艙位不足，或因飛機能載運的最大重量（酬載，Payload）不足，故意將貨物卸下（Off Loaded），如果是誤卸，也可以用OFLD這個字，後面加上By Mistake或是用失誤（Mis-Handling）表示。上述電文中的UREND代表Your End（貴站），亦即請貴站查看貨物是否卸下未上班機。

(六)拍發電報注意事項

航空公司因爲飛機飛行快速，有關所載客貨訊息的傳遞必須把握時效，及時通知有關工作人員才能對客戶提供有效服務。爲達到快速有效作業，國際間組織如IATA或提供資訊服務的國際航空電信協會（SITA）及航空公司，大都有作業規定及縮寫字或代碼以節省作業時間，電報基本結構如下：

1.電報處理優先等級，以QU代表急件，QK代表正常案件，QD代表慢件可於次日處理。

2.收報單位，以一組七個英文字母組成，前三字代表城市或機場代號，如美國洛杉磯以LAX表示，紐約甘迺迪機場以JFK表示，接下來兩個字母代表航空公司部門代號，例如貨運營業組以FS代表，機場貨運服務組以FF代表，訂位組以FR代表。

最後兩個字母代表航空公司代號，如日航以JL，新航以SQ，華航以CI，長榮以BR表示，例如：TYOFFJL。

3.發報單位，與收報單位一樣，也是由一組七個英文字母組成，唯一不同是在城市代碼前面先打上一點，表示是發報單位，例如：.HKGFFCX。

4.發報時間，通常在發報單位後面以一組六個數字組成的DTG（Day, Time Group日期與格林威治時間組合）來表示，例如300620，代表30日06時20分（格林威治時間）。至於年月則以二位數字代表公元年度的後兩數，月份以英文字母大寫次序A.B.C.D.E.F.G.H.J.K.L.M分別代表各月份，例如A11代表2011年01月，置於發報時間下一行開頭。

5.發報人，在發報時間末端以兩個英文字母代表發報人姓名簡稱，貨運員Mr. Michael Lou以ML表示。

6.電文主體，依實情撰寫。爲節省時間及費用，航空公司都依IATA規範訂有簡碼代字，在撰寫電文時儘量採用，例如「收到」（Received）以「RCVD」，「確認」（Confirm）以「CFM」 表示，詳細代字應參閱航空公司編製的《通訊簡碼代字手冊》（*Communication Code Manual*）引用，不可隨意發明，以免電報發出後，對方看不懂，再來電詢問，反而更浪費時間及電報費。

7.電報結束，以符號等號（＝）置於電文結束後次一行。

例如2011年12月30日由國泰航空香港站機場貨運組貨運員Mr. Michael Lou於下午2：30分發出給日本東京日本航空機場及台北國泰航空貨運組之電報，追查失落的提單以下列方式呈現：

```
QU TYOFFJL TPEFFCX
.HKGFFCX  300630ML
M11
MSAW JL005/06APR/TYOHKG
131-12345675 /T20/100K
OSI RCVD SHPT WZT AWB/DOC X CKADV
```

十一、特殊貨物處理

經由外站電報或總公司通知，預報有特殊貨物交運資訊時，如重貨、超長貨物、貴重物品、危險品、大型動物、重型機具、直升機等裝運情形時，先確定承載班機、預定到達日期、時間，立即通知有關收貨人及接轉單位預作準備，並於班機抵達前一天，隨時掌握狀況，聯絡地勤代理公司機坪組協調卸貨處理相關事宜。班機抵達前，先通知地勤公司機坪組，選派較熟練人員開拖車處理相關作業。班機抵達時，航空公司派員在機下，監督卸貨，防止貨物卸出時撞及機艙牆壁及艙門框，並注意拖車，在貨物裝上盤車時，確實拉上盤扣以防盤車拖運時貨物滑落受損，並派員協助機邊裝車及押運出機場。

航空公司一般都編有工作人員參照文件以確保工作順利安全進行，其中下列文件爲常見的參考文件：

1.航空公司《貨物處理手冊》（*Cargo Handling Manual*）。
2.《危險品處理手冊》（*Dangerous Goods Operations Manual*）。
3.航空公司班機作業檢查表。

第二節　進口櫃檯作業

空運貨物必須在航空公司將貨物交到收貨人手裡才算完成運送義務，而在交貨之前，負責通知收貨人到貨情形、收取費用、遞交文件、安排倉庫交貨、處理異常案件等等，都要由一個特別單位來處理。一般航空公司都在機場貨運服務組（Cargo Service Office），設置「進口部」（Import Department），負責進出口貨物的處理。各航空公司依其需要，分別設立不同部門，名稱亦可能有不同。

進口部內也可以因業務需要再細分更小單位，分工合作，基本上大多數航空公司都設有「進口櫃檯」，主要工作即處理進口貨物交貨、收費、異常案件處理及有關服務事宜等，詳細作業內容分述如下：

一、航空公司進口櫃檯工作流程及主要作業

進口櫃檯主要工作可分為接收班機文件、發出到貨通知、提單之發放、遞交文件及收費、處理特殊貨物、協調海關及政府有關單位、通知倉庫放貨、提單及艙單內容之更正、處理異常案件、異常通知書之通知與交付、帳務結報、檔案處理等項目。主要流程及說明如**圖11-2**。

二、電傳進口貨物資料

近年來由於電腦資訊發展迅速，電腦科技日新月異，各國海關紛紛採用電腦與航空公司連線，互相傳輸進出口貨物資訊，甚至空運公司、代理商及報關行亦加入連線，使進出口貨物報關手續更加

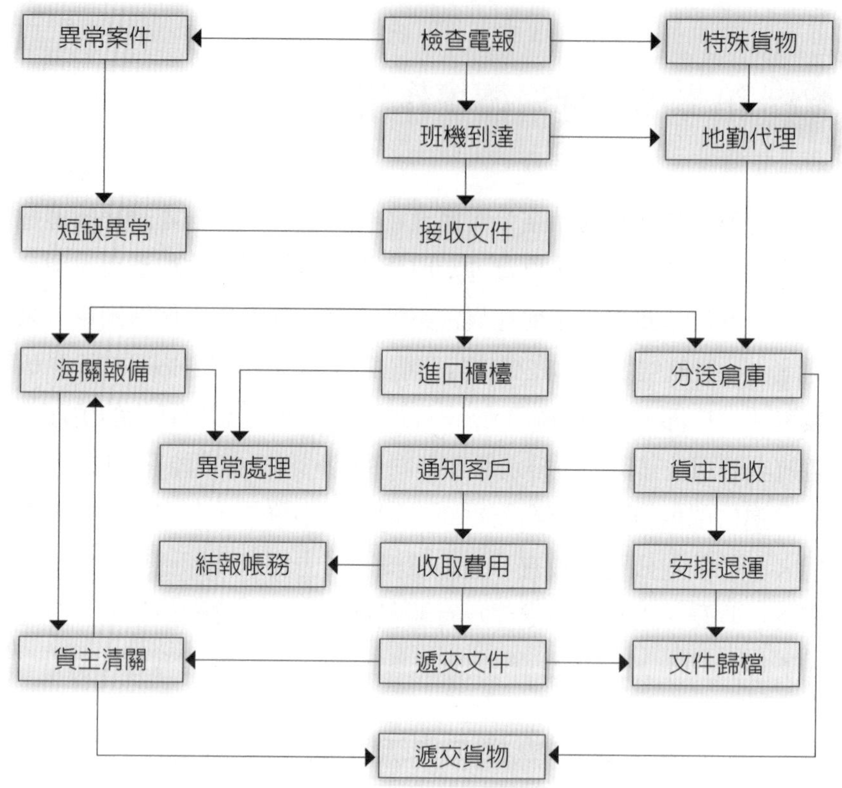

圖11-2　航空公司進口櫃檯工作流程

簡化迅速，因此，航空公司在班機起飛後除了立即將班機運載貨物資料，包括提單內容、艙單資料等以電腦資訊傳送給終點站之外，尚需傳送給海關，有些航空公司也將部分資料傳給經常來往的大型空運公司或代理商，以便在飛機未抵達前及時準備報關文件，進行報關手續。航空公司進口部因此於收到啓運站傳來班機承載資訊後，立即以電子傳輸方式傳輸進口貨物艙單（主號）向海關申報，並於海關規定時效內，線上更正或刪除艙單資料。併裝艙單由空運承攬業者自行傳輸、更正、刪除。

詳細作業步驟視各國海關及各航空公司規定各有不同程序，茲以台灣桃園機場作業為例說明如下：

1.依據每日班機動態表製作「進口班機電腦資訊檢查表」（Inbound Flight EDI Check List）憑以確定每日之進口班次，並據以逐班收集外站拍發之原始電子艙單（FFM）資料。

2.於班機抵達兩小時內傳輸EDI電子艙單，即視同於班機抵達前傳輸。

3.進口櫃檯值勤人員依據外站異常狀況通知，例如班機起飛前最後時刻卸貨，補送上班次遺漏貨物，溢送、短送等資料，倉庫進口貨物清點結果或本站補進倉及承攬業之要求（切結書要求更改品名或件數），更改上述原始電子艙單（FFM）內容，以符實際。

4.依據班機飛航電報適時將上述已更正過之電子艙單（FFM）透過關貿網路（TradeVan）傳輸給海關，是為電傳艙單。主號艙單線上更正，分號艙單傳輸及更正時效為七十二小時；於班機抵達兩小時後始傳輸EDI電子艙單，即視同於班機抵達後傳輸。主號艙單線上更正，分號艙單傳輸及更正時效僅限四十八小時。

5.依據修訂完成之進口艙單，逐票比對上述之電傳艙單內容，務必兩相吻合。

6.艙單完成後，依據櫃檯同仁之作業需求，線上更正電傳艙單之品名及件數。

7.依據海關、航空公司及承攬業組成的資訊平台——「關貿網路公司」所提供之「進口班機每日傳輸彙總表」功能，每日覆查前一日之傳輸班次有否異常。

8.依據關貿網路公司所提供之「主併不符查詢」功能，複查近

七十二小時併號傳輸是否有異常。

三、接收文件

航空公司機場負責接機貨運人員於班機抵達時自飛機上取下文件袋後，首先將一套完整的艙單給機下監看的海關，地勤代理公司也需要一套完整艙單作爲機下卸貨清點及往後移交給倉庫簽收之用。

接機貨運人員然後將所有進口及過境艙單、空運提單及相關文件攜回辦公室，進一步清點核對進口艙單與提單及其相關文件。如一切無誤，將整套完整艙單交倉庫，作爲清點貨物進倉之依據。另外分送有關政府單位，如檢疫所等依當地政府機關要求辦理。其餘文件送交進口櫃檯作後續處理。

進口櫃檯首先應在每份艙單上蓋上當天日期章，以便區別班機實際入境日期與艙單上繕打的班機起飛日期，因爲長程班機，如歐亞之間或美洲與亞洲之間常因時差而導致起飛與到達日期不一致。

艙單分爲航空公司的艙單，稱爲「主艙單」，另外有代理商或一般民間空運公司準備，附訂在空運提單後面的所謂「併裝艙單」，進口櫃檯也應蓋上入境日期章，以便交收貨人持往海關辦理清關提貨之用。如附有併裝艙單則在主艙單件數欄作記號，表示本宗貨爲併裝貨物，以分艙單號進倉。其他未作記號者則係以主號進倉之貨物。

除艙單外，進口櫃檯要將提單依艙單順序核對，排列整齊以便往後遞交收貨人。

四、發送到貨通知

進口櫃檯將文件清點及整理妥當後，下一步即須通知收貨人前來機場領取空運提單及有關文件，同時辦理一應手續以便領貨。

(一)通知對象

航空公司應依空運提單上「收貨人」欄內所顯示的公司或個人通知收貨人到貨資訊。有時因為國際貿易實務上透過銀行押匯保證，眞正貨主必須先赴銀行繳清貨款後，經銀行開發「提貨授權書」（Release Form），持往航空公司領貨，在此種情形下，提單上「收貨人」欄內的名稱是擔保貨款的銀行，但通常銀行不會親自領貨，而是由眞正貨主負責辦理，因此，託運人在準備提單資料時，會在提單「其他處理貨物資訊」（Other Handling Information）欄位上打上「到貨通知另外通知某某第三者」（Also Notify Third Party XXXX）。此時航空公司進口櫃檯發到貨通知時，除了發給收貨人欄內的銀行外，也應依提單指示，發給眞正的貨主，以便貨主先行前往銀行結清貨款，取得銀行的授權書後，向航空公司領貨。

此外，有些大公司無暇處理報關領貨瑣事，通常委託代理商或報關行代辦一應手續，因此，提單上也會註明通知「某某空運公司或報關行」，航空公司因此也必須通知這些第三者。

(二)發送通知的方式

◆以傳真方式通知

提單上若有傳眞號碼，應先傳眞通知，再行製發到貨通知單。傳眞方式通知收貨人後，應於提單簽收聯（COPY 4）上記錄聯絡人姓名、聯絡時間及本部通知人姓名縮寫。

◆電話通知

提單上若有電話號碼，應先打電話通知，再行製發到貨通知單。電話通知必須通知公司或代理人之進口負責人，受通知人之姓名、電話號碼、時間、日期等必須詳註於提單簽收聯（第四聯）左

邊空白處，負責通知人員亦須簽名以示負責且便於往後查詢。

◆郵寄通知

寄發到貨通知單，必須以掛號信函為之，並確實保存郵局簽收後之大宗郵件掛號信收據，訂在航空公司存檔提單上備查。

信函收據，其保存時間為兩年，同時於提單簽收聯（COPY 4）及提單正本（ORIG 2）右下角蓋妥到貨通知單寄發日期。如果收貨人地址、名稱不詳，可查閱提單上所附之包裝清單或發票，其上皆有收貨人之資料，如有電話亦可先以電話詢問收貨人之地址資料，予以記錄後再製發到貨通知。

(三)到貨通知作業及注意事項

1.查閱電腦客戶檔案，凡收貨人未指定委託報關行者，一律製發到貨通知單。

2.收貨人為銀行者，到貨通知逕行通知、寄交受通知人（Notify Party）並影印提單副本（AWB Copy）乙份、蓋通知用章，交付檔案Notify Party委託之報關行。

3.凡提單上有收貨人電話及傳真者，應先以電話或傳真方式通知，再寄發到貨通知單。以電話或傳真方式通知收貨人後，應於提單簽收聯（COPY 4）上記錄聯絡人姓名、聯絡時間及本部通知人姓名縮寫。

4.每日0800-0900檢查尚未領取之機放提單，超過一日尚未領取者應立即以電話通知收貨人，並視情況需要再寄發到貨通知單，同時查核貨物是否已依照提單Handling Information之指示妥善處理。

5.每日檢查空運公司及報關行之提單夾，超過一日尚未領取者應另行通知。

6.每日檢查尚未交付之進口提單，逾一週未領取者，除了發電報通知啓運站外，同時應製發第二次到貨通知單，逾兩週未領取者製作「貨物無法交付報告」（NND-Non-delivery Report），請啓運站查告如何處置。

7.到貨通知單每日16：00前寄發；提單正本（ORIG 2）及簽收聯（COPY 4）須加蓋有寄發日期之戳記；郵局之大宗郵件收據須保留二年。

8.如無法與客戶取得聯繫及郵寄地址不詳，到貨通知單遭退件時，應立即查明原因並作適當之處置，退件應附於提單簽收聯之後，存檔備查，並應立即發電報告知啓運站。

五、發放提單及有關文件給收貨人

(一)檢查進口艙單與提單

進口櫃檯在發放文件給收貨人之前應先確定所有班機艙單上所列提單號碼、件數、重量（美國地區重量爲磅）及目的地是否與提單吻合。如是併裝貨，附有「併裝艙單」，必須注意五個部分，即航空公司所簽發的主提單號碼、空運公司所簽發的併裝艙單號碼、件數、重量、品名缺一不可，尤其件數，須特別注意併裝分艙單上總件數是否跟主艙單上件數相符，同時應注意有無併裝分艙中，另有次級併裝艙單，以供倉庫據以點貨之用。

(二)分批到貨文件檢查

分批到貨之艙單、件數、重量、品名是否與原資料一致，如係併裝貨物，其分批併裝艙單之件數、重量、品名應與原資料相吻合。

如果貨物分批運送，只收到第一批提單副本而無正本時，則將副本註明「當正本用」，並據此以核收進口運雜費。如非分批送貨物，而未收到提單則必須在艙單上註明「NO AWB」，拍發電報並列冊追蹤。

(三)提單處理要項

提單整理必須註明或加蓋的事項有：

1.若收貨人為銀行者，於提單左側蓋「銀行單請背書」且必須等銀行背完書或給予「提貨授權書」後方予蓋章放單。
2.併裝貨物（收貨人為併裝公司）不蓋航空公司章。
3.加蓋進口班機班號及到達日期。
4.特殊貨物文件處理。

提單上若註明特殊貨物如易腐品（PER）、動物（AVI）、冷凍品（FRZN）、冷藏品（COOL）、貴重品（VAL）、遺體（HUM）、危險品（DGS）、新聞出版品（News Item）等貨物應予以再核對艙單記錄，是否已依收貨人、代理人之要求或提單上Handling Information指示儲存於指定之倉庫，如冷藏庫、冷凍庫、危險品庫或貴重品倉庫，如發現進口班機值班人員未依指示儲存貨物時應立即更正倉儲位置，避免貨物受損，並須於主艙單或併裝艙單做相同註記，以利倉庫存放於正確儲位。

另外，須仔細檢視提單上是否有註記其他作業指示，尤其是空運提單上「Handling Information」欄內常有特別指示，須依其要求妥善處理。

六、收費作業

進口貨物運雜費有兩種付費方式，一種是由託運人在啓運站交貨時將運費繳清，稱之為運費預付（PP），在此種情形下，進口櫃檯只要將提單交付給收貨人辦理清關領貨即可。另一種方式是運費在終點站向收貨人收取，稱之爲運費到付。實際上，即使是運費預付，在運送途中，常衍生許多運費以外的「其他費用」，例如危險品處理費、代墊服務費、重新包裝費等等，必須在終點站向收貨人收取。

所以費用可以分爲航空公司收取的運費及報值費一類，及「其他費用」兩大類，都可能用預付或到付方式付費，甚至分別以預付與到付併用。

運費到付作業說明如下：

(一)運費到付條件

運費到付係貨物運送所產生之運雜費由航空公司在終點站向收貨人收取。只要符合下列條件，航空公司可以接受貨物以運費到付（即收貨人付費）的方式運送。

1.收貨人與託運人非同一人。主要是航空公司顧慮萬一在終點站向收貨人收不到運費時，無法回過頭來向託運人收費，因爲兩者是同一人。

2.目的地國家及交付貨物之航空公司的現行規章許可向收貨人收取運費。主要是考慮有些國家有外匯管制，航空公司在終點站收到的運費不能隨意匯回總公司，造成資金積壓，無法調度運用。

3.人類遺體、活生動物、易腐品（Perishables）、後送行李（Personal Effects）或家用品（Household Goods），不接受運費到付，除非託運人預先安排並取得航空公司同意。主要是航空公司如果無法在終點站收到運費，也無法從託運人處收到運費時，可能無法因爲上述貨物腐爛、死亡、貨價偏低或無法拍賣來抵應繳運費，造成航空公司的損失。

(二)計算到付運雜費

1.進口到付運費之計算先確定運雜費幣值及匯率，並加註於主要航空公司提單左下角匯率欄內。

2.計算運費到付手續費。查IATA《航空貨運規章》或航空公司個別規章，依其收費標準或百分比收費，一般是運費及報值費百分之五收費，每批貨最低不少於美金10元（5% of Weight & Valuation Charges, Minimum USD10.00）

3.分別計算運費、其他費用應歸屬於航空公司或歸屬於代理商部分並加總。

4.將第2及第3項加總並書寫於提單上。

(三)計算運雜費注意事項

1.應查明運費貨幣別，如有疑問應查核TACT Rules並確定之。

2.危險品費（Dangerous Fee）另有收費，不可漏收。

3.另有收取代墊費之手續費，不可漏收（10% Disbursement Amount, Minium USD20.00）。

(四)收費結報

提單及運雜費資料輸入到付貨運收款報表（Cargo Delivery & Collection Report, CDCR）系統。

1.查核CDCR電腦顯示之運費是否與人工計算之運費相符。向收貨人收取到付運費，開立收據給收貨人。

2.於銀行營業時間內由收貨人憑航空公司貨運部開立之收據逕向航空公司指定銀行繳交運費。例假日及上述銀行營業時間以外，運費由航空公司值班人員向收貨人收取，於銀行營業時間再前往繳交。

3.每日銀行結帳後至銀行收取銀行存條。存條上須有銀行蓋章，修改處亦需銀行行員蓋章。

(五)非銀行營業時間進口運雜費收費作業

進口運雜費則由進口櫃檯負責向進口貨物收貨人收取，於銀行營業時間再由進口櫃檯前往銀行繳納。

進口櫃檯於銀行非營業時間所收取之進口運雜費應以銀行次一營業日之日期開立收據，例如週二下午三時以後收取之運雜費其收據開立日期應為週三，又如週六收取之運雜費，則收據開立日期為下週一銀行營業日，如逢連續假日則以第一個銀行營業日為收據製發日期以吻合帳表，同時將所有收妥之提單簽收聯（第四聯）、現款、銀行本票及本部製作之收據第三聯置於本公司公文信封裝好訂妥，投入進口櫃檯保險箱。

進口櫃檯於銀行營業日開啟進口櫃檯保險箱接收存款袋並立即核對帳款及單據向銀行結報。代收之進口運雜費部分由櫃檯收費人員核對無訛後即應依貨物抵達日期匯率核算正確運雜費，並開立收據向銀行結報，同時通知收貨人前來領取收據。

(六)進口到付運費兌換率之適用及匯率表之公告

空運提單上的運雜費除少數例外，都是以啟運站國家之貨幣為計費單位，如貨物是到付貨物，終點站收貨人並無啟運站國家貨幣可以付運雜費，只好按公定的銀行兌換率以當地貨幣支付。各國兌換率規定各有不同，航空公司必須依政府公布的辦法辦理，以台灣地區為例，航空公司規定如下：

1.每週三（不論假日與否）固定公告匯率表自該週三起適用至次週二，作為該貨物出發國折算當地幣之基準。

2.匯率表之製作係以每週二台灣銀行收盤牌告之即期賣出匯率

爲基準，翌日（週三）開始實施。如週二適逢假日，則採用前一日（星期一）銀行公告之匯價，如星期一、星期二連續兩天假期，則採用前週週五之匯率，餘此類推。

3.如出發國之貨幣爲銀行未掛牌之外幣，則先依據IATA清帳所（Cleaning House）最近發行之「銀行五日平均兌換率」將該外幣折算爲美元，再依據前述《工商時報》所刊登之即期美元賣出匯率折算爲當地貨幣。幣制換算小數點以下取四位，第五位四捨五入。

4.匯率表依據上述原則製作。正本存檔，影印足夠份數供承攬業者及報關行自行取閱，另備影本分送各代理公司、相關單位及人員。

5.同時，將匯率表輸入到付貨運收款報表（CDCR）到付運費電腦系統，並將已簽發之運雜費更正通知書（Charges Correction Advice, CCA）資料輸入CDCR系統。應收未收、短收運費之催繳與超收運費之退費，應及時處理並適時一併結報。

(七)貨運每日營收日報表（DCCR）報表製作

進口櫃檯每天都有進口提單遞交給收貨人，同時要向收貨人收取相關費用，例如運費、雜費、倉租、貨運到付手續費、代收費等等，這些費用及已遞交給收貨人的提單必須每天報繳給總公司財務單位作帳務管理。

進口櫃檯負責此項作業人員，每天要檢查櫃檯前一日交付收貨人提單之存檔黃單副本、收據、統一發票明細表、銀行收款存條，檢查其金額是否相符。接著編製「貨運每日營收日報表」（Daily Cash Collection Report, DCCR），依航空公司內規分別編列DCCR序號並謄入日報表明細本內。

列印DCCR與第一項資料核對，並注意下列事項：

1.所有空運提單簽收黃單是否已加蓋收費章。

2.本公司及代理各公司現金帳是否正確，有無帳目誤列入他航。

3.複查並記載DCCR序號是否正確。

4.檢附DCCR二份（應加蓋製表人、主管職章）及附提單影本、發票明細表。

5.銀行存條各一份，共四項送分公司會計部，另自行存檔一份備查。

(八)每週賒帳報表製作

航空公司有時爲營業考量及簡化作業，給予經常來往信用良好的客戶，取得適當的保證金後，運雜費以賒帳優待，每週、半個月或每月結報。進口櫃檯因此必須製作「賒帳週報」，鍵輸客戶記帳資料，交會計部門收帳，每週列印應收未收到付運費（CC）報表，查明原因補收或銷案。

(九)無法遞交貨物（Non-Delivery）到付運費之處理

◆如貨物以本公司提單運送

由終點站製作運雜費更正通知書（CCA），並分送啓運站、總公司財務審核部門，並附送貨物無法交付報告，以便將運費由到付改爲預付（Charge Collect To Pre-Paid, CCTPP），將收取運費之責任轉給啓運站。

◆如貨物以其他航空公司提單運送

製作CCA附Notice of Non-Delivery（NND）送總公司財務審核部門，以便透過IATA清帳所，將收取運費之責任轉給開提單之航空公司，CCA無須送給啓運站。

七、遞交文件作業

進口櫃檯收取費用後，下一步就是遞交文件給收貨人或其代理商。發放文件時應確定下列事項：

1.確定前來領單的人與提單上所示相符，或有收貨人的授權書。通常航空公司會要求領單人出示證件，證明領單人身分，以免發錯單而引起往後糾紛及賠償問題，因爲一張提單所代表的貨物價值可能高達數百萬元，絕不可疏忽交錯對象。

2.收貨人在提單簽收聯簽收後，方可將正本提單發放給收貨人。承攬業提單請空運公司在航空公司主提單簽收聯蓋章簽收後，方可將承攬業提單發放給空運公司。

3.提單及電傳、異常通知書應於班機抵達七十二小時內交付貨主，以免貨主因逾時無法傳輸併號艙單而遭致海關罰款。

4.機邊驗放貨物，如生鮮農漁產品、疫苗、棺木骨灰、快遞貨等有時效貨物，基本上，貨主都會事先在班機抵達前，在進口櫃檯等候領單，但進口櫃檯應隨時檢查是否有緊急貨物尚未領取之提單，如有必要應立即通知貨主，以免影響時效。

5.航空公司主提單貨主簽收黃單、電傳資料、異常通知書歸檔前，須檢查是否都有收貨人簽收。

八、提單及艙單（書面及EDI）內容之更正

班機送來的書面艙單與電子艙單（EDI）必須一致，更正書面艙單之同時，必須一併更正電子艙單。

(一)主號提單更改貨主

依據啓運站航空公司電報或託運人書面要求更正提單內容。

併裝貨（一併一）未附併裝艙單時，以主提單號碼進倉，由空運公司出具切結書（或附上正本併號提單），可依其要求將收貨人更改為承攬業提單上的收貨人（銀行為收貨人的提單除外）。

收貨人為空運公司，提單上有加註Notify Party，由空運公司出具切結書，可依其要求將Notify Party更改為收貨人。

(二)併號提單更改貨主

依據啓運站航空公司電報或託運人書面要求。由空運公司出具切結書，可依其要求更改收貨人。

(三)主號提單、艙單更改目的地

收貨人如要求將主號提單上之目的地由終點站，如台北（TPE）改為高雄（KHH），請收貨人聯絡託運人，要求啓運站航空公司拍發電報更改目的地。EDI電子艙單之目的地須於七十二小時內一併更正。

(四)併號提單、艙單更改目的地

空運公司如要求將併號提單上之目的地由TPE改為KHH，或KHH改為TPE，由空運公司出具切結書，可依其要求更改目的地。EDI電子艙單併單部分，由空運公司於七十二小時內自行更正；主提單、主艙單目的地不做更正。

(五)更正件數

依貨運站短溢卸報告，提單與艙單件數不符時，以貨運站實際點到件數為主。

(六)更正重量

依據貨棧重磅記錄，提單與艙單重量不符時，以提單爲主。主提單與併提單不符時，以主提單爲主。

(七)更正品名（併裝提單改主提單、主改併）

1.併裝貨（一併一）未附併裝艙單，由空運公司出具切結書，可依其要求以主號進倉，並更正主提單、主艙單品名。

2.併裝貨（一併一）原則上不得因貨上無併號標籤而更改品名（併改主）。

3.併裝貨（一併一）原則上不得因報關行以主號傳輸報單、銷艙、放行而更改品名（併改主）。

4.併裝貨（例如危險品）誤以直接品名傳輸艙單及點貨進倉，如空運公司於七十二小時內提出主改併之要求並同時提供併號艙單，可依其要求辦理。

九、提單正本未到或遺失而以副本當正本

在運送途中，可能由於啓運站工作人員疏忽，未將提單裝上班機，或是中途站誤卸，或是在某處遺失，或是貨物分批送到，正本提單留在啓運站，或是收貨人領取提單後遺失等等情形發生，此時必須以提單副本當正本用，有關作業說明如下：

(一)主提單由於班機未送到（MSAW）或遺失，收貨人要求以副本代正本

先查明正本提單是否已補到，如未補到，蓋「本提單作正本」使用前，影印提單副本乙份代替黃單簽收聯，請收貨人或其代理人簽收。查明運費是否爲到付（CC），如爲到付，先收費再放單。銀行單必須經銀行背書後始可代正本，並通知謄單同仁回銷異常本並

於電腦上做註記說明。

(二)主提單（客戶）遺失，收貨人出示AWB COPY要求以副本代正本

查明主提單是否已領取、黃單是否已簽收，如提單尚未提領，收貨人不得聲明遺失。應請收貨人先領取提單，運費如為CC查明是否已繳清。

(三)分批到貨，收貨人要求以副本代正本

查明主提單是否已領取、運費是否已繳清即可，無須切結。

(四)併提單未到、遺失，空運公司要求以副本代正本

查明主提單是否已收到、黃單簽收聯是否已簽收，班機尚未抵達、主提單尚未領取前不得接受併提單以副本代正本。

如主提單未到，請空運公司一併提供主提單並按照主提單未到辦理。

如主提單已收到，黃單已簽收，請空運公司出具切結書，蓋空運公司章。

併提單若為銀行單，必須經銀行背書後始可代正本，或空運公司出具切結書。

十、進口貨物無法交付收貨人之處理

當航空公司將提單交付貨主或其代理人，將貨物交付海關控管即視同貨物已交付貨主。

進口貨物於運抵目的地後，因種種原因而無法交付收貨人時，則謂之未交遞貨物（Non-Delivery Cargo）。進口貨物未能交遞之原因及處理原則如下：

(一)收貨人地址不詳

由於收貨人地址不全，如無門牌號碼、無路街名或英文地址拼音不正確，也無電話或傳眞號碼而無法製發到貨通知單，則應立即發電報要求啓運站查詢寄貨人，要求提供正確資料，電報應附於提單簽收聯。

(二)到貨通知單無法遞交收貨人

到貨通知單因地址不全或收貨人遷移等原因，造成郵局無法遞交收貨人遭致退件，則可查對提單上所附之Packing List、Invoice或貨箱上資料，以找出正確地址，亦可依收貨人之英文名字查詢英文電話查號台（106），請其代查該公司之中文名稱及電話號碼，再以電話通知並詢問其地址，再製發到貨通知單。如上述方法皆無法查出收貨人之地址，則立即發電報要求啓運站查詢，電報附於提單簽收聯，遭郵局退件之到貨通知單，應一併存檔備查。

(三)收貨人接獲到貨通知單但無回應

於班機抵達日七天後，收貨人未前來領取提單，除發電報通知啓運站外，應立即製發第二次到貨通知單；如第二次到貨通知單寄出後，逾七日仍不見收貨人前來領取提單，則製作進口貨物無法交付報告，通知啓運站處理。

(四)貨主拒絕提領或拒絕支付運雜費

應立即發電報要求啓運站聯絡寄貨人，請寄貨人告知應如何處置，目的站依託運人指示辦理。

十一、提單簽收聯（第四聯）之整理與歸檔

依照海關關務法規規定，爲證明已完成提單運送契約行爲以及

保存簽收聯上有關簽證事項，提單簽收聯應妥予保存五年。

進口櫃檯負責安排專人以提單尾數（檢查號碼）裝訂存檔，裝訂時打孔於提單底部再依序裝訂俾利查閱。

第三節　進口貨物處理

進口班機承載進口的貨物應儘速遞交給收貨人，但貨物從啓運站送到終點站過程中仍有許多狀況發生，例如漏裝、溢裝、延誤、損壞、失竊、拒收、分批送達、滅失、退運、留置、遭海關或其他政府機關扣押、存倉過久未領、運費糾紛等等意外情況，也有貨物一切正常，但由於其特殊性質必須分別處理，例如冷凍品、冷藏品有不同存放倉庫及不同控溫設備；危險品、貴重品亦需特別處理。在不同的情況下，對貨物的處理也就有不同的方法，茲分別說明如下：

一、貨物正常到達情形

(一)點交進倉

班機抵達後，由航空公司值班貨運員，取下艙單、提單等文件，將完整正確艙單及卸貨盤櫃資料交給機坪裝卸地勤代理作業人員，裝卸人員依指示卸貨，應檢查盤櫃號碼是否正確，並檢查盤櫃上的掛籤所寫站名是否屬於本站，若有異常應即向航空公司值班貨運員報告查明，以免誤卸。於完成裝卸後拖往倉庫交接。

倉庫人員接收時應注意以下各點：

1.清點貨物件數，包括所有盤櫃號碼件數及散裝個別貨物件數。

2.檢查盤櫃及散貨包裝外表，如有破損應即作「進口貨物破損報告表」（Damage Report for Import Cargo），詳細記載損壞部位、長度大小、內容損壞情形，嚴重者尚須拍照存查，同時應重秤重量，記錄實重與艙單所示重量之差異，以便航空公司往後辦理賠償之依據。

3.存放貨架或特定儲區，並在艙單上標明儲位號碼或輸入電腦備查。存放貨架應依航空公司指示。

4.將特殊貨物分別存入冷藏倉、冷凍倉、貴重物品倉、危險品倉、機邊驗放倉、動植物倉、過境倉等特殊倉庫，並詳細記載正確儲位，避免混雜而於取貨時無法找到。

(二)暫時存倉待驗

進口貨物在貨主完成報關前不能自貨運站領走，因此倉庫暫時仍須保管貨物，直到海關簽署放行單給貨主持往倉庫領貨。此期間，由於海關可能要將貨物開箱檢驗貨物是否與貨主所報品項、數量相符，貨運站倉庫必須配合海關要求，將指定的貨物自儲位取出，送至海關檢驗區，俟檢查完畢，仍將貨歸還原位，等貨主取得海關放行單後才能放貨。

其實，就航空公司運送責任而言，只要收貨人繳清運雜費，簽收提單後，就完成履行運送合約的義務，至於貨主要不要報關，何時領貨，航空公司可以不予理會，唯有在貨主完成清關領貨時，如果發現有貨物損壞、短缺、滅失等異常情況，才須出面調查，處理賠償等應負之責。

(三)交付貨物

收貨人完成報關領貨時，貨運站倉庫人員應儘速辦理取貨交付以免延遲。交貨時，倉庫人員應注意下列事項：

1.確定貨主提出之文件正確無誤。貨物以航空公司主提單號碼進倉者，貨主必須提出主提單及海關放行單，如果貨物是以併裝分提單號碼進倉，倉庫則依分提單號碼放貨。

2.倉庫人員將貨從貨架上取下時，在放貨前應仔細核對提單號碼、箱上嘜頭標記、件數，以免忙中有錯，夾雜其他貨物，誤放給不相干的人。貨物如誤放，往後要追查相當困難，即使知道可能是何人誤領，有時根本無法追回，形成遺失案件。

3.交貨時確定收貨人是有權領貨的人，必要時可請領貨人出示證件，並在放行單上簽名證明貨物如數收迄，並申明貨物完好（In Good Condition and In Good Order），通常航空公司或貨運站都有事先印好的簽收單，把上述文字制式化，方便倉庫與貨主簽放作業。

二、貨物有異常情形

(一)貨物交貨時發現破損

貨物由班機運達終點站時如發現有破損情形，機坪作業人員應即向航空公司值班人員報告，以明責任。同時在艙單上註記破損情形，並將破損貨物於拖交倉庫時予以分開隔離，以便倉庫人員接收時易於辨識，方便作進一步處理。倉庫人員接收貨物後，應先存放安全地方，並作補救措施，以膠帶封補，若破損嚴重，以新包裝替換破損包裝，以防進一步損壞及防止內容物遭竊。

如果倉庫在接收時無異常報告，但在交貨給收貨人時，發現貨物破損，倉庫人員應製作「貨物異常報告」，詳述破損情形，例如包裝破裂、撞凹、壓擠、濕破、內容流失、損壞、滅失、偷竊以及重量減損等等，一方面將一份報告給收貨人收執，作為證明領貨時

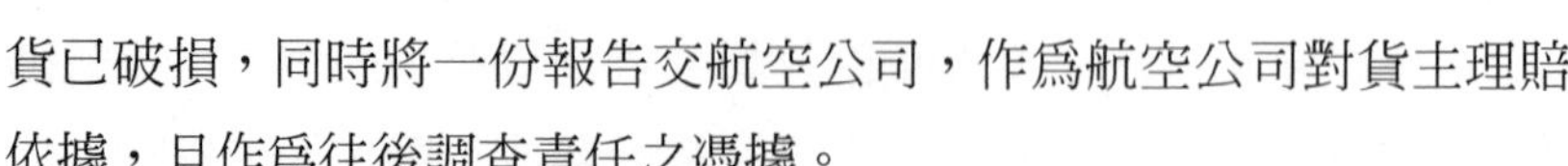

貨已破損，同時將一份報告交航空公司，作爲航空公司對貨主理賠依據，且作爲往後調查責任之憑據。

(二)貨物分批到達，分批領取

貨物如果是因爲航空公司班機艙位不足，或由於作業失誤，而由幾班飛機分批送達終點站，航空公司一般皆允許貨主在海關許可分批清關情形下分批提貨。原則上，由航空公司發給收貨人空運提單副本，蓋上「部分到達貨物暫用提單」及公司章作爲證明當作正本用，並註明此提單所示貨物數量，例如「本提單爲部分到達貨物第一批xxx件／總件數XXX」，供收貨人先行報關提貨。

倉庫從機坪地勤代理公司人員分批接受貨物時，應在艙單上詳細登錄每次接收件數，並註明是從何班機收到，及存倉位置。通常都以「實收件數／總件數」方式表示。交貨給收貨人時也須如上述方式註明。

(三)收貨人拒收

貨物送達終點站，常有收貨人因爲種種原因拒收，例如在國際貿易實務中，賣方常寄商品的樣品給買方審視，如果託運人未經收貨人同意，逕行以運費到付方式寄送樣品，不爲收貨人接受，收貨人即可表明拒收。另有貨物品項數量、品質不符；運費財務糾紛；貨物延誤過久，喪失商機（如未能趕上聖誕節購物潮）；貨物損壞，不堪使用等等原因拒收。

在收貨人拒收情形下，衍生出貨物如何處理、運雜費何人負擔（如果是到付情形）等問題，航空公司通常對此類案件有下列處置方法：

◆確認收貨人拒收

收貨人如果對航空公司明白表示拒收到貨，航空公司應取得收貨人書面聲明。

◆製作貨物無法交付報告

說明收貨人拒收理由及交涉經過詳情。進口貨於到達十四日內未能交付收貨人時，應製作貨物無法交付報告，通知啓運站營業單位，由其負責向託運人收取貨物在目的站所產生之各項費用，並請託貨人告知貨物應如何處置。

本公司承運其他航空公司提單進口貨物之處理，應將通知單寄交接收轉運該貨之本公司外站，由其負責轉送啓運站，如AA（American Airline）提單，貨物自SEA轉LAX本公司班機運送TPE，則該通知單應寄交LAXFSCI轉送SEAFSAA或SEAFFAA。

本公司代理他航之進口貨物，除通知啓運站營業單位外，尙須分送乙份予其本地分公司或總代理知照。

◆製作「運雜費更正通知書」（CCA）

該貨如係「運費到付」（CC）提單者，應製作運雜費更正通知書（CCA），更改運費由收貨人付款的「到付」（CC）改爲由託運人付款的「預付」（PP）。

◆發電報給啓運站

請啓運站聯繫託運人指示如何處理。解決辦法不外乎：託運人與收貨人協商，解決彼此糾紛，收貨人終於接受該貨；若協商不成，託運人可能要求將貨物退回，或轉交第三人，或轉運至第三地，交給第三人。

有關提單處理，如果託運人指示將貨交給原終點站第三人，航空公司進口櫃檯應將提單上原收貨人改爲新收貨人，並在提單上蓋公司更正章（Correction），以資證明提單效力。

如果託運人指示將貨交給第三站第三人，進口櫃檯應重新開發提單，將原提單上所有應收費用及在原終點站所發生的費用，包括倉租、文件處理費、貨物處理費、海關簽證費、至第三站運費等，列入新提單內，並作爲到付，向第三人收取，除非託運人事先有書面保證改爲預付所有費用。原提單應附訂在新提單後面，送終點站參辦費用收取及結報。提單改新收貨人，運費改回CC，須向寄貨人重新確認。

(四)貨物退運回啓運地

如收貨人拒收或託運人要求退運，貨物必須以新提單退運，運費及相關其他費用向託運人收取，故退運之付款方式通常爲「到付」（CC）。如退運所產生之費用高於貨物本身之價值，則付費之方式必須爲預付（PP）。貨物原先如有投保，退運時亦須投保，除非貨主另有指示。新目的地所需文件需由託運人（SHPR）提供。

原提單簽收聯必須註明退運提單之號碼，退運提單需註明原提單號碼。同時發電報告知有關各站新提單號碼。原提單運費如「到付」（CC），退運前請啓運站製作「運雜費更正通知書」（CCA），將運費改爲PP。

(五)貨主放棄貨物

託運人如因收貨人拒收，又不願再付費退回而欲放棄貨物時，必須以書面提出申請並明確表示放棄該貨意願，另聲明願意負擔有關費用。目的站則依當地政府規定辦理。如提單之付費方式爲到付（CC），目的站必須製作「運雜費更正通知書」（CCA）更改運費爲預付（PP），CCA應寄給啓運站營業單位及總公司財務部門（貨運審核部），附送「貨物無法交付報告」。

(六)貨物留置

如託運人指示留置貨物，應依其指示留置，如運費爲CC，收貨人應於貨物抵達三十天內付清運費，如未能於三十天內付清，目的站應製作CCA，以便將收取運費之責任轉給啓運站。

三、易腐品之處置

航空公司承運的貨物中如包含有易腐品，不管因航空公司延遲運送，貨主未提領或拒絕提領或因其他原因，若有腐敗之現象，航空公司可以立即採取適當之行動以保護旅客，航機及其他貨物的安全，包括銷毀、放棄全部或部分之貨物。緊急情況之下，航空公司亦可無須通知貨主逕行拍賣。費用視責任之所在，由航空公司或託運人承擔，例如，海鮮貨物，因貨主未放夠足量乾冰，以致於途中有腐爛之虞，航空公司爲保全貨物而逕行安排添加乾冰，此時貨主應負擔有關費用。又如，因爲航機故障，長時間延誤行程而導致貨物腐壞，航空公司可以將貨物經海關同意後予以銷毀，事後再與貨主辦理賠償，至於銷毀所產生的各種費用，自然由航空公司自行負擔。又如，貨主運送熱帶魚，但箱內灌注的氧氣不足，航空公司在運送途中無從知悉內裝氧氣量，到達終點站後，熱帶魚因缺氧死亡導致收貨人拒收，航空公司在取得收貨人書面拒收或放棄後，逕行取得海關同意後進行銷毀，有關費用應由收貨人負擔。如收貨人不願負擔，航空公司應通知啓運站，向託運人收取。提單也應更正，將此項費用列爲預付的「其他費用」欄內。

第四節　電腦資料鍵輸及電報作業實務

航空運輸講究時效，航空公司的作業可謂分秒必爭，方能滿足客戶迅速高效的要求，航空貨運業的使用者，莫不希望他們的貨物能快速運交收貨人，並且隨時掌握貨物運送過程；尤其空運代理商或空運公司受廠商貨主委託代爲運送貨物，能否有效掌握所有運送細節，是他們能否繼續承攬廠商業務的重要關鍵，因此莫不要求航空公司能快速提供運送貨物有關訊息。近年來由於資訊發達，各行各業都大量使用電腦資訊，再加上航空公司業務繁雜，高度講究時效，因此，電腦在各部門廣泛運用。在航空貨運作業中有一個重要環節就是鍵輸有關運送資料到電腦，以便連線各單位，包括代理商或空運公司，甚至廠商貨主等都可以及時摘取必要的訊息，如運送班機、到達日期、交貨詳情等等。航空公司進口櫃檯有關鍵輸作業說明如下：

一、輸入艙單基本資料

進口班機所承載的所有貨物都必須登載在班機艙單上，電腦內也必須有艙單上的資料，以便有關單位查詢，進口櫃檯須及時將有關資料鍵入電腦，主要內容如下：

1.班機基本資料：

(1)班機號碼，例如CI807、BR1304、JL301等，依公司班表所示鍵入。

(2)飛機編號，例如B1894、N1203、CCNX等，依航機註冊編號。

(3)抵達日期。

(4)飛經路線包括啓運站、中停站及終點站。

2.提單號碼及貨物件數。

3.加註事項。例如：

(1)併裝貨／併裝公司，無併裝分提單或併裝分提單後補。

(2)提單未到。

(3)運費到付。

(4)貨主為銀行。

(5)分批到貨時加註總件數。

(6)貨運站名稱（如有兩個以上貨運站都可以進艙時，或進快遞專區等）。

(7)特殊貨物儲位（冷藏、冷凍、貴重、危險品、機邊驗放、動植物等特別倉庫儲位）。

(8)領單人姓名。

(9)領單日期。

4.異常案件說明：如損壞、短缺、退貨、海關扣押、改送他站等等。

二、進口櫃檯電報作業

航空公司營業範圍遍及世界各地，即使是國內航空公司，其飛航地區也是涵蓋大幅面積，尤其是如美國、加拿大、俄國、印度、巴西、中國等幅員廣大的國家，單趟班機飛航時間也需要數小時，然而由於科技的高度發展，飛機的飛航速度隨著新飛機性能改善，引擎效率的提高，使得飛航速度加快許多，飛機所承載客、貨及飛航資訊必須快速傳遞，才能在營業及管理各單位中，及時採取必要的行動，例如前站實際裝載貨物，要在班機到達前，很快讓下一站知道，才能讓中停站決定在該站上多少貨物。又如熱帶魚、活鰻、海鮮等因內灌氧氣或乾冰有時間的限制，必須以最快速度處理，以防貨物死亡腐壞。

航空公司多年來都使用電報當作主要傳遞訊息的工具，原因是電報傳遞迅速，幾分鐘之內就可以把班機資料完成傳遞。航空公司進口櫃檯的電報處理業務也就成為重要工作之一。茲將其工作內容說明如下：

(一)特殊貨物收貨人是否接受查詢電報（Advice & Acceptance, ADAC）

託運人交運特殊貨物時，特別是易腐品，如海鮮、冷藏或冷凍肉類、蔬果鮮花等，如採用運費到付方式交運，航空公司爲考慮萬一運送途中貨物損壞或收貨人拒收，而貨物又無法拍賣充抵運費，除要求託運人出具書面保證在任何情況下都要償付運費之外，通常會在班機起飛之前先發電報給終點站，要求聯繫收貨人確認會收貨並付有關費用。有時，即使運費是由託運人預付，但航空公司啓運站因下列需求亦會主動發電要求收貨人確認會收貨，託運人亦可作如是要求，以免貨物到達時橫生枝節。主要目的如下：

1.確認貨物於運抵目的地後收貨人能夠立即提領，以免貨物死亡或變質（例如活生動物、易腐品、冷藏品等）。

2.確認收貨人在貨物抵達前已經預做安排（例如棺材骨灰、貴重品、展覽品）。

3.確認收貨人可以在貨物抵達前取得有關單位之輸入許可證（例如活生動物、槍械、火藥、管制進口貨品等）。

4.確認收貨人同意運費付費方式（例如CC運費到付），託運人會要求航空公司通知收貨人貨物提單號碼、件數、重量、品名、班機日期、付費方式，並確認收貨人是否接受貨物。

接獲啓運站ADAC電報時，進口櫃檯應立即通知收貨人，確認後立即電覆。如當日無法與收貨人取得聯繫，將處理經過電覆啓運站。

進口貨物，ADAC作業必須在電腦內提單資訊記錄（CAR）註記處理情形，啓運站未建提單資料檔時，終點站不得先行建檔。代理公司進口貨物，ADAC作業須先在電腦建提單資料檔，再註記處理情形。ADAC電報記錄須保存一個月。

進口特殊貨物載運之班機如延遲抵達時，應主動通知收貨人，俾利收貨人預做安排。

(二)貨物交付證明（Proof of Delivery, POD）

當航空公司將提單交付貨主或其代理人，將貨物進倉交付海關控管即視同貨物已交付貨主，託運人爲了查明貨物是否已完成交付，會要求航空公司提供貨物交付證明，如啓運站要求貨物交付證明（POD），航空公司機場進口櫃檯可以下列方式查明回覆：

1.依據提單簽收聯提單交付日期，回覆領取提單日期。

2.依據貨棧電腦貨物交付日期，回覆實際完成清關領貨日期。

如查詢時貨物已完成提領，可同時告知以上兩者領取時間，因爲有時收貨人早已領取提單，但因其個人因素而遲遲未辦理清關提貨，如輸入許可未能及時獲准，銀行押匯貨款未付清而無法取得銀行授權提貨，或是收貨人與託運人對該貨有財務或品質、數量糾紛未決等原因而遲不領貨。此種情形下，託運人常質疑航空公司延誤交貨而要求航空公司提供貨物交付證明（POD）。

(三)運雜費更正通知書

1.運雜費更正通知書（CCA）的功用是用來更正運雜費的金額、付費到付（CC）或預付（PP）的方式，及提單上的資料如收貨人、目的地、件數、重量等的更改。

2.運雜費更正通知書（CCA）由實際收款站於收款後負責製作，並分送啓運站及總公司會計部門。例如：預付（PP）更正運雜費金額或到付改預付（CC to PP）由啓運站營業處負責製作。到付（CC）更正運雜費金額或到付改預付（CC to

PP）由終點站機場辦公室負責製作。代理公司之CCA由各代理公司負責製作。

3.運雜費更正通知書（CCA）之分送。本公司簽發之提單，啓運站營業處一份，總公司財務審核部一份，機場辦公室存檔一份。他航簽發，後段由本公司轉運之提單，運雜費更正通知書（CCA）送交本公司轉運站再轉交他航啓運站營業處一份，本公司總公司財務審核部一份，機場辦公室存檔一份。

4.本公司簽發之提單可以憑啓運站電報先行更正付費方式，再催CCA憑以銷案。他航簽發後段由本公司轉運之提單一律憑運雜費更正通知書（CCA）更正付費方式。

5.提單交付後方接獲啓運站電報或CCA要求更正運雜費，如收貨人拒絕更正，應即發電報通知啓運站及總公司財務審核部門。

(四)更正收貨人

運送物交由航空公司運送之後，託運人對於運送人得請求中止運送、返還運送物，或變更收貨人等之處置，航空公司在收貨人尚未提領或要求交付提單或貨物，或聲明拒絕提領貨物的情況下，應接受託運人對貨物行使處置權之要求。託運人變更收貨人之要求必須以書面方式提出，由啓運站以電報或運雜費更正通知書（CCA）的方式通知終點站更改收貨人。作業步驟如下：

1.接獲啓運站更改收貨人電報時，提單尚未發放，立即依電文指示更改收貨人。電報附於提單簽收聯上並在電腦內提單資訊記錄（CAR）上做註記，並通知新收貨人或其代理報關行領取提單。

2.如果接獲啓運站更改收貨人電報時，提單已發放，則立即通知原收貨人或其代理報關行及新收貨人或其代理報關行雙方。電報附於提單簽收聯上，並在電腦內提單資訊記錄（CAR）上做註記。

3.塡寫更改收貨人通知單一式二份，一份交付原收貨人或其代理報關行，並請其以所附回條回覆，一份由原收貨人或其代理報關行簽收後由本部列案追蹤。

4.如原收貨人或其代理報關行退回已領取之提單，重新發放提單予新收貨人或其代理報關行時，請其在提單原簽收聯上簽收。

5.主號提單更改收貨人，一律由處理電報人員負責蓋更正章。

(五)更改目的地

提單目的地之更改有下列幾種情形：

1.應託運人之請求更改新目的地。託運人之所以請求更改目的地，大抵於貨物交運後，因有新事實之發生，從而變更其意志。例如，原要寄送給甲地的貨物樣品改變主意而欲改送乙地新客戶。

2.提單目的地繕打錯誤。提單上收貨人欄位內之住址爲國外住址，但機場名稱誤打，也可能是因爲有些城市有好幾個機場，託運人一時不查將Airport of Destination誤打爲同一城市的其他機場，例如美國紐約有甘迺迪機場（John F. Kennedy International Airport）、紐瓦克機場（Newark International Airport）、拉瓜迪亞機場（LaGuardia Airport），託運人如果將應送紐瓦克機場誤打爲「甘迺迪機場」（JFK International Airport），等飛機起飛後才發現有誤，乃要求航空公司更改。

3.託運人之請求，在進口貨物尙未進倉前或進倉後但未逾電腦資料EDI更正時效，可依照啓運站電報指示更改目的地，EDI

艙單目的地須一併更正。

4.貨物進倉後並已逾EDI更正時效，即無法線上更改目的地，必須向海關申請辦理轉運。收貨人無權變更目的地，船舶用品除外。

5.在啓運站提單目的地繕打錯誤時，如貨物尚未進倉前或進倉後但未逾EDI更正時效，可直接更改目的地，EDI艙單目的地須一併更正。

(六)重新秤重

貨物自啓運站運送後，航空公司懷疑提單上的重量與實際重量不符時，會拍發電報要求終點站重秤（Re-Weight）貨物，並將重秤結果告知。

貨物進倉後之重秤程序如下：

1.填寫重秤申請書，書明提單號碼、件數，交予貨運站負責重秤業務之窗口負責人進行秤重作業。

2.重秤後繳費記帳，取回重秤記錄。

3.將重秤結果在電腦內提單資訊記錄（CAR）上該提單註記上重秤結果，並發電報告知啓運站。

(七)提單未到

進口班機提單，經與艙單對比發現有短少時，應再重新檢查裝班機文件袋及過境文件袋，如仍無法找到，應在工作日誌上記錄並即發電報通知啓運站，及沿途各站追查。同時，請啓運站傳眞提單副本以便提供貨主當正本使用。

第十二章

班機管制實務

- 飛機調度整備
- 班機裝載項目準備
- 班機飛航計畫
- 製作班機裝載計畫
- 班機裝載
- 班機飛航監控
- 班機異常處理
- 班機資料歸檔

航空公司依賴飛機載運客貨飛行固定航線或不定期包機業務營利，大型航空公司航線多，南來北往的班機可多至每天幾百班，即使中小型航空公司每天也有數十班運作，各航班之間飛機運用可說是環環相扣，如果沒有嚴密的管理，航空公司的業務必天下大亂，可能造成航班銜接脫班，旅客貨物無法如期運出，遭致顧客抱怨，要求賠償，或是安排住宿、餐飲、交通，產生額外開支，增加成本。甚至發生飛安事件，造成人員傷亡，財務損失，商譽也會因為異常案件頻繁而受損。

航空公司通常設有專責單位來管理班機運作，名稱各有不同，如「運行本部」、「聯合管制中心」、「機坪作業管制組」、「航務中心」、「班機運行管制」、「航管中心」、「Operation Control」等等，依各航空公司需要分別制定合適的單位並賦予認為合適的名稱。

班機的管制包括飛機的調度、飛機的整備、班機裝載項目準備、飛機飛航前的計畫、班機裝載前各單位的協調、機坪裝載作業督導、班機離境後的監控、臨時異常事件的應變等，分述如下。

第一節　飛機調度整備

班機的運作首先要安排適當的飛機來飛航，基本上是依照總公司企劃單位在考量市場需求及航線規劃後所安排的機型及班表，在可用的飛機中安排固定的飛機來飛航某一航班。飛機一般都有編號，有些航空公司以號碼編號，有些航空公司以文字編號，有些航空公司甚至以城市或人名編號，班機管理單位則按照既定班表及指定航機編號，於班機起飛前若干時間發出通告執行任務的飛機，讓所有參與班機作業的各單位都能知悉所指定的作業飛機。

接著班機管理單位必須查詢飛機維護單位執行班機任務的航機整備狀況。通常航機在推出執行任務之前必須做各種適航檢查，添加潤滑油、液壓油，保持機身及艙內設施處於完善狀態，並將客艙內整理清潔。確認飛機可以執行任務時，班機管理單位接著與機場管理當局（例如桃園機場航務組）申請班機停放位置，通知維護單位將飛機拖到定位，同時將飛機編號及停放位置通知各有關作業單位，如地勤裝載、餐飲服務、貨運、加油、清潔、運務等單位，以便他們能及時找到正確的飛機作業。

在這同時，飛航組員到組員中心報到，接受航管中心有關本班機的任務簡報，領取飛行計畫及氣象資料。等飛機就位後，登機作飛行前準備。

第二節　班機裝載項目準備

班機管理單位為有效管理班機作業進程，一般都會召集各有關作業單位事先討論班機作業時間、各單位進場作業時間及必須完成時間，以便各單位能在有限時間內相互配合完成班機裝載，準時起飛離境。班機管理單位為達成此目標常訂有工作進度檢查表，藉以查核並督促各單位及時完成其份內工作。

班機通常有所謂的作業裝載（Operational Load），如燃油、潤滑油、液壓油、飲用水、餐飲、文娛服務用品、裝載行李貨物的盤櫃、飛航及服務組員及隨機修護器材等，並有所謂的酬載，如旅客、貨物及郵件。這些酬載分別由客運機場運務單位（Passenger Traffic Office）、貨運服務組等單位負責旅客報到手續（Check-in）及貨物收貨等一應準備事宜。

在客運方面，機場運務單位負責將報到的旅客依電腦訂位記錄逐次辦理報到手續，列入班機名單，同時接受託運行李，並依班機管制單位所給予的班機最大限制增減接收旅客人數及行李（有時因航路天候關係，例如冬季逆風飛行，必須多加裝燃油，酬載重量必須削減，因此，即使班機仍有空位也不能多接客貨）。報到櫃檯則依事先設定的時間截止報到，以便有關單位有足夠時間進行必要的作業，例如空服單位準備餐飲用品，班機管制單位計算載重平衡等。運務單位並在登機門候機室集合已報到旅客，隨時注意飛機整備情形，及時辦理登機手續，完成班機作業。

在貨運方面也是有相類似程序，貨主將貨物送到機場後，由貨運站收貨，並辦理海關清關手續，然後將文件交到航空公司櫃檯，完成交運手續。貨運服務組也要訂立截止收件時間，以便有足夠時間準備聯繫海關及貨運站出貨打盤裝櫃，並將最後重量報給班機管制單位計算酬載重量及載重平衡表。所有貨物必須在班機起飛一小時前準備妥當，按指定時間拖到停機坪準備裝機。

郵件一般由機場郵局單位協 調航空公司，於約定的時間內將路單交到航空公司櫃檯列入班機艙單，郵袋拖到機下裝機。

第三節　班機飛航計畫

航空公司承載客貨，業務看似簡單，但實際上作業相當繁雜，單就飛機運作就牽涉許多程序，除了飛機因為艙位有限，必須經過仔細計算，使預定客貨能順利裝運外，飛機在天上飛航，猶如船舶在海上航行，也有重量限制、載重平衡的問題，各艙位應裝載多少才不會影響飛機結構，造成飛機損壞，甚至導致飛機空中解體，造成飛安事件。另外，起降機場也有時間限制，並非任何時間想飛就飛，航空公司通常須向起降機場當局申請飛機離到時間，即所謂的「起降時間帶」，經奉准後，航空公司才能開始飛航。此外，浩瀚長空一望無際，也不是任可翺翔，全球空域經國際民航組織（ICAO）及有關政府劃定許多看不見的「航路」，航空公司要飛越本國或其他國家的空域，必須事先獲得該國給予的「航權」，並接受該空域「航管中心」管制引導。航空公司的航班在飛行途中也可能遭遇天氣變化、機械故障、機場事故、旅客及組員急病、劫機或炸彈威脅等等意外情況而不能依計畫到達，因此，班機起飛前，必須由航空公司航務單位事先作好飛航計畫，選定「備降機場」，並將所有飛航有關應注意事項作成班機「飛航計畫表」、「載重平衡表」、「裝載計畫表」，供飛航組員及停機坪地勤作業人員遵照辦理。

班機在飛航過程中，經常會遭遇許多不同的狀況，譬如航行期間颱風侵襲、火山爆發、大風雪肆虐、強烈地震等天候變化；起降機場臨時發生之意外狀況，如有飛機衝出跑道而關閉，因濃霧而無法起降，因晚間噪音管制而採取的戒嚴措施；班機航路上也可能因當地軍事演習而管制班機通過時間，通過國家航權變化而臨時拒絕班機通過，因此，班機管理單位（或稱航務中心、聯管中心等）在班機起飛前都需要先作飛行計畫，決定班機飛行路線，飛航轉折管制點，飛行高度，飛行時間，班機需要使用油料，班機可裝載旅客、貨物、郵件、行李重量等等資料，以便飛行組員參照執行。

班機管制單位爲了製作班機飛航計畫首先必須蒐集有關資料，包括：

1.使用機型及飛機編號。
2.使用航機的基本資料，如飛機運行空重（Operational Empty Weight）、飛機無油重量（Zero Fuel Weight）、最大起飛重量（Maximum Take-off Weight）、最大落地重量（Maximum

Landing Weight）等基本資料。

3.班機任務耗油量，包括前往終點站附近備降機場油料及備份油料。

4起降機場資訊，包括是否有晚間禁航規定（Airport Curfew）、跑道長度等。

5.航路資訊，包括是否有飛越權、航路是否有臨時關閉（例如爆發戰亂）。

6.沿途氣象資訊，包括天氣預報、臨時發生的天災（例如颱風、火山爆發、地震）。

7.航路途中及終點站附近備降機場資訊，以備遇有突發情況時改降。

8.供組員參考或遵照辦理的最新飛航情報資訊，包括機場設施（如跑道整修、關閉、夜間管制）、飛航新法規、飛機操作新規定、飛行安全突發情況（例如劫機、飛機滑出跑道、失事墜機等）。

9.沿途或目的地場站國家發生動亂或戰爭訊息，例如伊拉克戰爭等對飛航影響訊息。

班機管制單位依據所取得必要資訊製作班機飛航計畫，於組員報到時向組員簡報，並交組員遵照執行班機飛航任務。

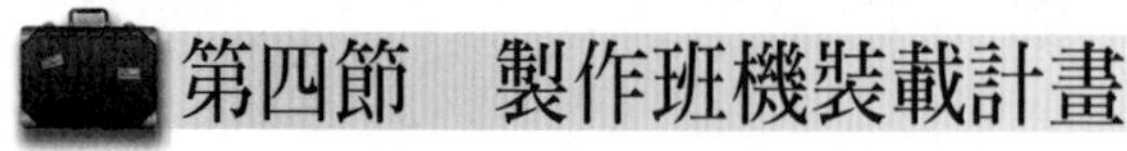

第四節　製作班機裝載計畫

一、班機裝載前計畫作業

如前述班機並非可以隨便裝載，除考慮貨物大小、重量之外，也要考慮飛機載重平衡、飛機結構承受力、貨物送達目的地的區隔、特殊貨品裝載等需要考慮事項。

因此，班機管制單位必須在班機裝載之前，由各單位提供有關數據，再據以製作裝載計畫，所需要資訊及作業如下：

1.搭乘該班機旅客訂位人數及重量（一般以每人175磅為平均數）。

2.估算行李重量。

3.貨物及郵件預報重量。

4.裝貨及行李盤櫃器具重量。

5.飛機應承載飛航途中所需油料。

6.飛機隨機維修備用器材重量。

7.飛機本身所有的基本資料，如飛機空重、最大起飛重量、最大落地重量等。

8.飛航組員人數。

9.須添加的潤滑油，旅客服務的餐飲供應品、飲水、沖洗用水等重量。

10.特殊貨物裝載需求，例如動物須裝載於有溫度控制的艙位，危險物品須裝載在飛行組員可到達艙位，以備萬一有意外發生時可前往處理。

班機管制單位於蒐集上述有關資料後，先行製作「班機載重平衡表」，使飛機在飛行途中的重心落在安全及省油範圍內。然後依據「班機載重平衡表」分配各艙位重量，並考量特殊貨物，如超長、超重、動植物、危險品、遺體骨灰等需要特別裝載位置及特別照顧之貨物，製作「班機裝載艙位分配表」，以供地勤裝載單位進行裝載作業。

詳細計畫內容如**圖12-1**及說明。

圖12-1 班機裝載前計畫

二、裝載平衡之基本概念與飛機重心

飛機在空中飛行須考慮重量的平衡，機首部分太重，起飛時機頭拉不起來，巡航時機頭下墜也不可能順利飛行，同樣，機尾太重時，飛機昂首而飛，不但起飛時可能擦撞機尾，而且飛行中頂風耗油，不易操控，可能因上仰角度過大，讓飛機減少浮力或喪失浮力，產生失速而墜毀的危險。

班機載重平衡表包含了飛機各類裝載重量及重心位置的相關資訊，飛行員在起飛前所決定的起飛推力、速度及水平尾翼調整片角度設定，都是以此爲基礎計算或查表而得。錯誤的載重平衡資訊，或是未能將載重平衡數據正確的輸入至飛航電腦中，都極有可能會衍生出嚴重的飛安事故。

任何物體均有重心，飛行器亦然。飛機以機翼依空氣浮力爲依托；因此重心之位置要在機翼之範圍內（以747爲例，重心之位置要在機翼前緣算起10～40%間）。因此油料、旅客、貨物、行李、郵袋的分布均會影響平衡。至於眞正重心所在，隨著裝載物分布位置而移動，航空公司專業以INDEX（指標）來表示。INDEX爲重量之所在位置與相關數値之座標關係，依此推算INDEX在重新調整表（TRIM CHART）中與橫座標之飛機無油空重（ZFW）及起飛重量（TOW）之交叉點，可查出飛機在ZFW時之重心所在及TOW之重心。

三、製作裝載計畫表

由於飛機承載大量旅客、組員、貨物、油料、餐飲、文娛設備等等，而且要承受起飛、降落、滑行強烈震動及空中氣流猛烈衝擊，機身結構必須非常精密牢固，客貨裝載時需要特別注意結構強弱部位，避免損傷機體設備而影響飛安。以下是幾個應注意的基本原則：

1.裝機時客貨重量應以中間重兩頭輕爲原則，以免造成飛機甲板龍骨彎壓（Bending）之現象。

2.裝載時除要符合各機型不同之限重外，亦要注意地板重量限制（Floor Limit，約每平方呎150磅），如果是超過此限制之重貨，需要用墊木增加底面接觸範圍，分散重量或使用重貨盤增加承受力。

3.打盤時要根據機型選擇容易達成裝載平衡之模式。

根據以上原則，班機管制單位開始製作「裝載計畫表」，其步驟如下：

(一)確定班機使用機型及飛機號碼

從航空公司設計的班機處理電腦系統（例如華航CIDECO系統，各航各有其專屬系統），進入系統查詢該班機機型、飛機號碼及有關資料，包括旅客艙等配置、貨物盤櫃配置表及盤櫃限重規定。

(二)查《地面作業手冊》（*Ground Handling Manual*）規定

各機型艙門尺寸表及班機前站發出之盤櫃裝載資訊，例如班機盤櫃裝載艙位電報中有過境貨物超出貨盤尺寸之凸盤標示，或有超長突出長貨（Over Hanging），或超重如一件達7,000公斤之飛機引擎，所需各種盤櫃尺寸、重量應參閱各航空公司《貨物處理手冊》詳細規定，詳細計算有關數字，安排裝載在適當艙位。

(三)分配各盤櫃裝載位置

依貨運單位傳送的貨物盤櫃重量，連同其他油料、飛機運作所需裝載重量，計算載重平衡，並分配各盤櫃裝載位置，製作裝載計畫表，供地勤公司裝卸人員遵照裝載。

第五節　班機裝載

當班機要裝載的客貨及郵袋準備妥當，並經海關許可運出國境，同時班機管制單位完成班機載重平衡表及班機裝載表，飛機維修單位將飛機做好飛行任務前檢查維護後，將飛機拖到指定的停機坪，地勤代理公司的裝卸人員就可以準備裝載了。裝載作業依下列程序進行：

一、取得裝載指示

裝載作業首先要向班機管制單位取得班機「裝載艙位分配表」，該表上面詳細載明每一艙位重量及計畫裝載的各個貨櫃（或貨盤）號碼及重量。作業單位組長應先詳細審閱表上內容，如有疑問應向班機管制單位澄清。

二、自貨運站接收出口盤櫃

地勤裝載人員取得裝載表之後，隨即到貨運站接收班機出口盤櫃，雙方點交清楚後將所有盤櫃及未裝櫃散貨拖運至班機停機坪暫時停放，等候裝機。

三、檢查特殊貨物及裝載要求

貨物中有許多特別性質的貨物需要特別照顧處理，例如危險品應依危險品規章處理；若有磁性物資不可裝在駕駛艙附近，以免影響飛機儀表讀數；動物需要新鮮空氣，因此必須最後才裝機；貴重物品容易遺失遭竊，必須有人押運，監督裝載並簽收；冷藏品必須注意溫度控制；超重、超大、超長等特殊貨物，或如人造衛星、名貴汽車、直升機等需要特別照顧及小心處理的貨物，都須事先檢查，安排計畫裝載方法。

四、整理貨物盤櫃裝載次序

裝機之前，裝卸人員須依裝載表上盤位或艙位順序，將貨運站拖出的所有盤櫃在停機坪排列整齊，以免在機下臨時找貨，耽誤裝機時間。此時裝卸人員必須逐一核對每一盤櫃號碼及上面的掛籤是否相符，同時也要檢查掛籤上的終點站是否正確，以免裝錯飛機，送到錯誤的地方。在繁忙的機場停機坪，很多飛機停靠，更多貨物及盤櫃從到達的飛機卸下，暫時放置於停機坪等候點交進貨運站，同時有很多貨物及盤櫃從貨運站拖出也暫時存放在停機坪等候裝機，很容易混淆錯置。因此，在眾多盤櫃中仔細清點，拖運至正確地方非常重要。

五、進行實際裝載

當班機準備妥當，人員機具到位，盤櫃清點完成，裝載表取得後，即可進行裝載。裝載過程中，首先要將盤櫃依序由停機坪暫停區拖到機下，現代的飛機可分爲短程的窄體機，如波音B737、Air Bus A319/320、巴西的ERJ等，通常只能以下貨艙裝載行李及貨物，而且下貨艙通常沒有電動傳送設備，行李及貨物由滾帶車輸送到下貨艙，然後由工作人員以散裝方式堆疊於艙內。

另一類飛機是大型中長程飛機，這類型飛機不管是客機的下貨艙或是貨機的上下艙，艙面上都有電動滾輪設備，可以將貨物盤櫃經由控制按鈕自動輸送到定位。同時地勤作業單位尚需準備貨物升降機將盤櫃舉升到機艙高度，配合將貨櫃送入機艙。在裝載盤櫃時，地勤工作人員將盤櫃拖到機旁，逐一移到裝貨升降機，升高到機艙位置，將貨櫃滾入機艙內。升降機操作手此時要密切注意盤櫃在升降機及艙內傳送方向及速度，特別是盤櫃要進入機艙時，要注意盤櫃高度、寬度與機艙門大小是否有所超過，以免貨物盤櫃撞到機艙貨門框及艙壁設備，飛機若有撞損情形，輕者當場修補，嚴重者為了保障飛行安全，須拖回修護工廠檢修，班機的運作勢必受到嚴重影響，航空公司將遭致金錢與商譽的損失。盤櫃進入機艙後，由艙內裝載人員控制按鈕，由電動滾輪將盤櫃帶動，移至定位。

六、裝載後之檢查

貨物如果是以散貨方式裝於窄體機上，裝載人員在裝載時必須先清點件數，並在艙單上對照提單號碼，逐項勾選作記號，以確認貨物如數到齊。裝載後確定無貨物或行李漏裝。

在大型寬體機上，盤櫃依裝載計畫傳送到定位後，艙內地板上的鎖扣必須拉上扣好，以免盤櫃在飛機起降及空中飛行途中移動而影響飛行安全。裝載人員在完成裝載時一定要巡視所有盤位，確定盤櫃號碼與裝載計畫表所列是否相符，以免送錯地方，或因重量不符而影響飛安，並檢查鎖扣置於鎖定位置。

最後，裝載人員離開飛機之前的最後一項工作是關閉艙門。艙門關閉後尚需確定門扣鎖上，以防艙門表面關好，但實際並未鎖上而於飛行途中脫落，造成飛安事件。

第六節　班機飛航監控

班機起飛後依航務單位事先製作的飛航計畫執行飛航任務。在飛航計畫中，航務單位依航權許可情形、飛機性能、飛機裝載情形、營業考量、途經國家特殊狀況、起降機場時間帶、機場戒嚴管制等因素安排最適當的航路，並通知沿途有關飛航管制中心備案。

在正常情形下，班機機長只要按表操作，經由起降機場及沿途各管制中心一關一關通過檢查點並依指示，適時操作飛機就可以安全抵達終點站。但是，如果遇到不可預測狀況，例如飛機故障；機員身體不適，甚至失能；航路國家軍事演習臨時關閉航路等無法控制情形，此時飛航組員在飛航途中唯有仰賴地面單位提供資訊、協助與指示。因此，航空公司的航務單位在班機起飛後，都要執行班機飛航守望。飛航守望主要執行下列事項：

一、按時查核班機行經路線

密切注意班機行經路線是否依預定計畫運行。按時間查對班機經過的檢查點，如有異常情形馬上以陸空電話與機長聯繫查詢。

二、提供新獲得有關班機運作資訊與情報給班機機長參考

班機起飛後如有臨時發生的狀況，隨時將有關資訊報給機長，以便機長能及時採取必要的措施。例如航路上或附近的火山爆發，火山灰飄飛方向可能威脅班機安全，機長必須被通知，避開航路上的灰塵，回航或改降其他機場。

三、班機上發生的異常事件監聽處理

飛航途中，班機上可能發生機械故障、旅客生病或需要特別處理事項，例如發生滋擾事件，地面監控人員在接獲機長通知後，視情況需要立即聯繫有關單位，採取必要的措施；例如在飛機發生故障情況下，航務單位應即通知飛機維修單位馬上派員進駐飛航管制單位，同時通知總機師也到場與班機機長通話，瞭解實際狀況，並給機長適時指導與協助；在旅客急病情況下，決定是否改降附近機場送醫。有滋擾事件時，衡量其嚴重性，決定是否轉降，並通知當

地機場及地勤代理公司預作準備，必要時通知當地警察機關，於飛機抵達時派員維持秩序。

四、班機發生緊急狀況之處理

班機發生緊急情況無可避免，例如班機遭遇劫持、恐怖份子放置炸彈、飛機發生火災、飛機嚴重故障操控困難（例如曾有一架B747客機從台北飛往美國舊金山，快到達時飛機忽然失控，從三萬呎高空急墜至七千呎，最後在千鈞一髮，即將墜海之際才獲得控制，重新爬升獲得安全），另如機師突然心肌梗塞失能，無法操作飛機（印尼航空曾經發生過的眞實事件）、飛機起落架無法放下、引擎吸入飛鳥失靈、飛機衝出跑道等等意外事件，很可能瞬間造成災難，機上人員自是非常緊張，機長除依訓練及有關規定採取緊急行動之外，也非常需要地面給予指導與協助，此時，班機管制中心獲悉班機情況後立即採取緊急行動，馬上通知公司高層及有關單位，共同尋求解決之道。

第七節　班機異常處理

上述種種班機異常情形都會影響班機的正常運作，其中包括無法按照原定班表起降離到，維持原定航路，續飛其他班機任務，飛航組員工作班表也亂掉，飛機日常及例行維修時程也大受影響，各站地勤代理公司作業人員也要重新安排。

班機管制中心遇到此種班機異常情形就成爲聯絡神經中樞，其處理工作要項大致如下：

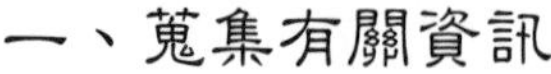

一、蒐集有關資訊

充分瞭解異常情形，並判斷其嚴重性。如果意外發生在航行途中，應先與機長通話聯繫，查問詳情及需要協助之事。如果發生在地面，則依其嚴重性，儘快查證事實，以便通知有關單位及上級主管。

二、通知有關單位

包括班機作業有關單位，例如各站運務、地勤代理、飛機維修、航務代理、貨運單位及機場與飛航管理單位，如航警、機場航務組、安全組、場站組、消防組（如有飛機火燒爆炸可能時）、民航局飛安組等。

總公司有關單位及高層管理主管，視異常案件輕重斟酌辦理。

三、重新安排班機作業時程

當班機有異常發生，重者飛機遭到毀損，而導致飛機報廢或需長時間修護，輕者在排除異常狀況過程中，亦將費時處理，勢必無法按原定班表執行既定的任務。因此，班機管制單位必須及時採取行動，重新安排後續班機作業時程。其主要行動如下：

1.清查最快可調用飛機，從在修護工廠維修中飛機，尋找可暫時延後維修的飛機，或從目前運作中的飛機，視離到時間及客貨數量，對營運影響程度，尋找適當飛機替代。

2.重新設定後續班機時間。

3.安排接班飛航組員，包括前艙機師及後艙空服員。

4.通知有關作業單位，如運務、航務、機務、裝卸、餐服、貨運等。

5.重新製作飛航計畫、裝載計畫。

6.向有關國家民航管制單位申請必要的許可，如起降機場時間帶、飛越許可等。

7.電報通知沿途有關各站。

四、持續處理異常班機後續事宜

(一)主要行動

持續處理異常班機後續事宜，主要行動如下：

1.發生異常之飛機如需在地修護，則協調當地代理公司或修護單位安排必要修護工作。如需回基地修護，則安排空機飛渡申請、機組員調度、製作飛航計畫及其他必要之安排，並嚴密監控該異常航機飛行狀況，隨時與修護單位保持密切聯繫，以便再有緊急情況時給予機長及時協助與指導。如發生飛機墜毀、衝出跑道等重大意外，聯繫機場當局、公司管理階層及有關政府機關作必要之處理。

2.與有關單位協調處理異常班機組員及客貨後續事宜，如安排接轉其他班機。

3.調整受到異常班機影響之一切其他班機班表及離到時間，並督導所有單位縮短作業時間，將延誤時間及損害降至最低，減輕或避免顧客的抱怨。

以上是班機管制中心（或稱航務中心、聯合管制中心或其他名稱）在班機飛航管制所執行的任務。

(二)重點工作

在貨運單位方面，班機的管理著重在管制文件作業流程及貨物準備流程的控管。

基本上，班機貨運作業管理由機場貨運單位來安排，詳見另章有關貨運服務部作業說明，有關班機異常重點工作如下：

1.執勤經理指定班機值班督導員，及班機負責作業貨運員負擔後續工作，通知有關各站及倉庫、地勤代理、營業訂位等作業單位。

2.班機值班督導員檢視班機訂位記錄，確認是否有特殊貨品，如動植物、危險品、貴重品、棺木、冷藏品、易腐品或其他重要需要特別照顧物品，通知值班貨運員及時處理，如動物需卸下到通風處、貴重品存回倉庫保險箱、易腐品通知貨主領回等。如班機長時間延誤，必要時通知貨主，並依貨主指示辦理退貨或其他行動。

3.協調貨運站安排後續貨物裝櫃或打盤，依班機管制中心指示，將文件及貨物安排後續班機。檢查盤櫃裝貨狀況及掛籤是否正確，以及貨物出倉是否依時完成。

4.檢查文件，如艙單、提單、打盤單、海關清關文件、隨機文件等是否依規定處理。

5.督導後續班機裝機情形，檢查盤櫃號碼及裝載是否正確。

6.更正電腦資訊，及時發出電報通知外站及有關單位最新狀況。

第八節　班機資料歸檔

班機自啓運站起飛後，有關各作業單位，如客運、貨運、航務、機務、餐服、運務、地勤裝卸等等均需將各該單位負責業務有關資料存檔備查。貨運方面應存檔資料如下：

1.班機艙單（Air Cargo Manifest）。
2.貨主託運申告書（Shipper's Letter of Instruction）。
3.空運主提單（Master Air Waybill）。
4.承攬業提單（House Air Waybill）。
5.承攬業分艙單（House Air Cargo Manifest）。
6.裝載艙位分配表（Loading Distribution Sheet）。
7.危險品貨主申告書（Shipper's Declaration for Dangerous Goods）。
8.危險品機長通知書（Notice to Captain for Dangerous Goods）。
9.貴重品交接單（Valuable Cargo Receipt）。
10.班機貨物最後實際裝載電報（Cargo Final Load）。
11.班機盤櫃裝載艙位電報（CPM-Container/Pallet Message）。
12.班機盤櫃裝載內容電報（ULD Contents）。

以上資料需整理清楚，完整儲存於安全地方，以備有疑問時查詢，遇有班機遭遇重大災難時，如發生空難、火災，貨主對貨物損害求償時更是重要追查線索，而且也是刑事責任調查的重要證據，其重要性自不待言。例如班機貨物因爲貨主未申告危險品而引起爆炸、失火，此時存儲的班機檔案文件即爲查證的重要資料。

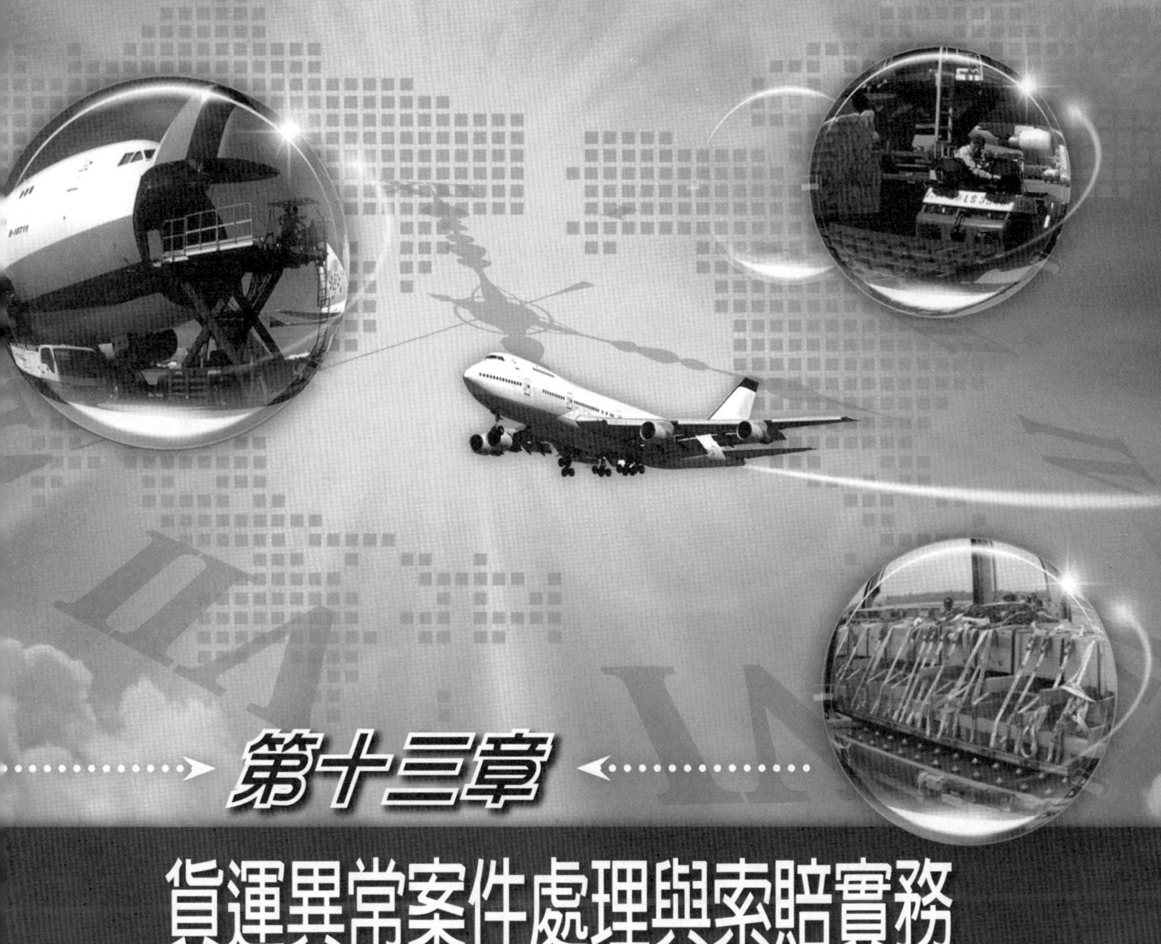

第十三章
貨運異常案件處理與索賠實務

- 貨運異常案件概述
- 異常案件處理程序
- 航空貨物理賠法規
- 貨運索賠作業實務

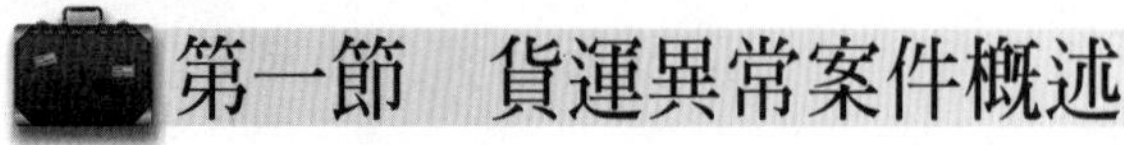

第一節　貨運異常案件概述

航空公司是最講究時效的行業，也是作業最嚴謹的行業之一，因為若發生意外，輕者造成旅客不便，延誤行程，行李貨物遺失、損壞，嚴重者可能造成空安、地安事件，人命財產的損失更是無法彌補的憾事。因此，航空公司都編有詳細的工作手冊，訂有許多辦法規則，舉辦許多職前訓練，設立各階層管理機構來執行查核管理，其目的就是期望在整個運送過程中一切順利，把客貨完好安全送到目的地。

但是，天有不測風雲，人有旦夕禍福，儘管航空公司極盡可能做好萬全準備，在航空運輸中仍然會遭遇到許多不可預測的意外事件，不可抗力情形，或是人為疏失意外，使得貨物在運送途中發生異常意外。

一、航空貨運異常事件現象

航空貨運面臨的異常事件大致可分為下列幾種現象：

1.BAND LOOSE：綁帶鬆脫，原綑綁貨物失散。

2.DELAYED：貨物延誤運送。

3.DENTED：貨物受到撞擊或重壓而凹陷，內容可能受損。

4.HOLE IN：貨物外表包裝被挖洞深入。

5.LEAKING：液體貨物破損洩漏。

6.MISCARRIED：誤送到別站。

7.MISSING：貨物遺失，尋找無著。

8.OFFLOADED：因班機艙位不足，或因貨物本身問題，或因文件問題而卸下未走。

9.OVER RECEIVED：終點站或中間站超收貨物。

10.OVER CARRIED：前一站應卸貨物未卸，由同班機帶到下一站。

11.RATTLING：內容物鬆脫或破碎而發出嘎嘎聲響。

12.RIPPED：貨物被撕開、割開或砍開。

13.SEAMS OPEN：外表包裝接縫處裂開。

14.SOILED：貨物外表被弄髒汙損。

15.SHORT-SHIPPED：貨物未依預訂班機送出。

16.SHORT RECEIVED：終點站短收貨物。

17.SQUASHED/CRUSHED：貨物遭壓扁、壓壞、壓碎。

18.TORN：貨物包裝被撕碎或戳破。

19.COLLAPSE：堆疊貨物鬆垮倒塌。

20.TIPPED/TIPPING：貨物傾斜（有些敏感高科技產品必須保持直立）。

21.WET DAMAGE：受到水淋濕汙染。

以上是空運過程中經常發現的異常現象，有些異常只是外表受損，例如紙箱撕破、壓凹、裂開、汙損，但內容物無損，有些異常有明顯破損，導致貨物不堪使用，有些貨物外表看似完好，但貨主取回開箱後方發現損壞，稱之爲隱性損壞（Conceal Damage）。凡此，對貨主都將造成不便或損失，導致貨主因此對航空公司提出抱怨或要求賠償。

二、貨物異常案件類型

上述種種異常可以簡單歸納以下幾種類型：

(一)破損

包括包裝外表撕裂、破洞、接縫裂開、擠壓、撞凹、內容物散開，甚至是外表完好，但貨物曾經受到搖晃傾斜所產生的隱藏性損壞等現象。

破損的情形可能只是外表包裝損壞，也可能是內部貨物遭到損壞。即使是內部貨物損壞，可能是部分損壞，也可能是全部損壞。因此，航空公司人員在發現貨物損壞時，通常都要先拍照存證，確定貨物內外損壞程度，以備後續調查責任，決定是否賠償，以及應賠償多少金額，因為賠償是根據損壞的程度來決定的。此外，航空公司人員也要將破損的貨物秤重，因為一般賠償是根據損失的重量來計算賠償金額，

依IATA及一般航空公司規定，託運人若無特別申告運送價值，並繳交額外的報值費，賠償金額最高限於每公斤17SDR（特別提款權，約相當美金20元）。

破損不外乎以下的幾個原因：

1.貨主的疏失，包括包裝材質不佳，例如鐵模以紙箱包裝，因紙箱無法承受重量而在搬運途中破損；螃蟹魚蝦用竹簍包裝，經不起疊壓而損壞；文件不齊耽誤貨物運送，對有時效性的生鮮貨物導致損壞。

2.可歸責於航空公司之事件，例如飛機失事毀損、班機延誤，造成農漁產品腐壞；倉儲設備不佳，如無冷藏、保溫、危險品倉庫、防雨遮棚可供保護貨物；裝載升降機故障墜落、車輛失靈衝撞等。

3.作業人員疏失，堆高機叉破，高處墜落；打盤裝櫃時，重貨放置輕貨之上，造成擠壓；車輛操作不當撞損；搬運途中掉落輾壓等。作業人員的過錯，不管是航空公司自聘員工，或

是代理公司人員，航空公司都必須概括承受，對貨物損害應負責賠償。

4.飛機遭受恐怖攻擊，飛機爆炸毀損，此種意外，對航空公司而言屬於不可抗力事件，但是對託運貨主而言，也是無辜受害人，航空公司一般都會理賠，然後再找投保的保險公司求償。

(二)遺失

儘管航空公司有一系列嚴密作業規範，但是貨物遺失卻不斷發生，其原因主要是國際運輸牽涉到許多國家，各國對機場的管理寬嚴不一，各地治安情形也各有不同。此外，航空公司航點甚多，有些地方業務量龐大，可以自行設立貨運站管理及處理貨物，有些航點業務量不大，基於成本考量將業務委由其他地勤公司代理，而各地代理公司因國情不同，文化差異，管理水準不一，很容易造成疏失。例如德、日等國管理嚴謹，勞工敬業精神較佳，印度、巴基斯坦、非洲等地勞工工作精神較爲鬆散，容易疏失錯誤。

貨物的遺失可以歸納爲下列幾種原因：

1.貨物清點不實，未曾出倉卻列爲已出倉及裝櫃，貨物留在啓運站。

2.未依登錄號碼存放貨物，誤置於其他倉位而無法尋獲。

3.在啓運站、終點站或運送途中遭竊。

4.貨物誤送其他班機，送錯地方。

5.綑綁在一起的貨物因爲綁帶鬆脫，或爲充分利用艙位的需要被拆開，部分貨物遺落失散。

如果只是貨物暫時因爲誤置或誤送場站，後來經過一番追尋終於找到，該貨即不算是遺失案件，只能算是延誤案件。航空公司應該追究誤失責任，採取必要改進措施，防止同樣事件再次發生。貨主如果因此而造成損失，例如趕不上市場需求，貨物喪失市場價值，貨主可以向航空公司提出賠償要求，航空公司可依延誤案件考慮適當賠償。

如果遍尋無著，在一段合理時間內無法將貨交給收貨人，此種情形即構成遺失案件，航空公司應該負責賠償。

(三)延誤

造成貨物延誤的原因，除了上述誤置或誤送情形外，尚有以下原因：

1.因爲班機艙位不足或酬載重量不足而將已訂位貨物卸下，造成延誤。這事應歸責航空公司估算錯誤，理應對此失誤負責。通常航空公司若能於下班機即時補送，貨主頂多向航空公司抱怨，如果延誤數日仍無法送達終點站，特別是在旺季，每班飛機都訂滿了貨而無法擠上去時，長時間的延誤造成貨主的損失，也可能因此提出賠償要求，貨主也可能對該航空公司的服務欠佳而與航空公司斷絕未來生意關係。

2.因爲貨物本身有瑕疵，例如包裝不良、破漏、死亡（動物）、毀損、滅失等，貨主退回重運，或由航空公司重新包裝處理，例如活魚貨物，箱內漏水缺氧，必須加水灌氣重新包裝才能運送，造成貨物延誤。此種情形須檢視責任所在，航空公司才能決定是否應該賠償。

3.因爲貨物應備文件缺失，例如貨主交運危險品但未依法附送「危險品申告書」，動植物未依要求附送檢疫證明，管制品之輸出入許可證，槍砲火藥之特許證等，依法不可運送，貨物必須留置等候貨主補送或處置。

4.因爲政府機關之指令，將貨物留置檢查或扣留，例如貨物屬違禁品，例如許多國家對軍用品或高科技零組件列管，不可隨意輸出入，海關因此將貨物查扣調查，造成貨物延誤。此種意外情形屬政府法令所致，非航空公司之疏失，可不必對貨主負責。

5.因為天災人禍不可抗力的原因，使得航空公司無法運行，或是飛行被迫中斷，無法完成運送任務，而造成貨物延誤，此種不可抗力事件亦不能歸責於航空公司。

6.因為航空公司的因素而延誤，例如航機故障、航機調度不及、飛航組員調度、機師生病失能、航機發生地安或是空安事件、訂位超收以致艙位不足等。基本上，此類事件航空公司應對因此造成之延誤損失負責。

7.航空公司發生勞資糾紛，工會發動罷工、怠工而影響班機正常運作，耽誤貨物運送時程，航空公司應對此事負責。

(四)作業疏失，但未造成嚴重損壞

作業人員常因疏忽而造成意外事件，有些造成嚴重財物損失，有些只造成些微不便，或稍有延誤時程，但仍可為貨主接受，例如，在準備艙單時，誤打提單號碼，以致在清點貨物時產生假性遺失，必須檢查有關提單文件澄清，因而影響作業時效，但不致於對貨物造成損害。再如貨物裝櫃打盤資訊錯誤，拆櫃時找不到貨。

另如在倉庫中貨物儲位登記錯誤，一時無法找到，轉口貨文件已轉到再出口班機，但貨物仍留在轉口倉，未曾取出而在終點站即變成遺失案，若能即時找到補送，晚一天半天可能貨主亦不容易察覺，但在航空公司作業即視為異常。有時文件遺漏，忘記發電報通知有關場站某些重要處理事項，例如冷藏品溫控要求，因而產生許多不便，甚至賠償後果。

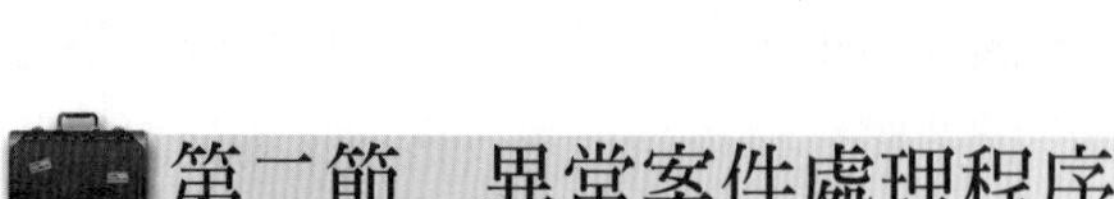

第二節　異常案件處理程序

異常案件發生後，航空公司首要之務是儘速「恢復原狀」（Recovery），將貨主託運的貨物交給收貨人，但如上述，異常案件有許多種型式，有些貨物可以找回，補送給收貨人，有些異常案件無法「恢復原狀」，必須以賠償來解決，有關不同異常的處理可以**圖13-1**簡要表示。

茲分別將不同情況處理程序說明如下：

一、遺漏

出口貨物如果已經打上艙單，並將提單及艙單由班機送往終點站，但貨物由於作業疏失（Mishandling），未裝上班機，或啓運站由於艙位不足而故意卸下，都構成貨物「遺漏」（Left Behind）。茲以不同情況說明補救措施如下：

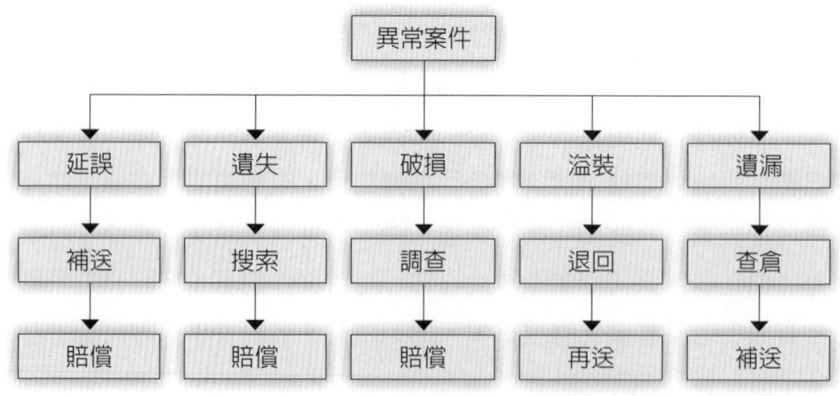

圖13-1　異常案件處理程序

(一)啓運站疏忽，但於班機起飛後才發現遺漏

1.在啓運站於班機起飛後發現該貨，應即向海關報告，更正班機出口艙單。

2.在每日班機異常記錄簿上記載遺漏情形，以便值班督導監督處理後續安排。

3.更正該班機艙單件數，以實際送出件數／總件數方式表示，例如：48/50表示該提單總共50件貨中，有2件遺漏未送，該班機實際送出48件。

4.將該貨提單副本一份，註明遺漏貨物提單及遺漏件數，以遺漏件數／總件數方式表示，例如：2/50表示該提單總共50件貨中有2件遺漏未送。

5.安排下次補送班機，將上述提單交出口櫃檯重新安排出口。

6.發電報給終點站，告知貨物遺漏未送件數，及補送班機資訊，如班機號碼／日期。

7.在電腦內提單資訊記錄（CAR）註明漏送情形及由何班機補送資訊。

(二)啓運站疏忽，未曾發覺遺漏，由終點站來電告知短收

1.出口櫃檯人員通知貨運站，進行倉庫查倉，確定貨物所在，記錄存倉位置。

2.向海關申請更改原班機艙單。

3.安排下次補送班機。

4.電報告知終點站貨物已找到，並告知預定補送班機／日期。

5.爲該貨準備補充艙單（Supplementary Manifest），註明前漏送班機號碼／日期，件數／總數，如2/50，及出口站發出之電報編號（Date, Time, Group, DTG），例如：
REF: TPEFFCI 201043ML（意即，請參閱台北華航機場貨運

服務組貨運員代號ML於本月20日格林威治時間上午10：43分發出有關本漏送案的電報），以便終點站人員易於參照辦理後續事宜。

(1)將上述艙單併同下次補送班機其他艙單送請倉庫出貨，打盤裝櫃。

(2)將該貨打盤裝櫃後之盤櫃號碼或裝機位置以電報通知終點站，以便分別快速處理。

(3)在每日班機異常記錄簿上登錄處理經過。

(三)由於出口班機艙位不足，政府機關要求，或其他原因，啓運站主動卸貨

1.如果時間許可，應將提單自出口班機文件袋中取下，並更改艙單，註明卸貨件數，通常以英文字「Offload at XXX」表示，XXX爲啓運站IATA Airport Code（機場代號），如台北爲TPE，香港爲HKG，東京成田機場爲NRT等等依此類推。

2.如果班機起飛在即，時間不許可拿下提單及更改艙單，等飛機起飛後，以電報通知終點站。

3.將貨物自機下退回倉庫。

4.向海關報備，並更改艙單。

二、溢裝

所謂溢裝（Over Carried）就是指航空公司的出口班機裝載艙單上未曾列印的額外貨物到外站，或是外站收到未列艙單的溢收貨。

(一)造成溢裝的原因

造成溢裝的原因不外乎下列幾種情形：

1.貨運站工作人員在出口班機貨物打盤裝櫃時，誤將未列艙單

的貨物裝入盤櫃內。

2.原應在前一站卸下的散貨，誤送到下一站，形成該站溢收（Over Received）。

3.中途站誤卸下一站貨物，形成該站溢收。

4.幾件貨綑綁成一件，因綁帶鬆脫而造成總件數增多，使終點站誤以為溢收。

(二)溢裝貨物處理

溢收的終點站或中途站在發現多收的貨物，應立即採取下列行動：

1.檢查該貨標籤、外包裝、嘜頭標記，記錄所能從該貨取得的資訊，例如航空公司的主提單號碼、空運公司或代理商的承攬業提單號碼、託運人或收貨人公司或個人名稱、嘜頭標記的特別記號、箱號、包裝材料（如木箱、紙箱、塑膠袋、保麗龍）等。

2.如該貨上的標籤完整可辨，確知啓運站及終點站，發電報通知各該站溢收情形，並請求指示如何處理，啓運站可能要求將貨退回，也可能要求將貨暫時留置，將提單及艙單補送，如果該貨屬於他站，啓運站可能要求儘速送該站。

3.如該貨上的標籤無可辨認，無法確知啓運站及終點站，發電報給班機所經各站，將上述從貨物上所蒐集的資訊告知，請求各站追查。

4.將該貨暫存特定倉位，並記錄於電報上，交處理異常案件小組等候各站回電後續辦。

5.當接獲有關單位回電後，依其指示安排班機，準備一份補充艙單，將貨送往其終點站。

6.貨物送走後，發電報將運送班機資訊通知收貨站，並在異常

案件記錄本上該案原記錄上加註送回詳情備查。

三、破損

在運送的過程中，由於經手處理的人員眾多，過程繁複，處理貨物的機具種類也很複雜，加上所經各地氣候變化無常，貨物遭受損壞難以完全避免。造成貨物損壞的原因很多，綜整說明如下：

(一)貨物包裝不良

貨物包裝不良常常是貨物破損的主因，例如生鐵模具以薄紙箱包裝，內裝貨物太重，紙箱容易破損；活生螃蟹以竹簍裝運，不耐堆壓而造成螃蟹壓死；重機械無外包裝，容易碰撞邊緣；包裝材料不佳，無法承受堆疊壓力而變形破裂；液態物品破漏流失。

(二)工作人員疏失

倉庫人員在接受貨物、存倉、出倉、打盤裝櫃作業中，可能因堆高機操作失當而叉破貨物，車輛碰撞，裝卸盤櫃時將貨物用力丟擲，裝盤櫃時堆疊不穩導致貨物倒塌損壞，或是機坪飛機裝卸員工在盤櫃拖拉運送時，未確實將盤櫃扣緊，因而翻滾落地，導致內裝貨物損壞。

(三)由於貨物本身變質而損壞

有些貨物本身會因溫度、壓力、時間等之變化而變質，例如冰淇淋、巧克力，會因溫度升高而融化；活生魚類會因時間流逝而缺氧死亡；蔬菜、水果、鮮花如運送時間過久會腐爛枯萎，貨主在交運此類貨物時應考慮種種細節，與航空公司作充分溝通協商，採取必要的行動，例如考量班機離到時間，訂妥運送班機，妥善包裝貨物，並提供足夠保護貨物材料，如灌足氧氣、裝入足夠乾冰保溫等等。

(四)飛機發生意外

儘管航空公司一向將飛安視為第一要務，然而空、地安事件仍層出不窮，天氣驟變、機械故障、航管失誤、機師操作錯誤、機坪車輛碰撞、飛機墜毀、衝出跑道、地面碰撞等等，都會造成意外事件，使貨物受損。

(五)海關或其他政府機關開箱查驗

政府機關有時為查緝走私販毒、武器火藥等違禁品，可能會要求航空公司將可疑的貨物交其查驗，必要時甚至將貨內外包裝破壞，查看內部是否夾帶違禁品。在這種情形之下，海關或其他政府機關會簽發一張證明書給航空公司收執，表示對此破壞貨物負責，當收貨人向航空公司求償時，航空公司可據以交收貨人轉向海關索賠。

(六)犯罪集團偷竊

貨物遭竊如整箱被偷走，就構成遺失案件，若只割開外包裝材，偷挖內容物，此即成為破壞案件，實務上，此種破壞外包裝的偷竊情形相當常見，例如內裝手提攝影機、照相機、電腦、行動電話、貴重物品等都是竊賊的對象，也是常見的破損案件。有關破損案件，應依下列原則處理：

1.檢查外包裝，記錄破損詳情，必要時照相存查。
2.如果能檢查內容物，應檢視內容物破損及遺失情形。
3.將破損貨物秤重，作為往後理賠之依據。
4.修補外包裝，以膠帶貼補破洞，防止貨物進一步損壞。
5.製作貨物破損報告（Cargo Damage Report），分送有關單位。

6.如貨物是遭竊而破壞，應向機場警察局報案，取得報案簽條，以備將來向保險公司申請理賠之依據。

7.發送電報通知相關場站有關破損情形。

8.當收貨人提出賠償要求時，辦理後續理賠作業。

四、遺失

班機到達終點站後，負責進口人員依艙單清點到達貨物，如發現短缺，應即採取下列措施：

1.在當地停機坪、貨運站拆卸區、倉庫範圍內進行搜索。

2.如無所獲，向海關報備，更正進口艙單。

3.發遺失追蹤電報（Tracing Message for Missing Cargo）給啓運站，及班機所經各站，請求協助追查是否有短裝（Short Shipped）、誤卸（Offloaded）或超載到他站。

4.如所有班機經過各站均回覆未持有該貨，終點站應再做一次全線追蹤，發電報給本公司所有各站及停靠該站，使用同一貨運站的其他航空公司共同追查。

5.如全部回覆皆無，則本案確定爲遺失案件，終點站應製作「遺失報告」（Missing Report）分送啓運站、分公司或總公司理賠單位，終點站進口櫃檯以便通知收貨人。同時，向海關申報短缺，可能要接受海關罰款或繳交關稅。

五、延誤

延誤（Delay）案件通常是指航空公司未依貨主訂位的班機運送，比預期抵達終點站的時間延後。

(一)延誤的原因

造成延誤的原因可能有以下幾種情況：

1.班機因旅客行李增加，貨物材積過大，造成艙位不足，或班機雖有艙位，但因飛機的載重（酬載）不足而卸下。
2.貨物因啓運站失誤，未裝上預定的班機。
3.貨物誤送他站，未在該到的站卸下，造成延誤。
4.貨物被海關扣押查驗而延誤。
5.貨物可能在啓運站因倉庫儲位記錄錯誤，一時無法找到，經一段時間後才找到補送，或在到達站同樣情形無法及時交貨給收貨人而形成延誤。
6.班機因天候關係，機場關閉，航路管制，奉令暫停飛行，無法起降等等原因，導致運作停擺，使貨物無法如期送抵目的地，造成延誤。
7.起降機場爆發戰爭、革命、示威動亂、地勤工作人員罷工，導致飛機無法飛航而延誤貨物的運送。
8.航機故障，需長時間維修，無法及時飛航，導致延誤。

(二)延誤的處理原則

貨物經發現延誤時，處理原則如下：

1.儘速確定貨物下落，發電報通知有關作業單位，必要時亦通知貨主，同時製作延誤報告（Delay Report）分送有關單位存查。
2.如果貨物仍在啓運站，機場貨運單位應聯繫訂位單位重新安排最早班機補送。
3.如果貨物在終點站發現，終點站應即通知啓運站補送有關文

件，並於收到文件後通知收貨人領貨。

4.因不可控制因素而延誤，無法確定何時可補送時，應即通知訂位單位，由該單位聯繫貨主，查詢是否有所指示，尤其是生鮮貨品、緊急物品應如何處置，例如是否應加乾冰、活魚應灌多少氧氣等。

5.如果當時或最近時間內有其他航空公司班機飛航，應與營業單位協調，是否應將緊急貨物轉給該航先送，以免萬一因延誤造成貨物損失，造成鉅額賠償，同時兼顧服務商譽口碑。是否轉交他航由營業組決定，主要是考慮運價是由營業組與貨主洽商，可能因競爭關係給予較低優惠，若交給他航，則原承運之航空公司必須依IATA標準運價付給他航而造成營業損失，因此，必須由營業組在營收及維繫長期客戶良好服務關係考量之間作一抉擇。

6.如果延誤時間過久，造成貨主損失，貨主可能提出賠償要求，機場作業應提供有關文件及相關佐證給辦理賠償單位參辦。

第三節　航空貨物理賠法規

航空公司承運的貨物如遭受上述種種異常，而無法完整將貨依運送合約交給收貨人時，收貨人在蒙受損失時自然會提出賠償要求，至於賠償金額究應多少，貨主與航空公司一定各有立場，雙方可能爭吵不休，甚至必須對簿公堂，屆時法院亦須有一定的判決依據。在國際空運實務中，解決糾紛的最根本辦法就是貨主與承運航空公司之間在交貨及承運之前簽訂「運送合約」，作爲雙方權利義務的依據，此項「運送合約」列印在空運提單的背面，詳細說明各項權利義務關係及所適用的法規，同時在提單正面亦有文字說明運送合約列印在背面，還特別提醒託運人注意有關航空公司有限責任的條款。託運人簽署提單後即證明願意遵照這些條款的約束。

由於國際空運牽涉到多國不同法律系統及不同的賠償額度，各國及航空公司有鑑於此，除經由國際會議協商，訂定統一規則供各國參辦，國際民航組織（ICAO）及IATA也訂出制式「運送合約」，以統一各國及各航空公司的做法，適用全世界國際運輸的需求。

除此之外，各國尚有許多國內法規，例如民法規範私人之間權利義務關係，刑法規範故意、過失、危害公共安全之侵權行爲處罰事宜。航空公司也因其經營條件的限制而訂定其個別運送規定。

有關「運送合約」內法規的適用情形說明如**圖13-2**。

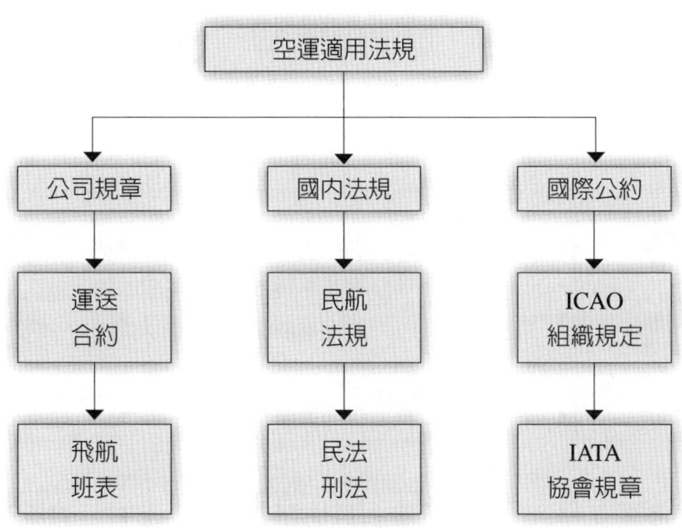

圖13-2　空運適用法規

第四節　貨運索賠作業實務

貨物在運送過程中所受到延誤、破損、遺失等各種異常情形，寄貨人或收貨人在遭受損失之下必然會向航空公司要求賠償。一般航空公司處理求償案件程序大致有下列步驟，其處理過程以**圖13-3**表示，並說明如下：

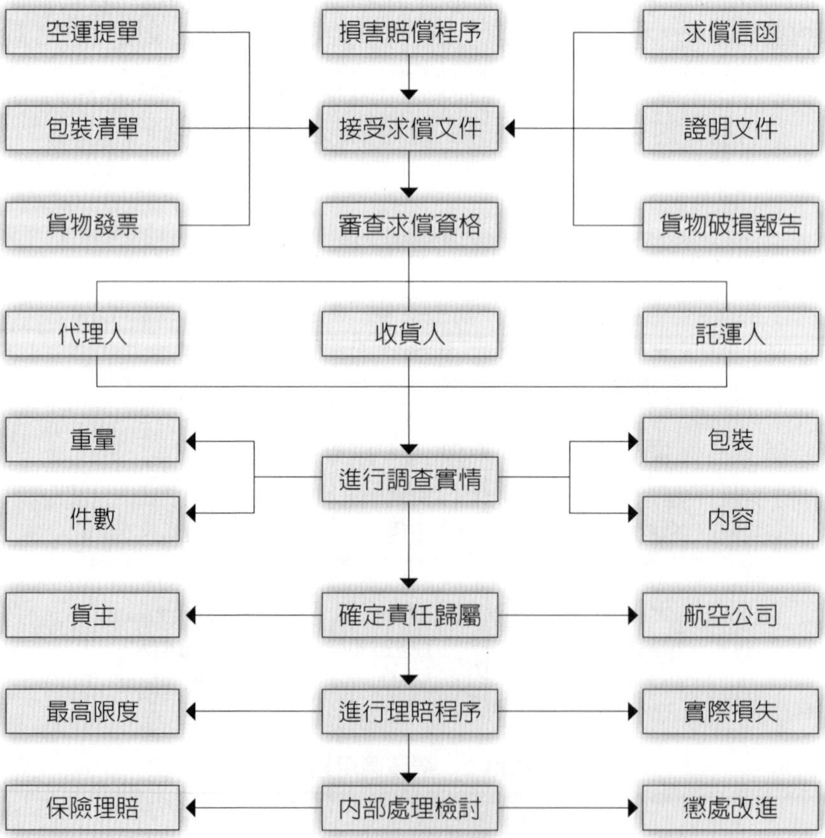

圖13-3　處理求償案件程序

一、接受求償文件

求償者向航空公司求償時，必須以書面向航空公司提出。爲證明航空公司確實收到求償文件，求償者可親自送交航空公司有關部門，並在送交文件時要求航空公司人員在副本上簽收以明責任，或以掛號郵件交寄，以郵局掛號收執聯作爲送交文件佐證。

求償者送交的文件主要包括：

1.正式求償函。由有資格求償者具名的正式求償函送交航空公司，說明求償詳情，包括貨物損壞情形、求償金額等。

2.空運提單。作爲簽署運送合約之證明，及求償者具備向航空公司索賠之資格。

3.貨物破損報告。由航空公司人員或其代理公司在貨物交付收貨人發現時所簽發之損害報告，作爲鑑定責任之依據。

4.包裝清單。由出貨廠商簽發的包裝清單，以證明貨物內容，及作爲清查損失數量之依據。

5.貨物發票。由出貨廠商簽發的發票，以證明貨物價值，及作爲清查損失金額之依據。

6.其他證明文件。如有其他佐證文件應儘量收集完整附送，以便確定責任與損失程度，例如，貨物檢驗報告、包裝材質試驗報告等等。

二、審查求償資格

貨物有損失時，並非任何貨物所有人皆可提出求償，而是依法「有資格的人」才可申請。所謂「有資格的人」是指在運送合約上簽字及合約上所明示的人，主要是以下幾種人：

(一)託運人

空運提單左上角「託運人」一欄內所顯示的個人或公司名稱是運送合約上的合法簽約人。「託運人」可能是廠商貨主，可能是併裝承攬業者（Air Cargo Consolidator），可能是航空貨運承攬業者，可能是國際物流業者（International Air Logistics Company），也可能是其他航空公司交運的公司貨，甚至本公司有關部門免費運送公司器材用品，因此開發提單的航空公司（Issuing Carrier）本身及其他互惠航空公司（Interline Carrier）也可能是「託運人」。

(二)收貨人

空運提單左上角「收貨人」一欄內所顯示的個人或公司名稱也是運送合約上的合法簽約人。因此，空運提單有三份正本，一份綠色正本由航空公司存檔，一份藍色正本給託運人收執，一份粉紅色給收貨人收執，三份正本同具法律效力。「收貨人」也可能是廠商貨主、併裝承攬業者、航空貨運承攬業者、國際物流業者、本公司或其他航空公司，也可能是國際貿易實務中的押匯／付款銀行。

(三)有代位求償書（Subrogation Letter）之保險公司

很多廠商在交運時，有鑑於航空公司的責任有其限度，在貨物遭受損失時，賠償金額無法彌補其損失，因此常在交運之前，另行向其來往的保險公司投保，萬一有貨損情形發生，則直接向保險公司索賠，而不向航空公司索賠。保險公司在賠償貨主後，取得貨主的代位求償權，轉向航空公司索賠。此時保險公司也就具備求償資格。

(四)有授權書之法定代理人（Attorney Representing The Claimant）

上述有資格的求償者，可能委託他人或律師代爲進行索賠行動及辦理一切有關手續，如有這種情形，原來的求償者必須簽署一份授權書（A Letter of Authorization）給代理人，證明其有權代表原求償者行使索賠權利。至於提單上「託運人」或「收貨人」欄內如果打的是公司行號，其法定代理人公司董事長或總經理即有資格出面向航空公司索賠。

三、進行調查損害實情

航空公司接到求償函件後，通常會馬上進行調查該貨損害詳情。調查項目及過程約如下述：

(一)調查運送過程貨況

航空公司一般會先發電報要求有關各站通報該貨在各該站停留期間貨況，是否：

1.在啓運站接受貨物時已發覺破損，及破損程度。
2.在啓運站倉庫內作業中失誤破損。
3.在啓運站機坪作業中受損。
4.在中途站受損。
5. 在終點站裝卸或倉儲作業中受損。

由上述調查可探究貨物損壞的源起及造成貨損的原因，除由發現損害地點查詢破損經過之外，也是將來追究及確定責任的初步行動。

(二)調查包裝情形

貨物包裝不良常是貨物損害的主要原因，因此調查的重要步驟首要就是瞭解貨物的包裝情形，調查重點如下：

◆觀察包裝外觀

從貨物包裝外觀可以偵測到貨物損害的蛛絲馬跡，例如，紙箱淋雨受潮而鬆軟破裂；水果一箱箱堆疊過高；綑綁的膠帶不夠牢固，無法承受壓力而倒塌擠壓。透過終點站交貨給收貨人之前，貨運站人員檢查貨物後所作的「貨物損壞報告」及當時拍攝的照片，詳細檢視貨物外表，判斷是貨主包裝不良還是由於航空公司或其代理商人員疏失所造成的損害。

◆觀察包裝材料

目的是查明包裝材料是否適當，如果包裝材料不當而導致貨物損壞，原則上航空公司可不用負責。例如錢幣、硬幣以單薄紙箱包裝導致紙箱無法承受重量而破裂；熱帶魚使用單層塑膠袋包裝，無法承受水壓而破裂；陶瓷玻璃製品未用柔軟襯墊物保護而破碎；重型機械未以堅固木箱或木條包裝而擦撞機械邊緣，造成破損等，都是貨主的過失。

◆調查外表綑綁情形

檢查貨物是否在外包裝有需要綑綁，並查看綑綁是否適當。例如重達7,000公斤的飛機引擎，應使用金屬底座來放置引擎，並將引擎以螺絲鎖定或以鋼索綁在金屬底座上，否則容易在運送途中滑動碰撞造成損害。小汽車裝在貨盤上，用合格尼龍綁帶（Tie-down Strap）扣鎖在貨盤上。如果貨主未如此包裝而遭致損壞，貨主應自行負責。一卷卷的布料必須以防水塑膠布包裹，堆疊在貨盤上後用綁帶扣緊在貨板上。如果包裹的塑膠布過於單薄而導致包裝破裂，使布料遭受濕損或汙損，由於貨主也有疏失之處，航空公司可能不用負責賠償。

(三)調查包裝內容物數量

貨物可能單件包裝，也可能數件裝在同一容器內，或綑綁在一起，託運廠商通常會準備包裝清單，說明整批貨總件數、總毛重、總淨重、每件包裝內是單件還是內裝多件小箱、貨物品項、包裝材料（紙箱、桶裝、木箱、鋼瓶等），於託運時隨空運提單交航空公司，連同貨物送交收貨人。貨物如有損壞，航空公司首先依包裝清單詳加檢視貨物包裝內容，確定內容物損失程度以作爲理賠之依據，因爲航空公司理賠，原則上是「恢復原狀」，例如一箱之內有十小箱，其中兩小箱損壞，航空公司只賠償那兩小箱，而非外包裝整箱（內裝十小箱）全賠。

◆單一包裝

包裝內只裝一件物品，例如一箱只裝一件除濕機，或只裝一件電視機，一件電腦等，如有損壞，航空公司應檢查箱內物品損壞情形來決定是否賠償，或應賠償全部損失或部分損失。

◆包裝內有多數小包裝同樣物品

包裝內如有多數小包裝同樣物品，例如一箱內有十小箱口紅，其中兩箱破損，此時應檢查有多少小包裝受損，然後依包裝清單所記錄數量比對實際損失，在確定責任歸屬後，按損壞比率辦理賠償事宜。

◆內有多樣不同物品

如果一包裝之內包含數個小包裝，各裝有不同物品，例如外包裝申報爲「化妝品」，箱內包括若干小箱口紅，若干箱面霜，若干箱保濕液，若干面膜等，價值各有不同，如果全損，航空公司自應全部賠償，但如果只有部分損失，航空公司就會檢查是哪一部分受損，參照包裝清單及貨物發票所載數據，辦理賠償。

(四)調查貨物損壞情形

貨物的損壞因貨物的性質、損傷的程度、包裝材質及包裝方法不同而有種種狀況。大致言之有以下幾種情形：

◆破裂

貨物的外包裝破裂，例如紙箱壓扁或受潮破爛而破裂、木箱碰撞折斷、金屬桶有裂縫等等，往往造成內容物損壞或流失，但外表包裝損壞，內容物也不一定有損壞，例如，包裝成衣的紙箱破裂，但裡面的成衣分別有塑膠袋包裝，可能完好無損。然而，如果是金屬桶有裂縫，內裝液體或氣體可能流失或逸散，再如陶磁器禁不起重摔而碎裂，因此，航空公司接獲索賠時，應就包裝內外都要詳細檢視，確定損害程度。

◆全損

重大的損害可能使貨物完全報廢，例如，飛機發生空難，貨物全部破碎失散，或是貨物從拖車掉下，被車輛輾過完全破碎，或是班機故障延誤，導致熱帶魚缺氧死亡，又如貨物從堆高機或倉庫儲架掉落摔破等等，造成貨物全損。在此情況之下，航空公司自是無法規避全部賠償之責。

◆短缺

貨物發生短缺的情形不外乎在啓運站收貨時清點不實，打盤裝櫃或出倉時，遺落未送出；在途中遭竊；在終點站清點不實，誤置其他儲位而未登錄，混在其他貨物交付其他收貨人；未從班機卸下，誤送他站；貨物標籤脫落，變成無法辨認的貨物等原因。短缺可分爲總件數中短缺一件或數件，以及總件數齊全但內容物短缺兩大類。基本上，如果總件數有短少，航空公司遍尋無著時，應負責對貨主賠償。至於總件數齊全，但內容物短缺案件，如果外包裝完好，但貨主領貨回去後發現內容短缺時，原則上，航空公司可以不負責，除非貨主能證明短缺是由於航空公司的故意或過失。如果外包裝有破損，內容亦有短缺時，航空公司應清查內容物，並研究發生損失責任，如須負責則進行理賠作業。

◆遺失

貨物短缺如果經追尋仍無所獲，向貨主宣告遺失，即成爲遺失案件。遺失可能整票貨物全部遺失，也可能部分遺失，航空公司應就遺失的部分負責視爲貨物全損，對貨主進行賠償。

◆腐爛

空運貨物中有許多容易變質的貨物，例如，魚蝦海產、新鮮蔬果、冷凍肉類、醫療疫苗等等，必須在溫度控制、運送時間長短等方面，詳加安排才能順利運送。但是在空運途中，可能會遭遇預想不到的狀況，影響預定的運送行程，導致貨物變質損壞。航空公司如發現貨物腐爛惡臭，液體汙染機艙、行李貨物，危害旅客及飛航組員生命安全或健康、舒適等，航空公司甚至可以就地處置，將腐爛貨物丟棄。基本上，航空公司應先確定貨損情況及責任所在，如果事實明顯是航空公司過錯，例如作業人員疏失、設備故障、班機延誤等，航空公司自應負賠償之責。如果貨物損壞是由於不可抗力的原因所造成，航空公司原則上可不必賠償，但有時基於維持長期客戶關係，航空公司也可協商斟酌賠償。

◆延誤

延誤是指貨主交運的貨物未依訂位班機運送，或是運送時間超過「合理」（Reasonable）的時間，一般延誤情形貨物外表應無損壞，但對某些「易腐品」，因延誤導致貨物腐爛損壞或死亡，航空公司在接獲延誤索賠後，即應調查延誤原因，確定責任歸屬，及損害程度評估，然後進行理賠程序。

至於延誤如何確定頗有爭議，因爲空運提單（AWB）上的運送合約明白表示託運人除非另有註明，否則同意航空公司可以將貨物使用其他運送模式，包括使用陸運，或其他運輸公司，託運人也同意貨物也可以經由航空公司認爲適當的中停點「ALL GOODS MAY BE CARRIED BY ANY OTHER MEANS, INCLUDING ROAD, OR ANY OTHER CARRIER UNLESS SPECIFIC CONTRARY INSTRUCTIONS ARE GIVEN HEREON BY THE SHIPPER AND SHIPPER AGREES THAT THE SHIPMENT MAY BE CARRIED VIA INTERMEDIATE STOPPING PLACES WHICH THE CARRIER DEEMS APPROPRIATE.」，依此規定，既然航空公司有權選擇其他運送模式，還可以選擇中停點，換言之，不必全按預定班機運送，此時如何界定「運送延誤」？

此種爭議在理賠實務中屢見不鮮，有時雙方必須要上法院訴訟，由法官裁決，特別是求償金額特別龐大案件更是如此。如果延誤非常明顯超過「合理的範圍」，例如從台北到東京航行時間只要2.5小時，貨物卻因作業疏忽，一時遍尋無著，直到一個月後才找到送達，這是很明顯延誤，如果貨主提出索賠，即使貨物本身並無損壞，航空公司通常會考慮貨物損失商機而給予適當賠償。但是，如果在旺季中，由於艙位不足，貨物一班班的延誤，航空公司是否應就延誤賠償，頗有討論空間，最主要考慮的是貨物有沒有訂位，航空公司有沒有確認。如果航空公司並未確認而託運人仍要求「候補」，但班機班班滿載而無機會上機，在此種情形之下所造成的延誤，航空公司基本上可不用賠償。如果託運人已訂位確認，但遭因航空公司接受太多訂位而無法裝機，且一再等候延誤，航空公司雖依運送合約可以不保證裝載於特定班機，但既已對客戶確認訂位卻無法依所承諾執行運送，對商譽多少會有所傷害，並影響顧客關係及往後來往意願，因此，航空公司可能考慮酌予賠償。

至於已訂某班機，但卻隔一兩班才送走，由於時間短暫，航空公司一般不會給予賠償，或許會在下批貨物交運時給予某些折扣以平息客戶的不滿，並維持長期顧客良好關係。

四、確定責任歸屬

貨物遭受損壞原因很多已如上述，責任歸屬也因此而各有不同，茲分析說明如下：

(一)貨主應負責

依《華沙公約》及後續相關修正的各國際公約，IATA出版的《航空貨運規章》，及提單後面的運送合約條文規定，有下列情形者應由託運人負責：

1.託運人對提單上有關貨物說明和聲明正確性負責，換言之，如託運人未能正確說明貨物名稱及性質，例如，冷藏貨品未標明需保持溫度高低及適當品名，使航空公司無法知悉貨物內容，事先採取預防措施而導致貨物損壞，航空公司自然不必負責。

2.對於因爲這些說明和聲明不合規定、不正確，或不完備而使承運人或任何其他人遭受的一切損失，託運人應負責任。例如貨主將石斑活魚申報爲「海產」（Sea Food），而未說明袋內灌水及氧氣可以維持多久之事實，貨物如因此而有損失，航空公司可不負責。

(二)航空公司應負責

貨物有損壞通常承運的航空公司要負很大的責任，因爲在啓運站從託運人手中接受貨物時，航空公司要確定貨物件數與空運提單記載相符，貨物狀況良好，適宜空運，而且要在提單上簽署，證明貨物完整收到，除非收貨當時已發現損壞另有註記。如果當時雖已發現損壞，但仍可以運送，航空公司可以在提單上註明接收時損壞詳情，並經託運人在提單上簽字承認，航空公司若在終點站依接收時狀況，將貨物交給收貨人，航空公司自也不必對損壞負責，但是如有超出原提單上記載的損壞程度，航空公司還是應對增加的損害負責。

《華沙公約》及往後修正的《海牙議定書》因此有如下規定：

1.如經證明造成損失係出於承運人、受僱人或代理人故意造成損失或明知可能造成損失而漠不關心的行為或不行為，則不適用第22條規定的責任限額；如係受僱人或代理人之過失，航空公司仍應負責。
2.如果損失的發生是由於承運人故意的不良行為，或由於承運人的過失，而根據受理法院的法律，這種過失被認為等於故意的不良行為，承運人就無權引用本公約關於免除或限制承運人責任的規定。

(三)航空公司代理商應負責

航空公司很多業務常外包給外面的公司承接代理以節省人力與成本，例如地勤裝卸等工作委外處理。這些代理公司如對貨物造成損害，基本上應對航空公司負責，而由航空公司直接對貨主負責賠償。《華沙公約》及往後修訂的公約有以下相關規定：

1.代理人有上述行為或不行為，必須證明是在執行其受僱職務範圍內行事。
2.如果上述情況造成的損失是承運人的代理人之一在執行他的職務範圍內所造成，承運人也無權引用免責規定。

(四)政府機關應負責

各國政府都有某些法規限制或禁止某些貨物進出，例如毒品、武器彈藥、危害生態動植物、國防管制軍品、科技專業管制關鍵零組件等等，如果貨主故意闖關，被海關查獲，可能遭受沒收或銷毀命運。有時政府機關接獲密報，對某些進出口貨物進行扣押檢查，造成貨物延誤，或是逕行破壞檢查，導致貨物損壞，此種貨物的損失是政府機關行使公權力的結果，自應由政府機關負責。

(五)不可抗力情形

航空公司在運送過程中，難免會遭遇到許多意想不到的不可抗力狀況，例如飛航途中遭遇突然火山爆發，火山灰吸入引擎，導致引擎失靈而墜毀；在機場遭受恐怖份子炸彈攻擊；戰爭爆發閃避不及等等原因，使航空公司無法避免貨物的損害，航空公司如果能證明已採取一切必要行動仍無法阻止損害的發生，應可免除賠償責任。

(六)依法銷毀

航空公司將貨物送達目的地，並已通知收貨人前來領貨，但因託運人及收貨人之間有貿易糾紛，例如貨物品項不符買賣契約規範、金額有差距等，尚待雙方談判解決，因此遲遲不來領貨，或是收貨人未備妥必要清關文件，如輸入許可證、檢疫證明、動物健康證明等等文件而一時無法領貨，如果貨物屬於易腐品、生鮮海產、動植物等容易損壞物品，經此耽擱而腐壞或死亡，航空公司得依海關或檢疫機關要求，將該貨銷毀，不必對貨主負責賠償，因為責任是在貨主。

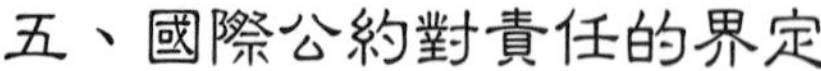

五、國際公約對責任的界定

《華沙公約》及往後修訂的《蒙特利爾公約》第18條有關貨物損失責任有下列說明：

1.對於因貨物毀滅、遺失或者損壞而產生的損失，只要造成損失的事件是在航空運輸期間發生的，承運人就應當承擔責任。

2.但是，承運人證明貨物的毀滅、遺失或者損壞是由於下列一個或者幾個原因造成的，在此範圍內承運人不承擔責任：

(1)貨物的固有缺陷、質變或者瑕疵。

(2)承運人或者其受僱人、代理人以外的人包裝貨物的不良。

(3)戰爭行為或者武裝衝突。

(4)公共當局實施的與貨物入境、出境或者過境有關的行為。

3.本條第一款所稱的航空運輸期間，指貨物處於承運人掌管之下的期間。

4.航空運輸期間，不包括機場外履行的任何陸路、海上或者內水運輸過程。但是，此種運輸是在履行航空運輸合同時，為了裝載、交付或者轉運而辦理的，在沒有相反證明的情況下，所發生的任何損失推定為在航空運輸期間發生的事件造成的損失。承運人未經託運人同意，以其他運輸方式代替當事人各方在合同中約定採用航空運輸方式的全部或者部分運輸，此項以其他方式履行的運輸視為在航空運輸期間。

5.另外第19條有關延誤責任的說明如下：

旅客、行李或者貨物在航空運輸中因延誤引起的損失，承運人應當承擔責任。但承運人證明已經採取一切可合理要求的措施，承運人不承擔責任。

六、進行理賠程序

航空公司理賠之處理程序如**圖13-4**，並說明如下：

(一)索賠依據

凡貨物在運送途中遭受延誤、破損或遺失均可提出索賠。

貨物運送是契約行爲，故索賠應依照運送契約爲之（請參閱正本提單背面之運送契約），其要點有：

◆索賠法律依據（Applicable Law & Regulations）

貨主索賠不能漫天開價，航空公司也不能隨意就地還錢，雙方必須有共同衡量損失及賠償金額的標準，這就是爲何雙方需簽訂「運送合約」，依照雙方同意的「運送條件」（Conditions of Carriage）來運送貨物及解決求償糾紛，其中所依據的法律及規章已如前述，主要是國際公約、各國國內法律規定、航空公司規章等。

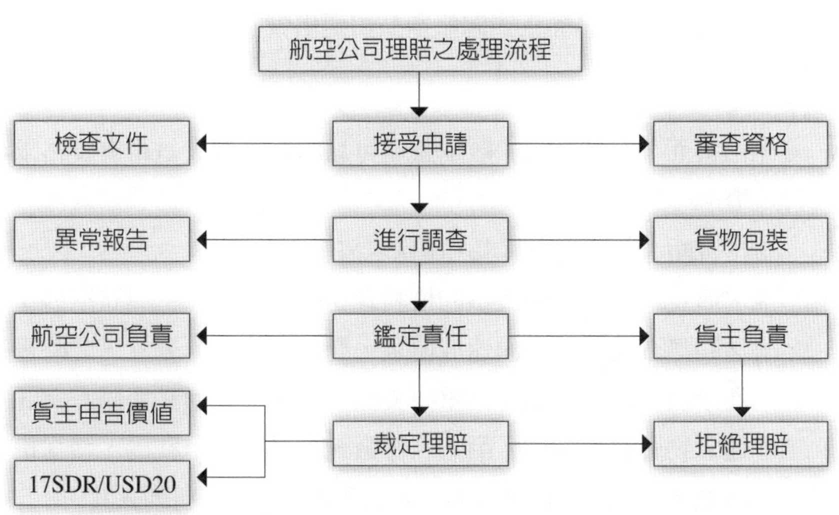

圖13-4　航空公司理賠之處理程序

◆**運送人之義務**（Carrier's Liability）

運送人之義務僅限於提單背面之契約條款規定事項包括運送路線、中停地點，空、陸、海等運送模式。

運送人所應負之責任以貨物在其運送過程中因處置疏失所造成之異常損害。賠償責任依運送合約最高限額規定辦理。

◆**索賠時限**（Time Limitation For Claim Action）

索賠必須在下列規定時間內提出方得受理：

1.損壞（Damage Including Contents Shortage）應在貨物交付收貨人14日內提出。

2.延誤（Delay）應在貨物送達收貨人後21日內提出。

3.貨物遺失（Loss or Non Delivery of The Goods）應在提單開立後120天內爲之。

◆**索賠必須以書面方式提出**

求償者必須以書面正式向航空公司提出索賠。以書面提出有幾層意義：

1.由書面上的具名人，航空公司可以判斷求償人是否有資格求償。

2.由書面上求償人的訴求，確定求償金額。

3.求償及理賠牽涉到民事的權利義務關係，如貨主與航空公司之間無法就賠償金額達成協議，雙方可能對簿公堂，此時書面求償文件就成爲非常重要文件。求償書函通常要將有關託運貨物資料，例如，品名、件數、重量、提單號碼、運送班機號碼、日期、損害情形、求償金額等基本資料列入其中。

(二)受理索賠單位

廠商交運貨物通常因爲自身業務已經非常繁忙，很少將貨物交運事宜親自與航空公司打交道，而交給代理商或空運公司承辦。因此，當貨物有損壞而需要求償時，也大都向代理商或空運公司提出，特別是持有空運公司開發的承攬業提單者，除非貨主事先有向外面的保險公司投保，貨主通常直接向保險公司求償，理賠後再由保險公司代位向航空公司要求理賠。茲以**圖13-5**說明求償者提出索賠對象。

求償者索賠對象自然是航空公司，但國際航空公司航線遍布各處，辦公處所也是到處都有，索賠文件應該送往何處才能正式受理？一般而言，凡是運送合約中列爲託運人及收貨人都有權向其所在地的航空公司營業或服務處所提出索賠函，換言之，可向下列地點航空公司辦事處提出：

1.啓運站機場辦公室（Departure Station Airport Office）。

2.啓運站城區貨運營業辦公室（Departure Station Sales & Reservation Office）。

3.終點站機場辦公室（Arrival Station Airport Service Office）。

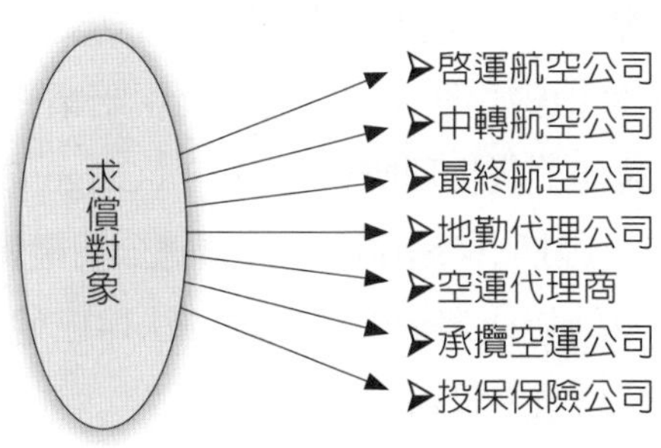

圖13-5　求償者提出索賠對象

貨物損壞通常是在終點站由航空公司交貨給收貨人時才被收貨人發覺，收貨人可以在領貨時當場要求航空公司開發「貨物破損報告」，並據以出函向該站航空公司機場辦公室提出索賠函。

4.航空公司地區分公司（District Branch）。

5.航空公司貨運中心（Area Cargo Center）。

6.航空公司總公司（Head Office）。

7.聯運之航空公司營業或服務處所（Interline Office）。

8.航空公司之機場代理商或地區總代理（Airline Handling Agent or GSA）。

貨物運送人不論啓運站、到達站之航空公司皆可受理貨物索賠案件。

(三)航空公司內部單位理賠權限

航空公司區域貨運中心總經理有權拒絕受理，或接受索賠案件，或授權貨營部門決行。

各航空公司各有不同理賠政策，有些公司授權地區總經理在賠償金額USD500（含）以下合乎理賠條件，可逕行賠付。除正式以信函告知外，並應附上提貨授權書要求索賠人填妥寄回，全案影印兩套，一套自行存檔，正本向會計單位請款開立支票理賠。理賠金額逾USD500以及前曾拒絕受理又再次提出之索賠案件，地區分公司無法解決之案件則製作「貨物理賠報告書」（Cargo Claim Report），附妥相關文件資料，註明移送原因，移請總公司權責單位辦理。

索賠案因涉及他航或案情涉及保險、法律已逾地區分公司處理範圍，亦應移送總公司主管單位辦理。

(四)索賠程序

如前述，索賠人可以逕向啓運站或到達站航空公司，或向代理商、空運公司或保險公司擇一提出索賠，有關處理程序如下（**圖13-6**）：

1.求償者檢附有關證明文件，以書面向航空公司或其代理人提出索賠。

2.受理單位負責審核文件，審核索賠人提供之文件、資料是否合乎索賠條件。

3.通知啓運站或到達站等有關單位查詢是否有該批貨之異常記錄，以供佐參。

4.航空公司審查有關資料，決定航空公司是否應對該貨物負責。

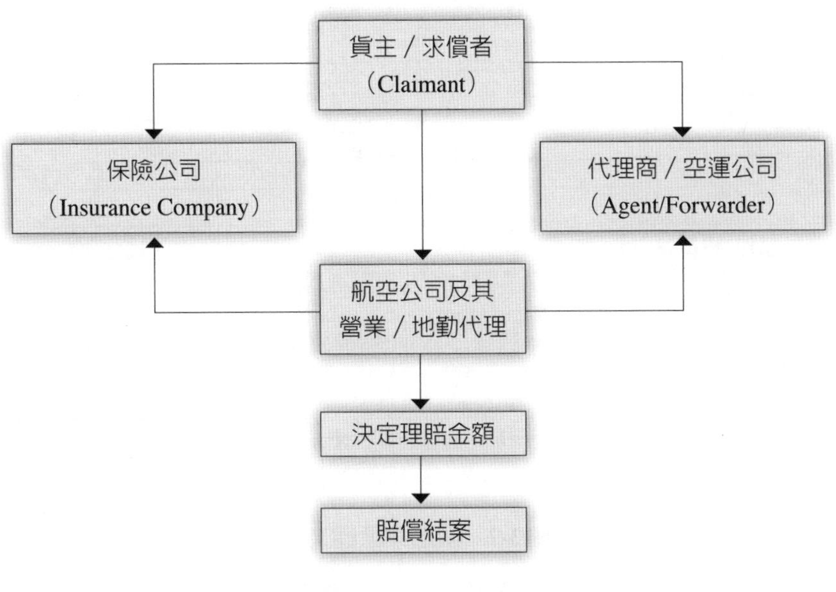

圖13-6　索賠程序圖

5.航空公司如不須負責，應以正式書函說明不予受理之理由。

6.航空公司如須負責，參酌有關規定，決定理賠金額。

7.航空公司受理單位在總公司授權範圍內，可逕行通知求償者理賠決定，並寄理賠支票給求償者。

8.如果賠償金額超過航空公司受理單位授權範圍之外，呈報總公司續辦。

9.如果賠償金額超過航空公司投保自付額，將該求償案送保險公司續辦。

(五)索賠案應備文件

受理求償單位應要求提供下列文件以便辦理後續審查及判斷損失程度，以及責任歸屬，包括如要賠償，決定賠償金額幅度（**圖13-7**）：

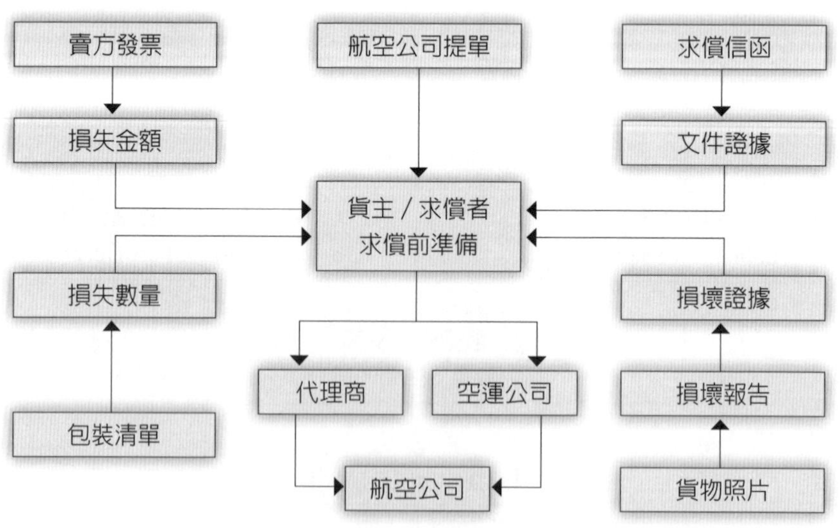

圖13-7　索賠案應備文件

◆**貨主或其代理人具名的索賠函**

求償必須由空運提單上列明的託運人或收貨人提出方有法律效力，因此託運人或收貨人必須在求償函件上簽字才能爲航空公司接受。

◆**貨主求償授權書**

在求償行動中，有時貨主會委託律師、代理商代爲求償，此時，貨主必須簽署求償授權書，述明委託意願及授權範圍，由代理人於提出求償時連同其他有關文件交航空公司辦理。有時貨主另行向外界保險公司投保，當發現有損害時即逕行向保險公司求償，保險公司理賠後，由貨主簽署一份「代位求償書」以證明其具有合法求償資格，保險公司再據以向航空公司求償。

◆**貨物異常報告或公證報告等證明文件**

在貨主領貨時如發現有異常時，由航空公司簽發貨物異常報告給貨主，貨主可以據以證明貨物確有損害。有時貨主於領貨時未曾發現損壞，但領回後開箱才發現，貨主可能聘請外部有執照的公證公司來檢驗，作成公證報告，貨主可於索賠時提出作爲賠償依據。

◆**貨物遺失報告**

如果貨物確實遺失，航空公司內部經追查無著後，承辦單位會簽發貨物遺失報告作內部處理，同時發給貨主，於索賠時證明貨主確實沒有收到貨物。

◆**主提單及分提單影本**

提單的功用之一是作爲「運送合約」，可以證明索賠人是否爲簽約之一方，進而證明索賠人爲合法有資格提出索賠。

◆**併裝艙單**

貨物如果是交由空運公司承運，空運公司在將貨物併裝後會準備一份併裝艙單，列明所有同一批交航空公司貨物明細，隨同航空公司的主提單、分提單及貨物一同交航空公司運送，索賠時檢附併裝艙單，主要是該貨確實已交運，以及貨物詳情。

◆**其他相關文件**

足以說明貨物價值、損害、所有權等等有關求償文件。

◆**包裝清單**

提供包裝清單的目的是要證明包裝內物品的實際件數，以便判斷貨物損失程度。

◆**商業發票**

商業發票是貨主（貨物賣方）所簽發，上面註明貨物品名、單價、數量、買賣雙方資料，可供航空公司或保險公司裁定賠償金額的依據或參考，避免雙方因所認定損失金額各說各話，爭吵不休。

◆**倉庫交貨單**（Warehouse Delivery Order）

檢附啓運站倉庫收貨及終點站交貨簽收單，主要是要瞭解貨物交接時的狀況，以便判定責任歸屬，並決定是否應該賠償。

◆**律師求償函**（Attorney Claim Letter）

貨主，尤其是大公司，對於求償繁瑣事宜一般無暇親自辦理，大都委託律師出面向航空公司求償。律師於是具名代表貨主出函給航空公司，聲明受某某貨主委託代辦求償事宜，並附貨主簽署的委任書以資證明。此時，航空公司受理求償單位必須將律師函及委任書併案辦理。

◆**貨主動物證明書**（Shipper's Certification For Live Animals）

貨物如果是動物，通常都會伴隨著健康證明、檢疫證明、出入境許可、貨主申告書等，證明託運的動物交運時的狀況良好，且進出口合於有關規定，貨主如因損害而要索賠時，應檢附有關文件備查。

另由航空公司內部管道取得下列佐證文件，併案辦理。

1.貨運艙單（Cargo Manifest）。
2.機長通知書（Notification to Captain）。
3.電報追查檔案（Telex Tracing Message）。
4.特殊貨物交接單，如貴重物品、骨灰、危險品、動物等交接單（Delivery/Receipt for Special Cargo）。

(六)索賠內容

整個貨物遺失（Loss of Entire Package）或貨物全損（Total Damage）依貨物到岸價值（含貨價、保險、運費總和，即所謂Cost, Insurance & Freight, CIF），或發票上之實際貨物價值（Invoice Amount）索賠。

貨物部分損壞（Damage in Part），應憑公證報告（Survey Report）要求賠償。

貨物因運送人之疏失所造成之延誤交付（Delay Caused By The Carrier's Fault），可檢附貨物因延誤交付所造成之損失列爲索賠款項。

(七)運送之最高賠償限額

運送人最高賠償金額不得逾提單上寄貨人所申報之貨物價值。

提單上寄貨人未向運送人申告貨物價值時，如果商業發票的貨物價值高於每公斤17SDR（約USD20）時，最高不得超過每公斤17SDR的賠償，1SDR約等於USD1.18，實際兌換率以航空公司財務處每月內部記帳單爲準（台灣地區每公斤NTD1,000）。反之，則以實際受損金額賠償。

(八)索賠期限

貨物損害求償及理賠不能無限期延宕，在貨主方面莫不希望及早取得賠償金以便再採購原料或購買新品以彌補所遭受的損失，拖延愈久對貨主愈不利，但是貨主如因內部作業遷延、文件有問題而拖延不及早提出索賠，航空公司也沒立場主動理賠。在航空公司方面，有會計年度結算問題，向航空公司投保的保險公司求償時限問題，調查異常經過時效問題，如果不訂下求償限期，可能檔案逾時丟棄、證據消失等而無法確定責任及決定理賠金額之後果。因此，航空公司對於求償案件依法律規定訂有求償期限，方便雙方作業，也保障雙方權益。

依空運提單背面所印並經貨主與航空公司簽署的運送合約規定，有關求償的時限說明如下（**圖13-8**）：

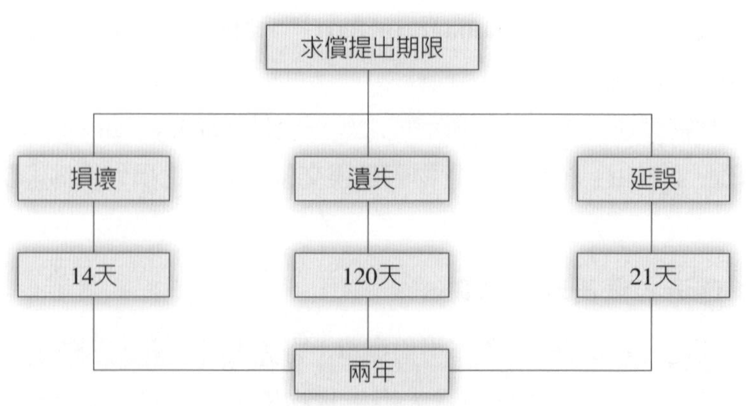

圖13-8　求償提出期限

◆破損案

求償者對於貨物遭受損壞的索賠應在簽收貨物開始14天之內，以書面向航空公司提出賠償要求。在索賠函中如能檢附所有證明文件最好，如果證明文件一時無法備齊，只要在14天之內以書函說明損害事實及求償意願即構成合法求償，證明文件可往後再補齊。

◆延誤案

貨物如果延誤，索賠者應在簽收貨物之日起21天之內向航空公司提出求償，超過此期限航空公司即使有錯亦可不受理求償。由於延誤可能一、兩天，三、五天，甚至三、兩星期，爲明確規定索賠期限，方便索賠者與航空公司遵循作業，運送合約乃有上述21天之規定，不管已延誤多少天，限期的起算以貨主收到貨物之日起21天之內必須提出索賠函，向航空公司求償。

◆遺失案

航空公司對於貨物遺失，通常都先採取追查動作，要求各站查報是否遺落在該站，若有發現馬上補送終點，此種情形頂多只能當作延誤。若追查無著，航空公司可能又要求各站重查，並作包括聯航全線追查，如此來來回回，花費不少時間才能確定遺失，因此遺失案索賠期限無法以交貨時間起算限期，所以運送合約中規定，有關遺失案，索賠人必須在「空運提單開發日期」（Air Waybill Issue Date）起算120天內必須提出索賠。

◆行使求償權期限制（消滅時效完成）

各種求償的行動固然是貨主或索賠者的權利，但是如果求償行動長期延宕，將使航空公司不管是否應負責，面臨很多困難，例如，超過時限無法轉向投保的保險公司要求索賠；時間過久，檔案證據已銷毀；作業人員流動無法查詢貨損當時狀況；會計年度結束，帳務已關閉等等，因此，在運送合約中才有此項求償者行使權利限制，規定法律行動必須在二年提出，也就是民法所稱的「消滅時效完成」前提出索賠。

行使求償權期限制其實有兩種情形，一是貨主（索賠者）雖在領貨時已發現損害，但一直未正式提出索賠要求，直至兩年後方才採取行動，主張索賠。另一種情形是貨主在規定時間內正式索賠，航空公司也正式受理，但在辦理過程中，航空公司發現貨主所提交之佐證文件不足，發函通知貨主補送，但貨主一直延宕不予理會航空公司的要求，直至超過兩年後，發現航空公司迄未賠償因而向法院提出訴訟，要求賠償。斯時消滅時效完成，依民法條文規定，航空公司可不用賠償，不管航空公司是否應負責。

六、航空公司內部處理檢討

經營上軌道的航空公司莫不希望沒有異常案件發生，因為有異常發生勢必產生顧客抱怨或損失，航空公司也會在財務上或商譽方面遭受傷害，因此一般航空公司都透過典章制度的建立、員工教育訓練、行政督導管理等手段，希望將貨主託運的貨物平安順利運交收貨人。只是，航空公司業務繁雜，經手人員眾多，而且各地人種各異，文化背景不同，還有不可預測的天災人禍、機械故障等等因素，貨物受損仍不可避免。儘管如此，航空公司在有異常案件或求償發生，必須將該案詳加檢討，看看是否人謀不臧，然後，針對缺失進行補救措施，防範異常再次發生。公司內部理賠處理作業及檢討事項如下：

(一)內部理賠處理作業

◆接受求償單位作業

接受求償單位索賠函後，即聯繫有關各站及有關單位，查詢貨物處理情形，調查告一段落並收集有關資料後，準備一份「求償報告」（Claim Report），檢附所有文件，包括由索賠人提供的文件、航空公司內部調查報告、來往電報、貨物破損報告、班機艙單、倉庫交接單、提單副本等等佐證文件，呈報上級。

◆依授權程度進行理賠

有些航空公司爲加速處理時效，授權地區經理在一定金額之內，經審核一切文件均符合規定後，逕予裁決賠償，事後再呈報總公司報備。超過授權金額則送總公司處理。有些航空公司則採取集權制度，一切求償案都必須送總公司辦理。

◆呈報總公司結案

承辦單位完成理賠後，須將全案呈報總公司。總公司除複核所有資料及過程是否合乎規定之外，同時在內部財務報表作相對處理。

◆依投保條件向保險公司求償

通常航空公司爲避免因意外產生巨大財務損失，大都會向產物保險公司投保機體、旅客、貨物、郵件等意外險。依航空公司與保險公司合約條件，航空公司有時必須負擔部分損失，超過的部分才由保險公司負擔。因此，航空公司在理賠後會將全案送保險公司，要求依合約賠償航空公司，以減輕對貨主賠償的損失。

(二)追查發生異常原因

航空公司在接受並處理求償後，通常都會對發生異常的原因進行追查，一方面釐清貨主及航空公司應負的責任，一方面追查內部員工是否有疏失，以便採取補救措施，防止類似案件重複發生。異常案件發生原因不外有下列幾種情形：

◆不可抗力情形

儘管天災人禍常事出突然，令人措手不及，但是在事發之時處置是否得當，對損害的避免或減輕仍有重大影響，例如，中東伊拉克沙漠風暴戰爭爆發前有一班英國航空（British Airways）班機從倫敦前往科威特，起飛前局勢緊張，但尚無戰事，起飛後情勢開始惡化，半途機長接獲通知戰爭爆發，但伊軍隊尚未長趨直入科威特，機長判斷應該可以落地再飛返，結果落地後被攻入的伊拉克軍隊扣押，人機貨物全被留置，造成往後許多財務損失及賠償。此案雖屬戰爭不可抗力原因，但航空公司仍應檢討公司內部處置是否有失當之處。例如，戰爭局勢是否判斷錯誤，消息傳遞是否有延誤，機長如不執意續飛而半途返回，或到附近安全備降機場（如杜拜或卡達）暫停觀察，是否可避過災禍？再如火山爆發，班機應該取消，或是繞道飛行避免延誤而使貨物損壞。如遇劫機、破壞等情事，臨時應變措施是否依應變計畫實施等等都可以詳加檢討，作為將來參考辦理，以免臨事慌亂，造成無謂的損失。

◆工作人員故意情形

一般而言，航空公司人員不會故意破壞貨物，但眾多工作人員中難免參雜有不肖份子乘機偷竊而造成貨損。另一種情形是，航空公司訂位人員因某種特別原因，將原訂某班機貨物故意留置而造成貨損，例如，為疏運前一班取消班機積壓貨物而將本班機已訂位貨物故意留置，改運前一班貨物。此種情形，航空公司一般都必須負賠償之責，工作人員是否處置得當也應檢討。

◆工作人員作業疏忽

貨物損害是由於工作人員疏失所造成，例如機具操作失當撞壞貨物；送錯地方；未依規定處理危險品、貴重品、海鮮蔬果等而造成貨損，航空公司自應負賠償之責。對失職人員則應檢討懲處。

◆工作程序有缺失（Incomplete Working Procedures）

異常或貨損的原因如果是因爲工作程序有缺失而引起，如貴重物品無簽收程序，物品遺失後，接轉工作人員各說各話；生鮮物品未安排冷藏暫存，班機取消或延誤時，無即時處理程序等造成貨物損壞。航空公司對此責無旁貸，應對貨主賠償，對內則應亡羊補牢，趕緊修訂作業程序，並確實教育員工，以避免疏漏而釀成貨物損害。

◆貨主方面問題（Shipper's Liability）

貨物如果是由於貨物包裝不良、文件不齊、未遵守政府法規、收貨人拒收等原因而遭致損壞，責任應在貨主，航空公司應查明詳情，如確實錯在貨主，應回覆貨主，說明理由予以拒賠，並作成案例教育公司營業人員，充分與客戶溝通，提供客戶必要的參考資料。

◆有關部門溝通不良（Breakdown of Communication between Departments）

有時候，貨物損壞的原因是航空公司內部各單位溝通協調出了問題，例如啓運站將應該冷凍的肉類通知終點站爲「需冷藏」，但未說明應保持多少度的溫度，而終點站卻以爲應存放在5℃的冷藏庫而導致託運肉類腐爛。航空公司對此案當然要對貨主賠償，同時應將此案疏失作成教案，通知各單位作爲訓練員工及警惕之用。

◆保安措施不周全（Default of Security）

貨物的損失包括遺失，除了作業人員誤記存倉位置或誤送他站造成遺失外，大部分的遺失案主要是遭到偷竊。航空公司貨運站倉庫保安措施是否周全決定貨物遭竊的主要因素，因此有竊案發生，航空公司除報警追查外，亦須全面檢查保安措施，包括監視系統效率及涵蓋範圍是否適當、警衛人員布建位置及人力配當是否足夠、物品交接程序是否周密、倉儲保護措施是否完善。

(三)檢討懲處失職人員

航空業是一種管理嚴謹的行業，基本上都訂有各種作業程序，人員也經適當訓練，也有各層級監督管理，但是異常案件仍層出不窮，所以航空公司必須採取蘿蔔與鞭子政策，表現良好者給予獎勵，對於失職者，必須檢討懲處。

◆失職作業人員懲處

懲處可視情節輕重有口頭訓誡、記過、罰薪、調職、降職、開除等方式，主要是要以懲罰的手段嚇阻員工再次犯錯以維紀律。

◆追究主管人員連帶責任

各級管理人員理應嚴格督導員工認眞工作，員工有失誤主管亦難逃督導不周之過，適當懲處可作爲警惕之用。

(四)採取改善措施

1.員工再訓練，提高員工素質。

2.加強行政管理機制，採取管理人員連帶責任措施。

3.改進作業程序，防止作業盲點。

4.通知客戶配合防範措施，如改善包裝材料、增貼警告標籤。

5.責成管理人員加強不定期巡視，隨時抽查作業情形。

6.加強警衛保安措施，增添監控設備。

【範例：**Amerijet Air Cargo Claim**】

Filing deadline for concealed damage claim: 14 days from the date of delivery for damage, shortage, or pilferage claims; 120 days for claims involving non-delivery. Claims filed later are subject to denial.

Inspection procedure: We reserve the right to send a surveyor to examine the cargo.

Initial notification of claim: Send a Notice of Intent to Claim letter to Amerijet. It must contain:

- Name of Shipper.
- Name of Consignee.
- Air Waybill number.
- Date shipment was delivered to air carrier.
- Carrier name and flight number.
- Port of departure and destination.
- Description of the goods shipped, and their value (if known).

Required documents to support claim:

- Copy of initial notification of claim.
- Formal claim letter
- Amerijet Air Cargo Claim form
- Dollar amount of claim (in U. S. Dollars)

- Copy of original invoice.
- Copy of Commercial Invoice.
- Packing List on shipment, indicating lost or damaged items.
- Shipper's Letter of Instruction.
- Master Air Waybill.
- House Air Waybill (for consolidations).
- Transfer Manifest (for interline shipments).
- Freight charges collected, if known.
- Copy of Warehouse Receipt or equivalent.
- Copy of Delivery Receipt(s).
- Cargo damage report.
- Surveyor's damage report.
- Copy(s) of discrepancy certificates and out-turn reports.
- Condemnation certificates (if applicable).
- Photos of damaged item(s) and of non-delivered freight, if available (required for claims exceeding $750).
- Damage repair estimate (for damage claims only).
- Landing Certificate/Customs Declaration.
- Letter of subrogation (if the right to the claim is transferred to a third party).
- Other relevant information pertaining to shortage or damages.

Depending on the type and extent of the loss, Amerijet may require additional documents to substantiate your claim.

第十四章 航空貨運營運概況與未來發展趨勢

- 影響航空貨運發展因素
- 航空貨運未來發展趨勢

航空貨運與世界經濟情況息息相關，當世界經濟繁榮，貨物流通頻繁，航空貨運業者也跟著緊張忙碌，業務大幅發展，航空公司也就大量增購飛機，拓展航線，希望擴大營業範圍，增加營收及獲利。其他相關行業，如報關業、倉儲業、代理商、空運併裝業、物流業、貨運站、地勤代理業等等也隨之大爲興旺。

反之，如果遇到諸如SARS流行期間、911恐怖攻擊之後、東南亞及日本大海嘯、伊拉克戰爭、中東石油危機等等影響世界經濟的重大事件，常造成經濟停滯，國際貿易趨緩，貨物流通減少，以致航空公司面臨運能過剩，貨源短缺局面，不得不減價求售，甚至將飛機送到沙漠封存，以減少成本支出，其結果是營收不足彌補成本開銷，造成嚴重虧損，甚至導致破產。

其實，影響航空貨運的營運與發展，除世界經濟情況之外，尚有許多不確定的因素，茲以下列各節說明之。

第一節　影響航空貨運發展因素

航空貨運的運作與發展，牽涉到航空公司經營能力、經營策略、經營環境、人員素質、組織功能、飛機裝備、工作效率、油料成本、政策法規、顧客來源、產品性質、倉儲設備、裝卸機具等等的運用及綜合效果的呈現，各種因素交互影響，導致營運獲利，或是引發虧損賠累。過去曾經輝煌一時的美國籍泛美航空（Pan American World Airways, PAN AM）、環球航空（TWA）、東方航空（Eastern Airlines），終致關門走入歷史，連歷史悠久，著著有名的歐洲航空界巨擘荷蘭航空（KLM）、瑞士航空（Swiss Air）、義大利航空（Alitalia Airline）也遭併購，一向以效率及服務著稱的日本航空（Japan Airlines）、美國航空，也一度進入破產保護，但同時也有中東的阿酋航空、新加坡航空等連年獲利，可見影響營運成敗的因素相當錯綜複雜，茲綜合說明如下：

一、外在經營環境

從事商業活動自不免受到外在環境的影響，航空貨運自也不能免除，其中主要影響不外乎：

(一)各主要市場榮枯變化

主要市場購買力的變化，影響空運業務至鉅，例如歐盟地區，希臘、西班牙、義大利債務問題浮出檯面，形成經濟風暴，各該國為爭取國際救援，不得不大幅削減公共開支預算，刪減國民福利，放棄新增投資，導致經濟遲滯，進出各該國空運貨物自然大受影響。相對此種衰退，中東國家，特別是產油國家沙烏地阿拉伯、阿拉伯聯合大公國等，因油價高漲，油元大量進帳，有餘力進口大量消費物品，並且由於策略成功，杜拜（Dubai）廣設加工出口區，擴建港口、機場設施，引進各種工商業，將該地轉變成轉運中心、金融中心、分銷中心、觀光勝地等等，空運業亦受惠，長期享受榮景。再如，中國大陸進行改革開放，積極招商引資，形成空前大躍進，變成「世界工廠」，將來也會挾雄厚經濟實力而成為「世界主要市場」，進出貨源充沛，使空運也大放異彩，成為各家航空公司逐鹿之地。相反的，美國經過長久繁榮之後，因兩次中東戰爭、阿富汗戰爭、恐怖攻擊、產業外移、連動債及房地產次貸金融風暴、世界油價高漲等等不利因素拉扯，國債高築，國民生產毛額（GDP）下降，失業率攀高，使得原本為主要空運市場的光環失色不少。再如，台灣很多產業因成本、人力、土地等成本考量，大量外移，以致工業產品貨量也逐年減少，華航及長榮兩家擁有龐大貨運機隊的航空公司也就面臨貨源短缺的窘境，必須更改策略從大陸、日本、東南亞爭取貨源。

(二)市場競爭條件變化

經營商業避免不了競爭，空運業亦復如此。航空公司面臨的競爭有以下幾種情況：

◆目前已在經營的市場有新競爭者加入

例如從前台灣只有華航飛行國際航線，唯我獨尊，訂價、服務顧慮較少。但是，自從長榮航空在台灣出現，市場情勢丕變，不僅長榮以低價爭取市場占有率，消費者也可有較多的選擇，華航必須採用新策略，改變行銷手段，精進服務水準，增添新型裝備，調整運價等等，以維持固有顧客，防止新競爭者蠶食固有客源。再如，中國大陸改革開放後，外國航空公司陸續進入大陸市場，兩岸三通後，雙方航空公司都可以進入對方市場，使原來單純市場一下子湧進許多競爭者，原有的航空公司面臨許多挑戰，必須採取許多新因應措施來克服營運新環境。

◆現有市場的競爭者改變營運策略

例如新加坡航空以大型A380巨無霸飛機取代波音B747飛機，飛航新加坡與澳洲雪梨航線，以載運較多客貨及新機耗費油料較經濟，降低單位成本，使新航有餘裕可降低售價吸引顧客，同時新機對顧客更有吸引力，來與使用老機型的原競爭者爭取顧客青睞，經營此航線的其他航空公司就必須思考新策略應付挑戰。再如，兩岸通航後，華航可直飛上海，取代先前經香港將客貨轉其他大陸航空公司轉運至上海，時間及經效顯然比國泰航空更具競爭力，因此，國泰航空必須採取諸如降價，甚至放棄此部分業務，將營業對象改專注在爭取往歐洲或東南亞地區客源。

◆新型態的競爭者出現

例如，台北與大阪之間原爲華航黃金航線，客源多，運價也高，但最近有日籍低成本航空公司（Low Cost Airlines, LCC）「桃子」（Peach Aviation）出現，台北與新加坡之間亦有低成本的「捷星航空」、「酷航」（Scott Airlines）競爭，對原飛航此航線的航空公司構成重大威脅。再如，某些快遞航空公司原以載運文件、小包裹爲主要營業項目，以班次綿密、運送快速、有高效率資訊網路及陸運系統爲利基，收取高運費營利，與傳統航空公司的一般空運貨物有所區隔，但近年來，快遞航空公司爲塡補空餘艙位，也開始招攬一般貨物，對傳統航空公司造成威脅。

二、經營成本變動

經營成本的變動直接影響營業盈虧，甚至可能使航空公司因不堪長期賠累，輕者停飛某些航線，重者導致公司倒閉。影響經營結果的主要成本變動大致有以下各項：

(一)人事費用

公司營運自然需要人力推動，一般航空公司依工作需要分工設職，聘用合適員工擔任各項工作，並聘用各級管理人員督導指揮，通常公司當局都會審愼核定員工薪資及福利費用，不致臨時產生重大變動，而且隨時視營運狀況加減薪資，調整人力及職位，使人事成本置於可控制範圍之內。但是也可能有下列情況，造成公司營運困難：

1.公司長期逐步加薪之下，薪資及福利逐漸比同行高出許多，以致在同樣售價水準下，無法獲利，甚至虧損。例如日本航空歷史悠久，員工從以前日本工商界傳統的「終身僱用制」，長期累積資歷，薪資偏高，造成公司營運成本居高不下，無法與較低成本的全日空（All Nippon Airways, ANA）相抗衡，逐漸失去市場優勢及市占率，最後被迫走入破產保護境地。美國以前的泛美航空（PAN AM），最近的美國航空亦復如此。

2.強勢工會主導加薪，超出公司可負荷範圍。歐、美、日本等先進國家法令賦予工會許多合法爭取員工權益的權力，工會幹部常常爲了獲得員工支持連任，幾乎每年都要提出提高薪資或福利，例如日本常見每年固定進行的「春鬥」、「秋鬥」即是工會爭取加薪或福利的活動。在航空界，此種工會抗爭屢見不鮮，例如英國航空、德國漢莎航空、澳洲航空，最近因工會要求未獲公司同意而發動罷工，許多航班取消，造成公司財務重大損失。有些航空公司爲免影響營運，對工會要求只好讓步妥協，人事成本逐漸走高，喪失市場競爭力，日航的高薪資、高退休金及其他福利，終於拖垮獲利能力，不得不進入申請破產重整地步。美國已倒閉的貨運航空公司飛虎航空及更早的Seaboard Cargo Airlines，也是這種高成本的受害者。

3.航空公司基地所在地人事成本差異，影響競爭力。例如德航以德國法蘭克福機場爲基地，僱用大批人員作業，包括行政管理、飛機維修、飛航組員、客貨服務、空中用品供應、餐飲服務等等工作，以歐元支付薪資，其成本自然比以北京爲基地的中國國際航空公司（China International Airlines）高出許多，若遇到歐元升值，成本差距更爲拉大。相同地，中國國航也可能因爲人民幣升值，人事成本要比印尼航空有很大差距。再再都會造成競爭劣勢，必須有變通策略因應。

(二)財務費用

航空公司是高投資，回收緩慢，經營風險高的行業，購買飛機動輒幾千萬、幾億美金一架，尤其大型航空公司一次購機數十架，財務負擔相當嚴重，一般航空公司不可能有那麼多閒置資金購機，通常需要向銀行辦理長期貸款，分十年、二十年分期攤還。這期間如果遇到經濟不景氣，營收無法支付貸款本息，很容易面臨全面追討而周轉不靈倒閉。即使情況沒有那麼嚴重，如遇到金融危機，利率發生變動，也可能使航空公司財務成本增加，甚至貸款困難情況，對航空公司的營運產生不利影響。

(三)應收帳款

航空公司營業有很大部分是透過旅行社或代理商進行，通常要經過半個月或約定的時間內清算，此種應收帳款早日入帳對航空公司財務調度自是大有助益，反之，如收帳效率不佳，航空公司不僅不利財務周轉，而且很容易累積過高金額而有被旅行社或代理商倒帳之風險，尤其是在不景氣情形下更應誠慎小心注意。

三、政府政策更改

航空公司是公共服務業，要受到政府許多管制，因此，只要政策改變，航空公司營運馬上受到影響，例如，不久前從事快遞業務的航空公司優比速股份有限公司（UPS）承載的鋰電池貨物自燃失火，有關政府因此修改運送安全規定，航線必須配合作業，限制運送數量。此外，尚有其他政策改變影響營運情形，例如：

(一)航權之獲得或取消

航權是國與國之間，經談判而獲得的飛航權利，規範兩國飛航地點、飛航班次、機型或容量，由國家民航當局分配給國籍航空公司飛航。如果，兩國之間若因故而斷交，一切條約或協定同時作廢，則原先獲得分配航權的航空公司也只好被迫停飛，公司的營運自是受到重大影響。例如，台灣和日本斷交時，華航及日航均被迫中止台日航線，連同飛越領空權亦被取消。當時華航飛美國班機不能經日本領空到夏威夷，因而改取道南太平洋的關島加油，再飛往夏威夷，增加飛時及油料成本。日航也不能飛越台灣領空往香港及東南亞，雙方航空公司都蒙受重大損失。後經一段時日之後才談判復航。

有時國內民航當局，因某些考量，停止或限制某些航空公司飛航，例如，航空公司發生空難事件，被民航當局勒令停飛接受調查，或是將航權收回，改分配給其他航空公司。再如，中國大陸與台灣開放兩岸三通，雙方航空公司不必經香港或澳門互轉客貨，而能直接飛航，節省大量成本，獲得航權的雙方航空公司即刻大展鴻圖，財源滾滾。

(二)航空法規之修訂

例如飛航管制改變，航路更改，影響飛航時間與油料成本。飛機噪音管制，規定某些超過標準的機型不得飛航，例如在法國巴黎機場起飛後失事墜毀的「協和式」（Concorde），即因噪音過大，在許多機場被禁止起降。此外，歐盟的排碳管制計畫新規定，也使航空公司增加重大財務負擔，引起世界各國抗議。另如德國法蘭克福機場新頒宵禁規定，自2012年4月起，午夜十一時至至清晨五時禁止飛機起降，此舉對德航的長程航班影響極大，尤其是夜間起飛貨機都要更改時刻表，連帶全球各地飛航班表也必須更動，以致不能滿足市場需求，勢必影響營運收入。

(三)安全法規的新定或修改

自從美國發生911恐怖攻擊，英國也發生地鐵爆炸案後，又有阿富汗、伊拉克戰爭的關係，歐美國家草木皆兵，對於進出國境旅客及貨物採取許多安全措施，美國還特別成立一個專責單位「國土安全部」（Department of Homeland Security）負責制定法規及一切安全措施，並且爲運輸安全，在其下設一個「運輸安全部」（TSA），綜理反恐怖攻擊措施，包括檢查旅客及貨物程序、X光檢查要求、黑名單管制等等。這些規定或措施即是公權力的行使，航空公司一定要遵行，並且需要投資建置安全人員，或購置機具、安排檢查地點等等。如果，有關政策改變，例如美國TSA改變現行只有客機所承載的貨物才要每件經X光檢查的政策，新規定不管客機或貨機所承載的所有貨物，每一件貨物都要經過X光檢查。如此，將使航空公司爲趕時效，保持班機準時起飛，勢必增加檢查機具及增聘檢查人員，增加許多成本。

四、國際情勢突變

航空公司的營運常受國際經濟繁榮或蕭條影響之外，國際政治、社會情勢也會使航空公司的營運受到傷害，例如中東戰爭爆發、關閉航路、油價暴漲、利比亞推翻格達費行動、敘利亞內戰、泰國紅衫軍示威暴動、北韓發射導彈威脅、伊朗核試、印度與巴基斯坦衝突、南海諸島主權爭端、中日釣魚台抗衡、韓日獨島爭奪等等國際緊張局勢突然爆發，常使航空公司一時亂了手腳，輕者暫時改變航道避開衝突地區，或是暫時停航某些城市，嚴重者長期停航，甚至不堪高油價賠累導致營運困境。

五、天災降臨

天有不測風雲，人有旦夕禍福，飛機在天上飛行也會遇到突發氣候變化，例如尚無法預測的「晴空亂流」，使飛機強烈上下震盪顛簸，可能造成人員傷亡，飛機受損，濃霧罩頂，閃電雷擊無法避免。在飛行中也可能遇上火山爆發、颱風侵襲、地震損壞跑道、海嘯襲捲場站設備、洪水阻撓客貨通行等等，都會對航空公司作業產生重大影響，輕者安排旅客暫時住宿、餐飲、交通、轉運；嚴重者，如飛機失事損失、損壞停機修護，造成重大財務損失。

六、油價起伏難測

經營商業活動最重穩定成本，因為有穩定的成本才能在這基礎之上，計算預估利潤，然後訂價銷售。但是航空公司近年來一直面臨不可預側，且時時變動飆高的油價，航空公司的油料開銷由從前占總成本的10%以下逐步飆高到60%以上，且居高不下，讓許多航空公司陷入營運困境。雖然航空公司經由徵收油料附加費以挹注油料開銷，但是經常無法及時反應油價，且考慮競爭情況，常常無法十足反應成本，而且一不小心，附加費訂價與他航相同或類似，還有被有些政府控告壟斷，違反公平交易法（反托拉斯法），處以鉅額罰款，動輒幾億、幾千萬美金，特別是美國司法部雷厲風行起訴各大航空公司成案，澳洲、紐西蘭、馬來西亞、歐盟等國家陸續跟進，找航空公司開刀，一時風聲鶴唳，哀鴻遍野。

七、意外事件衝擊

一般而言，航空運輸在飛機及器具製造與使用方面透過政府機關層層管制，操作的飛航組員及地勤作業人員也經過嚴格訓練考照，並透過各級管理人員督導指揮，以確保運作的安全，相較於陸運、水運，航空運輸安全很多。然而，到底飛機由幾萬件零組件構成，牽涉到的工作人員眾多，而且國際航線牽涉許多不同人種及各異文化，作業時間又極匆忙，因此發生意外也是不可避免之事。

航空界發生的意外及對營運的影響，依損害之輕重，約可有以下之分類：

(一)飛機失事

飛機失事又可分為：

1.空中爆炸解體。
2.飛機失速墜毀。
3.落地後衝出跑道撞毀。
4.在地面與其他飛機或車輛相撞。
5.在地面被裝卸機具碰撞。

以上意外都導致飛機毀損、報廢、長期維修，或短期內不能使用，航空公司不僅無法利用該機作生財用途，還可能要對旅客、貨主付出鉅額賠償，更重要的是對商譽的重大打擊，顧客可能對公司安全有所顧慮，需要經過一段好長時間才能回籠。

(二)飛機被恐怖份子劫機或破壞

從1930年代起就是世界赫赫有名的泛美航空（PAN AM），雖說後期管理不善，策略錯誤，工會抗爭，早已種下衰敗因子，但1986年，泛美73號班機在巴基斯坦被劫機，140名乘客和機員傷亡。1988年，泛美航空103號班機被利比亞恐怖份子放置炸彈，在蘇格蘭洛克比（Lockerbie）上空爆炸，更造成270人死亡，令乘客開始避免搭乘泛美航空。泛美還須面對103號班機一百多個死難者家屬的訴訟，共索償三億美元。壓倒泛美航空的最後一根稻草，導致1991年關門大吉可說就是在英國的洛克比那次恐怖攻擊。最近的例子就是阿富汗賓拉登發動的911恐怖攻擊，劫持美國航空及聯合航空四架飛機，分別炸垮紐約世貿大樓，撞入華盛頓特區國防部五角大廈，及一架被旅客反抗，預計攻擊國會大廈或白宮未遂而在賓夕法尼亞州的尚克斯維爾鎮（Shanksville）墜毀，四機均無人生還。此次攻擊意外事件不僅使美航及聯合航空損失慘重，引起世界震驚，也觸發一系列的防恐措施，使航空公司增加許多額外成本。至於隨之引起的戰爭更使世界經濟大受影響，航空產業亦被廣泛波及。

第二節　航空貨運未來發展趨勢

由於科技的發展日新月異，人類的經濟活動更趨複雜，需求的物品更為廣泛，產品的製造更加需要全球分工，商品也更多樣化，商品的生命週期也更縮短，例如電腦、手機，已由笨重緩慢演變到輕薄短小，由鍵盤敲打演變到觸控，手機由人工演變到智慧型，蘋果的iPhone由原型推出到iPhone 5只經過短短時間，往後各行各業的產品也會快速推陳出新，這些產品都需要快速運輸到市場，種種現象都顯示航空貨運仍將有進一步發展，然而在發展中仍有許多有利或不利趨勢，茲說明如下：

一、空運將面臨海運嚴峻挑戰

困擾空運界最大的問題是油價節節上漲何時了，航空公司在高油價情況下被迫提高運價或增收油料附加費因應高漲成本。然而居高不下的空運費用也造成貨主沉重負責，迫使原先使用空運爭取市場商機，但商品價值不是太高的商家改用海運或其他運送模式運送，例如以往成衣、鞋子、玩具都曾大量使用空運，但是當空運費用不斷提高，使其無法獲利時，只好犧牲一些時間，改用海運。即使需要保鮮的海產，現在也有人改用海運，例如台灣銷香港的石斑魚，商家使用大容器，裝水及灌氧氣以海運輸送活魚以節省運費。

甚至科技產品在世界經濟減緩，售價下跌情況下，也開始使用海運，例如面板業，甚至個人電腦，在距離較近地區，如台日之間、台灣海峽兩岸之間開始使用海運，尤其最近船隻性能改進許多，船速提高，裝卸設備改善，大幅縮短運送時間，例如上海到洛杉磯，以往可能需要一個月時間，現在只需要一週至十天，大貨櫃船靠岸後，十來個小時可以把上萬個貨櫃裝卸完畢再度啓航，對某些商品的貨主而言，貨物海空運送時間差異尙可接受，寧可使用海運節省鉅額運費。

二、環保意識抬頭，航空成本增加

工業革命以來，世界工商活動快速發展，除歐美工業國家經濟發展之外，新興國家也逐漸冒出，工業生產、交通建設、生活改善等都大量使用石化燃料，加上大量砍伐森林作爲原料或開發爲新工業區及社區，例如「地球之肺」亞馬遜叢林遭過度砍伐，使地球環境嚴重失衡，造成全球氣候溫暖化現象，北極冰帽溶縮、南極冰棚倒塌、山林野火到處延燒、颱風不斷、海平面上升、聖嬰現象、洪水四處氾濫成災、全球氣候極端變化，很多人將這些氣候異常現象歸咎於二氧化碳排放過高，造成地球溫室效應，各國也開始重視此項問題，爲因應以上這些環境危機，有以下措施來改善此情形：

(一)國際會議決定排碳環保法規

聯合國於1992年通過《聯合國氣候變化綱要公約》，對「人爲溫室氣體」排放做出全球性的管制，以減緩全球溫暖化。爲落實溫室氣體排放管制工作，1997年一百四十九個國家和地區代表，在日本制定了具有約束力的《京都議定書》，並且於2005年春天開始生效，其中美國並未批准，而於2001年退出。

(二)歐盟立法徵收航空排碳稅

歐洲國家一向注重環保，例如荷蘭及丹麥、瑞典、芬蘭等北歐國家早已倡導腳踏車作爲上班及休閒活動，以減少汽車排碳汙染空氣，甚至修建腳踏車專用道方便腳踏車騎士。再如瑞典利用垃圾回收產生再生能源，丹麥利用北海強勁風力發電，德國補助民間廣設太陽能發電設備，各國並以環保高標準自我期許，像是率先公布核電廠除役，或者「歐洲2020」戰略，標榜研發風力與太陽能等替代能源，以減少溫室氣體排放等等，歐盟都是走在世界各國之先。

歐盟對於航空業大量排放廢氣，認爲嚴重汙染空氣，造成地球暖化溫室效應早已耿耿於懷，終於透過立法對航空公司課徵航空排碳稅。根據歐盟擬定的航空排碳稅規定，自2012年1月1日起，全球進出歐盟機場的航班，都要遵守碳排放配額的限制，超出配額就要花錢購買。配額的總量，是以各航空公司2004年至2006年間，班機抵離歐盟的年度排碳平均值爲基準，原則上2012年的免費配額爲85%，但之後將遞減，估計2013年至2020年，免費配額將減少至82%，若航空公司不繳超額排碳稅，每噸將處以100歐元的罰鍰，甚至可處以不得飛越歐盟領空的嚴厲制裁。

此項排碳稅使本來已經經營不易的航空公司突然增加鉅額成本，而且將使各界因空運高運價而減少利用空運的意願，讓各國航空公司對未來營運憂心忡忡。

據大陸民航單位估計，若遵守歐盟的排碳稅規定，則2012年至2020年，大陸各家航空公司付出的碳稅成本將高達約新台幣827億元，轉嫁在消費者的票價成本，平均約合新台幣萬餘元上下。

另根據IATA估算，歐盟開徵航空排碳稅後，單單2012年，歐盟向各國航空公司收取的碳稅總額，將高達7億餘歐元，更造成美國、俄羅斯、印度等共二十九國集體反對。

這波導致美俄中帶頭串聯的反彈，更險些釀成一觸即發的經貿大戰。中國大陸民航當局率先下令，大陸籍的航空公司，絕對不可繳交分文碳稅。之後中國大陸又宣布，有意取消原先向歐盟採購的空中巴士訂單。美國國會也通過決議，反對歐盟把美國各家航空公司納入排碳交易體系的名單中。印度更揚言，不排除航空公司放棄飛歐洲路線。

但是歐盟毫無退讓跡象，甚至挑明凡不繳碳稅的航空公司，不得使用歐盟機場，並且依照排放量，每噸處以100歐元罰金，又說凡不遵守世貿組織（WTO）政府採購協定（GPA）規範的國家，不得投標歐盟各國的政府採購案。

美國國會可望在2012年9月通過一項法案，要求美國籍航空公司業者不得繳交航空排碳稅給歐洲聯盟。美國並於2012年8月初召開爲期兩天的抗歐盟排碳稅高峰會，與會的印度、日本、澳洲、加拿大與中國大陸等國代表再次重申，反對歐盟片面宣布課徵排碳稅的決定，主張必須在國際民航組織架構之下，擬定各國都能認可的排碳稅協議。美國參議院商業、科學與交通委員會支持一項草案，禁止美國籍航空公司遵照歐盟的規定繳交航空排碳稅。美國衆議院已通過這項草案。在此壓力下，歐盟乃宣布暫緩實施此項航空排碳稅計畫，並擬建請國際民稅組織接手研擬全球解決方案。

(三)飛機噪音管制

除二氧化碳排放問題之外，航空界也很頭痛的問題是噪音管制。飛機開足馬力轟隆轟隆起飛，的確是震耳欲聾，對機場周邊的居民經年累月遭受疲勞轟炸確實是很難忍受的酷刑，尤其夜深人靜，準備進入甜美夢鄉之時，忽然天搖地動，雷鳴鐵鳥呼嘯而過，穿心刺耳如何安眠，因此世界各地屢次爆發機場周邊居民發動抗爭，各國政府採取各種措施因應，有的在遠離人口密集市區偏遠地區建新機場，但是即使如此，如日本在距東京一小時餘的千葉縣成田市建設新的成田國際機場仍遭受當地農民強烈抗爭。有些國家則採取金錢補貼方式來安撫，但更多國家則採取夜間十一時至翌晨五時禁止起降，讓當地居民有一個安靜夜晚安眠。只是，很多長程航線爲配合市場需求，中途或終點站機場離到時間帶的限制，飛機調度及使用率的考慮，常常需要在半夜起降，但是如果有關機場當局有夜間禁航規定，航空公司也只好遵辦，將已完成裝載的班機停留在停機坪痴痴地等到清晨機場開放再起飛，白白浪費飛機使用率，犧牲應該可增加的飛時及營收。有時到達班機因沿途逆風影響飛行速度，以致到達終點站時已超過禁航時間，不能降落，必須改飛到備降機場，翌日清晨再飛回卸貨，一來一往讓航空公司損失許多金錢。德航貨機即因其德國貨運基地法蘭克福機場夜間禁航損失重大，然而此種環保措施在未來仍將成爲一種趨勢，尤其新興國家在經濟漸漸發展之後，更加注重環保之後，以前沒有限制的機場恐怕也都要跟進。

三、生質燃油研發運用將逐漸普遍

航空用油節節上升已經壓得航空公司喘不過氣來，往後長期來看也不太可能回到從前一桶美金二、三十元的水準，高油價已逼迫許多航空公司兼併或倒閉，因此，如何降低營運成本，特別是高達60%油料成本，是航空公司最迫切的課題。由植物提煉的生質燃料（Biofuel）乃應運而生，希望將來能取代石油，成爲航空公司主要能源。

生質燃料可由種植容易、不必太照顧的土地生長的痲瘋樹，或無價值的水藻，甚至紅樹林等提煉，也可由甘蔗、玉米等經濟作物提煉。目前已有少數成品上市供實驗用，航空公司也開始測試，甚至試用於商業飛行，成效據報尚佳，飛機引擎不必改裝。生質燃油經實測，發現燃點低，也不會在低溫凍結，機師反應不錯。已採取測試及商業應用的航空公司如下：

(一)生質燃油之試用

自從2008年以來，有很多航空公司開始測試以生質燃料用於航機飛行，第一家測試的是英國的維珍航空（Virgin Atlantic Airways），在2008年2月，首先在其一架英國倫敦飛荷蘭阿姆斯特丹的波音B747班機上，在其中的一具引擎中加入20%生質燃料，順利完成飛行，安全到達阿姆斯特丹。其後，陸續有多家航空公司加入測試行列，包括以下幾家有名的航空公司，結果也相當令人滿意。

Dec 2008	Air New Zealand	Boeing 747	50-50生質與Jet A-1混合
Jan 2009	Continental Airlines	Boeing 737	用海藻提煉的生質油料
Jan 2009	Japan Airlines	Boeing 747	50-50生質與Jet A-1混合
Nov 2010	TAM	Airbus 320	50-50生質與Jet A-1混合
Oct 2011	Air China	Boeing 747	50-50生質與Jet A-1混合
Jan 2012	Etihad Airways	Boeing 777	混合食用油

自從2011年7月在具有設定國際標準的美國賓州「美國材料測試協會」（American Society for Testing and Materials, ASTM）批准下，許多航空公司也在商業飛行（Commercial Flights）中加入生質油料，例如：荷蘭航空（KLM）、德國漢莎航空、芬蘭航空（Finnair）、墨西哥國家航空（AeroMexico）、大陸航空（Continental）、Interjet、Thomson Airways等航空公司從2011年起陸續開始在正常班機飛行中加入由不同植物提煉的生質燃料，所使用的飛機包括波音系列的B737-800、B757、B777-200，以及空中巴士的A319、A320、A321等各型飛機，可見生質燃料在技術上應用於實際飛行毫無問題，只是往後油料的供應及油價水準才是航空公司是否繼續使用生質燃料

的關鍵。

(二)生質燃油已獲各國認同

實際上由航空公司組成的IATA已表態全力支持生質燃料的研究與應用。另由二十九家航空公司組成的Sustainable Aviation Fuel Users Group（SAFUG）及非政府組織（NGO）架構下的Natural Resources Defence Council（NRDC）和Roundtable for Sustainable Biofuels（RSB）等組織也參與推動發展生質燃料。

生質燃料取代航空汽油已漸成氣候，主要是石油慢慢有枯竭之虞，油源由少數國家及石油公司操控，價格及來源不穩定，而生質油料容易栽植生長，可生產生質燃料的植物包括甘蔗、玉米、痲瘋樹、亞麻，甚至海藻、紅樹林，由食用油提煉等等，來源不虞匱乏，現在已有許多研究單位進行生產及應用之研究，若能短時間生產，並充分供應，航空公司的營運將有革命性的改變。

(三)未來遠景

生質燃油之研究應用已證明可行，未來是否爲航空公司大量採用，目前尙無定論，主要原因有二：一是產量，一是價格，目前都是未知數。另外，有人擔心若生質燃油用於航空作業，價值必定比原來農業用途爲高，將來農民是否會放棄一般農作，而影響到全球食物的供應，不無隱憂，此乃有待各國政府愼思應採取的策略，以免造成另一種新災難。

四、航空安全措施欲罷不能，航空公司沉重負擔無法解除

自從美國遭受911恐怖攻擊採取一連串反恐措施後，不僅美國籍航空公司要配合執行許多安全檢查行動，世界各國也同時針對航空運輸進行種種安檢安排，包括購置安檢機具、聘用人數衆多安全人

員、建置安全資訊系統、設置安檢場地等等，不但是一時的投資，也是長期的支出，對航空公司而言，實在是一項沉重負擔，對航空公司的顧客而言，浪費許多時間等候安檢，而且不時與安檢人員發生不愉快衝突，對航空公司的營運造成負面影響。

美國航空界也有不少質疑聲音，認爲高漲安全費用與安全效益不成比率。據美國蘭德公司（RAND Corp.）研究報告指出美國運輸安全部（TSA）在2011年會計年度花費約美金65億元，以及航空公司安全措施的費用，估計高達美金74億元，尚不計包括顧客排隊經X光安檢的時間，而在2001年恐怖攻擊之前，美國聯邦政府只編列幾百萬元有關安全預算。儘管如此，沒人敢冒險放棄或減少安全措施，恐怖份子何時出現，攻擊飛機或旅客，破壞貨物或機場設施不可預料，世界又充滿了政治、種族、宗教、文化差異與偏見，列強對有損其國家利益者又經常用武力制裁，引起恐怖報復似難避免，所以將來航空公司還是仍要陷在安全泥沼中，配合國家愈來愈嚴格瑣碎的安全政策，花費更多成本。

五、充分利用電子資訊，作業無紙化成為潮流

IATA曾做過一個研究，約十餘年前，空運貨物從託運人處送到收貨人手中，平均至少要六天半，而今日除快遞貨外的一般貨物，需要六天，十餘年來才進步半天。這種差異在一般人認爲空運分秒必爭，亞洲到歐洲、美國也不過十餘小時的觀念下簡直不敢相信。其中原因並非空中運送的問題，而是貨物在運送途中常因資訊未作有效連結，使得貨物在許多關卡坐等處理，浪費許多時間。例如，貨物製造完畢，先要送往廠商倉庫，等候包裝部門黏貼標籤，印上箱號，製作包裝清單，接著由營業部門開出發票、產地證明、輸出入許可、收貨人資料、銀行押匯及海關報關資料等文件，然後才

由運務部門（Shipping Department）接洽並通知貨物代理商、航空貨運承攬業者及報關行安排卡車送到代理商（或空運公司）倉庫，等候併裝其他貨物，尋找航空公司，接洽運價、班機、艙位及準備交運文件，另再安排卡車送機場，卡車也不是隨時都有，又要等候時間，接著在機場又要排隊進貨運站，排隊等候海關辦理出入境查驗，繳稅，在航空公司方面，要等候貨主完成報關交單才能準備艙單，向海關申請出倉，通知倉庫打盤裝櫃，然後等候班機時刻表時間才能拖往機坪裝機，到站後反向操作。可想而知，又是耗費一番功夫才能將貨物送到收貨人手中。如果能消除中間層層等候耽擱，空運效率將大幅提高。因此IATA一直在推動無紙化作業，希望透過資訊整合，將貨主資訊（託運人、收貨人名稱、地址、電話）、貨物資料（品名、性質、件數、重量、材積尺寸、貨物價值）、運送資訊（提單號碼、班機號碼、訂位及運送日期、運送注意事項、運費詳情）、附送文件資訊（分提單、包裝清單、發票、出入境許可）、安全資訊（安檢記錄、危險品規定）等等資訊，一次輸入，有關各行各業都能同時摘取運用，不必個別重複輸入，加速運送流程。

目前在IATA推動下，已有部分國家、航空公司、代理商及空運公司已參加先導計畫（Pilot Test），試行測試無紙化作業。雖然，航空界在客運方面施行無紙化甚有進展，也已見成效，例如電子機票、電子登機證、電腦訂位、網上報到等等節省鉅額機票、登機證印製費用，也增進客運流通速度。但無可諱言，航空貨運牽涉層面遠比客運複雜甚多，參與單位有廠商、銀行、代理商、報關行、機場貨運站、海關、地勤作業、航空公司訂位、營業、服務作業、會計財務等等眾多單位，欲整合個別電腦系統，滿足各單位需求，不僅是一項費時費力大工程，而且牽涉龐大研發改善投資，對於一向行政效率不如商業公司的政府機構，還有法規修改尚需立法機關通過，改弦易轍更是曠日廢時，困難重重。然而時勢所趨，無紙化的推動仍是不可避免的趨勢。

六、飛機性能進一步改進，增加效能及經濟效益

科技發展日新月異，改善許多交通工具，航空運輸工具也在經濟需求推動之下推陳出新，尤其是在油價高漲，航空公司經營困難之際，尋求更經濟有效的運輸工具更是航空公司當務之急。航空工業本來就是不斷求新求變，即使如波音飛機製造公司自1968年投入服務的B737，1970年生產投入服務的B747巨無霸客貨機，推出後至今（2012年）已歷經四十餘年廣受歡迎，其間也不斷在零組件、航電系統、機身材質、裝卸系統、引擎設備等作改善，降低油耗，增進效能，減少飛航單位成本。

自從歐洲空中巴士公司參與競爭，並推出更大型的A380之後，雙方各展身手，推出新機，希望在激烈競爭態勢下脫穎而出，波音出B787夢幻機，採用效能更高的發動機，燃料可節省的三分之一，增加使用較輕的複合材料，取代較重傳統的鋁合金，以減低機身的重量。波音聲稱B787最多可比同類產品節省近20%的燃料。增加飛機的性能及飛行距離等等。空中巴士也不甘示弱，推出A350相抗衡。

往後飛機及相關產品會有什麼進展實難逆料，猶如電腦短短幾年內已變得面貌全新。惟可斷言的是，飛行工具會在經濟需求推動之下，產生機型艙位更大，飛行更遠，載運量更大，操作更簡便，耗油更少，或能使用新能源引擎（生質燃油、核能、太陽能、甲烷、某種氣體）的飛機，甚至發展飛船，讓空運更經濟有效。

七、開放天空漸成各國共識，有助空運發展

以往一國的領空被視為是一國領域，是國家主權的象徵，除非經過外交談判，不容外國飛機侵入，更遑論利用來營利。這就是航空公司必須先獲得政府分配「航權」才能招攬客貨經營航線。然而，最近世界商業潮流逐漸趨向開放市場，各國紛紛簽署自由貿易協定，互免進出貨物關稅，例如1992年8月12日，美國、加拿大及墨西哥三國簽署了一項三邊自由貿易協定——北美自由貿易協定（NAFTA），在十五年內逐步消除貿易壁壘、實施商品和勞務的自由流通，以形成一個擁有3.6億消費者，每年國民生產總值超過6兆美元的世界最大的自由貿易集團。另外，很多國家也簽訂區域性的自由貿易協定（Free Trade Agreement, FTA），透過區域間簽訂優惠性的貿易協定，以免除彼此間貿易之關稅及非關稅措施，南韓與美國於2012年3月15日生效的FTA即為一例。最近這幾年來，許多國家也經由「世界貿易組織」（World Trade Organization, WTO）多邊談判，期望能透過關稅的減免及非關稅措施的撤除，促進貿易的成長，增進彼此間的經貿關係。

在航空界，許多國家也透過雙邊協商，彼此開放航權，允許雙方航空公司自由飛航，不限班次，不限機型，不限數量，不限航點，不限航空公司家數，例如美國對許多國家開放天空，包括台灣、新加坡、日本等等，航空公司如認為有市場，經向雙方國家申請，只要符合法規即可飛航，此即所謂「開放天空政策」。除了少數工商不發達的國家，市場規模不大，為保護唯一國營航空公司，才需要以航權限制外國航空公司飛航，以保護本國利益，否則，在工商發達國家，反而歡迎大量航空公司飛航，因為如此，可使本國旅客及貨物有更多輸運管道，各取所需，貨暢其流，同時，也讓消

費者有更多選擇，在競爭環境下，取得較便宜運價及服務品質，有助國家整體經濟發展。未來隨著全球分工擴展，國際貿易進一步發展，各國經濟興旺後，進出口貨物增加，空運需求將更爲迫切，開放天空政策將更普遍流行。

八、航空公司聯盟及國際合作將更盛行

目前在航空界，除了有政府的國際民航組織（ICAO）作爲民航界共同利益討論及研訂規章的組織。民間有全球航空公司組成的IATA，另有區域性的民航界組織，如亞太航空公司協會（AAPA）、美國航空運輸協會（Air Transportation Association of America, ATA）、歐洲航空公司協會（Association of European Airlines, AEA）等區域性組織，由區內主要的航空公司，反映航空業共同需求及改進措施。同時作爲航空公司間的協商機構，在有關國際航空業政策制定和討論過程中，代表航空公司表達團體的立場，並從事研究區內航線營運中各種問題，也與IATA一起活動，對世界航空事業的合作發展貢獻很大。

航空公司除藉以上的官方或民間民航組織進行合作以增進彼此的利益之外，也透過雙邊或多邊合作，增加收益或降低成本。合作方式有以下幾種：

1.在彼此的基地站互爲代理地勤作業，航務或機務維修代理，互免收費，或以優惠費率收費。
2.與其他航空公司共同採購飛機、引擎或零組件，以量制價，節省成本。
3.互相使用對方貴賓室，或其他設備，互免收費以節省開支。
4.互換艙位，相對增加班次，方便爭取營業機會。
5.共用班號（Code Share），擴大航線網。

6.出租或租用對方飛機，以消化多餘運能。

7.互轉自身航線外旅客、貨物、郵件。

8.互相借用維修零組件，或共用零組件，以節省庫存品量成本。

9.在多邊合作架構下，參加不同的航空公司聯盟，如寰宇一家、天合聯盟、星空聯盟等等，在營業、服務、設備（VIP Room）、訂位、機場報到等各方面合作，擴大營業範圍，降低成本，增加營收及提高商譽。

由於油價居高不下，營運成本已無太大空間削減，世界經濟也趨緩而運能剩餘情況下，聯合其他航空公司共用設備，共同開發客源，是航空公司力求生存，圖謀發展最佳方法，往後仍將爲各航空公司營運繼續採用。

附　錄

- 附錄一　國際航空貨運規範航空公司責任國際公約演變摘要
- 附錄二　1999年5月28日訂於蒙特利爾《統一國際航空運輸某些規則的公約》
- 附錄三　運送合約原文（Conditions of Contract）

附錄一　國際航空貨運規範航空公司責任國際公約演變摘要

航空貨運與國際組織

國際航空貨運的啓運地、飛越領空及卸載地常牽涉到兩個以上的國家，而每個國家對貨物權利義務關係所規範的法律各有不同，在運送途中如對貨物產生損害情形，如何釐清貨物所有人及運送人的責任，很容易引起爭執。如由個別航空公司自行設訂規章解決這些爭議，這些規章是否符合各該國法律規範，不無疑義。運送如果牽涉到兩家以上航空公司聯運，如何確定責任範圍也可能有不同解釋。各國有鑑於此，乃在第一次世界大戰結束後，於1919年巴黎和會中締結《國際航空公約》，主要著重在航行導航合作方面的規範。至於有關民用航空方面的規範仍有待繼續研究。

1923年法國政府向各國提出運送人責任公約草案，1925年在巴黎召開第一屆國際航空私法大會，於會中並議決設立國際航空法律專家委員會繼續研擬有關法規。

1929年《華沙公約》

1929年各國在波蘭華沙集會簽訂《華沙公約》全稱爲《統一國際航空運輸某些規則的公約》，將有關國際空運產生的責任範圍、責任爭議、責任之限制及運送之規則等問題，擬訂統一的慣例，以供各國及各航空公司遵守採用。此項公約又經數次修訂，以符合時代變遷的需要，包括：

1955年《海牙議定書》

《華沙公約》及《海牙議定書》主要在規定航空運送人在國際航空運送中對乘客、貨物所應負之責任，但對於航空運送人一詞均未予明確定義，航空運送人係指實際運送人或契約運送人爲非同一人時，即造成嚴重問題，因此，1961年9月18日於墨西哥之瓜達拉加拉正式簽署《補充華沙公約統一契約運送人以外第三者國際航空運送人若干規則公約》。

1966年《蒙特利爾協定》

美國於1934年簽署《華沙公約》後，對航空運送人責任應提高至十萬美金且未批准《海牙議定書》。1965年9月美國通知《華沙公約》當事國可能廢止或退出《華沙公約》，但若於同年11月15日以前同意臨時提高至七萬五千美元則可就是否廢止《華沙公約》再加以協商。於上開日期前未能達成協議，美國乃向波蘭提出退出《華沙公約》之通知，將於1966年5月15日生效。國際民航組織（ICAO）遂於1966年2月1日至15日在加拿大蒙特利爾召開「基於華沙公約及海牙議定書有關對於旅客責任限額之ICAO特別會議」，但仍未獲得結論。嗣後IATA會合有關官員於蒙特利爾經過協議後，簽署《蒙特利爾協定》，世界主要經營國際航空運送之航空公司簽署，美國國務院同意，接受七萬五千美元的責任限額，並於同月16日發生效力。

1971年《瓜地馬拉議定書》

1971年3月8日通過《修訂經1955年9月28日在海牙簽訂的議定書修正的1929年10月12日在華沙簽訂的統一國際航空運輸某些規則的公約的議定書》，重要內容：

1.提高損害賠償額。

2.增定自動增加限額規定。

3.改採無過失原則。

4.明定議定書之生效要件。

附錄二　1999年5月28日訂於蒙特利爾《統一國際航空運輸某些規則的公約》

1999年5月28日經國際民航組織在加拿大蒙特利爾召開的航空法國際會議通過，公約於2003年11月4日生效。

統一國際航空運輸某些規則的公約

（Convention for the Unification of Certain Rules for International Carriage by Air）全文

第一章　總則

第一條　適用範圍

一、本公約適用於所有以航空器運送人員、行李或者貨物而收取報酬的國際運輸。本公約同樣適用於航空運輸企業以航空器履行的免費運輸。

二、就本公約而言，「國際運輸」係指根據當事人的約定，不論在運輸中有無間斷或者轉運，其出發地點和目的地點是在兩個當事國的領土內，或者在一個當事國的領土內，而在另一國的領土內有一個約定的經停地點的任何運輸，即使該國爲非當事國。就本公約而言，在一個當事國的領土內兩個地點之間的運輸，而在另一國的領土內沒有約定的經停地點的，不是國際運輸。

三、運輸合同各方認爲幾個連續的承運人履行的運輸是一項單一的業務活動的，無論其形式是以一個合同訂立或者一系列合同訂立，就本公約而言，應當視爲一項不可分割的運輸，並不僅因其中一個合同或者一系列合同完全在同一國領土內履行而喪失其國際性質。

四、本公約同樣適用於第五章規定的運輸，除非該章另有規定。

第二條　國家履行的運輸和郵件運輸

一、本公約適用於國家或者依法成立的公共機構在符合第一條規定的條件下履行的運輸。

二、在郵件運輸中，承運人僅根據適用於承運人和郵政當局之間關係的規則，對有關的郵政當局承擔責任。

三、除本條第二款規定外，本公約的規定不適用於郵件運輸。

第二章　旅客、行李和貨物運輸的有關憑證和當事人的義務

第三條　旅客和行李

一、就旅客運輸而言，應當出具個人的或者集體的運輸憑證，該項憑證應當載明：

(一)對出發地點和目的地點的標示；

(二)出發地點和目的地點是在一個當事國的領土內，而在另一國的領土內有一個或者幾個約定的經停地點的，至少對其中一個此種經停地點的標示。

二、任何保存第一款內容的其他方法都可以用來代替出具該款中所指的運輸憑證。採用此種其他方法的，承運人應當提出向旅客出具一份以此種方法保存的內容的書面陳述。

三、承運人應當就每一件託運行李向旅客出具行李識別標簽。

四、旅客應當得到書面提示，說明在適用本公約的情況下，本公約調整並可能限制承運人對死亡或者傷害，

行李毀滅、遺失或者損壞，以及延誤所承擔的責任。

五、未遵守前幾款的規定，不影響運輸合同的存在或者有效，該運輸合同仍應當受本公約規則的約束，包括有關責任限制規則的約束。

第四條　貨物

一、就貨物運輸而言，應當出具航空貨運單。

二、任何保存將要履行的運輸的記錄的其他方法都可以用來代替出具航空貨運單。採用此種其他方法的，承運人應當應託運人的要求，向託運人出具貨物收據，以便識別貨物並能獲得此種其他方法所保存記錄中的內容。

第五條　航空貨運單或者貨物收據的內容

航空貨運單或者貨物收據應當包括：

一、對出發地點和目的地點的標示；

二、出發地點和目的地點是在一個當事國的領土內，而在另一國的領土內有一個或者幾個約定的經停地點的，至少對其中一個此種經停地點的標示；以及

三、對貨物重量的標示。

第六條　關於貨物性質的憑證

在需要履行海關、警察和類似公共當局的手續時，託運人可以被要求出具標明貨物性質的憑證。此項規定對承運人不造成任何職責、義務或由此產生的責任。

第七條　航空貨運單的說明

一、託運人應當填寫航空貨運單正本一式三份。

二、第一份應當註明「交承運人」，由託運人簽字。第二份應當註明「交收貨人」，由託運人和承運人簽字。第三份由承運人簽字，承運人在接受貨物後應當將其

交給託運人。

三、承運人和託運人的簽字可以印就或者用戳記。

四、承運人根據託運人的請求塡寫航空貨運單的，在沒有相反證明的情況下，應當視爲代託運人塡寫。

第八條 多包件貨物的憑證

在貨物不止一個包件時：

一、貨物承運人有權要求託運人分別塡寫航空貨運單；

二、採用第四條第二款所指其他方法的，託運人有權要求承運人分別出具貨物收據。

第九條 未遵守憑證的規定

未遵守第四條至第八條的規定，不影響運輸合同的存在或者有效，該運輸合同仍應當受本公約規則的約束，包括有關責任限制規則的約束。

第十條 對憑證說明的責任

一、對託運人或者以其名義在航空貨運單上傳入的關於貨物的各項說明和陳述的正確性，或者對託運人或者以其名義提供給承運人載入貨物收據或者載入第四條第二款所指其他方法所保存記錄的關於貨物的各項說明和陳述的正確性，託運人應當負責。以託運人名義行事的人同時也是承運人的代理人的，同樣適用上述規定。

二、對因託運人或者以其名義所提供的各項說明和陳述不符合規定、不正確或者不完全，給承運人或者承運人對之負責的任何其他人造成的一切損失，託運人應當對承運人承擔賠償責任。

三、除本條第一款和第二款規定的外，對因承運人或者以其名義在貨物收據或者在第四條第二款所指其他方法所保存的記錄上傳入的各項說明和陳述不符合規定、不正確或者不完全，給託運人或者託運人對之負責的任何其他人造成的一切損失，承運人應當對託運人承擔賠償責任。

第十一條　憑證的證據價值

一、航空貨運單或者貨物收據是訂立合同、接受貨物和所列運輸條件的初步證據。

二、航空貨運單上或者貨物收據上關於貨物的重量、尺寸和包裝以及包件件數的任何陳述是所述事實的初步證據；除經過承運人在託運人在場時查對併在航空貨運單上或者貨物收據上註明經過如此查對或者其爲關於貨物外表狀況的陳述外，航空貨運單上或者貨物收據上關於貨物的數量、體積和狀況的陳述不能構成不利於承運人的證據。

第十二條　處置貨物的權利

一、託運人在負責履行運輸合同規定的全部義務的條件下，有權對貨物進行處置，即可以在出發地機場或者目的地機場將貨物提回，或者在途中經停時中止運輸，或者要求在目的地點或者途中將貨物交給非原指定的收貨人，或者要求將貨物運回出發地機場。託運人不得因行使此種處置權而使承運人或者其他託運人遭受損失，並必須償付因行使此種權利而產生的費用。

二、託運人的指示不可能執行的，承運人必須立即通知託運人。

三、承運人按照託運人的指示處置貨物，沒有要求出示託運人所收執的那份航空貨運單或者貨物收據，給該份航空貨運單或者貨物收據的合法持有人造成損失的，承運人應當承擔責任，但是不妨礙承運人對託運人的追償權。

四、收貨人的權利依照第十三條規定開始時，託運人的權利即告終止。但是，收貨人拒絕接受貨物，或者無法同收貨人聯繫的，託運人恢復其處置權。

第十三條　貨物的交付

一、除託運人已經根據第十二條行使其權利外，收貨人於貨物到達目的地點，併在繳付應付款項和履行運輸條件後，有權要求承運人向其交付貨物。

二、除另有約定外，承運人應當負責在貨物到達後立即通知收貨人。

三、承運人承認貨物已經遺失，或者貨物在應當到達之日起七日後仍未到達的，收貨人有權向承運人行使運輸合同所賦予的權利。

第十四條　託運人和收貨人權利的行使

託運人和收貨人在履行運輸合同規定的義務的條件下，無論爲本人或者他人的利益，可以分別以本人的名義行使第十二條和第十三條賦予的所有權利。

第十五條　託運人和收貨人的關係或者第三人之間的相互關係

一、第十二條、第十三條和第十四條不影響託運人同收貨人之間的相互關係，也不影響從託運人或者收貨人獲得權利的第三人之間的相互關係。

二、第十二條、第十三條和第十四條的規定，只能通過航空貨運單或者貨物收據上的明文規定予以變更。

第十六條　海關、警察或者其他公共當局的手續

一、託運人必須提供必需的資料和文件，以便在貨物可交付收貨人前完成海關、警察或者任何其他公共當局的手續。因沒有此種資料、文件，或者此種資料、文件不充足或者不符合規定而引起的損失，除由於承運人、其受僱人或者代理人的過錯造成的外，託運人應當對承運人承擔責任。

二、承運人沒有對此種資料或者文件的正確性或者充足性進行查驗的義務。

第三章　承運人的責任和損害賠償範圍

第十七條　旅客死亡和傷害—行李損失

一、對於因旅客死亡或者身體傷害而產生的損失，只要造成死亡或者傷害的事故是在航空器上或者在上、下航空器的任何操作過程中發生的，承運人就應當承擔責任。

二、對於因託運行李毀滅、遺失或者損壞而產生的損失，只要造成毀滅、遺失或者損壞的事件是在航空器上或者在託運行李處於承運人掌管之下的任何期間內發生的，承運人就應當承擔責任。但是，行李損失是由於行李的固有缺陷、質量或者瑕疵造成的，在此範圍內承運人不承擔責任。關於非託運行李，包括個人物件，承運人對因其過錯或者其受僱人或者代理人的過錯造成的損失承擔責任。

三、承運人承認託運行李已經遺失，或者託運行李在應當到達之日起二十一日後仍未到達的，旅客有權向承運人行使運輸合同所賦予的權利。

四、除另有規定外，本公約中「行李」一詞係指託運行李和非託運行李。

第十八條 貨物損失

一、對於因貨物毀滅、遺失或者損壞而產生的損失，只要造成損失的事件是在航空運輸期間發生的，承運人就應當承擔責任。

二、但是，承運人證明貨物的毀滅、遺失或者損壞是由於下列一個或者幾個原因造成的，在此範圍內承運人不承擔責任：

(一)貨物的固有缺陷、質量或者瑕疵；

(二)承運人或者其受僱人、代理人以外的人包裝貨物的，貨物包裝不良；

(三)戰爭行爲或者武裝衝突；

(四)公共當局實施的與貨物入境、出境或者過境有關的行爲。

三、本條第一款所稱的航空運輸期間，係指貨物處於承運人掌管之下的期間。

四、航空運輸期間，不包括機場外履行的任何陸路、海上或者內水運輸過程。但是，此種運輸是在履行航空運輸合同時爲了裝載、交付或者轉運而辦理的，在沒有相反證明的情況下，所發生的任何損失推定爲在航空運輸期間發生的事件造成的損失。承運人未經託運人同意，以其他運輸方式代替當事人各方在合同中約定採用航空運輸方式的全部或者部分運輸的，此項以其他方式履行的運輸視爲在航空運輸期間。

第十九條 延誤

旅客、行李或者貨物在航空運輸中因延誤引起的損失，承運人應當承擔責任。但是，承運人證明本人及其受僱人和代理人爲了避免損失的發生，已經採取一切可合理要求的

措施或者不可能採取此種措施的，承運人不對因延誤引起的損失承擔責任。

第二十條　免責

經承運人證明，損失是由索賠人或者索賠人從其取得權利的人的過失或者其他不當作爲、不作爲造成或者促成的，應當根據造成或者促成此種損失的過失或者其他不當作爲、不作爲的程度，相應全部或者部分免除承運人對索賠人的責任。旅客以外的其他人就旅客死亡或者傷害提出賠償請求的，經承運人證明，損失是旅客本人的過失或者其他不當作爲、不作爲造成或者促成的，同樣應當根據造成或者促成此種損失的過失或者其他不當作爲、不作爲的程度，相應全部或者部分免除承運人的責任。本條適用於本公約中的所有責任條款，包括第二十一條第一款。

第二十一條　旅客死亡或者傷害的賠償

一、對於根據第十七條第一款所產生的每名旅客不超過100,000特別提款權的損害賠償，承運人不得免除或者限制其責任。

二、對於根據第十七條第一款所產生的損害賠償每名旅客超過100,000特別提款權的部分，承運人證明有下列情形的，不應當承擔責任：

(一)損失不是由於承運人或者其受僱人、代理人的過失或者其他不當作爲、不作爲造成的；或者

(二)損失完全是由第三人的過失或者其他不當作爲、不作爲造成的。

第二十二條　延誤、行李和貨物的責任限額

一、在人員運輸中因第十九條所指延誤造成損失的，承運人對每名旅客的責任以4,150特別提款權爲限。

二、在行李運輸中造成毀滅、遺失、損壞或者延誤的，承運人的責任以每名旅客1,000特別提款權爲限，除非旅客在向承運人交運託運行李時，特別聲明在目的地點交付時的利益，併在必要時支付附加費。在此種情況下，除承運人證明旅客聲明的金額高於在目的地點交付時旅客的實際利益外，承運人在聲明金額範圍內承擔責任。

三、在貨物運輸中造成毀滅、遺失、損壞或者延誤的，承運人的責任以每公斤17特別提款權爲限，除非託運人在向承運人交運包件時，特別聲明在目的地點交付時的利益，併在必要時支付附加費。在此種情況下，除承運人證明託運人聲明的金額高於在目的地點交付時託運人的實際利益外，承運人在聲明金額範圍內承擔責任。

四、貨物的一部分或者貨物中任何物件毀滅、遺失、損壞或者延誤的，用以確定承運人賠償責任限額的重量，僅爲該包件或者該數包件的總重量。但是，因貨物一部分或者貨物中某一物件的毀滅、遺失、損壞或者延誤，影響同一份航空貨運單、貨物收據或者在未出具此兩種憑證時按第四條第二款所指其他方法保存的記錄所列的其他包件的價值的，確定承運人的賠償責任限額時，該包件或者數包件的總重量也應當考慮在內。

五、經證明，損失是由於承運人、其受僱人或者代理人的故意或者明知可能造成損失而輕率地作爲或者不作爲造成的，不適用本條第一款和第二款的規定；對於受僱人、代理人的此種作爲或者不作爲，還應當證明該受僱人、代理人是在受僱、代理範圍內行事。

六、第二十一條和本條規定的限額不妨礙法院按照其法律另外加判全部或者一部分法院費用及原告所產生的其他訴訟費用，包括利息。判給的賠償金額，不含法院費用及其他訴訟費用，不超過承運人在造成損失的事情發生後六個月內或者已過六個月而在起訴以前已書面向原告提出的金額的，不適用上述規定。

第二十三條　貨幣單位的換算

一、本公約中以特別提款權表示的各項金額，係指國際貨幣基金組織確定的特別提款權。在進行司法程序時，各項金額與各國家貨幣的換算，應當按照判決當日用特別提款權表示的該項貨幣的價值計算。當事國是國際貨幣基金組織成員的，用特別提款權表示的其國家貨幣的價值，應當按照判決當日有效的國際貨幣基金組織在其業務和交易中採用的計價方法進行計算。當事國不是國際貨幣基金組織成員的，用特別提款權表示的其國家貨幣的價值，應當按照該國所確定的辦法計算。

二、但是，非國際貨幣基金組織成員並且其法律不允許適用本條第一款規定的國家，可以在批准、加入或者其後的任何時候聲明，在其領土內進行司法程序時，就第二十一條而言，承運人對每名旅客的責任以1,500,000貨幣單位爲限；就第二十二條第一款而言，承運人對每名旅客的責任以62,500貨幣單位爲限；就第二十二條第二款而言，承運人對每名旅客的責任以15,000貨幣單位爲限；就第二十二條第三款而言，承運人的責任以每公斤250貨幣單位爲限。此種貨幣單位相當於含有千分之九百純度的六十五點五毫克的黃金。各項金額可換算爲有關國家貨幣，取其整數。各項金額與國家貨幣的換算，應當按照該有關國家的法律進行。

三、本條第一款最後一句所稱的計算，以及本條第二款所稱的換算方法，應當使以當事國貨幣計算的第二十一條和第二十二條的數額的價值與根據本條第一款前三句計算的眞實價值盡可能相同。當事國在交存對本公約的批准書、接受書、核准書或者加入書時，應當將根據本條第一款進行的計算方法或者根據本條第二款所得的換算結果通知保存人，該計算方法或者換算結果發生變化時亦同。

第二十四條　限額的覆審

一、在不妨礙本公約第二十五條規定的條件下，並依據本條第二款的規定，保存人應當對第二十一條、第二十二條和第二十三條規定的責任限額每隔五年進行一次覆審，第一次覆審應當在本公約生效之日起第五年的年終進行，本公約在其開放簽署之日起五年內未生效的，第一次覆審應當在本公約生效的第一年內進行，覆審時應當參考與上一次修訂以來或者就第一次而言本公約生效之日以來累積的通貨膨脹率相應的通貨膨脹因素。用以確定通貨膨脹因素的通貨膨脹率，應當是構成第二十三條第一款所指特別提款權的貨幣的發行國消費品價格指數年漲跌比率的加權平均數。

二、前款所指的覆審結果表明通貨膨脹因素已經超過百分之十的，保存人應當將責任限額的修訂通知當事國。該項修訂應當在通知當事國六個月後生效。在將該項修訂通知當事國後的三個月內，多數當事國登記其反對意見的，修訂不得生效，保存人應當將此事提交當事國會議。保存人應當將修訂的生效立即通知所有當事國。

三、儘管有本條第一款的規定，三分之一的當事國表示希望進行本條第二款所指的程序，並且第一款所指通貨膨脹因素自上一次修訂之日起，或者在未曾修訂過的情形下自本公約生效之日起，已經超過百分之三十的，應當在任何時候進行該程序。其後的依照本條第一款規定程序的覆審每隔五年進行一次，自依照本款進行的覆審之日起第五年的年終開始。

第二十五條　關於限額的訂定

承運人可以訂定，運輸合同適用高於本公約規定的責任限額，或者無責任限額。

第二十六條　合同條款的無效

任何旨在免除本公約規定的承運人責任或者降低本公約規定的責任限額的條款，均屬無效，但是，此種條款的無效，不影響整個合同的效力，該合同仍受本公約規定的約束。

第二十七條　合同自由

本公約不妨礙承運人拒絕訂立任何運輸合同、放棄根據本公約能夠獲得的任何抗辯理由或者制定同本公約規定不相抵觸的條件。

第二十八條　先行付款

因航空器事故造成旅客死亡或者傷害的，承運人應當在其國內法有如此要求的情況下，向有權索賠的自然人不遲延地先行付款，以應其迫切經濟需要。此種先行付款不構成對責任的承認，並可從承運人隨後作爲損害賠償金支付的任何數額中抵銷。

第二十九條　索賠的根據

在旅客、行李和貨物運輸中，有關損害賠償的訴訟，不論其根據如何，是根據本公約、根據合同、根據侵權，還是根據其他任何理由，只能依照本公約規定的條件和責任限額提起，但是不妨礙確定誰有權提起訴訟以及他們各自的權利。在任何此類訴訟中，均不得判給懲罰性、懲戒性或者任何其他非補償性的損害賠償。

第三十條　受僱人、代理人——索賠的總額

一、就本公約中所指損失向承運人的受僱人、代理人提起訴訟時，該受僱人、代理人證明其是在受僱、代理範圍內行事的，有權援用本公約中承運人有權援用的條件和責任限額。

二、在此種情況下，承運人及其受僱人和代理人的賠償總額不得超過上述責任限額。

三、經證明，損失是由於受僱人、代理人的故意或者明知可能造成損失而輕率地作爲或者不作爲造成的，不適用本條第一款和第二款的規定，但貨物運輸除外。

第三十一條　異議的及時提出

一、有權提取託運行李或者貨物的人收受託運行李或者貨物而未提出異議，爲託運行李或者貨物已經在良好狀況下並在與運輸憑證或者第三條第二款和第四條第二款所指其他方法保存的記錄相符的情況下交付的初步證據。

二、發生損失的，有權提取託運行李或者貨物的人必須在發現損失後立即向承運人提出異議，並且，託運行李

發生損失的，至遲自收到託運行李之日起七日內提出，貨物發生損失的，至遲自收到貨物之日起十四日內提出。發生延誤的，必須至遲自行李或者貨物交付收件人處置之日起二十一日內提出異議。

三、任何異議均必須在前款規定的期間內以書面形式提出或者發出。

四、除承運人一方有欺詐外，在前款規定的期間內未提出異議的，不得向承運人提起訴訟。

第三十二條　責任人的死亡

責任人死亡的，損害賠償訴訟可以根據本公約的規定，對其遺產的合法管理人提起。

第三十三條　管轄權

一、損害賠償訴訟必須在一個當事國的領土內，由原告選擇，向承運人住所地、主要營業地或者訂立合同的營業地的法院，或者向目的地點的法院提起。

二、對於因旅客死亡或者傷害而產生的損失，訴訟可以向本條第一款所述的法院之一提起，或者在這樣一個當事國領土內提起，即在發生事故時旅客的主要且永久居所在該國領土內，並且承運人使用自己的航空器或者根據商務協議使用另一承運人的航空器經營到達該國領土或者從該國領土始發的旅客航空運輸業務，並且在該國領土內該承運人通過其本人或者與其有商務協議的另一承運人租賃或者所有的處所從事其旅客航空運輸經營。

三、就第二款而言，

(一)「商務協議」係指承運人之間就其提供聯營旅客航空運輸業務而訂立的協議，但代理協議除外；

(二)「主要且永久居所」係指事故發生時旅客的那一個固定和永久的居住地。在此方面，旅客的國籍不得作爲決定性的因素。

四、訴訟程序適用案件受理法院的法律。

第三十四條　仲裁

一、在符合本條規定的條件下，貨物運輸合同的當事人可以約定，有關本公約中的承運人責任所發生的任何爭議應當通過仲裁解決。此協議應當以書面形式訂立。

二、仲裁程序應當按照索賠人的選擇，在第三十三條所指的其中一個管轄區內進行。

三、仲裁員或者仲裁庭應當適用本公約的規定。

四、本條第二款和第三款的規定應當視爲每一仲裁條款或者仲裁協議的一部分，此種條款或者協議中與上述規定不一致的任何條款均屬無效。

第三十五條　訴訟時效

一、自航空器到達目的地點之日、應當到達目的地點之日或者運輸終止之日起兩年期間內未提起訴訟的，喪失對損害賠償的權利。

二、上述期間的計算方法，依照案件受理法院的法律確定。

第三十六條　連續運輸

一、由幾個連續承運人履行的並屬於第一條第三款規定的運輸，接受旅客、行李或者貨物的每一個承運人應當受本公約規則的約束，並就在運輸合同中其監管履行的運輸區段的範圍內，作爲運輸合同的訂約一方。

二、對於此種性質的運輸，除明文約定第一承運人對全程運輸承擔責任外，旅客或者任何行使其索賠權利的

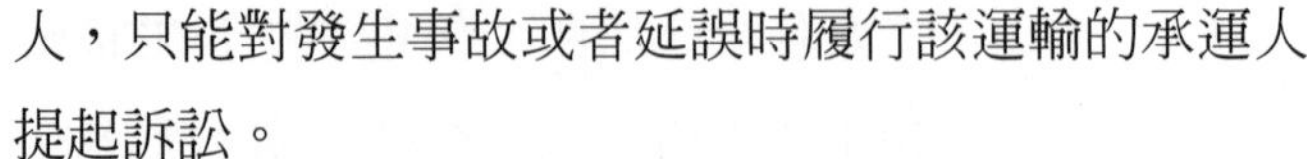

人，只能對發生事故或者延誤時履行該運輸的承運人提起訴訟。

三、關於行李或者貨物，旅客或者託運人有權對第一承運人提起訴訟，有權接受交付的旅客或者收貨人有權對最後承運人提起訴訟，旅客、託運人和收貨人均可以對發生毀滅、遺失、損壞或者延誤的運輸區段的承運人提起訴訟。上述承運人應當對旅客、託運人或者收貨人承擔連帶責任。

第三十七條　對第三人的追償權

本公約不影響依照本公約規定對損失承擔責任的人是否有權向他人追償的問題。

第四章　聯合運輸

第三十八條　聯合運輸

一、部分採用航空運輸，部分採用其他運輸方式履行的聯合運輸，本公約的規定應當只適用於符合第一條規定的航空運輸部分，但是第十八條第四款另有規定的除外。

二、在航空運輸部分遵守本公約規定的條件下，本公約不妨礙聯合運輸的各方當事人在航空運輸憑證上列入有關其他運輸方式的條件。

第五章　非締約承運人履行的航空運輸

第三十九條　締約承運人——實際承運人

一方當事人（以下簡稱「締約承運人」）本人與旅客、託運人或者與以旅客或者託運人名義行事的人訂立本公約調整的運輸合同，而另一當事人（以下簡稱「實際承運人」）根據締約承運人的授權，履行全部或者部分運輸，但就該部分運輸而言該另一當事人又不是本公約所指的連續承運人的，適用本章的規定。在沒有相反證明時，此種授權應當被推定為是存在的。

第四十條　締約承運人和實際承運人各自的責任

除本章另有規定外，實際承運人履行全部或者部分運輸，而根據第三十九條所指的合同，該運輸是受本公約調整的，締約承運人和實際承運人都應當受本公約規則的約束，締約承運人對合同考慮到的全部運輸負責，實際承運人只對其履行的運輸負責。

第四十一條　相互責任

一、實際承運人的作為和不作為，實際承運人的受僱人、代理人在受僱、代理範圍內的作為和不作為，關係到實際承運人履行的運輸的，也應當視為締約承運人的作為和不作為。

二、締約承運人的作為和不作為，締約承運人的受僱人、代理人在受僱、代理範圍內的作為和不作為，關係到實際承運人履行的運輸的，也應當視為實際承運人的作為和不作為。但是，實際承運人承擔的責任不因此種作為或者不作為而超過第二十一條、第二十二條、第二十三條和第二十四條所指的數額。任何有關締約承運人承擔本公約未規定的義務或者放棄本公約賦予的權利或者抗辯理由的特別協議，或者任何有關第二十二條考慮到的在目的地點交付時利益的特別聲明，除經過實際承運人同意外，均不得影響實際承運人。

第四十二條　異議和指示的對象

依照本公約規定向承運人提出的異議或者發出的指示，無

論是向締約承運人還是向實際承運人提出或者發出，具有同等效力。但是，第十二條所指的指示，只在向締約承運人發出時，方爲有效。

第四十三條　受僱人和代理人

實際承運人的受僱人、代理人或者締約承運人的受僱人、代理人，證明其是在受僱、代理範圍內行事的，就實際承運人履行的運輸而言，有權援用本公約規定的適用於僱用該人的或者被代理的承運人的條件和責任限額，但是經證明依照本公約其行爲不能援用該責任限額的除外。

第四十四條　賠償總額

對於實際承運人履行的運輸，實際承運人和締約承運人以及他們的在受僱、代理範圍內行事的受僱人和代理人的賠償總額不得超過依照本公約得以從締約承運人或者實際承運人獲得賠償的最高數額，但是上述任何人都不承擔超過對其適用的責任限額。

第四十五條　索賠對象

對實際承運人履行的運輸提起的損害賠償訴訟，可以由原告選擇，對實際承運人提起或者對締約承運人提起，也可以同時或者分別對實際承運人和締約承運人提起。損害賠償訴訟只對其中一個承運人提起的，該承運人有權要求另一承運人參加訴訟，訴訟程序及其效力適用案件受理法院的法律。

第四十六條　附加管轄權

第四十五條考慮到的損害賠償訴訟，必須在一個當事國的領土內，由原告選擇，按照第三十三條規定向可以對締約承運人提起訴訟的法院提起，或者向實際承運人住所地或者其主要營業地有管轄權的法院提起。

第四十七條　合同條款的無效

任何旨在免除本章規定的締約承運人或者實際承運人責任或者降低適用於本章的責任限額的合同條款，均屬無效，但是，此種條款的無效，不影響整個合同的效力，該合同仍受本章規定的約束。

第四十八條　締約承運人和實際承運人的相互關係

除第四十五條規定外，本章的規定不影響承運人之間的權利和義務，包括任何追償權或者求償權。

第六章　其他規定

第四十九條　強制適用

運輸合同的任何條款和在損失發生以前達成的所有特別協議，其當事人藉以違反本公約規則的，無論是選擇所適用的法律還是變更有關管轄權的規則，均屬無效。

第五十條　保險

當事國應當要求其承運人就其在本公約中的責任進行充分保險。當事國可以要求經營航空運輸至該國內的承運人提供其已就本公約中的責任進行充分保險的證據。

第五十一條　特殊情況下履行的運輸

第三條至第五條、第七條和第八條關於運輸憑證的規定，不適用於承運人正常業務範圍以外的在特殊情況下履行的運輸。

第五十二條　日的定義

本公約所稱「日」，係指日曆日，而非工作日。

第七章　最後條款

第五十三條　簽署、批准和生效

一、本公約於一九九九年五月二十八日在蒙特利爾開放，聽由一九九九年五月十日至二十八日在蒙特利爾召開的國際航空法大會的參加國簽署。一九九九年五月二十八日以後，本公約應當在蒙特利爾國際民用航空組織總部對所有國家開放簽署，直至其根據本條第六款生效。

二、本公約同樣向地區性經濟一體化組織開放簽署。就本公約而言，「地區性經濟一體化組織」係指由某一地區的主權國家組成的對於本公約調整的某些事項有權能的並經正式授權可以簽署及批准、接受、核准或者加入本公約的任何組織。本公約中對「當事國」的提述，同樣適用於地區性經濟一體化組織，但是第一條第二款、第三條第一款第(二)項、第五條第(二)項、第二十三條、第三十三條、第四十六條和第五十七條第(二)項中的除外。就第二十四條而言，其對「多數當事國」和「三分之一的當事國」的提述不應適用於地區性經濟一體化組織。

三、本公約應當經簽署本公約的國家和地區性經濟一體化組織批准。

四、未簽署本公約的國家或者地區性經濟一體化組織，可以在任何時候接受、核准或者加入本公約。

五、批准書、接受書、核准書或者加入書應當交存國際民用航空組織，在此指定其爲保存人。

六、本公約應當於第三十份批准書、接受書、核准書或者加入書交存保存人後的第六十天在交存這些文件的國家之間生效。就本款而言，地區性經濟一體化組織交存的文件不得計算在內。

七、對於其他國家或者其他地區性經濟一體化組織，本公約應當於其批准書、接受書、核准書或者加入書交存日後六十天對其生效。

八、保存人應當將下列事項迅速通知各簽署方和當事國：

(一)對本公約的每一簽署及其日期；

(二)每一批准書、接受書、核准書或者加入書的交存及其日期；

(三)本公約的生效日期；

(四)對本公約所設定責任限額的任何修訂的生效日期；

(五)第五十四條所指的退出。

第五十四條　退出

一、任何當事國可以向保存人提交書面通知，以退出本公約。

二、退出應當自保存人收到通知之日後的第一百八十天起生效。

第五十五條　與其他華沙公約文件的關係

在下列情況下，本公約應當優先於國際航空運輸所適用的任何規則：

一、該項國際航空運輸在本公約當事國之間履行，而這些當事國同爲下列條約的當事國：

(一)一九二九年十月十二日在華沙簽訂的《統一國際航空運輸某些規則的公約》（以下簡稱《華沙公約》）；

(二)一九五五年九月二十八日訂於海牙的《修訂一九二九年十月十二日在華沙簽訂的統一國際航空運輸某些規則的公約的議定書》（以下簡稱《海牙議定書》）；

(三)一九六一年九月十八日在瓜達拉哈拉簽訂的《統一

非締約承運人所辦國際航空運輸某些規則以補充華沙公約的公約》（以下簡稱瓜達拉哈拉公約）；

(四)一九七一年三月八日在瓜地馬拉城簽訂的《修訂經一九五五年九月二十八日訂於海牙的議定書修正的一九二九年十月十二日在華沙簽訂的統一國際航空運輸某些規則的公約的議定書》（以下簡稱瓜地馬拉議定書）；

(五)一九七五年九月二十五日在蒙特利爾簽訂的修訂經《海牙議定書》或者經《海牙議定書》和瓜地馬拉城議定書修正的《華沙公約》的第一號至第三號附加議定書以及蒙特利爾第四號議定書（以下簡稱各個蒙特利爾議定書）；或者

二、該項國際航空運輸在本公約的一個當事國領土內履行，而該當事國是上述第(一)項至第(五)項所指一個或者幾個文件的當事國。

第五十六條　有多種法律制度的國家

一、一國有兩個或者多個領土單位，在各領土單位內對於本公約處理的事項適用不同的法律制度的，該國可以在簽署、批准、接受、核准或者加入時，聲明本公約適用於該國所有領土單位或者只適用於其中一個或者多個領土單位，該國也可隨時提交另一份聲明以修改此項聲明。

二、作出此項聲明，均應當通知保存人，聲明中應當明確指明適用本公約的領土單位。

三、就已作出此項聲明的當事國而言，

(一)第二十三條所述的「國家貨幣」應當解釋爲該國有關領土單位的貨幣；並且

(二)第二十八條所述的「國內法」應當解釋為該國有關領土單位的法律。

第五十七條　保留

對本公約不得保留，但是當事國可以在任何時候向保存人提交通知，聲明本公約不適用於：

(一)由當事國就其作為主權國家的職能和責任為非商業目的而直接辦理和運營的國際航空運輸；以及／或者

(二)使用在該當事國登記的或者為該當事國所租賃的、其全部運力已為其軍事當局或者以該當局的名義所保留的航空器，為該當局辦理的人員、貨物和行李運輸。

下列全權代表經正式授權，已在本公約上簽字，以昭信守。

本公約於一九九九年五月二十八日訂於蒙特利爾，以中文、英文、阿拉伯文、法文、俄文和西班牙文寫成，各種文本同等作准。本公約應當存放於國際民用航空組織檔案處，由保存人將核正無誤的公約副本分送本公約的所有當事國以及華沙公約、海牙議定書、瓜達拉哈拉公約、瓜地馬拉議定書和各個蒙特利爾議定書的所有當事國。

附錄三　運送合約原文（Conditions of Contract）

根據IATA第600b決議案（RESOLUTION 600b）2010年07月01日更新版：

A new version of IATA Resolution 600B is applicable effective 01 July 2010. This change aims at harmonising the new limitations of liability prescribed under the December 2009 version of Resolution 600B in ref. to Art 22 of the Montreal Convention (MC99), across all routes worldwide. The new text of the resolution is available below.

Existing stock of air waybills may continue to be used, but the new limitations will prevail and will be applied effective 01 July 2010

RESOLUTION 600b*

AIR WAYBILL – CONDITIONS OF CONTRACT

CSC(32)600b　　Expiry: Indefinite

Type: B

RESOLVED that:

The following Conditions of Contract and Notices be included on an Air Waybill[1].

---

* This Resolution is in the hands of all IATA Cargo Agents.

[1] In order to ensure consistency with any future changes in liability limits for loss of, damage, or delay to cargo under Article 24 of the Montreal Convention, the IATA Secretariat is authorized to conform the provisions of this Resolution 600b (and any other affected Cargo Services Conference Resolutions or Recommended Practices) to such changes without further Conference action. Conforming changes shall take effect on the date specified in written notice to Members by the IATA Secretariat which shall include a copy of the revised Resolution.

I. NOTICE APPEARING ON THE FACE OF THE AIR WAYBILL

It is agreed that the goods described herein are accepted in apparent good order and condition (except as noted) for carriage SUBJECT TO THE CONDITIONS OF CONTRACT ON THE REVERSE HEREOF. ALL GOODS MAY BE CARRIED BY ANY OTHER MEANS INCLUDING ROAD OR ANY OTHER CARRIER UNLESS SPECIFIC CONTRARY INSTRUCTIONS ARE GIVEN HEREON BY THE SHIPPER, AND SHIPPER AGREES THAT THE SHIPMENT MAY BE CARRIED VIA INTERMEDIATE STOPPING PLACES WHICH THE CARRIER DEEMS APPROPRIATE. THE SHIPPER'S ATTENTION IS DRAWN TO THE NOTICE CONCERNING CARRIER'S LIMITATION OF LIABILITY. Shipper may increase such limitation of liability by declaring a higher value for carriage and paying a supplemental charge if required.

II. CONDITIONS OF CONTRACT ON REVERSE SIDE OF THE AIR WAYBILL

NOTICE CONCERNING CARRIER'S LIMITATION OF LIABILITY

If the carriage involves an ultimate destination or stop in a country other than the country of departure, the Montreal Convention or the Warsaw Convention may be applicable to the liability of the Carrier in respect of loss of, damage or delay to cargo. Carrier's limitation of liability in accordance with those Conventions shall be as set forth in subparagraph 4 unless a higher value is declared.

CONDITIONS OF CONTRACT

1. In this contract and the Notices appearing hereon:

   CARRIER includes the air carrier issuing this air waybill and all carriers that carry or undertake to carry the cargo or perform any other

services related to such carriage.

SPECIAL DRAWING RIGHT (SDR) is a Special Drawing Right as defined by the International Monetary Fund.

WARSAW CONVENTION means whichever of the following instruments is applicable to the contract of carriage:

the Convention for the Unification of Certain Rules Relating to International Carriage by Air, signed at Warsaw, 12 October 1929;

that Convention as amended at The Hague on 28 September 1955;

that Convention as amended at The Hague 1955 and by Montreal Protocol No. 1, 2, or 4 (1975) as the case may be.

MONTREAL CONVENTION means the Convention for the Unification of Certain Rules for International Carriage by Air, done at Montreal on 28 May 1999.

2./2.1 Carriage is subject to the rules relating to liability established by the Warsaw Convention or the Montreal Convention unless such carriage is not "international carriage" as defined by the applicable Conventions.

2.2 To the extent not in conflict with the foregoing, carriage and other related services performed by each Carrier are subject to:

2.2.1 applicable laws and government regulations;

2.2.2 provisions contained in the air waybill, Carrier's conditions of carriage and related rules, regulations, and timetables (but not the times of departure and arrival stated therein) and applicable tariffs of such Carrier, which are part hereof, and which may be inspected at any airports or other cargo sales offices from which it operates regular services. When carriage is to/from the USA, the shipper and the consignee are entitled, upon request, to receive a free copy of the Carrier's conditions of carriage. The Carrier's conditions of carriage include, but are not limited to:

2.2.2.1 limits on the Carrier's liability for loss, damage or delay of goods, including fragile or perishable goods;

2.2.2.2 claims restrictions, including time periods within which shippers or consignees must file a claim or bring an action against the Carrier for its acts or omissions, or those of its agents;

2.2.2.3 rights, if any, of the Carrier to change the terms of the contract;

2.2.2.4 rules about Carrier's right to refuse to carry;

2.2.2.5 rights of the Carrier and limitations concerning delay or failure to perform service, including schedule changes, substitution of alternate Carrier or aircraft and rerouting.

3. The agreed stopping places (which may be altered by Carrier in case of necessity) are those places, except the place of departure and place of destination, set forth on the face hereof or shown in Carrier's timetables as scheduled stopping places for the route. Carriage to be performed hereunder by several successive Carriers is regarded as a single operation.

4. For carriage to which the Montreal Convention does not apply, Carrier's liability limitation for cargo lost, damaged or delayed shall be 19 SDRs per kilogram unless a greater per kilogram monetary limit is provided in any applicable Convention or in Carrier's tariffs or general conditions of carriage.

5./5.1 Except when the Carrier has extended credit to the consignee without the written consent of the shipper, the shipper guarantees payment of all charges for the carriage due in accordance with Carrier's tariff, conditions of carriage and related regulations, applicable laws (including national laws implementing the Warsaw Convention and the Montreal Convention), government regulations, orders and requirements.

5.2 When no part of the consignment is delivered, a claim with respect to such consignment will be considered even though transportation charges thereon are unpaid.

6./6.1 For cargo accepted for carriage, the Warsaw Convention and the Montreal Convention permit shipper to increase the limitation of liability by declaring a higher value for carriage and paying a supplemental charge if required.

6.2 In carriage to which neither the Warsaw Convention nor the Montreal Convention applies Carrier shall, in accordance with the procedures set forth in its general conditions of carriage and applicable tariffs, permit shipper to increase the limitation of liability by declaring a higher value for carriage and paying a supplemental charge if so required.

7./7.1 In cases of loss of, damage or delay to part of the cargo, the weight to be taken into account in determining Carrier's limit of liability shall be only the weight of the package or packages concerned.

7.2 Notwithstanding any other provisions, for "foreign air transportation" as defined by the U.S. Transportation Code:

7.2.1 in the case of loss of, damage or delay to a shipment, the weight to be used in determining Carrier's limit of liability shall be the weight which is used to determine the charge for carriage of such shipment; and

7.2.2 in the case of loss of, damage or delay to a part of a shipment, the shipment weight in 7.2.1 shall be prorated to the packages covered by the same air waybill whose value is affected by the loss, damage or delay. The weight applicable in the case of loss or damage to one or more articles in a package shall be the weight of the entire package.

8. Any exclusion or limitation of liability applicable to Carrier shall apply to Carrier's agents, employees, and representatives and to any person whose aircraft or equipment is used by Carrier for carriage and such person's agents, employees and representatives.

9. Carrier undertakes to complete the carriage with reasonable dispatch. Where permitted by applicable laws, tariffs and government regulations, Carrier may use alternative carriers, aircraft or modes of transport without notice but with due regard to the interests of the shipper. Carrier is authorized by the shipper to select the routing and all intermediate stopping places that it deems appropriate or to change or deviate from the routing shown on the face hereof.

10. Receipt by the person entitled to delivery of the cargo without complaint shall be prima facie evidence that the cargo has been delivered in good condition and in accordance with the contract of carriage.

10.1 In the case of loss of, damage or delay to cargo a written complaint must be made to Carrier by the person entitled to delivery. Such complaint must be made:

10.1.1 in the case of damage to the cargo, immediately after discovery of the damage and at the latest within 14 days from the date of receipt of the cargo;

10.1.2 in the case of delay, within 21 days from the date on which the cargo was placed at the disposal of the person entitled to delivery.

10.1.3 in the case of non-delivery of the cargo, within 120 days from the date of issue of the air waybill, or if an air waybill has not been issued, within 120 days from the date of receipt of the cargo for transportation by the Carrier.

10.2 Such complaint may be made to the Carrier whose air waybill was used, or to the first Carrier or to the last Carrier or to the Carrier, which performed the carriage during which the loss, damage or delay took place.

10.3 Unless a written complaint is made within the time limits specified in 10.1 no action may be brought against Carrier.

10.4 Any rights to damages against Carrier shall be extinguished unless an action is brought within two years from the date of arrival at the destination, or from the date on which the aircraft ought to have arrived, or from the date on which the carriage stopped.

11. Shipper shall comply with all applicable laws and government regulations of any country to or from which the cargo may be carried, including those relating to the packing, carriage or delivery of the cargo, and shall furnish such information and attach such documents to the air waybill as may be necessary to comply with such laws and regulations. Carrier is not liable to shipper and shipper shall indemnify Carrier for loss or expense due to shipper's failure to comply with this provision.

12. No agent, employee or representative of Carrier has authority to alter, modify or waive any provisions of this contract.

參考書目

一、國際航空運輸協會（IATA）出版品

《危險品規章》（*Dangerous Goods Regulations*, DGR）

《易腐品規章》（*Perishable Cargo Regulations*）

《活生動物處理手冊》（*Live Animal Handling Manual*）

《飛機裝載手冊》（*Aircraft Loading Manual*）

《航空貨運規章》（*The Air Cargo Tariff - Rules*）

《貨物理賠及損害防止手冊》（*Cargo Claim & Loss Prevention Handbook*）

《貨物盤櫃技術手冊》（*ULD Technical Manual*）

《貨運會議決議》（*Cargo Traffic Coordinating Conference Resolution Manual*）

二、國際公約

1929年《華沙公約》

1955年《海牙議定書》

1964年《瓜達拉哈拉公約》

1971年《瓜地馬拉議定書》

1999年《蒙特利爾公約》（Convention for the Unification of Certain Rules for International Carriage by Air）

三、航空公司作業手冊

《危險品作業手冊》（*Dangerous Goods Handling Manual*）

《地面作業手冊》（*Ground Handling Manual*）

《貨運服務手冊》（*Cargo Service Manual*）

《貨運裝載手冊》（*Cargo Loading Manual*）

《貨運盤櫃處理手冊》（*ULD Handling Manual*）

《營業管理手冊》（*Cargo Sales Management Manual*）

四、國內法規

《中華民國民用航空法》
《中華民國民法》
《中華民國刑法》

五、期刊

《保險專刊》
《法學叢刊》
《法令月刊》等各期有關運輸論文

六、專著及研究論文集

(一)專著

王守潛，《國際航空運送與責任賠償的問題》，台北：水牛出版社，1990年。

王赫男，《現代物流概論》，北京：電子工業出版社，2008年。

李如慕，〈1992年華沙公約中關於空中運送人對旅客損害賠償之限額再修正〉，《政大法學評論》，第5期，1971年12月。

林一山，《民法債篇各論（下）—運送》，台北：元照出版社，2002年。

張有恆，《航空業經營與管理》，台北：華泰出版社，2003年。

張有恆，《航空運輸管理》，台北：鼎漢國際工程顧問公司，1998年。

張昭輝，〈航空運輸合同研究〉。《中國民航報》，2007/08/01。

盛勇強主編，《國際航空貨運糾紛法律適用與案例精析》。北京：法律出版社，2004年。

陳榮傳，〈涉外空運契約準據法研究〉，《台灣法學叢刊》，第39卷第4期，1994年10月。

曾俊鵬，《國際航空貨運實務》，台北：五南出版社，2010年。

董念清，《航空法判例與學理研究》，北京：群衆出版社，2001年。

趙維田，《國際航空法》，台北：水牛出版社，1991年。

劉春堂，〈侵權責任與契約責任〉，《民商法論集（一）》，輔仁大學法學叢書，1985年。
劉鐵錚，〈航空運送人對旅客損害賠償責任之研究（上）〉，《政大法學評論》，第11期，1974年12月。
劉鐵錚，〈航空運送人對旅客損害賠償責任之研究（下）〉，《政大法學評論》，第12期，1975年10月。
劉鐵錚，《航空法論文選輯》，台北：國立政治大學法律研究所，1989年。
劉鐵錚，《國際私法論叢》，台北：三民書局，1989年。
劉鐵錚、陳榮傳著，《國際私法論》，台北：三民書局，1996年。
盧仁發研究主持，「航空責任與安全」，臺灣台北地方法院檢察署，1995年。
謝春訊，《航空貨運代理實務》，北京：清華大學出版社，2008年。
謝春訊，《航空貨運管理概論》，南京：東南大學出版社，2006年。
Norman Ashford, H. P. Martin Stanton, Clifton A. Moore, *Airport Operations*, 2nd Edition. Published by McGraw Hill Company, 1996.

(二)期刊論文

何佐治，〈涉外民事法律適用法〉，《法令月刊》，第41卷第10期，1990年10月。
吳光平，〈美國國際私法選法方法論與裁判管轄權法則之簡析〉，《法令月刊》，第56卷第7期，2005年7月。
吳光平，〈涉外財產關係案件的國際裁判管轄權〉，《法學叢刊》，第51卷第1期（第201期），2006年1月。
吳光平，〈國際私法上的即刻適用法於法院實務及實證立法之運用〉，《輔仁法學》，第29期，2005年6月。
吳光平，〈國際私法上國際裁判管轄發展之新趨勢〉，《軍法專刊》，第53卷第3期，2007年6月。
吳志光，〈論航空產品責任案件國際管轄權之確定（上）（下）〉，《軍法專刊》，第46卷第9期、第10期，2000年9月、10月。
凌鳳儀，〈我國航空運送人賠償責任之探討〉，《立法院院聞》，第30

卷第11期，2002年11月。

耿雲卿，〈航空器失事民事責任之研究〉，《法學叢刊》，第16卷第2期，1971年4月。

陳和慧，〈論旅客運送人債務不履行與侵權行為損害賠償責任之競合〉，《法聲》，第17期，1980年6月。

陳長文，〈有關國際航空運送人責任的國際私法的統一——華沙公約〉，《法聲》，第11期，1974年。

彭銘淵，〈民用航空運送人的法律責任〉，《船貿週刊》，第9533期至9543期，1995年8至10月。

黃立，〈解析消保法商品責任的消滅時效問題——兼評臺中地院88年訴字第561號判決〉，《政大勞動學報》，第12期，2002年7月。

黃居正，〈航空運送人之「故意或重大過失」——最高法院90年台上字第1365號判決評釋〉，《台灣本土法學雜誌》，第80期，2006年3月。

劉春堂，〈論國際航空運送人有限責任〉，《保險專刊》，第16輯，1989年6月。

簡怡寧，〈淺談歐盟對於航空運送延誤、班機取消及旅客被拒登機之補償規範——Introduction to EC261/2004Regulation R〉，《萬國法律》，第155期，2007年10月。

羅漢文，〈航空運送人之法定責任〉，《產險季刊》，第38期，1981年3月。

七、航空專業雜誌

(一)中文空運雜誌

《空運》季刊（*Airfreight Forwarding & Logistics*），台北：台北市航空貨運承攬商業同業公會出版。

《空運商務》半月刊（*Air Transport & Business*），北京：「民航管理」雜誌社發行。

(二)英文空運雜誌／期刊

Air Cargo News, Published and Produced by Air Cargo Media, Achford,

Midlesex, UK.

Air Cargo World, Publisher Steve Prince, Roswell, GA. USA.

Air Transport World, Published by ATW MEDIA GROUP, Silver Spring, MD. USA.

Airline Cargo Management, Published by Air Transport Publication Ltd., London, UK.

Airline Fleet Management, Published by UBM Aviation Group, London, UK.

Flight International, Published by Reed Business Information Ltd, UK.

Freighters World, Published by Air Cargo Media Limited, AchfordUK, Midlesex, UK.

Orient Aviation, Published by Wilson Press HK Ltd., Hong Kong.

Payload Asia, Published by Ten Alps Communications Aisa, Pte Ltd., Singapore.

航空貨運理論與實務

作　　者／李世雄
出 版 者／揚智文化事業股份有限公司
發 行 人／葉忠賢
總 編 輯／閻富萍
特約執編／鄭美珠
地　　址／22204 新北市深坑區北深路三段 258 號 8 樓
電　　話／(02)8662-6826
傳　　真／(02)2664-7633
網　　址／http://www.ycrc.com.tw
E-mail／service@ycrc.com.tw
印　　刷／鼎易印刷事業股份有限公司
ISBN／978-986-298-083-5
初版一刷／2013 年 2 月
初版二刷／2019 年 9 月
定　　價／新台幣 600 元

國家圖書館出版品預行編目（CIP）資料

航空貨運理論與實務 / 李世雄著. -- 初版. --
新北市：揚智文化, 2013.02
面；　公分

ISBN 978-986-298-083-5（平裝）

1.航空運輸管理 2.貨運

557.945　　102002093